ELLEN HAZELKORN
〈著〉エレン・ヘイゼルコーン

MASAHIRO NAGATA
〈訳〉永田 雅啓

AXEL KARPENSTEIN
アクセル・カーペンシュタイン

グローバル・ランキングと高等教育の再構築
世界クラスの大学をめざす熾烈な競争

Rankings and the Reshaping of Higher Education
The Battle for World-Class Excellence

学文社

RANKINGS AND THE RESHAPING OF HIGHER EDUCATION
The Battle for World-Class Excellence: 2nd edition.
by Ellen Hazelkorn.
Copyright © Ellen Hazelkorn. 2011, 2015

First published in English by Palgrave Macmillan, a division of Macmillan Publishers Limited under the title Rankings and the Reshaping of Higher Education, 2nd edition by Ellen Hazelkorn. This edition has been translated and published under licence from Palgrave Macmillan. The author has asserted her right to be identified as the author of this Work.

Japanese translation rights arranged with
Palgrave Macmillan Publishers Limited
through The Asano Agency, Inc. in Tokyo.

日本語版への序文

　グローバル化の進展によって，高等教育は社会の中でも最も国際化された分野の一つに変貌してきた。学生は学部レベルでは地元の大学に入学するかもしれないが，大学院やキャリアの選択，就職機会では，他の地域や他国に向かうことになるかもしれない。今日，世界では450万人以上の学生が自国外で勉強している。そしてOECDによれば，世界中の留学生の53％をアジアからの留学生が占めている。実際，21世紀の世界経済においては，異文化の知識や経験を持つ学生に対する需要が増していくと，企業関係者も語っている。研究者については，これまでも常に国際的な環境で活動してきたが，国際化は今日，もはや単なる選択肢ではなく，必須条件である。複雑な社会的課題，例えば，疾病，公害，健康的な生活，高齢化社会などの課題に対して，異なる専門分野や異なる文化の視点を持つ研究者が，問題解決のために協力し合うことが求められているのである。

　以前は，学生やその親たちが，どこの大学にするかを決めていた。つまり，どの大学が良いのか，どこの教育プログラムが自分に一番向いているのか等について，家族や友人から情報が得られるならば，それらに基づいて大学を決定していた。また，政策担当者や雇用主である企業も大学については比較的限られた情報しか持ち合わせていなかった。グローバル化の進展は，大学の実態を国際的に比較したり，戦略的な決定をしたり，大学資源を配分したりするための十分な情報収集を効果的に行うことをさらに難しくしている。

　今日，高等教育と研究とは，各国の競争優位を確立する上で極めて重要な役割を果たすようになってきている。とりわけ科学技術の分野に多くの投資をする能力や意志のある国は，将来，大きく伸びると考えられている。このため多くの先進国は，世界的な競争激化に対応するために投資拡大の圧力に晒されているのである。一方，2005年の若者の人口比率は約14％だったが，2050年には10.5％に減少すると予測されている（Bremner et al. 2009：2, 6）。これらの人

i

口動態的な変化は，多くの国が景気低迷の長期化で財政的な制約が厳しくなるのと同じタイミングで生じているのである。こうした情勢変化は，知識集約的産業を成長させるための国家戦略に影響を与え，世界的な人材獲得競争に火をつける結果ともなっている。

これとは対照的に，中国，インド，その他の東南アジア諸国では，国の経済構造を転換するための方策をとっている。すなわち高等教育の進学率を劇的に高め，研究開発に投資するという目標を設定しているのである。2060年までに，経済の重点は，これらの非OECD諸国にシフトしていくと考えられている。こうした展開によって新たな競争環境が形成されることになるだろう。日本やヨーロッパ，アメリカにおける大学ならびに学部生や大学院生は，将来，そうした競争環境の中で活動しなければならない。

グローバル・ランキングの誕生とその重要性の増大は，世界経済における上記のような変化と密接に関連し，それを反映したものでもある。多くの批判にも拘わらず，ランキングは，高等教育と研究の成果や生産性を計測し比較するのにある程度成功してきた。今日，高等教育機関や国家は，相対的優位性や競争上の優位性を表すような指標で相互に評価されている。そして，これは国際政治上の意味合いも持つのである。中でも投資に関係する指標は，国際的なベンチマーキング，資金や人材を集約的に使う競争，そして政府の政策を進める上で強力な要素となっている。

毎年発表されるトップランキングの大学リストは，高等教育の世界を見る窓であり，各大学の投資の格差にも注目が集まっている。トップランクの大学の地位と順位は急に変わることはないが，中国を中心としたアジア諸国の大学は躍進を続けている。ランキングに対してはかなりの批判がある一方で，上位にランク付けされることは大学にとってもメリットがある。なぜなら，レピュテーションの価値は重要であり，それによって大学のステータスを外部に示すことができるからである。

こうした状況に対応して，多くの大学や政府は，明確な目標を持つ政策イニシアチブ，制度改革，投資戦略などを組み合わせて最高の成果を生み出そうと

している．また，大学の経営能力や学長のリーダーシップ，高等教育機関の能力等に注目が集まるようになってきた．さらには国際的なベンチマーキングを使うことで大学の質の改善が進み，世界的に評価される大学が育ってきている．30以上の国々が"エクセレンス・イニシアチブ"を導入し，少数の（エリート）大学への投資を優先させたり，大学間の合併を促したりして"世界クラスの大学"という地位を確保しようとしている．こうした戦略のもたらす意図せざる結果として，例えば，社会の階層化や地域格差の拡大，そして，地方，国家，グローバルの各レベルにおける高等教育の責任の差が拡がってきている．

　本書は，ランキング現象とその世界での影響力の拡大を理解するための包括的なガイドになることを目指しており，ランキングが何を測定し，あるいはランキングが真に意味のあるものを測定しているのかについても検討している．本書では，高等教育機関，学生とその選択，そして政策担当者に与えるランキングの影響を考察するために，豊富な国際的研究とデータとに基づいて分析した．特にオーストラリア，ドイツ，日本を例にとり，具体的な調査を行っている．結論部では，ランキングの社会へのインパクトと影響について議論し，その意図せざる結果についても考察した．以上のように，この第2版はランキングに関する総合的な研究と分析の書であり，研究者，高等教育リーダー，政策担当者，メディアなどによって広く使用されている．

　最後に，永田雅啓，アクセル・カーペンシュタインの両氏には，本書の翻訳の企画とその労をとっていただいたことに対し，心からの謝意を表したい．本書によって，より広い読者がランキングの影響と意味について理解を深め，さらなる議論が広がることを期待したい．

エレン・ヘイゼルコーン

目　次

日本語版への序文 …………………………………………………………… i

第2版の序文ーーーーーーーーーーーーーーーーーーーーーーーーx
グローバル・ランキングの登場から10年 ………………………… x
異なるタイプのランキング／ランキングに代わるもの ………… xviii
考察および最近の傾向 …………………………………………… xx
第2版の改定点 …………………………………………………… xxvii

第1章　グローバル化と国際評価レースーーーーーーーーーーー1
グローバル化と大学ランキング …………………………………… 1
ランキング理論の形成 ……………………………………………… 10
グローバル化と力の源泉としての知識 …………………………… 13
組織行動とその変化 ………………………………………………… 17
社会関係資本と地位財 ……………………………………………… 23
第1章のまとめ ……………………………………………………… 28

第2章　ランキングは何を測っているのかーーーーーーーーーー38
ランキングの普及 …………………………………………………… 38
大学の透明性，説明責任，比較可能性を進める手法としてのランキング …… 49
多様化するランキング ……………………………………………… 63
ランキングの計測対象（指標）の比較 …………………………… 69
ランキングは意味のある内容を測っているか …………………… 82
第2章の結論 ………………………………………………………… 117

第3章　高等教育機関からみたランキングの影響力ーーーーー127
これまでのランキングとの関わり ……………………………… 127
大学の順位とランキングに対する態度 ………………………… 132
戦略的計画 ………………………………………………………… 146
IR（インスティテューショナル・リサーチ） ………………… 154

組織改革 …………………………………………………………… 158
　マーケティングと広報 …………………………………………… 162
　大学資源の配分への影響 ………………………………………… 164
　優先順位の設定：教育か，研究か ……………………………… 167
　ランキングと大学人 ……………………………………………… 176
　研究者仲間ならびにその他の大学関係者からの評価 ………… 179
　第3章の結論 ……………………………………………………… 184

第4章　ランキングの利用—学生の選択ならびに学生募集— ——189
　ランキングの高まる人気 ………………………………………… 189
　学生の大学選択—ドイツ，オーストラリア，日本— ………… 197
　学生の大学選択とランキング—各国の実態— ………………… 208
　ランキングと学生募集戦略 ……………………………………… 219
　ランキング，就職，キャリア機会 ……………………………… 228
　第4章の結論 ……………………………………………………… 233

第5章　ランキングと政策選択 ——240
　世界クラスの大学というステータスを求めて ………………… 240
　ランキングへの反応 ……………………………………………… 259
　ド　イ　ツ ………………………………………………………… 261
　日　　　本 ………………………………………………………… 270
　オーストラリア …………………………………………………… 278
　政策オプションと戦略的選択 …………………………………… 286

第6章　高等教育の再構築 ——294
　学生への情報提供から商業販売へ ……………………………… 294
　高等教育機関の再構築 …………………………………………… 297
　知の再構築 ………………………………………………………… 303
　高等教育制度の再構築 …………………………………………… 308
　ここからどこへ向かうのか—高等教育と政策の挑戦 ………… 320

補　論　調査手法について ——329

References（参考文献） ……………………………………………… 334
Webography（ウェブ参考文献） ……………………………………… 390
訳者あとがき ……………………………………………………………… 396
用語索引 …………………………………………………………………… 400

表 目 次

表 1.1	高等教育からみたグローバル競争力の指数：トップ 100 に含まれている大学数（地域別，2004～2014 年）	30
表 2.1	グローバル・ランキングの特性比較（2003～2014 年，アルファベット順，2014 年現在）	46
表 2.2	地理的範囲別・分析対象別のランキング分類とその例示（2014）	60
表 2.3	国内ランキング，グローバル・ランキングにおけるウェイト	74
表 2.4	研究を評価する手法	76
表 2.5	カテゴリー別の大学ランキング（*QS World University Rankings*, 2014～2015 年）	80
表 2.6	多用される指標の利点と問題点	84
表 3.1	ランキングは大学関係者にどのような影響を及ぼしているか—大学の幹部や上級管理者による見解—	142
表 3.2	ランキングによる影響やメリット，2006 年調査	144
表 3.3	大学の戦略形成におけるランキングの役割	150
表 3.4	ランキングのモニター	156
表 3.5	ランキングを動機とした，戦略的，組織的，あるいは管理面，学術面での行動変化	160
表 4.1	学生の大学選択に影響を与える 10 大要因，2010 年ならびに 2014 年（N＝64,623）	216
表 4.2	カレッジ／大学の選択で重視した理由，1995 年，2006 年，2013 年（％＝「とても重要」の割合）	234
表 5.1	上位 100 位以内に入っている大学数，2003～2014 年（国別，ランキング機関別）	264
表 6.1	主要グローバル・ランキングに対する大学の対応行動，2014 年	301
表 6.2	モード 1～3 の知識生産	304
表 6.3	高等教育の再構築—政策選択と教育制度，知識生産，ならびに大学構造	322

図 目 次

図 1.1	大学評価とランキングがステータス構造に与える影響	26
図 1.2	*THE* のトップ 200 に含まれている国別高等教育機関数（2014〜2015 年）	31
図 1.3	人口規模で調整した *THE* のトップ 200 に含まれている国別高等教育機関スコア（2014〜2015 年）	32
図 1.4	経済規模（GDP）で調整した *THE* のトップ 200 に含まれている国別高等教育機関スコア（2014〜2015 年）	33
図 2.1	*THE-QS* と *THE* 世界大学ランキングにおける順位の変動（2009〜2014 年）	79
図 3.1	国内ランキングでの現在の順位と希望する順位（2006 年・2014 年）	135
図 3.2	グローバル・ランキングでの現在の順位と希望する順位（2006 年・2014 年）	135
図 3.3	大学タイプ別のランキング満足度（現状の順位に満足 vs 順位を上げたい）（2006 年）	136
図 3.4	地域別のランキング満足度（現状の順位に満足 vs 順位を上げたい）（2006 年）	137
図 3.5	ランキングの使用目的に関する意見（2006 年・2014 年）	138
図 3.6	ランキングの対象者に関する意見（ターゲットとしている対象者 vs 実際のユーザー）	139
図 3.7	ランキングが主要な大学関係者に及ぼす影響に関する意見	140
図 3.8	ランキングが政策決定に及ぼす影響に関する意見	141
図 3.9	ランキングは大学の役に立つか，妨げになるか（2006 年・2014 年）	145
図 3.10	主要な決定の前に相手大学のランキングを参考にするか（2006 年・2014 年）	180
図 4.1	大学選択に影響を与える変数	215
図 4.2	ランキングやレピュテーションを「重要」／「とても重要」と回答した割合（出身地域別の留学生の回答割合），2014 年（N = 623）	216
図 4.3	学部／大学院別のランキングの重要性（％），2014 年（N = 623）	217
図 4.4	カレッジ／大学の選択で重視した情報源，1995〜2013 年（％＝「とても重要」の割合）	234
図 6.1	"わが国にもハーバードを（Harvard here）" モデル，ないしは世界クラスの大学モデル	313
図 6.2	世界クラスの教育制度モデル（専門領域による区分）	318

ボックスリスト

Box 1	政策選択肢のトレードオフ	xxvi
Box 2.1	主なグローバル・ランキング（設立順）	46
Box 2.2	高等教育機関の透明性，説明責任，比較可能性，を確認するための手法	51
Box 3.1	2006～2011年のアイスランド大学の戦略概要	176
Box 5.1	ランキングと国際的地位	243

第2版の序文

> 「ヨーロッパは知識と才能に対する世界的な競争を，かつてのように先導しているとは言えません。その一方で，新興諸国は高等教育への投資を急速に増やしています…現在の研究指向のグローバル・ランキングの下では，世界クラスの大学と見做されるヨーロッパの高等教育機関は余りにも少なく…しかも実質的な順位の向上は，過去数年間見られませんでした。」
>
> (Europa 2011：3)

> 「大学経営陣は概してランキング制度には眉をしかめています―公式には。しかし，ランキング制度が社会に定着してきたと一般的に言われるようになってきたため，ほとんどの大学はその戦略立案にランキングの結果を反映させており，大学の大半は一人か二人のフルタイムの専従者を置いて，様々なランキング・モデルの指標を調査しています。」
>
> （チーフ国際アドバイザー：デンマーク大学，2014年）

グローバル・ランキングの登場から10年

　カオス理論によれば，バタフライ効果と呼ばれる現象が生ずることがある。すなわち，ある場所で起きた小さな変化や展開が，どこかで別の場所で大きな変化をもたらす事態に発展する。Edward Lorenz よって発案されたこのコンセプトでは，ハリケーンの形成が，離れた場所で数週間前に蝶が羽ばたいたかどうかにかかっているという理論的な例に基づいている。同様に，上海交通大

学（中国以外ではほとんど知られていなかった大学）の小規模チームの行動が，後にゲームチェンジャーとなるグローバル・ランキングを2003年に作り出すだろうとは誰にも予測できなかった。"世界大学ランキング"という世界の大学に関する彼らなりの解釈による序列を発表すると *Times Higher Education* や *QS World University Rankings* がすぐに追随し，その後，大きなうねりに発展していく。

グローバル・ランキングは発表後，直ちに，そしてその後も引き続き政策担当者や大学，マスメディア，そして，その他の利害関係者の間で注目を集めるようになった。グローバル・ランキングに対する世界各国の反応は異なっていたが，先進国では，それはすぐに国際競争力の目に見える尺度となり，相対的な国力（経済力）変化を図るバロメーターとなり，そして弱点に対するタイムリーな警鐘にもなった（Montes and Popov 2011：111-147）。その妥当性や方法論については今でも批判が続いているにも拘わらず，ランキングは大学の質の国際的な基準として広く認められるようになってきている。"トップ100"に入るということは（単なる数字上の問題ではなく）特別な意味を持つようになってきた。すなわち"世界クラス"になるということが国家・大学の戦略や野心として無批判に受け入れられている。実際，"世界クラス"という言葉は，学術研究のテーマになることに加えて，ほとんどすべての野心的な計画（Sirat, 2013：207）で使われている。（ランキングに関する）査読付きあるいは査読なしの論文，修士・博士論文，ニュース解説，オンライン記事やウェブサイト，会議やワークショップ，セミナー等の数は加速的に増え，すべてを追跡することはもはや困難になっている。2014年7月現在，Google Scholarには200万を超える登録文献があり，Googleでの"大学ランキング"の検索結果は2億5,000万件を超えている。

その間，ランキングと（大学の）国際比較が及ぼす影響やそれらに対する関心は急速に拡大してきた。ランキングが高等教育制度や教育機関にいかに大きな変革をもたらし続けているかについて，本書全体を通してその証拠を掲載している（第1章を参照）。高等教育に影響を与える要素としては，近代化，管理

主義，専門化，市場化，説明責任などの動向に加えて，グローバル化や国際的に競争力のある知識集約的な経済であり続けるというプレッシャーもある。したがって，これらの要素からランキングの効果だけを分離して計測するのは難しい。これらの要因が重なり合い，多くの政治的・政策的課題の中で，高等教育と研究への投資には高い優先順位が置かれている。

　グローバル・ランキングに対して，先進国は通常，これまで先進国が保持していた高等教育や知識生産における支配的地位に対する明らかな挑戦であると捉えている。これとは対照的に，中所得国や発展途上国は，グローバル・ランキングをより好意的に見ていることが多い。特に説明責任の文化や習慣が弱いあるいは根づいていないような社会においては，グローバル・ランキングは高等教育機関にとって有用な説明責任のツールになりうるのである。また，グローバル・ランキングは途上国が「世界のトップ教育機関と同等の地位を持つグローバルな知識ネットワーク」(Altbach and Salmi 2011：1) に参加するための足がかりでもあり，「高等教育システムにおける堕落」(Okebukola 2013：150) に晒されることでもあり，あるいはまた人類の進化の一環として「人間の価値システムの改善に貢献する」(Luo 2013：181) ことでもある。ランキングで好成績を上げることは，大量破壊兵器の所有よりも国家にとって強力な資産と見做され (Billal 2011：2)，「競争力や影響力の手段」(Fursenko，ロシアの教育大臣，Kishkovsky 2012 で引用) に相当し，あるいは「国際試合におけるサッカーチームの活躍…国全体のイメージは，その一部の印象によって決定づけられる」(Chapman et al., 2014：41) に匹敵するのである。

　過去 10 年間に起きたことは，ランキングの重要性と影響力の拡大を理解する上で決定的な意味を持っている。今世紀の初頭は，それまでの緩い規制下での資金調達によってもたらされた長期経済成長の末期に当たっていた。確かに，グローバル化された世界ではグローバル・ランキングは不可欠の存在と言ってよいだろう。しかし，その後の期間は，世界金融危機の長引く影響によって特徴付けられる。OECD 諸国が 60 年ぶりの急激な成長低下から脱しようと苦悩する中で，途上国は，最近成長が鈍ったとはいえ 2012〜2013 年には平均 6 ％

の成長を遂げている。特に，生命科学や技術に重点投資ができる社会は，非常に大きな利益を上げる態勢が整っていると言えるだろう。そして，それには多くは新興国が含まれている。EU は，Horizon 2020 と呼ばれる研究と技術開発プログラムを通じて 2014-2020 年に約 800 億ユーロを費やす予定である。しかし，ブラジル，ロシア，インド，中国は今後の研究開発費の拡大で大きな役割を果たす見込みで，ヨーロッパや日本を凌駕し，人的資本の利用可能性と投資の増加とを合わせると米国の投資額に匹敵する勢いである（Hazelkorn 2013b, Europa 2008c）。EU 内では，2008 年以降，高等教育と研究資金で累積 30％以上の削減をしている国々がある一方で，新規投資や既存の基金を増加させている国もあり，各国の間に大きな違いが見られる（EUA 2013, Hazelkorn and Fritze et al., 2014）。高等教育は現在，国家および各大学の競争力のバロメーターとなっているため，グローバル・ランキングは実態以上の重要性を持つようになってきているのである。

トップ 100 の大学ばかりに執着することによって高等教育の複雑さを捉えることを見失うと同時に，学術活動の重心が地理的に変化している現状もわかり難くしている。米国とヨーロッパの確立された大学は引き続きトップ 100 の常連だが，トップグループに次ぐ大学を見てみると，高等教育と科学知識の多極化が進んでいることが明らかになる。このことは，米国とヨーロッパの間の競い合いにも当てはまる。*Times Higher Education* 世界大学ランキングで見ると，2014 年に米国の大学は上位 100 の 46％を占めているのに対し，ヨーロッパの大学は 35％に過ぎない。しかし，トップ 400（世界の高等教育機関の上位 2％に相当）に範囲を広げて見てみると，米国のシェアは 27％に低下し，ヨーロッパのシェアは 41％に上昇する。これは，本当に優れた最高レベルの大学の提供という意味では，米国は成功しているが，ヨーロッパは広い意味で優れた品質の大学をより均質に提供することに成功していることを示唆している。

高ランキングに関連する多くの特性は，すでに確立し恵まれた状況にある大学に有利に作用しているため，「高ランキングにある伝統的な大学を打ち破って，その地位を奪い取ることは容易ではない」（Altbach 2012：28）。

> 「最も豊かな研究大学では，このシステムでの優位性を維持するために学費以外の資金源を必要としています。これには個人や企業からの寄付や研究自体から得られる収入が充てられます。」(Calhoun 2006：26)

これによってアジア諸国を中心とする新規の大学に上昇の兆しがあるにもかかわらず，トップ大学の中での順位の動きが比較的少ないことを説明することができる。たとえば，アジアの大学が *Times Higher Education* のトップ100に占めるシェアは12%だが，トップ400では17%を占めている。

> 「大学の実績に関する国家間の違いの大部分は，主に4つの社会経済的要因，すなわち所得，人口規模，研究開発支出，使用言語，によって説明できます。米国が有する資源を前提とする（推計値と比較する）と，米国の実績は約4〜10%ほど下回っています。逆に，新興経済国である中国は，ランキング表でも急速にその地位を上げており，また同レベルの資源を持つ国々と比較しても，それらを凌ぐ実績を示しています。」(Li et al. 2011：923)

これとは対照的に，中南米，アフリカ，中東ではトップ500中に数校の大学しか入らなかった。サハラ以南アフリカでは南アフリカの歴史的に白人中心の大学のみがトップ500に入っており，中東ではイスラエルのみが常にこの中に入っている。

　一部の国の大学順位は改善しているが，ランキング全体の順位変化が緩慢だという事実には変わりがない。2003年以降，上海交通大学の世界大学学術ランキング（*ARWU*）のトップ400という神聖なホールには，セルビアとギリシャの2つの国しか追加入場できなかった。この状況は，*THE* でもあまり変わらない。*THE* が2010/2011年に登場して以来，ランキング表に載る国の数はいつも同じだった。ただし，その中身は変化してきている。例えば，2011年にはエジプトとチリの大学がランキング表に載っていたが，2013年には消え

ていた。これらに代わって2つの新しい国，コロンビアとサウジアラビアが登場した。このように大きな変化が生じにくい原因は，投資をしてから成果やその影響が出るまでにかなりの時間がかかるためである（Mansfield 1998）。さらにガバナンスの構造や学術文化，研究教育能力などのシステム全体の変化が伴わなければ，達成できるものにも限界があるだろう。中国ではシステム全体に制約がある（Altbach and Wang 2012）。インドの伝統的大学は非常に大きく，「効果的な管理」を無視し，採用や昇進は基本的に年功，縁故関係，カースト制度に基づいている（Altbach, Reynolds 2010で引用）。一方，ロシアでは制度的硬直性や伝統的権威によって制約されており，国際的な計量書誌学的な手法とは対照的である。そして最後は，英語で書かなければならないという関門が待っている（Hazelkorn 2013b, 2013c）。

　グローバルレベルでの変化は，国レベルで起きた変化や本書の第1版（2011年）に示した傾向の継続を反映しているとも言えるし，同時に国レベルでの変化をわかり難くしてしまった面もある。まず，時には政策パニックに変わることもある国際政治上の不安によって，国家や大学による高等教育制度の再構築に向けた努力が促され，同時に高等教育機関における優先順位の置き方も見直されている。フランス，ドイツ，ロシア，スペイン，中国，韓国，台湾，マレーシア，フィンランド，インド，日本，シンガポール，スリランカ，南アフリカ，ラトヴィアなど，世界クラスの大学を持とうとする国の数は増え続けている。それと同時に，インド，ロシア，中東などの国や地域では，自分たちの立場を強めるために，カスタマイズされたランキングを公認している。同じような状況が米国内でも見られ，国家間の競争と同じように州同士が投資資金と（州内学生より高い授業料を払うために）金になる州外学生獲得のために互いに競い合っている。いろいろなやり方で，USNWRを指針とした公的システムの再構築，業績測定の導入，その他の改善努力がなされている（例：フロリダ州，アリゾナ州，ミネソタ州，インディアナ州，テキサス州，ケンタッキー州，カンザス州）（Hazelkorn 2011d, DeYoung and Baas 2012）。

　個々の大学も例外ではない。高等教育機関の幹部たちは，国内ランキング，

グローバル・ランキングの両方で，現状よりはるかに高い順位を求め続けている。野心的なのは確かに結構なことだ…いったいどこに覇気のない大学を望む人がいるだろうか…。しかし，そうした野心が形成される上で，ランキングが重要な役割を果たしていることを示す証拠は依然として多い。例えば研究の権威を確保するため，国際的な提携や共同研究，さらには組織の改変や大学の合併などにおいて，ランキングは情報源として常に活用されている（Liu et al. 2011, Lo 2014）。実際，多くの政府は海外留学に奨学金を出す場合の（留学先大学の）評価基準の一部として，常時ランキングを使用している。ランキングで使用されている指標や重み付けを反映させる形で，政府や高等教育機関は，教育よりも研究，学部生よりも大学院生に過度に重きを置いている。そして，それは学問と研究の実践にも影響を与えているのである。

学生とその親たちは依然としてランキングの主要な需要者だが，その他の全ての関係者，すなわち政府，雇用者，投資家，将来の提携先となる可能性のある大学や企業，一般大衆やメディアなどは，全てランキングの影響力の下にある。最も深刻で有害な影響を及ぼしたのは，意図的あるいは意図せずに（大学や政府の）意思決定や意見形成のプロセスにランキングが入り込んできたことである。そして，これは国内および国際レベルで大学や関係者自身によってなされたのである。実際，いくつかの国や高等教育機関では教育制度ならびに大学の質や実績を向上させるために真剣に努力しているが，その一方で，どのような順位であれランキング表に入ったという事実があれば，国際資本や才能ある研究者や学生，企業，大衆などを惹きつける上で非常に強いメッセージになるのである。

本書の2011年の初版で確認したさまざまな傾向は，その後も継続していることが，さまざまな調査から明らかにされている。著者による2014年の新たな国際調査ならびに本書で引用している他の調査から得られた主要な結果を以下に示す。（詳しい内容は，第3章，第4章および第5章を参照）。2014年には次のような傾向が見られた。

- 調査対象となった高等教育機関の83％がそのランキング順位に不満を抱いていた（2006年にその割合は58％だった）。
- 調査対象となった高等教育機関の32％が自国でトップになりたいと回答している（2006年にその割合は19％だった）。
- 調査対象となった高等教育機関の29％がグローバル・ランキングで世界の上位5％に入りたいと回答している（2006年にその割合は24％だった）。
- 高等教育機関はランキングでの順位に常に注目しているが，しばしば国際的な順位よりも国内ランキングでの順位の方が重要な場合もある。
- 調査対象となった高等教育機関の84％は，自校のランキングを検討するための正式な内部制度を持っており，うち40％では，学長が主導している。
- 調査対象となった高等教育機関の圧倒的多数は，戦略的決定，目標や優先順位の設定，国際提携相手の決定などにランキングを使っている。
- 調査対象となった高等教育機関の大部分は，ランキングが大学のレピュテーションの妨げになるものではなく，むしろ役に立つと考えている。
- 調査対象となった高等教育機関の52％が，ランキングは高等教育機関の実績を適切に計測し，40％がその質を正しく表示していると信じている。その一方で，2006年に回答が多かったのは，ランキングが高等教育に関する比較可能な情報を提供しているとするもので，70％に達していた。
- 調査対象となった高等教育機関の84％は，自国内の類似した高等教育機関の成果をモニターするためにランキングを使っている（この割合は2006年には76％だった）。
- 2014年に調査対象となった高等教育機関の77％近くは，世界の類似した高等教育機関をモニターしている（この割合は2006年には50％弱だった）。
- ランキングの最大の利用者は，学生，世論，政府であるが，同時にこれらがランキングによって悪影響を受ける可能性も2014年には2006年に比べて高まっていると回答している。
- 学部生と（学習ならびに研究を目的とする）大学院生の80％は，ランキングに高い関心を持っている。これは学部生でも大学院生でも大きな違いはない

(i-graduate 2014年)。
・高成績の学生や社会経済状況に恵まれている学生は，経済的要因以外の理由で大学を選択する可能性が高い。すなわち，大学のレピュテーションやランキングを見て判断するのである。
・留学生は，大学，教育プログラム，留学先の国などの選択において，レピュテーションやランキング順位を一貫して重要な決定要因と考えている。
・ランキング，研究教育の質に対する認識，大学のレピュテーション，および留学先の選択の4つの間には強い相関がある。この相関は，国レベルでも大学レベルでも見られる。

異なるタイプのランキング／ランキングに代わるもの

　ランキングに対する批判にも拘わらず，ランキングによって高等教育機関は他と比較され，国際的な枠組みの中で語られるようになってきた。大学の質と卓越性は国内外の市場で大学を識別する主要な指標となり，さらには，あらゆる利害関係者の関心事項となってきた。公的な資金を受ける大学は特にそうだが，学費の高さや教育成果に関する関心が高まるとともに，すべての高等教育機関は外部評価を受け入れるようになってきた。議論の焦点は通常「(投資に見合う) 価値があるか」，すなわち「公的 (あるいは私的) 投資のレベルと大学の成果のレベルとの関係」を巡ってである (Dill and Beerkens 2010：3)。測定するにはさまざまな手法があるが，そうした手法がどのような大学にも適用可能なのかという疑問が呈されるようになってきた。さらに Dill and Beerkens (2010：6) の言葉を借りると「大学の学術水準を確保するために伝統的に行われてきたメカニズムが時代遅れになっているという事実」にも社会は不満を感じている。ランキングはこうした欠点を埋めるという見方もある。

　ランキングは教育の質を測っていると称しているが，質とは何か，またどのように測定するべきか，という点に関して，今のところ合意はできていない。多くのデータが収集され，多くの指標が開発されたが，国際的に合意された定義や方法論，完全に客観的な指標や価値観が偏っていない指標，そして国際的

に共有されているデータセットなどは未だに存在していない。国内レベルか国際レベルか，国公立か私立か，どのような学生グループや学習環境なのか，こうした要因の影響は極めて重要である。これらの状況によって大学の成果の評価は根本的に変わるので，単純な比較は無意味である。また多くの指標は事実上，大学の資産を測定しており，結果としてさまざまな資源が整っている歴史の長いエリート大学に有利になっている。

　こうした間隙を縫うようにして，ランキングは大学の実績を測定，比較する主要な手段となってきた。新たに登場してきたランキングでは，大学に関するデータを細かく分類し，利益を生むようなより専門化されたサービスも提供している。例えば地域別（アジア，南米，中近東ごとのランキング）あるいは高等教育市場別（例えば，創立から50年以内の大学のランキング，専門分野別のランキング）に新たなランキングが開発された（表2.2参照）。最新のランキングの年間公表スケジュールは戦略的で，多くの場合，その影響力を最大にするために主要な国際学会や大きなイベントにタイミングを合わせて発表してきた。「（自校の）地位に対する不安」（Locke 2011）や重要な利害関係者の過剰反応に突き動かされるようにして，ランキング順位やランキング情報に対する際限のない欲求が広がっている。これにより，うま味のあるさまざまなビジネスチャンスが生まれた。例えば，それぞれの目的に合わせてカスタマイズされたランキング，会議，コンサルティング活動，あるいはトップ100を狙う大学のためのワークショップなどである。さらに，その間"トップ100大学に入る秘訣"などが無批判に喧伝されている。ランキング業界には「利益相反と思われる状況や自称監査官などがはびこっている。もし同じようなことが他の業界で起きていたら，特に世界金融危機後の現在，まず間違いなく強い批判に晒されるだろう」（Hazelkorn 2014d）。

　ランキングとは別に，説明責任や透明性を確保するためのより広範な手法も増えてきている（Hazelkorn 2012a，ならびに第2章の議論を参照）。ただし，これらは決して新しい現象ではない。例えばカーネギー高等教育機関分類表（US Carnegie Classification of Institutions of Higher Education, CFATL）は，1970年

代から存在する。また，これと類似した新たな分類体系では，大学間の違いを明確にし，大学の独自性を打ち出すために，プロファイリング（第2章参照）に重点を置いている。大学の認証評価の歴史は19世紀後半までさかのぼるが，現在の大学の質評価は，教育の中核をなすと同時に（留学生を惹きつける）サービス貿易としての機能の核心でもある。米国の大学における教育や社会貢献の経験を基に，EUのボローニャプロセスでは学習成果を重視する原則を設けている（Norrie and Lennon 2013：3-8, Wagenaar 2013：19-38）。同様にOECDも *AHELO*（Assessment of Higher Education Learning Outcomes）プロジェクトを設置した。個々の大学の名声を追求するのとは逆に，例えばベルギーのシンクタンク The Lisbon Council (Ederer et al. 2008) や Universitas 21 (Williams et al. 2012-2013) は教育制度ランキングを作成し，高等教育が全体として持つ公共財としての側面に再び焦点を当てている。

U-Multirank プロジェクトが取り組みを始めた2009年当時では，ユーザー自身がランキングを簡単に作成できるインタラクティブな技術は革新的だった。*U-Multirank* は今日でも，より洗練され野心的な存在であり続けてはいるものの，それ以降，他のランキングもこの技術に追いついてきた（CHE 2009, van Vught and Ziegele 2012）。例えばオーストラリアやイギリス，スペインのカタロニア地方の政府が運営しているウェブサイトでは，ユーザーが学生数や教員数，卒業率，教員の学術的な資格，学費などという指標を使い，程度の差はあっても大学のパフォーマンスを調べたり比較したりできるようになっている。米国政府も大学の比較ができるツールを数多く開発し，さらには教育機会の平等性，学費の妥当性，教育成果等を総合した独自の評価スキームである Postsecondary Institution Rating System (PIRS) を立ち上げた。

考察および最近の傾向

2003年のグローバル・ランキングの登場以来，高等教育の成果と生産性をめぐる議論は，高等教育政策や高等教育機関に関するすべての議論の中心を占めるようになった。しかし，トップ100の大学への関心の高まりは，より広い

公共政策の課題に対する考慮を封じてしまい，ランキングをベースとした決定の影響に関する真面目な評価からも目をそらすことになった。多くの国では，政府と大学がその結果について十分な考慮をすることなく世界クラスの大学という呼称を追求し，実質上，方法論的に定まらない目標に向かって将来企画を立てようとしている。著者から見ると，このような行為は国家主権，あるいは大学の独立性の放棄に等しい。

この10年でランキングを発表する主体の数が増え，これまでの民間メディアや国家，政府機関の範疇を超えてきた。最も大きな展開はEUやOECDなどの超国家的機関の参入である。最近では，米国の連邦政府も州に対して類似の役割を果たすようになってきたと言ってよいだろう。超国家的機関の参入は大きな転換点である。それは大学の質の監視（と規制の強化）が決して大学（だけ）の管轄ではないことを意味し，国際経済の安定における高等教育の重要性を示すものである。

*ARWU*や*QS*，*THE*などのような"伝統的な"グローバル・ランキングに対して*U-Multirank*はそれらとは対極にあると考えられる。これは新旧の違いだけではなく，内容的にも大きく異なっている。前者は臆面もなくエリート大学をランク付けし，後者は大衆高等教育のためにランキングを提供している。前者は限られた指標に合うような大学を選抜しランク付けしている。これに対して，後者はいわばクラウドソーシング[1]により運営されており，これによって高等教育機関は情報を提供するだけで，分析対象となる大学のグループに入ることができる。*U-Multirank*も本来の主張から少し離れ始めてはいるが，その登場は従来のランキングに影響を与え，その方法論を再考させ，大学の名声ばかりに焦点を当てていることを公式に認めさせている。

ランキングの偶像化は世界中に広がっているが，その程度は国や地方によって異なっている。ある国では国内ランキングが資金配分と（学部生の）大学選

---

1)【訳注】クラウドソーシングは一般的に不特定多数の人の寄与を募りサービスを提供する，あるいは目標を達成するプロセスを表す。*U-Multirank*は各大学からの情報を集め，順位をつけずに情報をそのまま提供している。また指標を選抜するランキング制度と異なり各教育機関のなるべく多くの面を紹介しようとしている。

xxi

択に影響を与えている可能性が高いので，非常に重視されている。別言すれば，大学の基本に関わる影響力を持っている。米国は，その規模とステータスに自信を持っているせいか，これまでのところグローバル・ランキングの影響からは比較的免れているが，（国内ランキングである）USNWR ランキングには取りつかれている。その一方で，特に新興国はグローバル・ランキングの結果をとても気にかけている。ARWU はもともと中国の大学が適切な基準と目標を設定できるようにするための戦略的ツールとして開発された。これは今日，多くの国でランキングを質のベンチマーキングとして使用しているのと同じ使い方である。もっともランキングにそのような機能があるかどうかについては，議論の多いところではある。

　ここでの主要なメッセージは，どのような方法論であれ，高等教育の成果を測ることにもっと注意を払うべきだという点である。すなわち，自己宣伝用の広報から離れて外部評価を受ける方向に進むことが必要なのは明らかである。ランキングに対する批判的な反応によって触発されなかったら，現在行われている質に対する議論は起きなかったかもしれない。大学が質に関する議論に真剣に取り組むのにも非常に時間がかかってきた。また，ランキングへの参加を拒否したり，ごまかしたり，抜け穴を利用したりしても，大した効果はなかった。ランキングによる最も重要な貢献の一つは，一連の指標を使ってこれを資金配分と関連させると同時に，他の類似した学部や大学，あるいは世界中の国家とのパフォーマンスを比較するベンチマーキングの機能である。Locke（2011：226）が指摘したように「ランキングに問題が多いことは大して重要でない。本当に重要なのは，ランキングに強い影響力があることなのだ」。

　グローバル・ランキングが世界中の大学のデータへアクセスするのは簡単ではない。この理由に加えて大学の優劣は研究上の実績と密接に関連しているという観念によって，彼等は計量書誌学のデータを重視する。*U-Multirank* はより広範な指標を取り入れようとしてはいるものの，大学の回答に依存することやその信頼性の問題があり，同様にアクセスの難しさに直面している。この問題を解決するために，Thomson Reuters は Global Institutional Profiles を開発

し，ARWU を発行している上海交通大学の高等教育研究院（CWCU）は Global Research University Profiles を開発した。また EU も 2014 年 7 月には欧州高等教育登録（European Tertiary Education Register：ETER）を創設して国際情報ビジネスに参入した（Bonaccorsi et al. 2010, ETER 2014）。また THE も独自にデータベースを開発する意向を表明している。これらの新たな試みによって高等教育に関するもっと豊かな情報源が確立されるようになるだろう。このようにして，教育政策や大学の意思決定のために使われる高等教育データの商業市場が形成されていく。こうした市場が形成されれば，ランキングに対するボイコットの（大学側のデータ提供拒否による）効力は減少するだろう。以上のような展開によって，最終的には世界共通の国際的データセットが生まれる可能性が高い。しかし，指標の妥当性に関する論争が続く限り，ランキングを政策決定に使う場合，入手が容易なデータだけに依存しようとするのは根本的な疑問を惹き起こす（Toutkoushian and Smart 2001：41）。最近数年の傾向として，政策担当者や高等教育機関，さらには教育関係者の間に「数字に基づく政策決定」への関心が強まってきた（Hazelkorn 2010c）。しかし指標の選択が，それに本当に意味がある，あるいは教育成果に影響を及ぼすために戦略的に使うことができる，という何らかの根拠に基づいて行われることは稀である。

　大学データのオンライン上での公開は，"オープンデータ"という理念，そして高等教育機関はその活動と成果の透明性を確保する責任があるという考え方に合致する。特に公的資金で運営される大学ではそれが当てはまる。高等教育や研究の資源がデジタル化されたり，初めからデジタル・データとして開発されるほど，ソーシャルネットワーキングならびに最新技術を使ってさまざまなタイプの高等教育"消費者"に新しいサービスを提供できる機会が増えていく。こうした展開は，大学の質，実績，そして生産性などの課題が，高等教育機関のみならず政府の影響力さえ超えたところに行ってしまうのではないか，という懸念を生みつつある。我々は今，ランキングを嘲笑の対象としているかもしれないが，後から振り返って見ると，（技術革新の大きなうねりの中での）氷山の一角に過ぎなかったということになるのかもしれない（Hazelkorn

2014b)。

　世界金融危機によって，増大を続ける公的負債や民間負債，そして拡大する社会の不平等と階層化に人びとの注目が集まるようになった (Piketty 2014)。Usher (2012b) によると OECD 加盟国においては，「高等教育への公的投資のピーク」はおそらくすでに過ぎている。Sassen (2011：29) は世界金融危機とその後の余波を「勝者と敗者の残酷なふるい分け」と呼んでいる。この数年，各国は社会的な需要が増している各種の公的サービスの資金を確保するのに苦闘している。このため高等教育の「公共財」としての機能や高等教育の社会的責任をめぐる議論が再び活発になってきた。大まかに言えば，これは高等教育を社会経済の開発や再生に利用するということであるが，もっと根本的な問題も存在する。すなわち Calhoun (2006：27) が明確に問いかけているように（高等教育への公的投資によって）「誰がどのように利益を得るのか？」という問題なのである。

　個々の大学のパフォーマンスを過度に強調することは，国家の能力はそこにある世界クラスの大学の能力を単純に合計したものだ，という（誤った）信念に繋がる。それによって大学，国家，そしてグローバルの各レベルで，階層的差別化ならびに社会の序列化が促進されてきた。こうした考え方は，"トリクルダウン経済学" として知られる経済思想の一種の変形と見做せる。トリクルダウン理論では，社会のエリートに（例えば減税を通して）より多くの資金を与えると，これが巡り巡って雇用が創出され社会の不平等が解消されるとする。しかし，実際の結果は予測されたものとは全く逆だったということは国際的な事例が示している (Hazelkorn 2011c)。次の 2 つの引用は，相反する両極端の考え方を表している。

> 「ヨーロッパの諸国は資金配分を行う上で，今よりもずっと選別を強めなくてはなりません。EU には 2,000 近くの大学がありますが，そのほとんどは研究を重視し博士号や修士号の授与権を持つ大学になることを熱望しています。これとは対照的に，研究科を持つ米国の大学は 250 以下で，研

究中心と見られている大学も 100 以下しかありません。」(Butler, N. 2007：10)

「教育資源の差別化という名の下に，少数の恵まれた学生のためにエリート大学を形成する一方で，大衆の教育と学習を最前線で担っている教育機関がジリ貧になるのを放置するなら，教育の多様化は必ずしも望ましいことではありません。例えば教育資源に大きな格差がある状況と，公的教育サービスへのアクセスを全国どこでも平等化するという理念とを，どのようにして調和させるのでしょうか。」(Neave 2000：19)

これらの引用における異なる立場は，高等教育に対する価値観が社会によって大きく異なっていることを反映している。例えば，高等教育が公共財として高く評価されている国では「学生の出身や背景がどのようなものであろうとあまり関係ない。彼らは皆きちんと仕事をやりこなせる」という考え方が根付いている（Schutz, Guttenplan 2014 で引用）。これは政策決定においても重要な理念ないしは基準であり，単に「大学で学べる機会を広げる」というだけではなく，「優秀な学生には，それに相応しい学習機会を与えるべき」か，という問題でもあるのだ。

トップ 100 の大学は，18,000 近くある世界全体の高等教育機関の 0.5％に過ぎない。そして，これは高等教育を受けている世界の学生 1.96 億人の僅か 0.4％である（UNESCO 1999-2012）。実際のところ，高等教育に対する世界中の需要が増えるに従い，学生に対する選別も厳しくなっているという事実がある。これは大学生総数が増加している一方で，トップ 100 大学の学生数があまり増えていないからである。結果として世界中の学生の中で，トップ・ランキングの大学で学べる学生の比率は毎年減少している。

各国の政府は，社会的・経済的な競争力強化と持続可能性の戦略を追求するにあたり，難しい政策判断を迫られている（Box1 参照, Hazelkorn 2013d）。ランキングは各政策のトレードオフを明確にし，高等教育の強みだけでなく，そ

れによってどのような利益がもたらされるのか，という点でも人びとの注目を集めている（Brink 2014）。ランキングで定義されるエリート大学（またそこでの研究）に多くの資金を単純に注ぐだけで，利用可能な十分な知識ならびに社会が必要としている便益がそこから波及して生み出されるという考え方は，いくつかの文献で批判されている（例えば Fortin and Currie 2013, Goddard et al. 2014 など，第6章を参照）。革新的な成果は「単独の企業（や単独の旗艦的大学）の努力の結果」ではなく，「異なる種類の参加者のネットワークにおける相互作用」により生まれるという事例が増えている（OECD 2006a：124）。事実, Natutre 誌は，研究者が社会の現実に背を向けていることに対して次のように注意を喚起している。

「世界人口の半分以上は都市に住み，その数は急速に増加しています。したがって，科学者が多くの人を助けようとするならば，都市部にその注意を向ける必要があります。」（Editorial 2010）

こうした議論は，ランキングが高等教育の単一モデルを促進しているという従来の"標準化"の議論を超えたものである。すなわち，（教育制度をランキングに合わせるようにして追求されてきた）世界クラスの大学のモデルが社会の幅広

Box 1　政策選択肢のトレードオフ

・測りやすいものを測る　vs　有意義なものを測る
・ランキングに合わせるように戦略を立てる　vs　高等教育の目標あるいは公共的な使命を全うしようとする
・エリート大学モデル追求にかかる費用を負担する　vs　大衆教育を維持する
・トップ大学への集中　vs　人的資本の育成と地域能力の強化
・大学を教育中心と研究中心とで差別化する　vs　教育と研究とを融合する
・伝統的な学術研究の成果に報酬を与える　vs　市民的・社会的責任を評価する
・伝統的な知識生産モデルと学者の相互評価による説明責任を促す　vs　知識の応用，社会貢献，そして社会的説明責任を重視する

いニーズにどの程度応えているのか，というより根源的な疑問を提起している。

実際，国家が（増大する）あらゆる社会的ニーズに資金を提供しようと苦闘し，高等教育には社会により大きな影響力，より大きな便益をもたらすよう期待されているこの時期に，多額の資金を要する（限られた数の）"世界クラスの大学"に関心が高まっていることは皮肉である。ランキングは大学が所在している地域や国との関係を強化させるのではなく，むしろ大学は自己本位で，財政基盤の多様化と市場化，優秀な人材の国際的調達，さらにはグローバルな活動に際して国家には縛られず，地域社会からも距離を置いた存在だという考え方を促している。狭く定義された"世界クラス大学"を追求することは，高ランキングを求める中で，高等教育を私的で独りよがりな存在に変えていくことはなかっただろうか。また公共の利益が私的利益と混同されてはこなかっただろうか（Hazelkorn 2014e）。

第2版の改定点

第1版を出版した頃，ランキングへの執着はやがて収まると著者はナイーブにも考えていた。だが，それは明確な誤りだった。ランキングが高等教育に与えるインパクトや影響は今も増大し続けている。ランキングや世界クラスの大学，あるいはトップ100大学に関するイベントやそこへの参加者は年々増加の一途である。しかし，現在，収集され分析されているデータの量も増加しつつある。そのため，最初のグローバル・ランキングが登場してから10年を経た現在では多面的な評価が可能になり，高等教育の政策決定や主要な利害関係者にとってのランキングの重要性や意味について考察できるようになった。

本書の第1版には，OECDおよび国際大学協会（International Association of Universities：IAU）の支援を受けた2006年の調査で集めた情報を用い，世界の大学幹部，学生，そして重要な政策担当者の意見を記載した。2014年には，2006年と同じ調査対象グループに立ち戻り，ランキングに関する意見がどの程度変化したかを調査した。また最初の調査が行われた後，他の研究者によってもランキングによるインパクトや影響が調査され，私が行ったアンケートと

同じ手法を採用した研究者もいた（特筆すべき例として2014年に実施されたヨーロッパ大学協会（EUA）によるRISP調査がある）。あるいは自国におけるランキング現象を調査した研究者もいる。

したがって第2版の目的は，ランキングに関する記述を最新のものに改定することである。すなわち国際的な学術論文やRISP調査から得られた追加情報，あるいは学生選択に関するi-graduateの新たなデータなどを付け加えた。ヨーロッパ大学協会のTia LoukkolaおよびイギリスInternational Graduate Insight Group Ltd. (i-graduate) のWill Archerには，研究成果の使用を許可していただいたことに感謝したい。第1版の全ての図表は更新し，場合によっては新規データや比較データを取り入れながら再編したものもある。方法論の詳しい説明は補論に示した。

第1版と同様，アンケートやインタビューの回答者の匿名性は確保されている。したがって本書での引用では，十分な情報が得られる範囲で簡単なグループに分けて引用元（の属性）を表示している。例えば"上級管理者，1945年以前に創立したドイツの研究中心の国立大学"などのように記載する。非常に短い引用を使う場合は，読みやすさを優先するために属性の表示は省略し，引用部分を斜体で表記している。これによって，それがインタビューによる引用だということを示し，他の引用部分とは区別できるようにしている。例えば，『大学はランキングが高いと「政府からの資金獲得が有利になる」と考えている。』のように記述する。

第5章のそれぞれの国のケース・スタディを更新して下さったSimon Marginson（オーストラリア），Barbara Kehm（ドイツ），米澤彰純（日本）には特に感謝を表したい。著者は2007〜2008年にはこれら3ヵ国を訪問し，個人やフォーカス・グループを対象に多くのインタビューを行ったが，今回はそれを行うことができなかった。

ここ数年，ランキングのインパクトや影響，さらには高等教育とそれが直面しているより広範な問題について，多数の友人や同僚たちと多くを語り合ってきた。こうした意見交換ができたことは非常に有益だった。特に次の方々には

記して感謝の意を示したい。有益で興味深い情報に満ちた毎日のニュースをまとめてくれた Louise Hargreaves, 定期的に新しい情報を送ってもらう等, いろいろな面でお世話になった Philip Altbach, Georg Krücken, Ossi Lindqvist, Tia Loukkola, Alexander C. McCormick, Simon Marginson, Francisco Marmolejo, Vin Massaro, Benoit Miller, Kris Olds, Eva Egron-Polak, Susan Robertson, Jamil Salmi, Andrée Sursock, William Tierney, Alex Usher の各氏。また統計分析でお世話になったダブリン工科大学 Centre for Social and Educational Research (CSER) の Siobhan Keegan, いつも図書館でお世話になっている Susan Chambers と同僚たちにも感謝の念を伝えたい。

ここ数年, Higher Education Policy Research Unit (HEPRU) で一緒に働いてきたチームを特に称えたい。すなわち Barry Colfer, Chris Connolly, Emily Fritze, Andrew Gibson, Siobhan Harkin, Catherine Lawlor, Amanda Moynihan, Sonia Pavlenko, Martin Ryan, そして Elaine Ward の各氏である。またこの本の執筆にあたり, 忍耐強く助けていただいた Amanda と Andrew に心からの謝意を伝えたい。

最後に, 常に私を支え激励してくれた家族に感謝している。言うまでもなく, 本書に誤りや誤認があれば, それは全て著者の責任である。

第1章

グローバル化と国際評価レース

> 「最近行われた2つのランキング調査がヨーロッパの大学の研究力の高さに疑問を呈しています。この調査には文化的、方法論的な偏りはあるかもしれませんが、ヨーロッパの大学は国際比較ではそれほど高い実績を示していない、という結果が示されているのです。」
>
> (Europa 2004：23)

> 「グローバル・ランキングのトップ500をみるとイスラム圏の大学の状態は芳しくありません……この状況を改善してイスラム圏内の少なくとも20大学をトップ500に入れるために、イスラム機構（OIC）は科学・工学分野において優れた大学を選抜し強化することを決定しました。」
>
> (Organization of the Islamic Conference, in Billal 2007)

グローバル化と大学ランキング

現在、グローバル・ランキングをめぐる世界中の関心は強迫観念といってもいいほどである。20世紀初頭に米国で学術的な試みとして始まった大学ランキングは、1980年代には学生に対する商業的な情報サービスに変わり、現在は大学の「評価レース」の主要指標として世界各国で政治的な意味をもつようになってきている。世界各国でランキングに関する意識が急速に高まってきているが、これはグローバル化や経済成長の原動力となる新知識の発見、さらには説明責任と透明性に対する社会的要求の拡大などに応えるために必然的に生

じているのである。グローバル・ランキングは，各大学のステータスを決め，高等教育制度の質と成果を評価し，国際的な競争力を測るものとして利用されているが，同時にこれは現在，世界中で展開されている「最高クラスの大学を目指す戦い」を目にみえる形にしたものでもある。国際化が政府や高等教育機関にとって最優先事項のひとつとなるにしたがい，高等教育が有能な人材を確保し，新知識をつくり出す能力を高めることは，各国が科学技術の分野で貢献し国際経済に参加できる能力を示す上で決定的に重要になってきている。そうした経緯のなかでグローバル・ランキングは大学を変容させ，高等教育制度の再編を促している。世界には約 18,000 の高等教育機関 (higher education institutions：HEIs) [1] があるが [i]，その 0.5% に過ぎないトップ 100 大学の順位やその変化が世界中の注目を惹きつけている。レストランやホテルの衛生ランキングと同様，誰も最下位にはなりたくないのである。

　1990 年代以降，政府や評価機関，大学，研究所，民間機関，そして人気メディアなどによってランキングが発表されるようになり，いたる所で使われるようになってきた。*America's Best Colleges* は，U.S. News and World Report 社が出版する *U.S. News* 誌の別冊として 1987 年から毎年発行されているが，今日でも全米一の人気を保っている。世界に目を転ずると，こうしたランキング関係の出版物は，主としてメディア関連企業やその他の大手企業が発行してきた。たとえば，*Times Higher Education* (1992 年 10 月からイギリス *The Times* 誌で発表)，*Financial Times*，*The Guardian*，*The Sunday Times*（イギリス／アイルランド），*Der Spiegel*（ドイツ），*Maclean's*（カナダ），*Reforma*（メキシコ），そして *Washington Monthly*（米国）などである。また，政府，大学評価機関，高等教育機関なども，長年にわたって独自の評価やランキングのためのシステムを開発してきた。たとえば，CHE（ドイツ），AQA（オーストリア），ARRA（ス

---

[1] 【訳注】原著では university（研究活動している大学）と college（学部生教育中心の大学），そしてこれら以外の短期大学，専門学校，職業専門学校なども含むより広い概念の Higher Education Institutions（HEI）が用語として使われている（HEI は場合によって「institution」と省略表記されている）。本書では原則として，HEI は「高等教育機関」（場合によっては単に大学），university を「大学」，そして 4 年 college を「カレッジ」，community college は「短大」と翻訳した。

ロバキア），CIEES，CACEI，CNEIP，CENEVAL ならびに CONEVET（メキシコ），NAAC ならびに NBA（インド），Universities Commission Ranking（ナイジェリア），Higher Education Council ならびに TÜBİTAK（トルコ），Commission on Higher Education ならびに Philippine Accrediting Association of Schools, Colleges and Universities（フィリピン），そして Higher Education Evaluation and Accreditation Council of Taiwan（HEEACT）などである[ii]。
さらには，国際機関が主導して評価システムを作成している例もある。たとえば EU が支援している *U-Multirank* プロジェクトや OECD の *AHELO* プロジェクトなどである。加えて，大学の商業的なガイドブックやウェブサイトも多数存在している。例としては，*Good Universities Guide*（オーストラリア），*The Complete University Guide*（イギリス），*Re$earch Infosource Inc.*（カナダ）ならびに *ELS University Guide Online*（米国）などがある。また，高等教育の国際化にともない，高等教育機関を世界のなかで比較するランキングにその焦点が移ってきている。すなわち，上海交通大学の *Academic Ranking of World Universities*（*ARWU*）[2]，*Times Higher Education World University Rankings*（*THE*），*QS Top Universities*（*QS*），*Webometrics* などのグローバル・ランキングである。現在，グローバル・ランキングは主なものだけでも 10 程度存在するが，それ以外に国際，国内，地域における各種ランキングは少なくとも 150 以上存在する。

ここ数十年間の高等教育環境の変遷は，次のような文献にきちんとまとめられている（CERI 2009；Marginson and van der Wende 2007a；Simons et al. 2009；Altbach et al. 2010；King et al. 2011；Curaj et al. 2012 など）。文献によって多少見解に異なるところはあるが，これらに共通しているのは，高等教育に重大な影響を及ぼすような社会的変化が今，急速に進んでおり，それらの変化に対応するためには広範な変革が必要で，また実際にそうした変革がおきているという点であ

---

2)【訳注】2009 年以降，Academic Ranking of World Universities は独立組織として設立された Shanghai Ranking Consultancy（SRC）によって公開されている。

る。単純化を恐れずに整理すると，これらは次の４つの動因にまとめることができる。(I) 知識集約型経済への移行，(II) 人口動態変化と優秀な人材を世界に求める動き，(III) 経済・社会で重要性が高まる高等教育機関における成果主義への傾斜，そして (IV) 豊富な情報をもつ学生による消費者としての大学選択，である。

(I) 知識集約型経済への移行

　知識が経済，社会，政治の力の基盤となったことで，経済力や富を生み出す源泉が，生産性や効率から，才能ある人びとによって生み出される高付加価値商品や革新的なサービスへと変わってきた。グローバル化の第１段階が「より安く生産する」ことにあったのに対して，現在の段階はどれだけ人びとと生産工程をグローバルに結びつけられるか，そしてどれほど従来の壁を打ち破ることができるかにかかっている（Cheese et al. 2007：2）。Marx（カール・マルクス）がいうところの「万里の長城を叩き壊す大砲」の現代版である（1948：125）。Friedman（2007）が唱えた地球のフラット化および Castells（1996）が述べた「ネットワーク社会」は，単に国境を無視するだけではない。それらは積極的かつ日常的に国境および国内指向の企業を打ち壊していく一方で，新たな労働慣行や社会的ネットワークの形態を創出しつつある。現在，企業価値の80％近くが無形資産や知識資産，すなわち，サービス，市場，ネットワーク，社会的評価，ブランドなどに関する独自の知識に由来している（Hutton 2006）。成功する経済とは，新しい知識を開発，利用することのできる経済である。そこでは，「知識ベースの知的資産—R&D，ソフトウェア，革新的生産工程の設計，人的資本や組織資本など—への投資を通して競争優位と経済効率を獲得する（Brinkley 2008：17-18）」。「米国での生産性の上昇は主に技術進歩によって生み出されている」ことが研究によって明らかにされている。これは，産業界や大学が取得した特許数に示されているように，近年のイノベーションによってもたらされたものである（Chellaraj et al. 2005：1）。このような社会変化は，高等教育を政策決定の中軸に据える動きに繋がっている。なぜなら，高等教育こそが，人的資本の供給源であり，新しい知識や技術を創出し社会に移転する源泉

であり，国際投資や人材を惹きつける灯だからである。

　政府は，高等教育機関の独立性を尊重しつつも，実績ベースの資金配分や，多くの場合，高等教育機関との契約を通じて高等教育を社会的・経済的目標に沿うように誘導し，再編しようとしてきている。たとえばEUの「リスボン戦略」では，R&Dへの投資をGDPの3％に，博士課程の学生数を2倍に急増させ，ヨーロッパを「世界一ダイナミックで競争力のある知識集約型経済」にすることを目的としている（Europa 2000）。これに続いてEuropa 2020では，「知識を源泉とする持続可能で包括的な成長」（smart, sustainable and inclusive growth）を強調している。似たようなプログラムは各国にある，たとえばBuilding Ireland's Smart Economy（Government of Ireland 2008），Brain Korea 21およびBrain Korea 21 Plus（Korean Research Council 1999），Malaysia's Vision 2020（Government of Malaysia 1991），Abu Dhabi Economic Vision 2030（Government of Abu Dhabi 2008），India's National Knowledge Commission（Government of India 2009），そして日本の国際化整備拠点事業（グローバル30 2009），グローバル人材育成推進事業（グローバル30プラス 2012），ならびにスーパーグローバル大学等事業（2014），など多数ある。2008年の金融危機は世界に警鐘を鳴らしたが，むしろ変化のスピードを加速させ，BRICs諸国をグローバル競争のメイン・プレーヤーに押しあげる結果となった。ランキングは高等教育のもつ戦略的な側面を明確にしたのである。大学の国際化戦略は，世界最高クラスの大学を目指すことに並んで「高等教育における最優先事項のひとつ」として位置付けられるようになってきた（Jöns and Hoyler 2013：55）。そして高等教育は経済競争力を高める短期ならびに長期の戦略と考えられるようになり，結果的には「過去60年間でもっとも深刻な世界経済不況の最中だったにもかかわらず，高等教育への公共投資は国家・地域予算で半ば聖域化された」（Douglass 2010：24；OECD 2013：213）のである。

(Ⅱ) 人口動態変化と優秀な人材を世界に求める動き

　優秀な人材への需要が各国で高まっている今の時代，多くの国では人口動態

上の大きな変動期を迎えている。これはいくつかの要因が重なっている。たとえば高齢化と勤労世代の退職，加えてベビーブームが去ったことや出産年齢が上昇してきたことなどによる学生数の減少などである。世界の人口は2050年までに25億人ほど増加する見込みだが，ほとんどの先進国では人口は変わらない（もし途上国からの移民がなければ，むしろ減少する）と予想されている。先進国では青少年の人口割合が2005年には13.7％であったのに対して，2050年には10.5％に減る見込みである（Bremner et al. 2009：2, 6）。これにより若い学生数が減り，自国に知識集約型産業を育成するという政策の実現が難しくなる。結果として Daily Yomiuri が「学生の奪い合い」（Matsumoto and Ono 2008：1）と名付け，The Economist が「才能の争奪戦」と名付けた現象が，伝統的な資源の獲得競争の上につけ加わった。高学歴の人は国際的に移動する傾向がある（Europa 2006a）ということを各国政府はよく知っており，とくに科学技術分野で「もっとも才能がありもっとも経済に貢献しそうな移民（Rüdiger 2008：1；ICREA, Brandenburg et. al. 2008）」を誘致するための新政策を打ち出している。優れた才能を誘致することの重要性は，体系化された知識をつくり広めるためだけではなく，経験や判断など言葉では表現しきれないような彼らの広範囲な知識を伝授してもらうことにもある。高度人材の受け入れ国が彼らを誘致し（あるいはよび戻し）雇い続ける条件を整えることができれば，一方的な頭脳流出にはならず，むしろ「頭脳循環」として送り手・受け手，双方の国の利益になりうるだろう（Hvistendahl 2008）。かつては文化交流の方策にすぎないとみなされていた国際化が，今では留学生とりわけ研究大学院生の数を増やし，最終的には高度な労働力を増やすための不可欠な手段となっている（Hazelkorn 2008b）。

しかし，経済的利益を生み出す留学生市場の重要性は，グローバルな競争を厳しいものとし，そのために必要な資金を膨らませている（Guruz 2008；Green and Koch 2010）。留学生数すなわち国境を越えて学ぶ学生の数は2025年までに年間約720万人に達する見込みで，GATS（サービスの貿易に関する一般協定）の下で，明確な貿易財として認識されるようになってきている（Varghese 2008：11）。最近のOECDの報告書（2013：304）によると，2013年には少なく

とも430万人が自国以外の高等教育機関で勉強しており，2000年の200万人，2011年の380万人から着実に増加してきている。またこの増加は，各国における高等教育進学者数の一般的な増加に対応している（UIS 2014）。絶対数や比率でみると，留学先としてもっとも人気があるのは依然として西欧および北米であり，留学生の83％はG20諸国，77％はOECD諸国で勉強している（OECD 2013：305；IIE 2013；Guruz 2008：230）。受け入れ国のトップ5は米国（17％），イギリス（13％），ドイツ（6％），フランス（6％），そしてオーストラリア（6％）である。一方，送り手からみると，留学生の53％はアジア出身である。なかでも中国は最多の18％を占めているが，彼らにとってもっとも人気のある留学先は米国，日本，オーストラリアである（OECD 2013：313）。

オーストラリアでは，2012～13年において教育サービスは4番目に大きな輸出産業であり，2008年に比べるとやや順位を下げたもののサービス産業としては今後も最大の輸出産業であり続けると思われる（AEPL 2009；Connelly and Olsen 2013）。一方，米国には，インド，中国，韓国，シンガポール（後者の2国は数学・科学ではトップの学力とされている）などから優秀な大学院生や高度技術人材が移民として流入しており，米国内の教育では供給しきれない人材不足を補っている（Chellaraj et al. 2005：2）。他の多くの国ではこれらの例に追随しようとしている。たとえば，シンガポールや中国，マレーシア，日本，ヨルダン，そして韓国などでは今後5～10年にわたって留学生の受け入れ数を大幅に増やそうとしている（Wildavsky 2010：24；Anon 2010a）。当初はEU内での学生移動の促進自体を主眼としていたボローニャ・イニシアティブ[3]は，今では教育制度改革を促す存在となっている。その結果，学生の国際移動が容易になると同時に，経済メリットの大きい留学生市場での競争が促進されている（Bologna 2007；Cemmell and Bekhradnia 2008）。イギリスの大学は「激しいドライブに備えてシートベルトをしっかり締めておく」（Gill 2008）ことを促さ

3）【訳注】正式には，ボローニャ・プロセス。ヨーロッパ諸国間の高等教育制度の規格化を通して学生の相互移動を増やすことを目指して実施された一連の行政会合および合意。1999年にボローニャ宣言への調印が行われた。

れ，日本の大学は「高校生をリクルートしたり，オープンキャンパスで候補者を誘致したり，プールや図書館の建替えで魅力を増してより多くの留学生を惹きつけなければ」(McNeill 2008) ならなくなったのである。また多くの政府は世界中から優秀な才能を集めようと，高等教育政策，科学技術政策，移民政策をより整合性のあるものに調整している。その背景にあるのは「大学院生数の世界分布，高等教育に対する需要，そして優れた大学の地理的集中」(van Damme 2014) の3者間における相互に密接な関係である。

⑶ 経済・社会で重要性が高まる高等教育機関における成果主義への傾斜

高等教育は，以前は社会的支出とみなされてきたが，生産的な経済になるための不可欠な要素になると見方が変わり，高等教育をどのように管理・運営するかが主要な政策課題となってきている。重要性を増してきているのは，投資に見合う価値，生産性，効率性，そして投資家の信頼の確保であり，これらは「ニュー・パブリック・マネージメント」(Deem 2001) とか，EUでは「アジェンダの現代化 (Europa 2006b, 2007a)」というキーワードで称されている。変化の程度や幅は国や分野によって異なるが，概ね次の要素を含んでいる。すなわち，① 教育プログラムを再編成することによって他国との互換性や競争力を上げ，より魅力的にすること，② 競争的資金の獲得状況によって測られ支持されるような研究目標や研究成果への傾斜，③ 産業界との連携や技術・知識の普及活動，④ 効率性や学生規模，注目度などを上げるための学科の統合，あるいは学生数や質の面で基準を満たさない学科の廃止，などである。また，研究者の学術的な活動や雇用契約条件における変遷をみると，「同僚間の平等な権限」に基づく自己規律で動いている比較的自立していた職業から，「組織的に管理される」サラリーマンと大して変わらない労働力へと変容してきていることがみて取れる (Slaughter and Leslie 1997；Rhoades 1998；Farnham 1999；Altbach 2000a；Altbach and Lewis 1996；Slaughter and Rhoades 2004；Hazelkorn and Moynihan 2010；Schrecker 2010)。社会システムという面からすると，政府がすべての教育機関をそのステータスや質の面で平等に扱う平等主義的なアプ

ローチから離れ，ランキングや競争的資金調達などを通じて階層的・垂直的な差別化を促すアプローチになりつつある。高等教育が経済のエンジンになるとすれば，高等教育機関における，あるいは大学での研究における効率，品質，ステータスは，決定的な重要性をもつようになってくる。EU（Europe 2006b）では成果主義への転換を次のように述べている。

> 「大学は，それがどのような大学かというよりも，どのような成果をあげているかということで資金を配分されるべきです。大切なのは，どのような研究者や学生がいるか（インプット）ではなく，きちんと結果を出しているか（アウトプット）なのです。競争的な資金の配分には，大学評価システムに基づき，目標が明確なさまざまな成果指標や国際的なベンチマーキング（基準指標）が使われるべきです。」

要するに，「自分たちがどんなに優れているかを説明しただけでは不十分で，世界のトップとの比較を客観的に示す必要がある」（Carr 2009）のである。

(M)　豊富な情報を持った学生による消費者としての大学選択

　教育内容や卒業後の進路，その後のライフスタイルなどは，学歴や資格，就職機会と密接に関係しているため，学生（およびその両親）は，そうした情報に敏感な消費者になってきている（Santiago et al. 2008）。こうした傾向は，高等教育の費用—これらには授業料に加えて遠隔地への引越し費用も含まれる—の上昇ならびに費用負担能力格差の拡大によっても促されている。結果として学生は大学およびプログラムを，進学や就職でよい機会を得るための費用と考えている。大学の授業料は，実際にそれにかかる費用だけでなく，需要と供給によって決まるため，大学の授業料の高騰は強い需要の反映でもある。また，高等教育への門戸を広げ学位取得者を増やすことは，社会全体にとっての重要な目標かもしれないが，そこから得られる恩恵は（収入面や社会的地位など）個人に帰属する利益として考えられるようになってきている。その結果，学生は

9

ガイドブックで，あるいはオンラインで簡単にアクセスできる比較データやベンチマーキング・データなどを通じて，消費者としての立場から大学の情報をより多く求めるようになってきている。たとえば，授業や研究に対する学生満足度，就職率や卒業後の給与見込み，学生体験やキャンパス・ライフの評価，などの情報は一般的である。米国の世論調査では，回答者の84％が，大学は卒業率，学生ローンの返済状況，就職率などの情報を公開すべきだと考えている（Hart Research Associates 2013：16）。そして現在は，限られた人数の優秀な学生をめぐって大学間の競争が激しくなっているので，消費者である学生の立場が強くなってきている。全体として，今まで以上に透明性や説明責任を求める世論が強まっているのである。

　大学当局によって作成される比較可能なデータが不足しているため，この空白をランキングが埋めるようになってきている。こうした展開にいろいろ批判する意見はあるものの，ランキングが透明性や説明責任の一部を代替するような機能を担ってきているため，学生（とりわけ留学生），各国政府，その他の利害関係者はランキングを通じて必要な情報を得ることができるのである。このためWebster（1992）は，ランキングの役割が大きくなったことの責任の一端は情報を公開してこなかった高等教育機関にもあると指摘している。

　以上の傾向は，近年ますます顕著になってきているが，これは，ますます多極化する世界秩序の下で高等教育機関も多様化し，知識の専門化と分業が国際的に進んでいることを反映している（Flick and Convoco Foundation 2011；Jöns and Hoyler 2013）。結果としてランキングは単なる消費財からグローバル戦略の手段に変容し，影響力を強め続けている。

ランキング理論の形成

　ランキングは，政策担当者や高等教育機関のトップの注目を集めてきた一方で，数多くのメディア記事や政策文書，そして何千もの学術論文，修士・博士論文，さらには国際会議やセミナーで分析されてきた。このテーマを扱う大学の専門コースさえ存在している（O'Meara 2010）。こういう展開は，国内ある

いはグローバルなランキングを始めたころには，思いもよらないことだったに違いない。たとえば，*ARWU* は「われわれ（中国エリート大学）と世界的な著名大学との間にどれほどの格差があるかを（知識生産の競争力を計る計量科学的スケールで）明らかにする」ためにランキングを始めた（Liu, Luo 2013：167 で引用）。その目標は「多くの中国人の夢」に力を与え，中国政府から必要な資金を引き出すことにあった（Liu 2009：2）。*U.S. News and World Report* ランキングが目的としていたのは「受験生およびその親に対して，賢い大学選びに欠かせない評価情報――つまり就職やその後のキャリア形成――に役立つような情報」を提供することだった（Morse 2010a）。2004 年に *Times Higher Education*（*THE*）と一緒に *QS World University Ranking* を立ちあげた Quacquarelli によると，ランキングは今でこそ「政府や大学のトップが……戦略目標を立てるため」に使われているが，本来の目的は「学生やその家族に役立てる」ためのものであった（Sharma 2010a）。これらの先駆者たちは，時代の潮流を読むことによって有望なマーケットを創出したのである。

　ランキングに関する文献は，大きく 2 つのカテゴリーに分けられる。第 1 は測定方法に関する批判，第 2 は理論的な解釈に関するものである。ほとんどの論者は前者に焦点を当てており，たとえば，指標を選んだ基準は何か，各指標のウェイトはどのように決めたのか，統計手法が適切か，あるいは計算方法の正確さや妥当性は，といった点に疑問や異議を唱えることが多い。こうした方法論上の問題に注目が集まるのは何ら驚くべきことではない。なぜなら，ランキングは定量的な指標であり，計算方法は常に進歩している上に算出結果についても評価が分かれるからである。ランキングの歴史は比較的浅いため，ランキング機関ではこうしたコメントや批判を積極的に受け入れて，関連する会議やワークショップを開催している。こうした会議は彼らのブランド・イメージの確立や基本方針を根拠づける必要性から行っていると考えることもできる。別言すれば，ランキング指標が高等教育の成果の透明性を高めるものならば，それを作成する立場の透明性を確保するのは当然の義務である。また，国際会議等のイベントはマーケティングとしても重要である。他方，こうした討論会

はランキングが正当性を獲得していくためにも不可欠のプロセスといってよい。ランキングのユーザーをこうしたプロセスに関与させて問題点を明らかにすることにより，ランキング結果をより受け入れやすく，より影響力のあるものにすることができるからである。

　次に，数は多くないが上の第2のカテゴリーに属する論者は，人びとがなぜランキングに執着するかを解明しようとしている。すなわち，ランキング人気の背景に何があるのかを調べ，高等教育への影響や効果，あるいは教員や大学関係者の行動を分析しようとしている。こうした文献ではランキングにともなう次のような現象を説明しようと試みる。(i) 国家やEUなどが競争優位のための戦略にはまり込んでしまう。(ii) 高等教育機関・組織は生き残ろうと努力し，その文化やそれまでの行動様式を変えてまでも外部環境の変化に適応しようとする。(iii) 学生や教員は，大学に対するランキングの評価結果と自分の評価との間でさまざまに反応する。（たとえば，高ランキングの大学では自分の選択に自信を深めたり，逆に入ろうと思っていた大学が，自分が思っていたほど高ランキングでなければ希望する大学を変えたりする）。これらの問題は理論的な側面から大きく3つの議論に分けることができる。いずれの考え方も高等教育に生じている変化をより広い枠組みのなかでとらえようとしている。3つの議論とは，① グローバル化と力の源泉としての知識，② 組織行動とその変化，そして③ 社会関係資本と地位財　(O'Connell 2014：41-66；Lo 2014：41-80) である。

　以下でこの3つの議論を解説することによって，これまでの議論および本書全体の文脈を明らかにしたい。これから検討する理論的立場は，それぞれ異なる著者によって書かれたものだが，本書ではそれらを一体的・並行的に検討してみた。なぜなら，各議論の間には強い関連や重複があり，それぞれのアプローチがランキング現象を異なる側面から説明しているからである。

　これは本書全体を通してもいえることだが，以下の議論をまとめると，ランキング現象は国際競争が激しくなっていることの象徴でもあり不可避的な結果でもある，といえるだろう。高等教育は人的資本と知識，その両方を最先端で形成するものとして，グローバル市場でのシェア争いで中心的な役割を果たす

ようになってきている。そして高等教育機関は知識集約産業として，競争的な環境のなかにある一般企業などと同様な行動をとっているのである。すなわち，生存と繁栄のために，多くの高等教育機関ではランキングで一般的になった基準に合わせようと，組織戦略を見直しその行動様式を変えてきている。彼らの行動は，利益（それが才能ある学生の獲得であれ，資金や名声であれ）はランキングでベストとされるものにすべて吸い取られてしまう，という考えに基づいている。また学生は高いランキングを優れた教育の質，もっと重要なのは，より良いキャリアやライフスタイルの選択と結びつけて考えたがる。政府の行動も似たようなもので，高ランキング大学は投資や優秀な留学生（これらは国際競争に決定的な意味をもつ）を引き寄せる灯になるという視点から，制度の改革や再編を行っている。

グローバル化と力の源泉としての知識

グローバル化とは，国境を越えた収斂や統合がともなう過程であり，「世界共同市場」および「世界共通の知識源」をつくり出してきた。Castells（1996：92）によれば，グローバル経済と世界経済とは質的に異なる。後者は16世紀から存在しており，「世界各地で資本の蓄積が進む」ことに基づいているが，前者では資本は「まるでひとつの生き物のように地球全体で動き回る能力」を備えている。資本および情報の流れは24時間絶え間なく続き，場所や各国の経済状況とは関係なくグローバルに動き回る。こうした時代に社会的な影響力，経済力，政治力を強めるためには，自由に動き回る資金や情報を使いこなすための科学，技術，知識が決定的に重要になる。また，イノベーションは知識を新しい製品やサービスに変換する鍵となるため，知識システムやイノベーション・システムをめぐる各国の競争は激しくなっている（Slaughter and Leslie 1997）。

Castellsによれば，知識はグローバルに資本蓄積するためには必須のものである。従来の生産要素，たとえば土地（天然資源），労働（人的努力），資本財（機械類）などに対して，知識は「新しい生産要素」（Robertson 2008：4）となってきている。したがって，学術的な研究は，もはや個人による単なる知的好

奇心の探究ではなく，大部分は国家による資金配分の優先順位——それらは経済成長や競争力強化の戦略と結び付いている——に沿って進められる。このように知識が重要なのは，それが新しい製品やサービスをつくり出す力があるからである。別言すれば，「知識とは商業価値をもっている知的財産のことであり，商業価値を実現させることによって経済的意味をもち，経済成長にも貢献するのである」（Robertson 2008：5）。

　競争力は「国またはEUなどに立地する機関が，当該国もしくはその法的管轄地域の成長戦略（競争優位性をつくり出すことも含む）の方向性を決める」能力に依存している（Castells 1996：105）。国家の役割は依然として重要であるが，その一方で世界経済の構造や形態は経済地域間の相互依存関係によっても支えられている。こうした経済地域は「生産力が高く多くの情報に恵まれた豊かな地域と，経済価値が低く社会的に孤立化している貧しい地域とに2極化している」（Castells 1996：145）。先端技術や高度な専門サービス，金融商品などは，テクノポール（Castells 1994a），グローバル・シティー（Sassen 2001），あるいは知識経済都市（Reichert 2006）などとよばれる場所に集積する。これらは，ネットワーク化された世界のなかで「組織化された結節点」（Friedman 1995）を形成している。Hall（2006）によれば，こうした結節点は，「あらゆる分野の優れた専門家が集まる」中心地となり，「学生や教員はこうした世界都市に引き寄せられてくる。そこには通常，優れた大学があり，科学・技術・技能を教育研究する専門機関を受け入れる体制も整っている」。つまり，（シンガポールのような）都市国家，地域，あるいは国家が魅力を保てるかは，そこに存在する高等教育機関の評価次第なのである。

　こうした展開は，高等教育に大きな影響を与えており，大学を経済発展の主要な手段に変えつつある。ニュー・パブリック・マネジメント[4]は，新自由主義的な考え方と相まって，高等教育機関を市場指向と成果主義指向の「民

---

4)【訳注】1980年代以降に欧米で形成された公的部門の新たなマネジメント手法。民間企業における経営手法を公共部門にも適用し，効率化・活性化を図るという考え方。

間企業と同じように競争をする大学」(Marginson 2010a) へと変容させている。こうした変化のなかでは，大学に経済やビジネスの原則や経営手法が持ち込まれると同時に，説明責任や透明性，成果主義などが強調されるようになった。市場開拓，大学の顧客（学生や企業）重視，企業家精神，産業界のニーズに合わせた研究などは，大学の文化や仕事に大きな影響を与えている。Marginson (2010a) によれば，こうした流れは，ある意味で相反する２つの傾向を生み出した。ひとつは，「企業としての大学」が規制緩和によって（労働）市場に柔軟に対応できることになったことで，研究者の雇用の不安定化を招いたことであり，もうひとつは，「研究成果がより大きく評価されるように過剰なルールや規制を設けたこと」である。また Slaughter and Leslie (1997：36-37) は，グローバル化は「高等教育に４つの広範囲な影響を及ぼした」と論じている。すなわち，ⅰ）特定の分野に自由に使える予算の削減，ⅱ）「理工学ならびに関連分野への集中化」，これは国際市場の要請と密接に関連している，ⅲ）多国籍企業，政府機関，そして大学による産官学の関係緊密化，そして ⅳ）知的財産権戦略の重視，である。教育の目標が富の創造や経済競争力の強化にシフトしてくることで，知識と一般商品との間の境が消え，「知識が商品化」(Slaughter and Leslie 1997：38) した。それによって大学や教員は大きな影響を受けることになった。知識ならびに経済・産業政策，そして知的財産の３者の結びつきが強まったことは，学部／大学院教育を変容させ，研究者の仕事をも変えてきている。背景にある理論は単純であり，国家の競争力を決めるのはイノベーションで，それは「基本的に人間の頭のなかに眠っている」(Castells 1996：95) というものである。結果として「学術的資本」への投資が不可欠になる。

　市場における競争優位を確立する上で高等教育は基本的な役割を担っているため，高等教育機関の成果が重視されるようになってきた。Marginson and van der Wende (2007a：17) によると，政府ならびに国際的に活動する高等教育機関は２つの目標を追求している。ひとつは「国際環境のなかで活動できる能力とその成果」を最大化すること，そしてもうひとつは「人・資本・情報の国際的移動やネットワーク，あるいは海外での活動から生み出される利益を極

大化し，それを自国もしくは立地する地域に持ち帰る」こと，である。高等教育の置かれている国際環境は，「比較し合う国際環境」である。その意味は，競争優位を確立するために，高等教育機関や政府は，（ランキングなど）グローバルな能力や潜在力を測る指数を使って他の高等教育機関もしくは他国と常に比較し競争し合っている，ということである。Robertson（1998：224）によれば，政治的な闘争と人的資本形成への配慮が結びついて「高等教育の大衆化を強力に推進した」以前のような時代とは対照的に，現在の高等教育で起きていることは，平等化を追求してきたこれまでの歴史的な流れへの挑戦である。人種や性などで社会的平等を追求する運動は抵抗されることがなくなってきているのに反して，世界に強い影響力をもつエリートたちは，評価によって大学間の差別化（したがって社会的な格差）を強めようとしている。

　独自の道を進もうとする高等教育機関や国も存在するかもしれないが，「彼らはもはや自分たちの運命を自分で決めることはできない」（Marginson and van der Wende 2007a：13）。「国家がグローバル知識経済のなかで自国のイノベーション・システムの強化を迫られている」（Robertson 1998：227）状況では，高等教育機関もそうした大きな流れの一部として組み込まれていく。とくに，世界金融危機の後では，その傾向が一層顕著になった。世界的なレベルの大学を目指す競争は世界金融危機の前から行われていたが，各国の高等教育改革を促す主な動機がランキングだったため，競争優位を築く上でのランキングの重要性は金融危機によって一層強まることになった。こうした競争優位を確立できるかどうかは，高等教育機関が投資や優秀な留学生を引きつける魅力にかかっているのである（Gulbrandsen 1997）。研究活動は知識，知的財産，イノベーションの源であるため，世界大学ランキングは大学間の相対的な順位を示す重要な指標となっている。ランキングは，「既存の高等教育機関の間（さらには国家間，世界の地域間）での競争を強め，ステータスを強化し」，さらにはこれらに権威を与えるようになってきている（Marginson and van der Wende 2007a：34）。ランキングが大学を同一の基準で測ることに対して多くの批判はあるものの，高等教育の市場化が進むなかでランキングは大学の独自性を強める契機

にもなっている（O'Connell 2014）。本章の冒頭の引用をみても、高等教育が世界を舞台にした戦いの場になったことが示されている。

組織行動とその変化

　競争的ランキングが日常的に話題に上るようになったこともあり、ランキングは急速に普及し強い影響力をもつようになった。以下の議論は、主としてフランスの哲学者 Foucault（ミシェル・フーコー）、そしてイタリアの政治理論家 Gramsci（アントニオ・グラムシ）による。Foucault が考えた理論的枠組みを使うと、成功を望んでいる高等教育機関や政府が、なぜランキングに強く反応し、ランキングに示された方向に沿うように高等教育を改革しなければならないと感じるようになるのか、を理解できる。一方、Gramsci の理論は、ランキングがどのようにして高等教育の議論のなかで強い影響力をもつようになったかを明らかにしてくれる。

　Foucault（1977：209）は、規律、監視、そして処罰についての著書のなかで、人びとを管理する方法は、罰を与えることから、もっと曖昧な「規律・訓練の技術」へと変わってきている、と論じている。そこでは人びとの空間、時間、あるいは活動を制限することによってその行動を標準化する。それまでの「例外中心の規律・訓練の図式」は、次第に「一般的に規律・訓練的な社会とよばれるもの」に変容してくる。それによって権力は直接的な形で行使されるのではなく、もっと複雑な形で、規律という「巧妙な習慣や日常的な行動」のなかで行使されるようになる。

> 「（したがって規律・訓練〔の施設〕では、基本的な単位は）所属分野（支配の単位）でも場所（所在の単位）でもなくて序列 である。すなわち、ある分類・等級（クラスマン）のなかで人が占める位置であり……（規律・訓練は）序列の技術であり、配列のつくり変えのための技術である。」（Sauder and Espeland 2009：69 で引用）[5]

---

[5]【訳注】ミシェル・フーコー（1977）『監獄の誕生―監視と処罰』田村俶訳、新潮社、より引用。

したがって「権力における強力な手段」は,基準化である。それによって均質性が実現され,基準と異なる行動をする者は白日の下に曝される。Barker and Cheney (1994：20) は次のように説明している。

> 「鞭と監視によってわれわれの行動は支配されますが,監視はこれら2つの『権力装置』のなかでより目立たず,より徹底しています。なぜなら,われわれの日常生活のなかの服従は,自ら進んで,ほとんど完全に自発的な行動として行われるからです。」

Foucault は次のように主張している。権力と支配は不断のそして誰にされているのかわからないような監視によって行われる。それによって,監視する者と監視される者とは日常生活のなかで共存し相互依存的になる。そうしたみえない監視は,「周りはみんなそうやっている」とか「社会通念だ」などという言葉をともなっているものである (Barker and Cheney 1994：24)。

Sauder and Espeland (2009) は Foucault を引用しながら,強制的かつ魅力的な手段でランキングがどのように教育に対する見方を変えてきたのか,さらには,ランキングを使った大学の成果の継続的な監視が(ランキングに合わせなければならないという)内面化された自己統制をどのようにつくり出してきたのか,を説明している。彼らによれば,高等教育機関やその構成メンバーは,さまざまな関係者や複雑な状況に対して対応しなければならない。そこでは説明責任と透明性が求められるが,それを(ランキングのような)定量的な指標を使って行う必要がある。ランキングへの対応の歴史は,「教育プロフェッショナルという自負と市場の論理で課される説明責任の当事者,という2つの立場に折り合いをつけようと葛藤している一連の人びとの反応の変遷としてとらえることができる」(Sauder and Espeland 2009：66)。高等教育機関では,ランキングの結果が大学の外部評価へ影響するのを避けようと努めるかもしれないが,それに成功することはめったにない。ロースクールに関する研究を基に,Sauder and Lancaster (2006：130) は次のように述べている。

「在籍している学生や教員だけではなく，事務スタッフまでがランキングの変化に影響されることに，多くの高等教育機関の管理者が気づくようになりました。この効果がとくに顕著なのは，士気の変化，学生の転出入，新しい教員への訴求力，そして，管理責任者の職の安定性などの変化です。」

ランキングは，高等教育の場に継続的な「監視」をもたらし多大な影響を与えるため，敵意や怒りを買うこともあるが，それはいつの間にか内在化して「自己規律」を迫る存在にもなっている。

　大学が互いに比較し合う時，「個人や大学は，その成果を他の個人や大学と較べられている」。それによって，無意識的に大学を測る尺度づくりに協力させられている（Sauder and Espeland 2009：73）。ランキングは「卓越した大学のための単一尺度」をつくり出すことで階層を生みだしたが，それは大学を差別する仕組みや手段にもなるのである。そうした過程は計測と数値化を通して行われるが，結果的に Foucault が論じたのと同じようなやり方で「大学を評価しコントロールする」ことになる。すなわち，Foucault がいうところの「規律」が「協力的で自己監視を行う国民」を育成し，「正常を定義し，異常を区別し，さらに正常と異常の境界を守る専門家を養成する」（Espeland and Sauder 2007：4-5）のと同じ方法である。こうした基準は，人びとの行動や態度に影響を与え，動機づけ，変化させるのに中心的な役割を果たしたが，その程度は人びとの想像をはるかに越えている（Bowman and Bastedo 2009：4）。たとえば，一部ではランキングで定めた方向に大学のミッションを合わせるようになってきているのである（Espeland and Sauder 2007）。「反応性」や「反射性」という概念を引用しながら，Espeland and Sauder（2007：33）は次のように論じている。高等教育機関はランキングから影響を受け，自分たちを徐々に変化させて「ランキングの構成指標に合わせるようにしている。その結果，資金や人的資源の再分配，仕事のやり方の再考，ならびにランキング制度の盲点探しをするようになる」。その本質において，高等教育機関は，時間の経過とともに一列に並ばされ，合理的に行動して「目的物の計測方法（ランキング指標）から

来る汚染的ともいえる影響力」(Espeland and Sauder 2007：6) に適切に順応しようとするのである。

　ランキングが，高等教育の質や成果に関する議論のなかで，どのようにして重要な役割を占めるようになってきたのかを理解する上で，Gramsci のヘゲモニー（文化的覇権）の概念も役に立つ。Foucault と同様に，Gramsci（1971：419) も権力というものは直接的に行使されるものではなく，文化的な規範（見解，慣行，制度，etc.）を通じて曖昧な形で働きかけてくるものだと考えていた。この文化規範は，広く普及し「普遍的経験」もしくは「常識」として社会規範になったようにみえ，それゆえに「さまざまな社会的，文化的環境に無批判に受け入れられてきた」。Hall ら（1978）による「モラル・パニック」の概念も Gramsci の議論から導かれる。彼らは論文のなかで，犯罪統計が政界やメディア界によって頻繁に操作され，それによって国民の意見に影響を与え，世論を誘導していると論じている。

　　　「犯罪率であろうと世論調査であろうと，統計はイデオロギー的な機能をもっており，漠然とした論争の多い事柄に，数字という議論の余地のない確固とした基盤を与えているようにみえます。メディアも世論も『事実―確固たる事実』を非常に高く評価するのです。」(Hall et al. 1978：9)

ランキングも似たようなヘゲモニー的機能を有している。ランキングから強い影響力をもつ一定の考え方や価値観が生まれ，そこから導かれる特定の大学モデル，あるいは質や優秀さに関する見方が大学を判断する基準として受け入れられるようになってきている。Martins (2005：704) によれば，ランキングの力は「関係者に客観的な『社会的事実』と思い込ませる」ことであり，それによって権威を得ていると述べている。本質的に，ランキングは強制的ではなく説得的な形で影響力を発揮するのである。

　合理的選択の理論は，もうひとつ別の角度からの議論である。合理的選択の理論では，個人は，「満足度が最大になるように」(Scott 2000：128) 行動を選

択するか，さもなければ投資に対するリターンの効率に基づいて選択を決める，としている。Beckerは，次のように論じている。「人びとは，その活動に関してその便益と費用を合理的に計算している……たとえ彼らが，利己的，利他的，忠実，陰湿，あるいは自虐的であろうとも」。その一方で「彼らの行動は先を（合理的に）見通してはいるが」，それでも「その行動は過去の経験に深く根差しているのかもしれない。なぜなら，過去の経験はその人の態度や価値観に長く影響を残すからだ」（Becker 1993：402）。Levitt and Dubner（2009：12）も経済学を用いて人びとの行動を説明するなかで「現代生活はインセンティブという基盤の上に成り立っている」という議論をしている。そうだとすると，高等教育のトップの人たちが，（ランキングがもたらす）自分たちの組織への影響を緩和しようとしたり，目標を再設定したり，あるいは，成果を改善しようとしているのも，彼らが自分たちの置かれた状況に合理的に適応しようとしているためだと解釈することができるかもしれない。彼らがそのように反応するという事実は，ランキングが（しばしば無意識的，潜在意識的に）環境にうまく浸透し，彼らの行動を動機づけていることをも示している。

　最後に，Bastedo and Bowman（2011）は，オープン・システム理論を用いて「ランキングを組織間の相互依存関係として解釈することを試みている。そこでは組織が存続していくために，置かれた社会の規範や価値観，信念にどのように適応し対処してきたか」が示される。こうした対処としては，ランキング結果に影響を与えるための戦術の開発（ランキング機関に提供するデータの操作など），相互評価のためにランキング機関から送られてくる調査票への回答拒否，あるいは戦略的な対応などがある。最後の戦略的対応で示されるのは，高等教育機関は外部環境ですべて決められてしまって，どうにもならない状況のようにみえるかもしれないが，実は，さまざまな戦略的な手段で前向きに対応しているという点である。たとえば，ランキング機関に影響を与えたり，他の大学との差別化を図ったり，あるいはイメージ管理をしたりする。これらの活動を通して「*U.S. News* ランキングと関連する形で，人や資金，情報の流れに関する組織間の相互依存関係」が形成されてくる。そして，最終的には，そ

うした人や資金の流れに完全に依存した関係となるのである。すなわち，確たる正当性をもった第三者的なランキング機関から高い評価を得られれば，優れた人材を集めやすくなり，寄付や資金を獲得しやすくなるなどの経済的利益も生まれる。さらにランキング機関の社会的影響力が大きく，信頼のおける他大学や政府機関などから評価の基礎となる情報を得ている場合は，ランキング評価の信用度は一層高まり，人材や資金獲得もさらに容易になるだろう（Bowman and Bastedo 2009：26）。一方，それにかかっている利害が非常に大きいので，ランキングに対する報復的な態度や自己防衛的な反応も生まれる。

　もしも「大学の望ましい将来像」と現実との間に乖離があると，とくに「大学の上層部が抱いている自組織のイメージ」との差が大きいと，それは一種の圧力となる。Martins（2005）によると，ランキングが戦略的に重要であると考えられ，しかも大学の自己イメージが弱い，または外部イメージが強い（あるいはその両方の）場合，「自己認識と外部評価とのギャップ」は，大学経営のトップ層に組織改革を促す動機となりうる。Elsbach and Kramer（1996：470）は同様の議論を次のように述べている。

> 「組織のアイデンティティが脅かされていると感じた場合，その組織の構成員は，（それが個人的なものであれ外からのものであれ）組織のイメージを守ろうとするだけでなく，自分自身に対するイメージも守ろうとするでしょう。」

そうした目的のために，「組織メンバー」の関心を仕事の目標やその理由に集中させたり，組織の特性を再確認するために「われわれの組織とは一体何か」を説明したり，あるいは，人びとの注意を組織のもつ他の（もっとよい）ところに向けさせたりするが，最後には「組織のアイデンティティ自体を変えたり再構築したり」することもある（Elsbach and Kramer 1996：472）。

社会関係資本と地位財

　Bourdieu, Hirsch ならびに Frank らによる研究によれば, ランキングは大学間や国家間の競争を激しくしてきた。なぜなら, 名声の価値や限られた数しかない, いわゆる地位財（positional goods）の重要性が認識されるようになってきたからである。そうしたランキングをめぐる競争のなかから, 地位は特定の意味をもつようになり, 神格化され, 同時にすべての大学を測るような社会的な基準も生まれてきた。それは日常の議論のなかにも静かに浸透している。

　Bourdieu（1986）（ピエール・ブルデュー）は, 資本を3種類に区分した。第1は経済資本で, これは貨幣に変換できるもので, 資産という形で制度化されている。第2は文化資本で, これは一定の状況の下で貨幣に換えられるもの, あるいは最終学歴のように制度化されているものである。第3は社会関係資本である。社会関係資本とは, 社会的な結束力を示す機能のことであり, それを使って個人は利益を得たり社会的地位を高めようとしたりするし, 経済的, 文化的, 社会的な資源をどのように割り当てるかもこれを使って正当化される。社会関係資本とは「顕在・潜在している人的・経済的資源の集合で, ある程度制度化された相互認識・相互信頼関係の恒常的なネットワークをともなっているようなもの」のことである。社会関係資本は,「そのメンバーに対し, 集合的に保持している信用力を裏付けとする『信用証明』を提供する。それは, いろいろな意味で彼らの信用を保証する」。たとえば, ステータス財を多く所有したり, 一族, 階級, 部族, 学派などに所属したりすることによって, 個人や当該グループは社会関係資本あるいは地位や名声を得ることができるかもしれない。社会関係資本の再生産によってそのようなグループに所属することが利益や便益を生む場合があるが, それは「評価と信頼が永続的に確認され続けるような交流が続く」ということが前提である。

　似たような議論として, Hirsch（1997：6）は「地位財（positional goods）」という概念を考案した。地位財とは「それを享受できるかは, 所得の絶対水準ではなく, 他者との相対的な大きさで決まってくるような社会的に希少な商品や

ステータスの高い会員権など」を指す。そこで重要なのは「その人の購買力が社会全体の所得分布のなかでどのような位置を占めているか」という点である。しかし，地位財は限定された量しかないため，ひとつの時点で見ると限られた人しか利益を享受できない。これは，まさにゼロサム・ゲームである。なぜなら，ある人が利益（地位財）を獲得すれば，必ず他の人が損失を蒙る（地位財を失う）ことになるからである。Veblenはかつて次のように指摘している。「ステータス価値を生み出すものは，商品，品質，業績などの相対的な価値である」（Sauder 2006：302に引用）。Frank（2001）も同様の議論を展開している。すなわち，限られた量しかないという性質から，「地位財」は「軍備競争」もしくは「勝者総取り」のような状況を生みだす。「一般消費者」にとっては成功と失敗の差は僅かなものかもしれないが，「生産者にとっては，その違いは極めて大きなものになる」。そうしたなかで「新しい"無名のセレブ"層も生み出されてきたが，事業の成敗の差がいかに大きいかは，事業の中心にいたこうした人びとをみればよくわかる」（Frank and Cook 2003：55；Bowman and Bastedo 2009：28）。勝者と敗者の間の格差拡大が，トップの座と地位を得るための競争を激化させ，その過程でエリート教育機関は競争に勝つための登竜門とみなされるようになってきた。なぜなら，これらの大学に入ることで，地位を得るための競争が有利になると考えられていたからである。勝者総取り市場に対応した富蓄積の循環を説明するもうひとつの見方は「マタイ効果」である。これは「富の蓄積の好循環を利用することで，エリート層が得られる信用と資金が不釣り合いに大きくなること」を示している（Gumport 2000：4-5）。マタイ効果は，マタイ福音書の一節「だれでも持っている人は更に与えられて豊かになるが，持っていない人は持っているものまでも取り上げられる。」（25章29節）にちなんで命名された。すなわち「金持ちはより金持ちになり，貧乏人はより貧乏になる」，または「勝者総取り」ということである。

　以上のような議論は，ランキングの問題とどのように関係しているのだろうか。Brewerら（2001）は次のように述べている。評価や名声は高等教育機関が「消費者に非価格的な情報」を伝えることができる無形資産であるが，「評

価は時間をかけて築かれ検証できるが、名声はよりとらえどころのないもので、おそらく意見や印象によって生まれる」。かつてはエリート校とそれ以外の大学との境界は、ほんの少数の人びとにしかわからなかったが、もはやそうではない。とくに、高等教育の大衆化が進む一方、知識経済から強い要望があるエリート校が特権化している現在では、両者の違いは際立ってきている。Bastedo and Bowman (2011：10) によれば「ランキングは第三者機関による評価制度として、大学の水準を示す重要な役割を果たしている」。Chang and Osborn (2005：341) は Debord の「スペクタクル（見世物）理論」を使いながら、ランキングは強力なイメージをつくり出し、広告と同じような機能を果たしていると主張する。

「ランキングは、消費者、両親、そして学生が大学を"見る"ための単純な"図式"を提供しています。もっと具体的にいえば、学生たちが見ているのは、USN (U.S. News & World Report) ランキングがつくり出した経済スペクタクルにおける、階層的序列のなかでの大学の位置（つまり"価値"）なのです。」

こうした状況は「上位を確保するための軍拡的競争」を促すと同時に、エリート大学の学位に優位性を与えている。しかも、学位の数が限られていること、容易には手に入らないことなどから、そうした学位の価値はますます高まるのである（Winston 2000）。大学評価とランキングは、それぞれ異なる方法で垂直的階層化あるいは階級化を促進することにより、大学間にステータス構造を生み出している。図1.1 は大学評価制度の効果を示すために作成されたものだが、ランキングの効果を考える上でも有効であろう。

ステータスは時として利益をもたらすため、高等教育機関はステータス制度の形成に積極的に参加している（Becher and Trowler 2001）。O'Meara (2007：123-124) は、そうした様子を表現する次のようなさまざまな既存概念を基に、高等教育機関の行動や対応を「努力型（striving）」と名付けている。

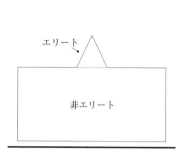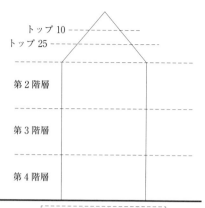

(注) ABA（American Bar Association）：アメリカ法曹協会

図1.1　大学評価とランキングがステータス構造に与える影響

(出典) M. Sauder（2006：307-308），Figure 1 and 2.

「垂直的上昇志向（vertical extension）」（Schultz & Stickler 1965），「研究偏向（academic drift）」（Berdahl 1985）および「研究大学院志向（upper drift）」（Aldersley 1995），「研究への一方通行（academic ratcheting）」（Massey & Zemsky 1994），「大学の研究文化への同型化（institutional isomorphism towards research culture）」（DiMaggio & Powell 1983；Milem, Berger & Dey 2000；Morphew 2002；Riesman 1956）。さらにこの概念は「大学の同質化（institutional homogenization）」や「トップ校のイミテーション（institutional imitation）」ともよばれている。（DiMaggio and Powell 1983；Jencks and Reisman 1968；Scott 1995）（参考文献等は，O'Meara（2007）による）

すなわち，ランキングの順位を上げ，それによってステータスを上げようとする大学を「努力型」と見なすのである。高等教育機関のそうした行動をもう少し敬意を払わない言い方をする人は，「ゲーム」という比喩を用い，ランキングへの対応をルールや規範を受容し順応する行為と見なしている（Corley and Gioia 2000：320；Wedlin 2006）。Volkwein and Sweitzer（2006）の議論によれば，

大学の目標，規模，そして資産は，大学の人的・資金的資源をどのように使うかを左右し，「大学としての魅力」（を高めるの）に影響する。同様に Winston (2000：16) も「地位財をめぐる軍拡的競争」によって，大学が成績優秀な学生を惹きつけるためにより多くの資金をつぎ込むことになると論じている。とくに「自分より上のランクにある大学との格差が拡大することよりも，下のランクにある大学が資金を投入し学費を値下げしてくる圧力の方が，より競争意識に駆られてさまざまな対策をとることになりやすい」としている。

　ランキングは「評価レース」の結果 (Ehrenberg 2001：16) であるだけでなく，レースを加速する効果ももっている。なぜなら，高等教育はもともと競争的なものだったが，「ランキングが大学の名声と質をはっきりとみえる形にした」(Freid 2005：17 で引用) からである。さらに，大学の数や学生数の増加，あるいは評価の高い大学を卒業するとよいキャリアや収入が得られるということが，「高等教育の軍備競争」を拡大させている。Brewer et al. (2001) や Freid (2005：89) は，「エリート大学が今日獲得している評価と名声は，（少なくともその理由の一部は）最良の学生と最良の教員を選りすぐっているという選抜性に由来する」としている。van Vught (2008：168) によると，アカデミックな基準は，外部環境の圧力に対する大学や教員の反応を形成するのに大きな影響を与える。とくにそのことがいえるのは，「大学や他の高等教育機関が自分たちの（アカデミックな面での）名声を最高に高め，その評価を維持するために尽力している」場合である。ランキングが上がればアカデミックな成果を出すのに有利になるため，「物まね（ランクが高い大学を模倣する）……」が流行ることで「評価レース」が激しくなってしまう (van Vught 2008：172)。さらには，ランキングが導入されれば，社会に重要とみなされている「地位財」へのアクセスがより制限されるので，ステータス制度の維持にも一役買っている (Bok 2003：159)。最終的にナンバーワンになれる大学はひとつしかないため，ひとつの大学の地位が上がれば他の大学の地位は下がらざるをえない。これと同様に，高等教育機関に入学できる学生数は限られているため，そうした大学に入学することの価値は上がり，競争は激しくなるのである。

第1章のまとめ

　いろいろ議論はあるものの，*ARWU* や *THE-QS* ランキングは絶好のタイミングで登場し，幸運にも恵まれた。グローバル・ランキングは，まさに時代がそれを必要とした時に生まれてきたのである。公共政策の世界的な転換ならびに高等教育機関に対する政府の3つの要請をランキングは補完している。すなわち，① 成果と生産性の改善，② 大学のガバナンス強化と財政状況に関する説明責任の増大，③ 市場が要求するような教育の質保証や認定，である（van Vught et al. 2002）。グローバル・ランキングは競争のハードルを高め，高等教育機関やその制度に圧力をかけ続けた。その結果，主要な改革の原動力になると同時に，それに正当化の根拠を与え，成功や失敗を測る尺度ともなってきた（Ritzen 2010；Aghion et al. 2007；Lambert and Butler 2006；Boulton and Lucas 2008）。高い評価や名声に関心を向けさせることにより，ランキングはすべての高等教育機関に影響を与えている―以前はその歴史や使命，ガバナンスなどによって独自性を維持してきたような大学でさえ，そうした変化に無縁ではいられない。高等教育機関は，戦略的な知識集約型企業に変容し，ランクを上げるための競争に参加し，彼らにとって望ましいランクと現実のランクとの間で揺れ動いている。上位ランクかランク外かを問わず，あるいは国際化，地域密着型のいずれであっても，すべての高等教育機関はグローバルな知識マーケットに組み込まれている。ランキングの上がった高等教育機関には注目が集まるので，ランキングは戦略的なポジション確保とブランディングのための重要なツールとなってきている。

　　「国際化に効果的に対応できないことの危険性は非常に大きいのです。なぜなら，最高の頭脳を獲得するために，最高の大学同士が激しい競争を展開しているからです。」（Universitat Politècnica de Catalunya 2008）

結果的に，高等教育機関を動機づけているのは，上位ランクになることで得ら

れると思われている利益である。彼らは，より戦略的になり，制度やプロセスを再編し，国際競争力が激しい分野の教育や研究により多くの経営資源を割り当て，さらに学生の募集方法も改善している。

> 「常識的に考えて，資金集めに無関心だったことに加え，多くの人びとが話しているような経済危機に直面したからこそ，大学は多くの問題を抱えるようになったのです。たとえば，公的な資金援助，最優秀な学生の獲得，企業からの投資を惹きつけるような研究能力の拡大，等々です。つまり，ランキングは非常に実利的なもので，学長が取り組むべき重要な事項です。なぜなら，大学に入学してくる学生の能力，得られる民間投資の額，国際的な評価，大学の研究教育能力，その他大学の財政状況が苦しい時に必要になってくるすべてのものが，ランキングによって左右されるからです。」
> （学生リーダー：オーストラリア）

　世界的な知識経済の下では，国内での優位性だけではもはや十分でないということが，グローバル・ランキングによって明らかになってきた。しかし，ランキングにはもっと広範囲な影響力がある。グローバル化の産物として，ランキングは知識の府をグローバルに序列化し，グローバル経済の動向や国（そしてEUなどの地域経済）の位置づけがわかるような「もっともらしい」枠組みやレンズを提供してきた（Marginson and van der Wende 2007a：55）。指標選択やそのウェイトの妥当性に関する長年の論争にもかかわらず，ランキングは正当性を獲得してきている。なぜなら，その手法は統計的に厳格なようにみえ，多くのランキング作成機関は積極的に批判に対応し，時には必要な修正を加えているからである。ランキングがこれほどの人気を博するとは，これに批判的な人びとはまったく予想していなかったに違いない。表1.1は，グローバル・ランキングを通してみた各地域の競争力を示したものであるが，これは政策課題の設定や世論形成に影響を与えている。
　ランキングは大学の質や成果を測る基礎として数量指標を使うため，歴史が

表 1.1　高等教育からみたグローバル競争力の指数：トップ 100 に含まれている大学数（地域別, 2004～2014 年）

ランキング	年	北米	欧州（ロシアを含む）	オーストラリアとニュージーランド	アジア（インドを含む）	中南米	アフリカ	中近東
QS/	2014	33	41	9	17	0	0	0
THE-QS	2011	35	40	7	18	0	0	0
	2008	42	35	8	13	0	0	1
	2004	38	36	12	13	0	0	1
THE	2014	49	34	5	12	0	0	0
	2011	57	30	4	9	0	0	0
	2010	57	28	5	10	0	0	0
ARWU	2014	56	35	4	3	0	0	2
	2011	57	33	4	5	0	0	1
	2008	58	34	3	4	0	0	1
	2004	55	37	2	5	0	0	1
WEBOMETRICS	2014	64	21	3	10	2	0	0
	2011	73	16	2	7	2	0	0
	2009	71	21	1	5	2	0	0
SCImago	2014	43	27	5	23	2	0	0
	2011	46	25	4	24	1	0	0
	2009	47	25	4	24	2	0	0

（出典）ARWU, THE-QS, QS, THE, WEBOMETRICS, SCImago のウェブサイト

あり経営資源の豊富な大学ほど有利になる。こうした大学では，厳しい選別で選りすぐりの学生や教員を採るため，その優位性はますます強化されていく。いろいろな面で恵まれている大国，たとえば米国では，こうしたプロセスが典型的に進んでいる。Shell（2009）は，スーパー・リーグともいうべき世界をリードする 25 大学のグループが存在すると見なしているが，そのうちの大部分は米国にある非常に豊かな私立大学である。世界金融危機の影響で民間のあらゆる分野で収入が減った時でさえ，収入トップ 10 の米国の大学は 2009 年に全体で 44 億ドルの収入があった（Masterson 2010a；CAE 2009）。また，寄付金額は全米の大学の合計で 2008 年には 316 億ドルもあり，2009 年には 11.9％減少しているものの，その後，年々増加し，2013 年には 338 億ドルに達している（CAE 2013）。しかしながら，ランキング指標を経済規模（GDP）や人口規模を

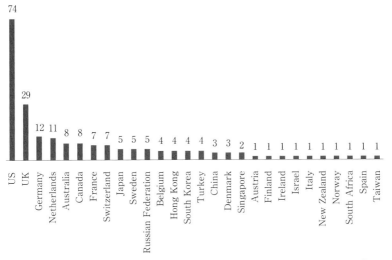

(注) Times Higher Education World University Rankings は 2013 年 10 月に出版されているが「2013〜2014 年」と表示している。

図 1.2　THE のトップ 200 に含まれている国別高等教育機関数（2014〜2015 年）

(出典) Times Higher Education World University Rankings.

勘案して計算し直してみると，米国はどちらの指標でみても 10 番目に落ち，小国，たとえばスイス，香港，オランダ，シンガポールなどが上位を占めるようになる（図 1.2, 1.3, 1.4 を参照[iii]）。このように，計測対象や計測方法によって，世界の順位は大きく変わるのである。

　非常に大きな財政支出をともなうにもかかわらず，多くの政府や高等教育機関にとって世界的というステータスを追い求めることは，呪文を唱えるようなものになっている。同様にランキングを上げることに対しても強い執着をみせている。しかも，これら 2 つの目標は互いに入れ替わることがある。Altbach (2003) が述べているように「みなが世界的な大学を求めている。どの国もそれが自国にひとつもないという状態に耐えられない」。その座を失うことは，その大学にとってはもちろん，国家にとっても屈辱的なことなのだ（EdMal 2005；Alexander and Noonan 2007）。世界的というステータスを偶像化することは，エリート大

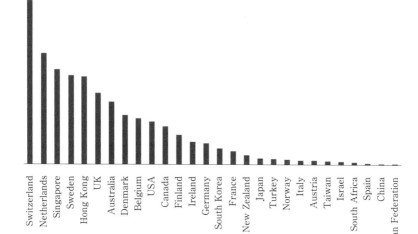

(注) *Times Higher Education World University Rankings* は 2013 年 10 月に出版されているが「2013 〜2014 年」と表示している。

図 1.3 人口規模で調整した *THE* のトップ 200 に含まれている国別高等教育機関スコア（2014〜2015 年）

(出典) *Times Higher Education World University Rankings*.各国のスコアの計算方法は、Beerkens（2007, 2008, 2014）による。

学を追求することを許容し、20世紀後半を通じて行ってきた高等教育の大衆化という基本政策の見直しを合理化し、正当化することでもある（Altbach 2008：9）。Mohrman ら（2008）が論じているように、研究大学であることが、世界的な大学となるための基本条件になってきているが、こうした考え方のモデル（Emerging Global Model：EGM）は、一般の議論あるいは政治的議論のなかにも広く浸透してきている（第6章を参照）。個人ならびに政府や民間機関は、世界的な大学という言葉のニュアンスがよくわからないまま、無意識的にその伝道者となっている。世界的な大学という言葉を使いながら、彼らの地域の特徴を広報したり、特定の戦略のロビー活動をしたりするからである。

すべての国家にとって、大学が受け入れる学生の幅を広げることは依然として優先順位の高い政策だが、力点は、より多くの学生を大学に入れることから、

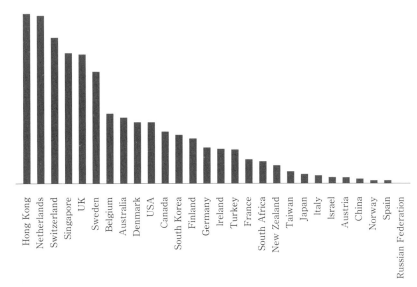

(注) *Times Higher Education World University Rankings* は 2013 年 10 月に出版されているが「2013～2014 年」と表示している。

図 1.4　経済規模（GDP）で調整した *THE* のトップ 200 に含まれている国別高等教育機関スコア（2014～2015 年）

(出典) *Times Higher Education World University Rankings*. 各国のスコアの計算方法は，Beerkens（2007，2008，2014）による。

質の確保や卓越性の追求に移ってきている。そして，これらは「選択的な投資や研究への集中」ならびに「大学間の階層化」を通じて実施されている（Marginson 2007a）。これに関連する議論のなかで，大学や大学生の数が多すぎるために質を維持するためのコストがかかり過ぎる（上昇している）という問題提起があったり，時には平等を取るか，卓越性を取るか，という意見の対立や衝突が明らかになったりする（Flynn 2010a；Martin 2008；Steinberg 2009；Berger 2009）。平等と卓越性の 2 つが目指している社会的な目標は，補完的というより対立的である。この問題に関する論説でも，しばしばその結論を曖昧にしか述べていない。たとえば，OECD ならびに世界銀行では「知的で科学の発展に寄与できる先端的な競争力を有するような」トップ校を育てる必要性を強調

する一方で，世界的な大学というモデルは「"欧米のエリート大学"モデルと同義」ではないか，という疑問も呈している。そして，もし可能であれば，

> 「ほかのタイプの高等教育機関（たとえば，教育に特化した大学，実学中心の大学，コミュニティ・カレッジ（短大），オープン・ユニバーシティなど）も，それぞれのタイプのなかで国際的にトップになりたいと思うでしょう。」
> (Salmi 2009：3；Vincent-Lancrin and Kärkkäinen 2009)

としている。同様にBirnbaum（2007）も次のように論じている。

> 「どこの国にとっても本当に必要なのは，世界的な総合大学を増やすことではなく，世界的な技術大学，世界的な短大，世界的な農業大学，世界的な教育大学，世界的な地方大学などを自国のなかにより多くもつことなのです。米国は，世界的な大学が多数あるから世界最高の高等教育制度を保持できている訳ではなく，世界最高の高等教育制度が整っているからこそ，世界的な大学をもてるのです。」

しかし，こうした警告は声の大きな主張によってかき消されてしまう。

　現在の世界的な経済・金融の危機のなかにあって，政策的な混乱がこうした傾向を強め，危機的状況を曝け出し，さらにはこれまでランキングには懐疑的だった国まで，突然の政策変更や制度改革を正当化するために，ランキングの使用を余儀なくされている。国際的な研究水準の名声と大衆教育の需要とは対立している（Mohrman et al. 2008：19）。また，世界的な大学となるためには，以下のような性格をもっていると有利である。

> 「英語で話せる教員と学生，科学領域の専門分野，企業や社会から資金が集められそうな研究テーマ，国際的な学術誌への論文掲載，人的資本の形成と新たな知識の発見とが両立するような大学院課程。」(Mohrman et al.

2008：25）

　これから本書全体を通じて明らかにするように，これらの点は，多くの高等教育機関や政府が達成しようと積極的に追い求めているものである。こうした考え方の背景にあるのは，ランキング上位に位置づけられるためには，単に質を確保しただけでは不十分で，国際的な競争力が必要だという点である。その影響は，あらゆる面に顕れている。学生，とくに留学生は，高等教育機関がランキングを上げるために獲得したいと考える対象であると同時に，学生自身がランキングの熱心なユーザーでもある。彼らはランキングのユーザーとして当初想定していた範疇（国内学生）を大きく超えているが，同じようなことは学生以外の関係者についてもいえる。大学教員は，国際的な研究者の市場やステータス制度のどこに自分たちが位置づけられるかによって，ランキング制度の犠牲者であったり応援団であったりする。なぜなら，大学の資源は，その名声を高めるような部門にシフトするからだ。国家レベルで考えると，ランキングは（便利で時代に合った）政策手段であり管理ツールでもある。つまるところ，政府も高等教育機関も，ランキングを高等教育の再編のために利用している。なぜなら，研究開発や技術革新への投資資金や流動性の高い高度人材を惹きつけることができるような社会をつくれば，国際的に成功する可能性が高くなるからである。結論として，ランキングはエリート教育とマスプロ教育との格差を広げ，国際競争での決定的となる主要な「地位財」の価値を高め，さらに，勝者の魅力を高めるとともに，社会的平等ならびに勝者以外の機関や国に対しては重大な影響を与えているのである。

注

ⅰ）国際大学協会（International Association of Universities：IAU）の World Higher Education Database（WHED）（http://www.whed.net/home.php）には189ヵ国の18,000近い大学の情報が登録されている。なお，ここで大学とは，4年制以上で，大学院学位プログラムあるいは専門教育プログラムをもつ高等教育機関を指す。

地　域	国　数	教育機関数
アフリカ	52	1,228
アジア	32	5,320
カリブ海	11	115
ヨーロッパ	48	3,950
中南米	20	2,795
中近東	14	447
北米	3	3,868
オセアニア	9	134

ii) CHE-Centre for Higher Education（高等教育開発センター，ドイツ），AQA-Agency for Quality Assurance（オーストリア高等教育質保証機構，オーストリア），ARRA-Akademická rankingová a ratingová agentúra（大学ランキング・評価機構，スロバキア），CIEES-Comités Interinstitucionales para la Evaluación de Educación Superior（高等教育機関相互評価委員会，メキシコ），CACEI-Consejo de Acreditación de la Enseñanza de la Ingeniería（工学教育認証審議会，メキシコ），CNEIP-Consejo Nacional para la Enseñanza e Investigación en Psicología（心理学教育研究全国審議会，メキシコ），CENEVAL-Centro Nacional de Evaluación para la Educación Superior（全国高等教育評価センター，メキシコ），CONEVET-Consejo Nacional de Educación de la Medicina Veterinaria y Zootecnia（獣医学・畜産学教育全国審議会，メキシコ），NAAC-National Assessment and Accreditation Council（国家査定および認定評議会，インド），NBA-National Board of Accreditation（国家認定委員会，インド），TÜBİTAK-Türkiye Bilimsel ve Teknolojik Araştırma Kurumu（トルコ科学技術研究会議，トルコ），HEEACT-Higher Education Evaluation and Accreditation Council of Taiwan（台湾高等教育評鑑中心基金会，台湾）。HEEACTのランキングはNational Taiwan University Ranking（NTU Ranking）と名称変更し，HEEACTではなく，国立台湾大学で運営されている。

iii) ここでの分析方法はBeerkens（2007, 2008, 2014）が開発した手法を改定したものである。THEのトップ200に含まれている各国の高等教育機関の数だけでなく，これら機関のTHEにおけるランクを反映してスコアを作成している。Beerkensスコアの算出は次による。まず，各高等教育機関にTHEの2014～15年トップ200ランキングの順位に応じたスコアを与える。たとえば，THEのトップ200のうち1位のスコアは200，2位は199，…200位は1のように。各国のスコアは，これらの高等教育機関スコアを国ごとに集計した値であるが，図1.3では，「2012年・改定国連データ（DESA 2013）」による人口規模でスコアを除して標準化した（台湾関連データは台湾政府が提供している「Natioanl Statistics Taiwan 2014」を使用した）。また図1.4では，IMFの「World Economic Outlook Database」（2013

年4月）による経済規模（GDP，名目値，単位：10億米ドル）でスコアを除して標準化している。

第 2 章
ランキングは何を測っているのか

> 「性格や構造，目標などが大きく異なる大学を一緒くたにしてランクづけするなど，まったくとりとめのない話です。しかし，(大学が公表しているような) 一般に得られる情報をもとに，一国内でランキングを導入しようとすることには意義があります。」
>
> (学長：トルコの研究指向の私立大学，1990 年以降に創立)

> 「関連指数をすべて考慮し，その測定法が正確かどうか，そしてあらゆる関係者のニーズに対応しているかどうかを確認することなどほとんど不可能です。そうした指数から作成された現時点のランキング表には，どれも十分な根拠はありません。」
>
> (シニア・アドミニストレーター：スウェーデンの研究中心の公立大学，1900 年以前に創立)

ランキングの普及

2003 年以降，ランキングはグローバル・ランキングとして国際的な現象となった。しかし，大学の質を評価するランキングは，もっと以前から存在している。以下では，これらを 4 つの局面に分けてみてみたい。

(1) 第 1 局面：米国の地域ランキング (エリート大学ランキング)

Webster によれば，ランキングを"発明"したのは，アメリカの心理学者 James McKeen Cattell (ジェームズ・キャッテル) である。彼が 1910 年に出版

した *American Men of Science*（米国の科学者）のなかに，「教員による研究評価を使って作成した"科学分野における強い"大学のリストが示されている」(Webster 1986：14, 107-119)。Cattell は，Alick Maclean と Havelock Ellis の伝統を受け継いだが，この2人は—Maclean が書いた本のタイトルを引用すると—「最優秀の人材はどこに行ったら見出せるか」という問題に強い関心を抱いていた。Ellis は，国籍や出生地，家柄という属性に基づいて，「各大学が輩出した『天才』の人数順で並べた」大学のリストを1904年に編纂した（Myers and Robe 2009：7）。Cattell は Ellis の分析手法を精緻化し，科学者の傑出度合いや全教員に占める「スター」科学者の割合で加重して最終的なスコアを算出した。その後，*American Men of Science：A Biographical Dictionary*（米国の科学者—人名事典）(1906) として出版した彼のランキングが重要な転換点となった。1910年には，アメリカ大学協会 (American Association of Universities：AAU) のために，Kendrick Charles Babcock もカレッジにおける学部教育の等級分類を発表したが，その目的は「大学院教育のために，どこのカレッジの申請者がもっともよく準備ができているか，を大学院側が知るため」であった（Myers and Robe 2009：9）。また1930～1951年にかけて，Berverly Waugh Kunkel と Donald B. Prentice は紳士録に記載されている卒業生の人数を基に，大学のランク付けを行っている（Myers and Robe 2009：9）

　これら初期のランキングではいくつかの"質を表す指標"，たとえば教員の専門的知識や成功した卒業者数，あるいは大学の資源（たとえば，教員／学生比率や図書館の蔵書数など）を使っている。「その当時から多くの大学が，研究を大学のもっとも重要な機能，あるいはもっとも重要な機能のひとつ，とみなしていた」(Webster 1986：17) ため，研究活動はほぼ最初から指標に含まれていた。1910年から1950年までのランキングにおいては，"著名な人物"に重点が置かれていたため，ランドグラント大学[1]などのようなアメリカの西部

---

1)【訳注】land-grant university。米国の大学のうち，モリル・ランドグラント法 (Morrill Land-Grant Colleges Act) の適用をうけている大学。モリル・ランドグラント法は，南北戦争中の1862年6月に制定され，連邦政府所有の土地を州政府に供与すること等を定めている。農学，軍事学及び工学を教える高等教育機関を設置することが目的。

や中西部にあった公立大学は事実上除外されていた。これらの大学は伝統的な私立大学と比較して，歴史も浅く目的も異なっていたためである。

(2) 第2局面：全国ランキング

　歴史的な転換点になったのは1959年で，それ以降，ランキングの焦点は「著名人の出身校」という要素から外部評価関連の要素に大きく移り，同時にランキングは全国規模に発展していった。そこでは引用文献指標として，1961年以降は Science Citation Index，1966年以降は Social Science Citation Index が毎年使用されている。この第2局面で主役となったのは，次のようなランキングである。すなわち，Hayward Keniston の *Graduate Study and Research in the Arts and Sciences at the University of Pennsylvania*（1959），Allan Cartter の *Assessment of Quality in Graduate Education*（1966），Kenneth D. Roose and Charles J. Andersen の *Rating of Graduate Programs*（1970），雑誌 *Change* に連載されていた Peter Blau and Rebecca Zames Marguiles の専門学校ランキング（1973，1974/5），*Chronicle of Higher Education*（1979）に掲載された Everett Carl Ladd Jr. と Seymour Martin Lipset のランキング，そして米国科学アカデミーによって出版されたランキング（1982）（Webster 1986：121-140）である。このなかで，Cartter のランキングはもっとも包括的な手法を用いており，圧倒的な支持を得て約26,000部を売り上げた（Myers and Robe 2009：13）。ただし，このランキングでは，部局ごとの結果を積みあげて当該機関全体のランキングに反映させるような手法は取っていない。この商業的な成功が，1983年の *U.S. News and World Report* 誌による Best College Rankings（*USNWR*，USニュース大学ランキング）の発行へ道を開いた。*USNWR* の登場もまた，新たな時代を告げることになる。これらのランキングにはいろいろ相違点はあるものの，すべて米国内の高等教育機関やそのプログラムだけを対象にしていたという点では共通している。

　USNWR が台頭してきた時期は，ちょうどイデオロギーや世論が「市場を称揚する思潮に入った」時代と重なっている（Karabel 2005：514）。*USNWR* は，

1,300 の 4 年制カレッジの学長による（他大学の）評価調査として始まっており（Brooks 2005：6），そこではカーネギー分類[2]による大学区分が使用された（Myers and Robe 2009：17）。*USNWR* の成功は，1987 年に平均 250 万人の読者を得ていた一般誌に，学部教育に関する情報を掲載したことによる（Webster 1992）。また，ビジネス，工学，法学，医学の大学院プログラムのランキングも始めている。1988 年以降は，学生やその両親という消費者向けの大学案内として，毎年発行されるようになった。そこでは，（主観的な）レピュテーション・データと大学の資源や入学生などの客観的なデータとを組み合わせて使っている。また調査手法や対象としているグループも，それまでのランキングとは質的に異なっている。*USNWR* は，その後も何度も手法を変えたり改善したりしているが，それは，批判に対応するためのものもあり，学生やその両親の関心事項に合わせるための改定もあった。現在は，1,800 校近くのカレッジと大学をランク付けしている。

　同じような経緯で，ヨーロッパのランキングも，*CHE* 大学ランキング（*CHE-Hochschulranking*）の成功から影響をうけている。これは，1998 年にドイツ高等教育開発センター（CHE）によって開発されたものであるが，CHE は，1994 年にベルテルスマン財団（ドイツ最大のメディア・コングロマリットのベルテルスマンを傘下に収めている）とドイツ大学学長会議（Hochschulrektorenkonferenz：HRK）によって創設された機関である。このランキングは，インターネット・ベースの技術を使い，個人用にカスタマイズがやりやすいようにできており，2005 年以降，ドイツの週刊新聞である *Die Zeit* に掲載されている。たとえば利用者が，専門分野／学問領域，所在地，高等教育機関の種別，学習目的など，本人にとってもっとも重要な指標を選択すると，それに応じた高等教育機関のランク付けを引き出すことができる。このように，学生のフィードバックも取り入れてランキングされる。ただし，集計スコアで個別順位をつけるのではな

---

2)【訳注】Carnegie Classification of Institutions of Higher Education：カーネギー財団によってつくられた高等教育機関の分類表。1973 年に初めて発表され，その後，改定されながら，アメリカの大学やカレッジの分類方法として広く使われている。

く，ランキングは交通信号の色（青・黄・赤）で表した3つのクラス分け（上・中・下）で示される。当初，このランキングはドイツの学部生向けのものだったが，次第に隣接するオーストリア，オランダ，あるいはスイスのドイツ語州にも広がり，さらに，これをもとにしたランキングがフランス，スペイン，ロシアといった他のヨーロッパ諸国でも導入されるようになった。CHE はその後，CHE 研究ランキング（*Forschungsranking*），CHE 一流大学ランキング（*Excellenceranking*），そして CHE/dapm 雇用ランキング（*Employability Ranking*）なども発行している。

以上のように，ここ数十年にわたり，全国ランキングおよび分野別ランキングは拡大し続けている。

(3) 第3局面：グローバル・ランキング

グローバル・ランキングは 2003 年に出現したが，そこでは，レピュテーション要素と（Thomson Reuter 社の Web of Science あるいは Elsevier 社の Scopus から引用した）計量書誌学的指標や引用文献データを組み合わせて使っている。それからの 10 年間は，多くの競争的な新興市場がそうであるように，グローバル・ランキングを提供する組織が大きく揺れ動いた時期でもあった。この時期はまた，多くの新しい試みがなされた時期で，そのなかにはトップの大学はひとつしかないという執着を捨て，世界のエリア別や分野別，近年設立された大学グループでのランキングなどの新しい試みも登場した。

第1章で述べたように，上海交通大学による *Academic Ranking of World Universities*（*ARWU*）もこの時期に登場した。その目的は，世界クラスの大学を確立したいという中国政府の要望をうけて，中国の大学が世界の競合相手との比較でどのような位置を占めているのかを明らかにすることだった。特定の大学のために，中国政府から追加的な資金を得るためのロビー活動として始めたものが，今では事実上の「世界標準」となり，先行者の利益を多く享受している。*ARWU* に続いて，*Webometrics*（スペイン高等科学研究院：Consejo Superior de Investigaciones Científicas が作成），2004 年の *Times QS World Univer-*

sity Rankings（THE-QS），2007 年には台湾の *Performance Ranking of Scientific Papers for Research Universities*（HEEACT，2012 年以降は *National Taiwan University Rankings：NTU*），そして 2008 年には *USNWR* による *World's Best Colleges and Universities*，などが次々と開始された。オランダのライデン大学の科学技術研究センター（Centre for Science and Technology Studies：CWTS）が 2008 年に開発した *The Leiden Ranking* では，同大学の計量書誌学的指標を使って世界 1,000 以上の大学の科学的研究成果を評価している。一方，2009 年に開発されたスペインの *SCImago Institutions Rankings* は，Elsevier 社の Scopus データベースと Google を利用している。また，1 回しか発行されなかったが，ロシアの *Global University Ranking* は，世界中の大学に送った調査票のデータを基に作成されている。

　THE（*Times Higher Education*）と *QS*（*Quacquarelli Symonds*）との間のパートナーシップは 2009 年の末に解消され，*THE-QS* は *QS World University Rankings*（QS）と *THE World University Rankings*（THE 2010）とに分裂し，前者は 2013 年まで *USNWR* と連携していた（Morse 2014a）。一方後者は，2014 年後半まで提携関係にあった Thompson Reuters によって「強力に支援」されていたが，これは世界最大級の学術文献データベース提供会社によるランキング市場への参入という重要な意味をもっていた。どちらのランキングも世界のトップ 400 位までの大学はカバーしているが，QS はさらにそれ以下の順位，「701+（701 位以下）」というカテゴリーまで設けている[3]。*QS World University Rankings* と *THE* のいずれもが，グローバル・ランキングのため，あるいはとくにそのために収集した情報を組み合わせて，別のタイプのランキングを作成している。たとえば，2012 年から始まった *THE 100 under 50 Universities* では，創立から 50 年以内の大学だけを対象に，トップ 100 をランキングする。また，QS はアジアや中南米など，BRICs 諸国を中心に地域ランキングを公開している。また *USNWR* はアラブ圏バージョンのランキングを計画中

3）【訳注】*THE* も 2015 年 10 月発表のランキングから 800 位までに増やしている。

である[4]（Morse 2013, 2014b）。

(4) 第4局面：国際機関などによる超国家的ランキング

EUの *U-Multirank* やOECDの *AHELO* [5] にみられるように国際機関もランキングに参加するようになっており，米国連邦政府も最近独自のランキング・プロジェクト Postsecondary Institution Rating System（PIRS）を計画している。これらに示されるように，現在，重要なパラダイムシフトが進行している。グローバル化が進むにしたがい，供給者の量も種類も増え，市場原理が社会のあらゆる面に浸透し，国際的流動性が高まると同時にさまざまな価値観がぶつかり合うようになってくる。結果として政府が市場に介入して規制せざるをえなくなる。実際，教育がGATS（サービスの貿易に関する一般協定）の下で，世界中で取引されるサービスとして認識された以上，高等教育も同様の展開となるのは必然だった。国際市場で差別化するために，サービスの質は極めて重要であり，国としての競争力にも決定的な意味をもってくる。このため，政府は，（教育・研究の）質保証に直接，注文を付ける場合もあり，時には政策や意思決定の結果として，容赦なく介入してくる。これまで高等教育機関に任されていた領域に政府が干渉してくることは，教育・研究の主たる擁護者だった高等教育機関の役割がいかに損なわれているかを示している（Harman 2011：51；Dill and Beerkens 2010：313-315）。背景にあるのは，これはもはや教育だけの問題ではなく，グローバル経済全体に関わる問題だという考え方である。

U-Mapプロジェクト（以下参照）の姉妹プロジェクトである *U-Multirank* は，2014年にEUにより開始された（U-Multirank 2010, 2014）。*U-Multirank* では *CHE* 大学ランキングの経験にならい，大学を単一の総合スコアで順位づけた

---

4) 【訳注】*USNWR* は，2014年11月から，実際に Best Arab Region Universities として，アラブ圏の16ヵ国の大学を対象としたランキングを発表している。
5) 【訳注】AHELO（Assessment of Higher Education Learning Outcomes）は，OECDが進める大学生を対象とする調査。卒業直前の大学生が大学教育を通してどのような知識・技能・態度を習得したかを，世界共通のテストを用いて測定することを目的としている。現時点ではフィージビリティ・スタディの段階。「大学版PISA」ともよばれる。

りせず，多元的なランキング・システムを作成すること，そしてユーザーのニーズに応じて情報をカスタマイズできることを重視している（Europa 2008a；CHE 2010a；CHERPA 2010a，2010b；Hazelkorn 2013a）。その設計思想には4つの原則が採用されている。すなわち，①ユーザー主導であること，②5つの分野からなる多元的な評価であること，③類似した高等教育機関の間での比較を示せること，そして④大学全体，学部別，専門分野別のマルチレベルでの分析を可能とすること，の4原則である。*U-Multirank*にはどのような高等教育機関でも（総合大学／専門大学の別，規模の大小やグローバル指向／地域指向，あるいは研究中心／教育中心などを問わず）参加が容易で，多くの機関や人から情報を集めるという意味で，事実上クラウドソーシング型の評価ツールといえる。ただし*U-Multirank*自身の最初の説明とはうらはらに，指標が数字で示されていたことに加え，*U-Multirank*が提供する既成ランキング[6]の存在もあるため，ここから（個別の高等教育機関に順位をつける）従来的なランキングを作成することも可能である。実際，*U-Multirank*の評価結果をそのように解釈する人もいる（たとえばHumphreys 2014a；Silió and Fariza 2014）。教育や学習を評価するための適切な指標が十分でないことや，世界中の高等教育機関から十分に情報を集められていないことなど，*U-Multirank*が直面する課題は他にもあるが，これらは高等教育機関の成果や質を評価し比較しようとすれば，どこでも抱える問題である。

　人気や信頼性，信用度は異なるが，2014年末現在で，主なものだけでも10のグローバル・ランキングがあり（Box 2.1および表2.1を参照），それ以外にも，少なくとも150以上のさまざまなタイプのグローバル・ランキング，国内ランキング，そして地域ランキングがあると思われる（Salmi and Saroyan 2007：63-64；Usher and Jarvey 2010；Hazelkorn 2013b）。

---

6)【訳注】*U-Multirank*が提供する「readymade rankings」では，カテゴリーごとの評価をA～Eで表し，その基礎となる指標の数字もわかるようになっている。ただし，総合化した指標を使って大学を一列に順位づけすることは，*U-Multirank*では行っていない。

Box 2.1　主なグローバル・ランキング（設立順）

- *Academic Ranking of World Universities*（*ARWU*，上海交通大学，中国，2003 年）
- *Webometrics*（スペイン高等科学研究院，スペイン，2004 年）
- *National Taiwan University Rankings*（前身は *Performance Ranking of Scientific Papers for Research Universities*，台湾高等教育評鑑中心基金会，2007 年）
- *Leiden Ranking*（ライデン大学科学技術研究センター，オランダ，2008 年）
- *SCImago Journal and Country Rank*（*SJR*，スペイン，2009 年）
- *University Ranking by Academic Performance*（*URAP*，中東工科大学情報科学機構，トルコ，2009 年）
- *QS World University Rankings*（*Quacquarelli Symonds*，イギリス，2010 年）
- *THE World University Rankings*（*Times Higher Education*，イギリス，2010 年）
- *U-Multirank*（EU，ブリュッセル，2014 年）
- *Best Global Universities Rankings*（*USNWR*，米国，2014 年）

注）現在活動中のグローバル・ランキングのみのリスト。上記以外のグローバル・ランキングを含め，使用されている指標ならびにそれらのウェイト等については表 2.1 を参照。
出典）Hazelkorn 2011b: 41 をもとに編集・更新して作成。

表 2.1　グローバル・ランキングの特性比較（2003～2014 年，アルファベット順，2014 年現在）

ランキング名	開始年	概　要	使っている指標とそれらのウェイト	(％)
世界大学学術ランキング Academic Ranking of World Universities（*ARWU*） （上海交通大学，中国） http://www.shanghairanking.com/	2003	当初，ARWU は中国の大学と世界の著名大学とを比較する手段として開始され，ランキングの国際標準を作った。ただし，ARWU は研究関連指標，特にノーベル賞・フィールズ賞を重視し過ぎているという批判がしばしばなされる。 なお，上海交通大学高等教育研究院（CWCU）は，Global Research University Profiles（GRUP）という，世界 1,200 の研究大学に関する各種データを収録したデータベースも開発している。 (http://www.shanghairanking.com/grup/survey/index.html)	＊ノーベル賞またはフィールズ賞を受賞した卒業生数 ＊ノーベル賞またはフィールズ賞を受賞した教員数 ＊引用率の高い研究者の数 ＊『Nature/Science』に掲載された論文数 ＊『Citation Index』（自然科学・社会科学）による被引用論文数 ＊高等教育機関の規模：上記5つの指標の総合スコアをフルタイムのスタッフ数で割った数	10 20 20 20 20 10
US ニュース世界大学ランキング Best Global Universities Rankings（*USNWR*） (U.S. News and World Report，米国) http://www.usnews.com/education/	2014	Best Global Universities は，それまで USNWR と THE-QS が共同で作成していたグローバル・ランキング（2013 年に中止）の後継である。このランキングのために，750 の大学の中からトップ 500 の大学が選ばれてランク付けされている。指数は，Thomson Reuters の InCites データ	＊研究の国際的評価 ＊研究の地域的評価 ＊論文発表数 ＊標準化した被引用指数 ＊被引用総数 ＊高被引用論文数 ＊高被引用論文数割合 ＊国際連携	12.5 12.5 12.5 10 10 12.5 10 10

best-global-universities		ベースに依拠した計量書誌学的指標と，他大学の教員による評価とを組み合わせて作成している。後者の他大学の教員による評価のための調査票は回答しやすいように10ヵ国語で作成され，最終的なスコアはUSNWRによる「研究者の地理的分布」に従って調整される。	*博士号授与数 *教員1人あたりの博士号授与数	5 5
ライデン・ランキング Leiden Ranking （ライデン大学科学技術研究センター （CWTS），オランダ） http://www.leidenranking.com/	2008	Leiden Rankingでは Thomson Reuters のデータベース Web of Scienceに依拠しながら独自の計量書誌学的指標を使用して，世界1,000大学以上の科学分野の研究成果を評価している。他のランキングと異なり，各指標に重みづけを行って合成した総合指標を使ってランク付けするのではなく，計量書誌学に基づく2つの指標（インパクトファクターおよび共同研究の関連指標）で大学をランク付けしている。Leiden Rankingでは大学の規模を考慮しない結果と規模を考慮した結果の両方が出力可能である。	*論文発表数（P） *1論文あたりの平均被引用数（MCS） *分野，出版年，ドキュメントタイプなどで標準化したMCS（MNCS） *世界のトップ10％以内の高被引用論文数の割合。分野，出版年，ドキュメントタイプで補正（PP top 10％） *他大学との共同研究論文の割合（PP［collab］） *他国との共同研究論文の割合（PP［int collab］） *産業界との共同研究論文の割合（PP［industry］） *共同研究者の所属機関との平均距離（離れているほどより国際的と考える）（MGCD）	ウェイト付けしていない
National Taiwan University (NTU) Ranking （国立台湾大学，台湾） http://nturanking.lis.ntu.edu.tw/	2007	以前は Performance Ranking of Scientific Papers for World Universities（台湾高等教育評鑑中心基金会 HEEACT）という名称だった。NTUランキングは「世界のトップ500大学の科学論文パフォーマンスを，計量書誌学的手法を使って分析しランク付けする」。Science Citation Index および Social Science Citation Indexのデータを使用することで，現在ならびにこれまでの"研究活動"を重視している。ランキングの作成者は，この手法が「芸術・人文科学の研究を十分代表していない」ことを認めている。	研究の生産性： *過去11年間に発表した論文数 *最近1年間に発表した論文数 研究の影響力： *過去11年間の被引用数 *過去2年間の被引用数 *過去11年間の論文1本あたりの平均被引用数 研究の卓越性： *過去2年間のh-index *過去10年間の被引用数の高い論文数 *最近1年間にインパクトファクターの高いジャーナルに掲載された論文数	10 15 15 10 10 10 15 15
QS世界大学ランキング Quacquarelli Symonds World University Rankings（QS） （Quacquarelli Symonds Ltd.，イギリス） http://www.topuniversities.com/university-rankings-articles/world-university-rankings	2010	新しいQSランキングは次の4つの異なるデータソースを利用している： *130ヵ国の2,000以上の大学からのデータ *Elsevier社のScopusデータベースを通した各大学の論文数および被引用数のデータ *研究者に対する国際調査（毎年最低200,000件以上のデータ） *約5,000人の雇用者に対する国際調査	*各国研究者によるピア・レビュー *雇用者による評価 *学生1人あたり教員比率 *教員1人あたり論文引用数 *外国人教員比率 *留学生比率	40 10 20 20 5 5
SCImago Institutions Ranking （SCImago Research Group，スペイン）	2009			該当せず

47

ランキング名	期間	説明	指標	ウェイト
THE-QS 世界大学ランキング Times Higher Education/ Quacquarelli Symonds World University Rankings (*THE-QS*) [イギリス] http://www.topuniversities.com/	2004–2009	THE-QS ランキングは4つの柱，すなわち研究の質，教育の質，卒業生の雇用適性，そして国際性の指標を使用している。質的データおよび量的データを組み合わせながら，各指標のスコアにウェイトを付け総合的な合成スコアにまとめている。研究者による相互評価と雇用者調査のウェイトが大きい。Times Higher Education と QS との提携関係は 2009 年に解消された。	＊各国研究者のピア・レビュー ＊卒業生に対する雇用者の評価 ＊教育の質（学生1人あたり教員比率） ＊留学生比率 ＊外国人教員比率 ＊研究の質（教員1人あたり論文被引用数）	40 10 20 5 5 20
THE 世界大学ランキング Times Higher Education World University Rankings (*THE*) (Times Higher Education, イギリス) https://www.timeshighereducation.com/world-university-rankings	2010	THE の分析方法では，5カテゴリーの指標を使用している。ほとんどの指標は，絶対値ではなく単位当たりなどの相対値で測り，専門分野によって大きく異なる被引用比率もその差を調整している。研究の項目は非常に重視（研究＋被引用数でスコアの60％）されている。さらに経済／技術革新の項目（これは産学界からの研究資金で測られる）も加えると，研究活動のスコアは 62.5％にもなる。また，レビューテーション調査が2種類（研究ならびに教育の評価）行われるが，そのウェイトは 49.5％である。調査は Ipsos MediaCT 社により実施されている。多くの高等教育機関のプロファイルを所蔵している Thomson Reuters の Global Institutional Profiles Project のデータ（http://ip-science.thomsonreuters.com/globalprofilesproject/）を最近まで利用していた。しかし，THE 自体が大学の情報を収集・分析し，高等教育機関の情報に関する独自の国際データベースを構築する予定がある。研究文献に関するデータは Elsevier の Scopus データベースを利用する予定である。	大項目 ＊教育（学習環境） ＊研究（論文数，収入，評価） ＊論文被引用（研究の影響力） ＊国際化（教職員，留学生，国際共同研究） ＊産学連携（知識の伝達） 小項目 「教育」 ＊研究者による教育評価 ＊教員1人あたり学生数 ＊博士授与数／学士授与数の比率 ＊教員1人あたり博士号授与数 ＊教員1人あたり大学収入 「研究」 ＊研究者による研究評価 ＊教員1人あたり研究収入 ＊教員1人あたり論文数 「論文被引用」 ＊論文の被引用指数 「国際化」 ＊留学生／国内学生の比率 ＊外国人教職員／国内教職員の比率 ＊海外共著者がいる論文数／総論文数の比率（分野等で調整） 「産学連携」 ＊教員1人あたり産学連携収入	30 30 30 7.5 2.5 15 4.5 2.25 6 2.25 18 6 6 30 2.5 2.5 2.5 2.5
U-Multirank (CHERPA・欧州連合委員会，ベルギー) https://www.timeshighereducation.com/world-university-rankings	2014	U-Multirank は欧州連合委員会により提唱され，（欧州）高等教育研究機関コンソーシアム（CHERPA）により開発されている。ドイツの CHE Hochschulranking の経験を生かして作成されており，同じく EU に支援されている U-Map（高等教育機関を類型化するプロジェクトでの「大学プロファイル」が作成でき，各カテゴリーでの大学間の比較も可能である。総合スコアや順位付きランキングは作成していない。「多元的優秀性」という概念を重視し，大学と専門分野という2つのレベルでの分析を可能にしている。	＊教育と学習（学生／教職員比率，卒業率，博士号を取得している教員の比率，規定の期間内に卒業した学生の比率，卒業生の就職率，教育課程における職業体験プログラム，等） ＊教育と学習―学生満足度（学びの経験，コースと教育の質，プログラムの実施体制，教員とのコンタクト，施設，就労体験や実践的要素，等） ＊研究水準（外部研究資金，学位授与数，研究論文数，論文被引用数，高被引用論文数，学際的研究論文数，教育における研究志向性，ポスドクの数，等）	該当せず

			*知識移転（民間資金収入，企業との共同研究論文数，特許数，企業との共同所有特許数，スピン・オフ企業，等） *国際性（外国語による教育プログラム，外国人教員比率，留学生への博士号授与，国際共同研究，等） *地域貢献（卒業者の地域就業，学生インターンシップ，地域共同研究，地域からの研究資金，等）	
University Ranking by Academic Performance (URAP) (中東工科大学 (ODTÜ) 情報科学機構，トルコ) http://www.urapcenter.org/	2009	URAPランキングは学術的出版物の量と質を分析することを通して，大学の実績を複数の指標で評価している。その目的は現在成長しつつある大学も既に確立されている大学も，自大学と同じレベルにある他大学と国際的に比較できるようにすることである。	*論文数（過去1年間） *研究発表総数（過去3年間，論文以外も含む） *論文被引用数（過去3年間） *論文の影響度指標（過去3年間，23分野で調整） *論文の被引用度指標（過去3年間，23分野で調整） *国際共同研究（過去3年間）	21 10 21 18 15 15
Webometrics 世界大学ランキング Webometrics Ranking of World's Universities (スペイン高等科学研究院 (CSIC) のCybermetrics Labo (CINDOC)，スペイン) http://www.webometrics.info/	2004	Webometrics は大学のウェブ上の活動や影響度を計測することを通して，大学の実績を評価している。大学のドメインを分析単位とし，大学のウェブサイトにあるリッチ・ファイル形式のファイル数を計算している。	*ウェブ上の影響度：当該高等教育機関のウェブサイトに外部の機関がどの程度リンクを張っているかの指標。被リンク数ならびにリンクを張っている外部ドメイン数の平方根（Majestic SEO ならびに Ahrefs Site Explorer のデータを使用）。 *ウェブ上の活動度：これは次の3指標に分かれる（ウェイトはそれぞれ3分の1ずつ） (1) ウェブサイトの大きさ：当該高等教育機関のウェブドメインにおけるウェブページ数（Google の指標による）。 (2) 情報公開度：各高等教育機関がそのウェブサイトで公開しているリッチ・ファイル形式 (pdf, doc, docx, ppt) のファイル数（学術資料検索エンジンの Google Scholar で検索できるもの） (3) 卓越性：トップ10％以内の高被引用論文数（SCImago による）	50 50

大学の透明性，説明責任，比較可能性を進める手法としてのランキング

　ランキングの原点のひとつであるカレッジ・大学ガイドは，もともと学生やその両親が大学（学部レベル）を選択するのに必要な知識を提供するためのも

のだったが,今日の利用者層ははるかに広い。その結果,ランキングの影響力は大きくなり,他の評価,たとえば競争的研究資金の評価などもランキングとみなされて使われるようになっている。ランキングの数が増えるとともに,その利用者層も拡大し,大学院留学生や教員,高等教育機関や関連組織,政府ならびに政策担当者,雇用者,スポンサー,財団,個人投資家,そして共同研究のパートナー企業などに広がってきた。

ランキングが広く知られるようになるにつれ,一般の世論でさえランキングの影響をうけるようになってきたが,それがまた(よくも悪くも)高等教育への支持に影響を与える場合もある。とくに公的資金に多くを頼る高等教育機関ではこの影響を強くうける。ランキング・データの使用の範囲も広がってきた。第3章で詳しく分析するが,今日,ランキングは資金の分配や大学の認証評価の参考にされたり,教育研究の質の基準に使われたりしているのみならず,時には高等教育機関の近代化や組織改革のきっかけとなり,さらには経済戦略や国家政策を決定するのに使われたりすることも珍しくない。

ランキングの人気は,その手軽さにある。レストランや家電製品,ホテルなどのランキングと同様に,大学ランキングもわかりやすい手引きを示してくれているようにみえる。最近では,科学分野別(たとえば自然科学,数学,工学,コンピュータ科学,社会科学)や特定の専門職種別(たとえばビジネス,法律,医療などの大学院),あるいは地域別(アジア,中南米,アラブ諸国,BRICs,など)のランキングも出てきているが,ランキングは基本的に大学全体を評価するものである。多くのランキングは民間の出版社やウェブサイトによって運営されており,たとえば Financial Times, Business Week, U.S. News and World Report, Good University Guide UK などの大手出版社や PreMed Guide[7] や LLM Guide[8] などのオンライン・プロバイダーによって提供されている。

もうひとつの見方は,ランキングが大学の透明性,説明責任,そして比較可

---

7)【訳注】http://www.premedguide.com
8)【訳注】http://www.llm-guide.com

Box 2.2　高等教育機関の透明性，説明責任，比較可能性，を確認するための手法

	学位授与権限	達成すべき評価基準の存在	同類型の機関に分類	同類型の機関の間での比較	消費者ニーズ志向	大学をランクづけ	
認証評価	○	○			△		政府もしくは関係機関が，高等教育機関として相応しい機能を有していることを保証し，学位授与の権限を与える。
査定，質保証，評価		○			△	△	高等教育機関の運営ならびに教育研究の質を評価する。
ベンチマーキング				○			高等教育機関の運営やパフォーマンスを同類型の他の高等教育機関と比較する。
分類とプロファイリング			○	△			設置目的やカテゴリーを基準に，高等教育機関を類型化あるいは分類する。
カレッジ・ガイドとソーシャル・ネットワーキング				△	○	△	学生や雇用者，大学関係者，一般人などに高等教育機関に関する情報を提供する。
ランキング，格付け，バンディング		△		△	○	○	成果を測る「基準」となる一定の指標や機関の特性を用い，高等教育機関のパフォーマンスを国内で，あるいはグローバルに比較する。

（資料）Hazelkorn 2011b：41 を基に編集・更新して作成。

能性を向上させる手法のひとつとして発展してきたとする考え方である。そうした動きには，1970年ごろのカレッジ・ガイドや大学ハンドブックに始まり，現在のソーシャル・ネットワークまでが含まれる（Hazelkorn 2012a, 2012b; Harman 2011, Box 2.2）。これらの手法はそれぞれ異なってはいるものの，その目的（機能）や指標には共通しているところもあり，いずれも長所，短所がある。ひとつの手法に複数の機能をもたせることは便利ではあるが，それが可能か，あるいは望ましいのか，という問題もある。たとえば，ランキングに高等教育機関の分類機能や認証評価，あるいはベンチマーキング機能をもたせるべきだろうか（あるいは，逆に後者にランキングの機能をもたせるべきだろうか）。

(1) **認証評価**

　認証評価とは，政府もしくは関係機関が，高等教育機関として相応しい機能を有していることを保証し，学位授与の権限を与えるために行われる公式かつ正規の手続きである。この評価過程の一環として高等教育機関は，その提供している教育・訓練の質，ならびに機関が適切な基準を満たすだけの能力があるかなどが審査される。認証評価は通常，競争的なプロセスではない。ただし，教員評価や研究の生産性，研究大学院生数とそれの学生総数に対する比率など，ランキングと同じような指標を使用することもある（Salmi and Saroyan 2007：39）。やや複雑なのは，認証評価とランキングの両方を同じ機関で行っている台湾高等教育評鑑中心基金会（HEEACT）のようなケースも存在することである。

　医療関係や法律関係，あるいは会計関係などの特定の職種にとっては，教育プログラムの認証は専門家としての資格試験と同様の機能を果たしている。すなわち，これらで不合格の場合，実務につくことはできないのである。民間主導で認証評価を行う場合もある。たとえばビジネス分野においては，Association to Advance Collegiate Schools of Business（AACSB）や Accreditation Council for Business Schools and Programs（ACBSP），あるいは European Quality Improvement System（EQUIS）が行う認証は，ビジネススクール等の評価を高め，国際的な知名度を上げ，さらにはよい大学院を探している学生に対しても質保証の意味をもつことになるので，強い支持がある（AACSB 2010；ACBSP 2010, Equis 2010a）。EQUIS のウェブサイトでは，その役割の重要性を次のように強調している。

> 「企業の求人がグローバルになり，学生が海外の大学で勉強し，また大学が国境や大陸を越えて協定を締結する現在，国際マネージメントの分野において優れた教育を提供する大学を，国家の枠を超えて識別する必要性は急速に増しています。」（Equis 2010b）

こうした専門的な職業教育を提供する大学にランキングは強い影響力をもって

いるが，同時に認証の審査過程でランキング情報が使われるようにもなってきている。さらに認証評価は教育研究の質を確保するのみならず，こうした専門職種に従事する人たちの需給調整まで行っている。グローバルな労働市場においては，学生にとっても大学にとっても，認証評価は国際的に評価されるために必要不可欠なのである。

(2) 査定，質保証，評価

　査定，質保証（QA）ならびに評価のプロセスは，最近10年に発達してきたもので，次第に正規のものとして認められ，かつ重要性を増している。アプローチの仕方はさまざまだが，焦点は教育・学習もしくは研究にあり，科目や専門分野などのレベルから大学全体のレベルまでを対象としている。内容的にも幅が広く，一方の極にあるもっとも緩いものは，大学自身の基準に照らして行う監査で，教育研究の質の向上を目的としている（例としてはフィンランドのFinnish Education Evaluation Council）。また，ヨーロッパ大学協会（EUA）のInstitutional Evaluation Programme（2004）は，大学間の相互交流を通じた大学の説明責任の向上に寄与するためにつくられたものである。これは，異なる国・大学が提供する資格やそこで身につく能力にどのような違いがあるのかよくわからないという懸念から，ヨーロッパ内の統一した資格基準の枠組み（European Qualifications Framework）として開発された。こうした統一基準を設けることで「資格と資格条件の国際比較が容易になり，学生の地理的移動を助け，労働市場の流動性を高めるとともに，生涯学習が促進される」（Europa 2008b）効果がある。他方，反対の極にあるのが正規の基準を設定し，結果を評価する手法である。政府によって設定された（教育）基準をもとに高等教育機関を規制したりその成果を評価したりするための幅広い権限が与えられている（例としてはオーストラリア高等教育質・基準機構（Tertiary Education Quality and Standards Agency in Australia などがある）（Hazelkorn 2013e）。

　研究の評価は，公的機関が定量的・定性的な指標を使って，研究実績に関する多面的な分析を行うことが多い。イギリスの Research Assessment Exercise (RAE) やその後継である Research Excellence Framework (REF) がよい例である。これは，1987年以来，5年ごとに行われている研究査定であり，イギリスの研究機関で行われている研究をいくつかの専門分野もしくは査定単位に分け，それぞれの分野の専門家からなる審査委員会が研究成果をランク付けしている。査定結果によって研究機関への資金配分が決められ，社会への説明責任を果たすことになり，ベンチマーキングや評価尺度をも提供することになる (REF 2014)。これはオランダのように，主に研究の質保証の仕組みとしてだけ機能している評価制度とは大きく異なっている (Spaapen et al. 2007)。近年，こうした査定や評価制度に費やされる経済的な負担や人的・時間的資源の増大，その官僚的な体制への反発，さらには制度の抜け穴を利用する不正行為の可能性などがきっかけとなり，ランキングと同様なデータソースを使って (ランキングと似たような機能をもつ) 指標ベースの評価システムを構築することが増えてきた。この評価結果は「リーグテーブル」とよばれる順位付きの一覧表として頻繁に公開される。このような展開によって，(研究) 評価とランキングとの間の差が徐々に縮まってきた (Clarke 2005)。

(3) ベンチマーキング

ベンチマーキングは，大学を比較するというプロセスを戦略的なツールに変えてきた。すなわち，高等教育機関や政府は，他の類似した高等教育機関の行動や成果とシステマティックな比較をすることで，戦略的意志決定や効果的，効率的な大学資源管理を行うことができるようになる。データの公開や相互の意見交換，相談などを通して互いのパフォーマンスの差がはっきりしてくると，そこから自発的な改善努力が生まれ，教育研究の質や成果の改善，競争力の強化などがみられるようになる。ただし，多くのベンチマーキング・プログラムは，それぞれ特定の目的のために開発されている。このため，目的に合わせて自由に設計できる反面，異なるベンチマーキングの結果同士を比較するのはますます難しくなっている。また，OECDの国際学習到達度調査 (PISA) と国際成人力調査 (PIAAC) などは，いずれも国家レベルでのベンチマーキングを

促している。高等教育機関のベンチマーキングは，戦略ツールとして自発的に使われるようになっており，自校のパフォーマンスを類似した大学と国際的に比較したり，効果的なやり方を他校から真似たりするのに積極的に活用されている。また，高等教育機関がベンチマーキングを行う際，比較対象となる同程度の大学グループを選ぶのにランキングを使う場合もある。認証評価や査定の場合と同様，ベンチマーキングでも使用するデータはランキングと類似しているようであり，データの変換や分析は，ベンチマーキングにとっても極めて重要である。

(4) **分類とプロファイリング**

分類システムとは「カレッジや大学の特徴を説明し，グループ分けする」ための類型や枠組みを提供するもので，通常，設置目的や大学のタイプなどで分類する。たとえばカーネギー高等教育機関分類表（US Carnegie Classification of Institutions of Higher Education：CFATL）は「類似した高等教育機関を分析管理しやすい意味のあるカテゴリーに分けることによって，米国の高等教育機関の多様性を表すひとつの方法になっている」（McCormick and Zhao 2005：52-53）。こうした米国の経験に学び，ヨーロッパの分類システムとしてU-Mapが開発されたが，その目的は高等教育機関，政府，その他の関係者のために，各国の大学の設置目的や活動の多様性を明示することにあった（van Vught 2009；Hazelkorn 2013a）。「分類」するという表現はあまりよくない印象を与えることがあるので，最近ではより肯定的な響きをもつ"プロファイリング"という言葉が，大学の多様性を強調する場合に使われるようになってきている。

アイルランドやノルウェーなどの政府は，高等教育制度の運営や予算配分計画の一部に，幅広い指標を使ったプロファイリングを採用しており（O'Connor et al. 2013；Skodvin 2012），オーストラリアでも新たなプロファイリング・プロジェクトが始まっている（Coates et al. 2013）。大学間の違いをわかりやすく示すために，プロファイリングの結果はよくレーダーチャートとしてまとめられている。また，代表的なランキング提供機関であるQSも分類表を作成してい

る (QS 2012)。ただし，こうしたプロファイリングは大学の特徴と活動を過去に遡って反映する傾向があるので，高等教育が環境変化に迅速に対応しているというダイナミックイメージよりも，むしろ何も変わっていないという印象を与えてしまうこともある (McCormick and Zhao 2005：53)。分類システムがランキングと一緒に使用されることがよくあり，そのために目的別ランキングと解釈（誤解）されることもある。

(5) カレッジ・ガイドとソーシャル・ネットワーキング

　カレッジ・ガイドは元来，3種類の情報を学生やその親に提供するために登場してきた。まずは，大学の基本的な統計情報，そして，それぞれの大学やカレッジでの「生活・勉強の実態はどうなのか」という体験談，さらには学生に「ピッタリ」の大学をみつけるための消費者ガイドである (Hunter 1995：5-9)。過去数十年にわたって，カレッジ・ガイドの市場は拡大し，提供される情報も，時代や関心の変化を反映して大きく変わってきた。そうした変化とは，大学の学費の上昇とその高い学費を負担しきれるかの懸念，国内外の学生の流動性の高まり，なかでも重要なのは，卒業後のキャリアと高い生活水準を確保するための資質，などである。当初，本の形で出版されていたガイドの情報は，現在ほとんどすべてオンラインでアクセスできる（第4章を参照）。時にはランキングの形式で示されることもある。たとえば *Princeton Review The Best 378 Colleges* には次のような多種多様な62種類のランキングが含まれている。学生寮ランキング，LGBT〔レズビアン・ゲイ・バイセクシュアル・トランスジェンダー〕フレンドリー大学ランキング，図書館ランキング，競技施設ランキング，等々がある (Princeton Review 2013)。もっともラディカルなのはソーシャル・ネットワーキングのサイトで，高等教育の質やパフォーマンス，生産性，そして大学やキャンパス・ライフの経験などに関して（学生の声を）編集せずにそのまま提供している。たとえば学生が教員を勝手に評価する Students Review (http://www.studentsreview.com) のようなウェブサイトもある。

(6) ランキング，格付け，バンディング

　ランキングと格付けは，近年人気が上がっているが，それは高等教育の質とパフォーマンスに関して独自の情報を提供しているというイメージがあるためである。また，それらが，多くの一般大学，大衆，そして消費者（学生とその親）の間を橋渡しする重要な機能を果たしているという見方もある。世界のランキング産業の最近の成長には目を見張るものがあり，新しいランキング商品，コンサルティング会社，専門家会議，ワークショップ，ニュースレターおよびその他の宣伝刊行物などが次々と登場し，これらに支えられた産業として発展し続けている。ランキングの国際的なガイドラインとして，2006年には「高等教育機関のランキングに関するベルリン原則[9]」（IREG 2006）が発表され，2009年にはIREG Observatory on Academic Ranking and Excellence[10]がランキングを監査・規制する機能をもつ組織として設立された（IREG 2014）。

　国内ランキングでは，高等教育機関を一定の特性にしたがっていくつかのカテゴリーに分け，カテゴリー別にランクをつけることもある。たとえばUSNWRは米国の大学を，全国大学（学士号，修士号，博士号の学位を提供している研究重視の総合大学）やリベラルアーツ・カレッジ（学部教育が主で，リベラル・アーツの学位が半分以上占めている大学），地域大学（学部教育が主で，リベラル・アーツの学位は半分以下，博士号はほとんど出していない大学）などのカテゴリーに分け，カテゴリー別のランキングあるいは「ミニ・リーグテーブル」（Usher and Medow 2009）を提供している。なお，国内ランキングの大半は，*U.S. News and World Report* や *Sunday Times*, *Guardian*, *Maclean's Magazine* などの

---

[9]【訳注】「Berlin Principles of Ranking of Higher Education Institutions」。高等教育機関のランキングの健全な発展のために作成した初めての国際的な原則。主な経緯は以下の通り。ユネスコ・ヨーロッパ高等教育センター（UNESCO European Centre for Higher Education：UNESCO-CEPES）と米国の高等教育政策研究所（Institute for Higher Education Policy）によって，2004年に国際ランキング専門家グループ（International Ranking Expert Group：IREG）が結成された。このイニシアチブのもと，2006年にIREGの第2回会合がベルリンで開催され，高等教育機関のランキングの質と実施規範に関する諸原則（ベルリン原則）が作成された。ベルリン原則では，①ランキングの目的・目標，②指標のデザインと重み付け，③データの収集と処理，そして，④ランキング結果の呈示，に関する16の原則が示されている。（ベルリン原則の和訳については次を参照。http://www.mext.go.jp/b_menu/shingi/chukyo/chukyo4/003/gijiroku/06070601/010.htm）

[10]【訳注】国際ランキング専門家グループ（IREG）が発展的に解消して形成された組織。

ようにメディア関連の民間営利企業によって作成されているが，たとえばナイジェリア，パキスタン，カザフスタンのように政府が作成することもある。世界のグローバル化が進むなかで，国内ランキングからグローバル・ランキングに向かうのは自然な流れであり，国境を越えて大学間を比較する時代が今まさに到来している。欧州委員会が開発した *U-Multirank* は，さらに一歩先を行き，欧州連合の参加国の国益を代表する超国家機関としてランキングを出している。ほとんどのグローバル・ランキングでは，地域別のランキングもみることができるが，最初から特定の地域の大学やプログラムに限定したランキングもある。例としては，短命だったがアジアの大学を対象にした *AsiaWeek* ランキング，ヨーロッパの大学院に集中している CHE の *Ranking of Excellent European Graduate Programmes*，スペインとアメリカの大学に集中している *SCImago Institutions Ranking* などがある。最近数年では，とくに発展途上国の大学を対象にした国内ランキングや地域ランキングが増えてきたが，その背景には，教育の質保証とともにグローバル・ランキングではみえてこない大学に光を当てようという意図がある（Usher and Jarvey 2010；Hazelkorn 2013b）。

「格付け」と「バンディング」はランキングの一種であり，バンディングでは特徴の似ている大学同士がバンドとよばれるグループにまとめられる。各バンドのなかでさらにランキングが付けられることもあるが，（どのバンドに属するかの方が重要なので）それに大した意味はない。また *CHE* 大学ランキングでは，ランキングという言葉は使っているが，実際にはユーザーが選択する指標を基に大学を上・中・下の3つに分けるバンディングである。このように，CHE は，個別大学のランキングではなく，大まかなグループ間の順位を作成しているのである。また，*CHE* 大学ランキングでは理論研究中心の「大学」と応用科学重視の「工科大学」[11] に分けてバンドをつくることができるが，

---

11)【訳注】ドイツやオランダでは高等教育機関を，理論と研究を重視している「大学」（〈独〉Universität,〈蘭〉universiteit）と応用科学を重視し自然科学・工学のプログラムが多い「工科大学」（〈独〉Hochschule,〈蘭〉hogeschool）に区分している。なお，同じような制度をもっている国としては，オーストリア，スイス，デンマーク，スウェーデン，ノルウェー，フィンランドなどがある。

カーネギー分類と違って，大学の機能やタイプに応じた細かい分類は使われていない。

格付けは，大学に順番をつけて並べるランキングと異なり，優秀さの規格を設定し，（ホテルやレストラン，映画などと同じように）高等教育機関の等級を（たとえば，「★★★」，「★★」，「★」などの星の数で）評価するシステムである。たとえば，オーストラリアの *Good University Guide* は，21 の項目で大学を格付けしている。また QS は，*QS Star System* という商業的格付けと同様なサービスを提供しており，8 カテゴリー，30 指標をもとにひとつ星から五つ星までのグレードを与えている。よい格付けを与えられた大学は（ホテルやレストランなどと同様）これを使い宣伝することができる。格付けを得るための審査は有料で，通常 2 万ユーロ以上（Rauhvargers 2014：34）かかり，これに「(QSの) ロゴの使用や……格付け基準や結果に関する（QS の）グローバル PR 活動のための」毎年のライセンス料が加算される（Sowter 2011；Guttenplan 2012）。ランキングに比べて，格付けのメリットのひとつは各レベルでの「勝者」の数に制限がないことだが，指標の選択やデータの適切性について問題にされるのは，ランキングと同じである。

米国の Obama 大統領は，高等教育機関格付けシステム（Postsecondary Institution Rating System：PIRS）の設置を 2013 年に提案し，大学のランキング／説明責任の分野に一石を投じたが（PIRS 2014），批判も多い。これは，大学へのアクセス，費用負担，ならびに卒業後の状況を結び付けて示そうとするものである。PIRS の結果は，米国教育省の大学費用負担透明化センター（College Affordability and Transparency Center：以下 CATC と略記）が運営する包括データベース College Scorecard に登録され，2015-16 の学年からオンラインで公開されている。また，高等教育に対する連邦助成金の 97％近く（1,500 億ドル相当）を占める連邦ペル給付奨学金の配分の参考にも供されている（US Department of Education 2014a, 2014b；NCES 2013 および Hazelkorn 2014b も参照）。PIRS の設置にあたっては，米国連邦政府は大学の独立性や州の権限という厄介な問題を回避しつつ，連邦政府の権限下にある透明性，説明責任，比較可能

表 2.2 地理的範囲別・分析対象別のランキング分類とその例示 (2014)

	高等教育機関	専門分野	特定領域	教育制度
グローバル	・4ICU.org (Online Presence) ・Best Global Universities (*US News and World Report*) (2014) ・Centre for World University Rankings (CWUR) (Saudi Arabia) ・Leiden Ranking-Centre for Science and Technology Studies (CWTS) (Netherlands) ・*Newsweek* Top 100 Global Universities (2006) ・Performance Ranking of Scientific Papers for Research Universities [HEEACT]/National Taiwan University Rankings (NTU) (Taiwan) (2007-) ・Professional Ranking of World Universities (France) (2009) ・QS World University Rankings ・International ranking of higher education institutions (Russia forthcoming 2015) ・SCImago Institutional Rankings ・Shanghai Jiao Tong Academic Ranking of World Universities [ARWU] (China) ・*Times Higher Education* (*THE*) World University Ranking ・*Times Higher Education* (*THE*)/QS Top University (UK) (2003-2009) ・U-Multirank (European Commission)	・*Business Week* MBA (US) ・*Economist* Intelligence World MBA Rankings (UK) ・*Financial Times* Online MBA Ranking ・Global MBA Rankings (Financial Times, UK) ・*Le Point* Best Graduate Business Schools (France) ・*Le Point* Best Graduate Engineering Schools (France) ・Tilburg University Top 100 of Economics Schools Research Ranking (Netherlands) ・UTD Top 100 Worldwide Business School Rankings (US) ・*Wall Street Journal* MBA (US)	・Green Metric World University Ranking (Universitas Indonesia) ・QS Star Rating System ・QS Best Student Cities ・QS Top 50 Under 50 ・QS Global Employer Survey ・QS World University Rankings By Subject ・*Times Higher Education* (*THE*) 100 Under 50 Universities ・*Times Higher Education* (*THE*) World Reputation Rankings	・National System Strength Rankings (QS, UK) ・University Systems Ranking. Citizens and Society in the Age of Knowledge (Lisbon Council, Belgium) ・U21 Rankings of National Higher Education Systems (Australia)

第2章 ランキングは何を測っているのか

	· UniversityMetrics. com – G-Factor Rankings · University Ranking by Academic Performance [URAP] (Turkey) (2009) · Webometrics (Spain)			
国　内	· Bulgarian University Ranking System · CHE/dapm Employability Rating (Germany) · CHE-Hochschul Ranking (Germany) · CHE Researchranking (CHE-Forschungsranking) (Germany) · Expert RA University Ranking (Russia) · Educate to Career (ETC) College Rankings Index (US) · *Forbes* College Rankings (US) · *Good University Guide* (Australia) · *Guardian* University Guide (UK) · Higher Education Commission Rankings (Pakistan) · Koofers. com (US) · *La Repubblica* Grande Guida Università (Italy) · *Maclean's* On Campus (Canada) · Melbourne Institute (Australia) (2007) · National Accreditation Centre Rankings (Kazakhstan) · National Rankings of the Best Universities of Kazakhstan · Netbig Chinese University Ranking (China) · Nigeria Universities Commission Ranking	· *Asiaweek* MBA School Rankings (2000–2001) · Brian Leiter's Law School Rankings (US) · *Dataquest* (India) · *India Today* (India) · *Outlook* (India) · *Mint* (India) · *Le Nouvel Observateur* (France) · *Sherif Magazine* (Iran) · National Research Council Ranking of Doctoral Programmes (US) · Philosophical Gourmet Report (US) · Toplawschools. com (US) · American Universities Admission Programme: Undergraduate American Universities Rankings for International Students (US) · *US News and World Report* (*USNWR*) Top Med Schools (US) · WPROST MBA (Poland) · *The Week's* The Week-Hansa Research Survey – Engineering Colleges 2013	· *CollegeNET* Social Mobility Index Ranking (US) · *Georgetown Public Policy Review* Placement Efficiency Ranking (US) · *LinkedIn* Career Outcomes University Ranking (US, UK, Canada) · Metroversities (US) · *New York Times* Most Economically Diverse Top Colleges (US) · *OEDb.org* Online College Rankings (US) · *Online Study Australia* Online University Ranking List (Australia) · Peace Corps Top Colleges (US) · *Princeton Review* (US) · Saviors of Our Cities (US) · Social Mobility Index (CollegeNet and Payscale, US) · Washington Monthly College Guide (US) · Washington *Monthly* Ranking of Community Colleges (US)	

	· OHEC (Thailand) · *Parchment* Student Choice College Rankings (US) · *Perspektywy* University Ranking (Poland) · Petersons College Rankings (US & Canada) · *Princeton Review* Best College Rankings (US) · Ranking U-Sapiens (Colombia) · StateUniversity.com (US) · *Sunday Times* Good University Guide (Ireland) · *Times Higher Education* (*THE*) University Guide (UK) · Top 200 University Rankings (Ukraine) · Unigo (US) · URANK-rank (Sweden) · *US Today* (US) · *US News and World Report* (*USNWR*) College Rankings (US) · *Washington Monthly Review* College Rankings (US) · Wuhan University Research Centre for Science Evaluation (China) (2007)			
地　域	· African Quality Rating Mechanism (AQRM) · *América Economia* Rankings (Chile, Peru, Brazil, Mexico) · *Asia Week* - Asia's Best Universities (Hong Kong) (2000) · CHE Excellence Ranking Graduate Programmes (Germany/Europe) · QS Asian University Rankings · QS Latin American Rankings		· Sustainability Tracking, Assessment & Rating System™ [STARS] (US)	

	・Ranking Iberoamericano (Pan Hispanic) ・*Times Higher Education* (*THE*) Asia University Rankings ・*Times Higher Education* (*THE*) BRICS & Emerging Economies Rankings ・*US News and World Report* (*USNWR*) Arab Region University Ranking ・University Rankings of the Islamic Countries (Iran)		

(注) 発表年は継続されていない場合にのみ表示。
(出典) Hazelkorn (2011b, 2013b) ならびに Usher and Jarvey (2010) を改定して作成。

性に関するあらゆる手法を効率的に動員した (Kelderman 2013；Espinosa et al. 2014)。

表2.2は各ランキングを地理的範囲別 (グローバル，国内，地域)，分析対象別 (高等教育機関，専門分野，特定領域，教育制度) に整理して表示したものである。

多様化するランキング

いくつかのランキングでは，一般の人が考える何が優れた大学かという安直なコンセンサスに挑戦しようとしているが，それにともなう独自の難しさもある。たとえば *The Washington Monthly College Guide* はその目的を次のように述べている。「他の大学ガイドが注目しているのは大学が学生に対して何ができるかだが，私たちが注目しているのは大学が国全体のために何をしようとしているかである」。すなわち大学の価値は，どの程度社会を動かす原動力となっているか，知識を進歩させ経済成長を促すような高度人材や科学的研究成果を生み出しているか，そして奉仕の精神を培うように教えているのか，という基準で測られるべきなのだと考えている (Editors WM 2005)。

「私たちの目からすると，もっとも優れた米国の大学とは，経済的に恵まれていない学生たちが労働市場で必要な資格を取得できるよう，最大限の努力をしている大学です。こうした大学こそが，新しい科学的発見および能力の高い Ph.D. 取得者を生み出しているのです。またこうした大学こそが，地域社会や国全体に対して学生が果たすべき義務をきちんと教育しているのです。」（Editors WM 2005）

Washington Monthly は米国の短大ランキングも開発し，米国の教育制度のなかでの重要性のみならず弱点も明示しているが（WMCC 2010），そこにはランキングのために「使用すべきでないデータ」が使われているという批判もある（Moltz 2010）。

　もうひとつの例は，「高等教育機関がその所在都市に及ぼす望ましい経済的，社会的，文化的影響」を測っている *Saviors of Our Cities*（わが町の救世主）: *Survey of Best College and University Civic Partnerships* というランキングである（Dobelle 2009）。これは，その後，*Metroversity Ranking* と名称を変えている（Dobelle 2012）。使用されている指標でとくに重要なのは，地域活動の期間，地元への実質投資金額，支払給与・研究・購買力からみた大学の存在感，教員や学生による地域貢献，地域活性化プロジェクトの継続性，K-12 パートナーシップ[12]を通じた地元学生に対する大学進学や経済的な面での支援，あるいは，当該高等教育機関の影響力がその地域でどの程度認識されているか，などである。規準指標として広く使われるように，ランキングの手法もあまり変えてこなかった。

　米国以外の例として，東南アジア教育大臣機構（SEAMEO）は「発展途上国における大学の価値」を測るプロジェクトを実施している。指標としては，教育機会の確保，教育の平等，地域活動ならびに環境・地域経済への貢献，「人間の安全保障」の促進などの要素が使われている。そして，この人間の安全保

12）【訳注】幼稚園から中等教育までを示す用語で，米国，カナダ，韓国等で使われている。

障の価値観には，個人の自由の尊重や性差別や政治的差別の解消，その他の社会的進歩を示す基準などが含まれている（Sharma 2010b）。当初，ランキングとよばれていたこのプロジェクトは，2010年以降は「ASEAN・東南アジア大学の自己評価システム」という正式名称で知られるようになった。これは「評価の目的は，基準達成を証明（prove）することにではなく，大学を改善（improve）することにある」という理念に基づいたパイロット・プロジェクトだった（USAS 2010）。また，インドネシア大学が2010年以降実施している *Greenmetric World University Ranking* は「グリーン化および持続可能な行動に向けた大学の取り組みを比較すること，ならびにその方法を示すこと」を目的としている。これは，持続可能性に関して北米の大学を中心にランク付けしている *STARS*（*Sustainability Tracking Assessment & Rating System*）とその趣旨において同じである（Wheeland 2012）。

　別のランキング・グループは，高等教育機関のパフォーマンスを，より直接的に学生の（在学中や卒業後の）実績や費用負担に関する広範な問題に結び付けてみようとしている。その目的は事実上，ランキングよりも透明性の確保や説明責任にある。ひとつの例は *America's Best College Buys*（1990年に米国の雑誌 *Money* が発表し，現在 *Forbes* が引き継いでいる）であり，「いくつかの指標を基に，適切な大学の費用はどれぐらいか」を分析することを通して高等教育機関の経済価値をランキングしている（Myers and Robe 2009：18）。また上述した米国政府の高等教育機関格付けシステム PIRS は，既存のオンライン・データベース College Navigator を発展させたものだが，これは2,000近くの高等教育機関を対象にして，その費用，教育内容，卒業後の収入予想などを包括的かつ比較可能な情報として提供している（Espinosa et al. 2014：3，CATC）。同様な試みとして，Centre for College Affordability and Productivity（CCAP）は *Forbes* と共同して別のランキングを開発した。これは，大学のランキングを，① 学生による教員評価指標（ratemyprofessors.com による）と，② キャリアの成功を表す指標（*Who's Who in America* の2008年版に記載されている卒業生の割合），との2つの指標（①と②を50対50の割合でウェイト付け）に基づいて行

っている（Alberts et al. 2008；Vedder et al. 2009；Chapman 2008）。また，「次世代の」高等教育機関18校が，ビル＆メリンダ・ゲイツ財団からの支援をうけて Voluntary Institutional Metrics Project を開始し，費用，退学率・卒業率，卒業後の就職状況，学資ローンの債務残高や不履行の状況，そして学習成果などに関する大学間比較を行っている（Marcus 2013；HCM Strategists n.d.）。同様の趣旨から，雑誌 *Washington Monthly* も同じく *Bang-for-the-Buck College Rankings*（出費に見合った価値のある大学ランキング）を作成している。さらに，Collegiate Learning Assessment（CLA）や Survey of Student Engagement（NSSE）のような学習成果を評価する手法に最近注目が集まり，国内のさまざまな目的に使われているが，こうした人気の背景には，既存のランキングが研究中心になり過ぎていることへの懸念があるといってよい。AHELO プロジェクトやその他のプロファイリングでも同様だったが，上記の例は，高等教育機関のもつ多面的な機能を，より広い視野から評価しようとする試みである。

　各国の教育制度の質そのものに焦点を当てたランキングも登場してきている。ブリュッセルに本部がある独立系のシンクタンク Lisbon Council の出した *University Systems Ranking* がその草分けである。また，*Citizens and Society in the Age of Knowledge* や *QS National System Strength Rankings* も 2008 年に一度だけ，こうしたランキングを発表したことがある。前者では，OECDの 17 ヵ国の教育制度を対象に，6 種の指標（非排他性，教育の機会提供，効率性，大学の魅力，学生の年齢層，対応能力）を計測している。そして，その目標を次のように述べている。

　　「（大学教育は）一握りのエリートを生み出すだけの存在，あるいは社会的不平等の永続性に加担するようなものであってはなりません。むしろ大学教育というものは，なるべく多くの個人が社会の一員として，民主主義の成熟した参加者になれるように，そして経済上の役割を充分果たせるように，必要なものはすべて与え，身につけさせなければなりません。それと同時に大学は，世界トップレベルの独立した研究拠点でもある必要がある

のです……。」(Ederer et al. 2008)

　QS (Quacquarelli Symonds) 社が開発した *National System Strength Rankings* では，4セットの広範な指標（当該国の大学の平均ランク，高ランクの大学に通う学生比率，旗艦校指向性，高等教育への投資効率）を組み合わせて「国全体としての高等教育制度の強み」を評価している (QS 2010a)。その後 Salmi (2013) は教育制度の健全性を測る仕組みを試験的に作成している。また，大学の国際的ネットワーク組織である Universitas 21 も，同様の趣旨で高等教育機関の全般的な能力を示すランキングを開発している。その目的は，高等教育機関が経済・文化の発展に貢献すること，学生に良質の教育を提供すること，そして魅力を高めて留学生を引きつけるのを助けることである (Williams et al. 2012, 2013, 2014, U21)。2014年時点で3回目のバージョンを発表している。

　このようにランキングは多様であり，次々登場してくる新たなランキングも，時とともに変化してゆく。しかし，上で示した多くの事例は，ランキングが高等教育における情報公開の促進という大きな流れの一環だという見方を裏付けている。より多くの政府が，公的資金で賄われたランキング結果をオープンソース[13]の形で発表することを求めてきているため，最終的に，オープンソースの情報提供やオンライン検索エンジンが，ランキングのBig 3[14]，ならびに学術文献データベースの巨人である Thomson Reuters や Scopus による寡占的状況からシェアを奪い取ることになりそうである。おそらく，こうしたことを念頭に置いて，Thomson Reuters と上海交通大学の高等教育研究院 (CWCU) は高等教育機関に関する巨大なデータベースを独自に開発した。それぞれ715の世界的な大学から構成される Global Institutional Profiles Project (GIPP) と，1,200の研究大学から構成される Global Research University Profiles (GRUP)

---

13)【訳注】ここでは，①誰でもアクセス可能，②自分用にカスタマイズできるなどインタラクティブ，③ランキング提供機関の制約に縛られない，④必要に応じて利用者が情報提供できる，などの含意がある。
14)【訳注】世界大学学術ランキング (*Academic Ranking of World Universities*：*ARWU*)，THE 世界大学ランキング (*Times Higher Education World University Rankings*：*THE*)，QS 世界大学ランキング (*Quacquarelli Symonds World University Rankings*：*QS*)

である。現在，登録すれば，これらのデータベースを無料で利用することは可能だが，潜在的には極めて大きな商業化の可能性を秘めている。また *THE* も多くの利益が期待できるこの市場に参加する意向を示している。中期的にみれば，オンラインのデータベース（たとえば Google Scholar, Webometrics）ならびにオンライン・フォーラム（たとえば Facebook や Rate-my-professor），デジタル・リポジトリなどがもっと一般的になっていくだろう。たとえば，米国や，オーストラリア，イギリスの政府やスペインのカタルーニャ自治政府は，学生などが大学のパフォーマンスを比較できるインタラクティブなデータベース（College Navigator, MyUniversity, Unistats, Winddat）をすでに一般公開している。その他，メキシコの Data Explorer Comparative Study of Mexican Universities（ExECUM）やアイルランドの Towards a Performance Evaluation Framework：Profiling Irish Higher Education も高等教育機関に関するオンライン・データベースである（HEA 2013）。将来的には，ホテル用の検索サイト TripAdvisor と同様のサイトが高等教育機関用に登場することも，ありえないことではない。そうしたオンラインのデータベースが最終的に成功するためには，単なる統計データの提供だけでは不十分であり，そこに含まれる付加価値を高めていくことが必要である。すなわち，"意味のある"国際比較，共通の定義に基づくデータ使用，高機能のデータマイニング（膨大なデータから必要なものを掘り起こすこと），そして"意味のある"分析の提示によって，その成否が決まってくるだろう。

このため，ランキングに関するこれまでの議論は，指標の選択や選ばれた指標が評価対象を正しく近似しているか，に主な焦点が置かれてきた。あるいは，設置目的や背景が異なる多様な高等教育機関を計測したり比較したりすることが本当にできるのか，ウェイトの付け方は妥当か，あるいは社会科学的にみた指標の信頼性，といった問題も議論の的となってきた（Tight 2000；Bowden 2000；Turner 2005；Dill and Soo 2005；Usher and Savino 2006；Usher and Savino 2007；Sadlak and Liu 2007a；Marginson 2006；Marginson and van der Wende 2007b；Taylor and Braddock 2007；Saisana and D'Hombres 2008；Usher and Medow

2009；Billaut et al. 2009；Myers and Robe 2009；Stolz et al. 2010；O'Meara and Meekins 2012；Rauhvargers 2011, 2013, 2014；Marope et al. 2013；Marginson 2014；Erkkilä and Kehm 2014，など）。しかし，高等教育機関の国際比較には多くの困難がともなうため，ランキングは，何がもっとも適切かではなく，何が計測しやすいかで評価指標を選ぶ傾向がある。たとえば，計量書誌学的データや被引用データが指標としてもっともよく使われているのは，正に Web of Science や Scopus がそうしたデータをすでに収集して利用可能な状態にあるからである。このため，国際的に比較可能なデータが存在しているかどうかということが，ランキングの方法論や結果に重大な影響を与えている。とくにランキング結果に与える影響については，しばしば無視されたり過少評価されたりしがちなのである。

　以下，本章ではランキング，とくに主要なグローバル・ランキングと *USNWR* に着目し，その概要と，これらが何を計測しているのかを紹介する。すなわち，各国の多くの文献を参考に，その主な意見や批判を紹介・検討することで，一般読者のための最新の通知票としてまとめてみたい。なお，ここでは個別のランキングの詳細に立ち入るよりも，より広い立場でこの問題を考える。また，ここでの議論が，本書のこれからの章の基礎となっている。

ランキングの計測対象（指標）の比較

　各ランキングは，異なった指標を使って高等教育機関を評価している。また各指標のウェイトも「ランキング機関がどのような基準が大学の質の測定に適当か，あるいは反映していると考えるか」によって変わってくる（Webster 2001：5）。結果はひとつの数字にまとめられ，順位の高い大学からリストアップされるが，このリストはスポーツチーム評価の言葉を借り「リーグ表」とよばれることが多い（Tight 2000）。もっともスコアのよい大学は 1 位や 2 位の順位を与えられ，スコアがあまりよくない大学は 500 位以下のランクまで与えられるが，このフォーマットによる大学間の順位差は統計的に有意なものではない。ランキングは「大学間の相違点を強調し，各指標にウェイトをつけた上で

それらの指標のスコアを足しあげて,唯一の"最高"の大学を決める」(Usher and Medow 2009:4)。このようにしてランキングがつくられるのは,ランキングは本質的に一次元的なものであり,各指標は互いに独立した変数と考えられているためである。しかし,実際には「(指標の中に相関係数が非常に高い組合せがある)多重共線性が生じている」ことが多い(Webster 2001:236)。たとえば新設の公立大学に比べると歴史があり資産の多い私立大学の方が,教員／学生比率が高く,学生1人あたりの支出も大きい傾向がある。

>「入学を許可された学生のSATスコア[15]情報は,大学の評価に大きな影響を与えているという議論があります。こうした大学の評価は学生の定着率や在籍学生数,卒業生による寄付金額等に影響を与え,さらに,これらが大学の財源,学生1人あたりの支出,教員／学生比率,教員の報酬などに影響を与えているのです。」(Webster 2001:236)

結局のところ,指標の選択およびウェイトは,ランキング機関の選好や価値判断を反映している。つまり完全に客観的なランキングなどというものは,この世に存在しないのである。このため,大学全体の活動をランキング結果が代表しているなどという主張は,その信頼性にかえって疑問を投げかけるものである。逆に,ランキングが対象とする範囲を狭く明確にするほど,客観性が上がるという議論もあるが,その場合は大学の総合的なランキングとはいえなくなる。たとえば*ARWU*は世界の大学の総合ランキングだと主張しているが,より正確にいえば,いくつかの科学分野における研究活動のランキングでしかない。
　ランキングは,次の3つの主要な情報源からデータを取得している(Usher and Medow 2009:6)。

---

[15]【訳注】従来はScholastic Aptitude TestやScholastic Assessment Testとして知られていた米国の大学入試のための共通試験。非営利法人College Boardが主催している。

1. 独立した第三者からの情報源：たとえば政府関連データベースには，高等教育の活動に関連する広範なデータが収録されている。基本的には統計分析に使えるフォーマットに編集されており，その多くは高等教育機関から政府に対してなされる定期報告である。
2. 高等教育機関からの情報源：たとえば大学が出版する情報などで，アンケート調査やデータ調査として情報を直接提供することが多い。
3. 学生や他大学の研究者，卒業生の雇用者，その他の関係者に対する調査：たとえばアンケートやグループ・インタビュー，あるいは学生満足度調査などがある。

　それぞれの情報源は利点と問題点とがある。その結果，批判もよくなされる。たとえば，データが得やすいかどうかで何を分析するかが決まっている，あるいは情報自体も抜け穴を利用されたり操作されたりすることがある，というような批難である。

　第1の政府機関による情報収集は公式な報告目的のために行われるため，正確度はもっとも高いとみなされているものの，通常，ランキング機関が求めているような，他と比較可能な形式にはなっていない。その上，定義や内容がそれぞれ異なるので，地域や国を越えた比較ではとくに問題が多い。第三者による別の情報源は計量書誌学的データ，あるいは引用文献データである。Thomson Reuters の Web of Science や Elsevier の Scopus が一般的に使われているが，占有権を求めずに無料で公開されている Google Scholar も徐々に普及してきている。これらのデータは研究活動の生産性や研究の影響評価の根拠として広く使用されている。ただし，こうしたデータでは，芸術・人文科学・社会科学（Arts, Humanities and Social Science：AHSS）の分野に不利に働く傾向があることや自己引用の大きさの程度，さらには英語で書かれているかどうかにともなうバイアスの問題，などに関して多くの論争がある。さらには，掲載ジャーナルの質で個々の論文の質を評価している，という問題もある。第2の高等教育機関が提供するデータは情報量ではもっとも多いが，重大な歪曲や操作の対

象ともなりやすい。たとえ標準となる同じ質問をされても「高等教育機関全体として整合性のとれた情報がランキング機関に対して提供されているという保証がまったくないことが，もっとも大きな問題である」(Usher and Savino 2006：11)。こうしたことが起きる原因は，国家や教育体制の違い，学生の数え方や研究収入報告における定義の差，あるいは，できるだけよい印象を与えたいという動機など，さまざまである。最後に第3の調査によるデータ収集は，広範な課題に関する関係者の有益な意見や大学の信頼度を把握できるという利点をもつ一方で，評価に関するデータには偏見や先入観に基づく質の判断，または抜け穴の悪用という問題も起こりやすい。さらに，サンプル・サイズに関する懸念もある。

　それぞれのランキングが測っているものは，ランキング機関の考え方や利用可能なデータによって異なっている。これが，いくつかの重要な問題を引き起こす。第1に，多くのランキングが大学や教育の質を測定していると主張しているが，大学の活動の広範な内容——たとえば教育と学習，学生が入学後に身につける「付加価値」への寄与，研究活動とその学術的影響力，知識や技術の移転，地域社会への参加などの第三の使命[16]，そして社会や経済全体の変革への貢献——を測定することは非常に難しい。グローバル・ランキングは国際比較できるデータに依存しているが，データの国際比較は複雑で不完全な形でしか行えない。また，たとえ国内のデータであっても，単純な比較を容易には行えない状況がいくつも存在する。たとえば，データの定義，データセットの構成，情報収集の方法，そしてデータの提供形態が各大学によってばらばらであることが深刻な問題になりうる (Liu and Cheng 2005；Wellman 2007；Adelman 2009；Hauptman 2009)。多くのグローバル・ランキングがあえて研究に重点を置いているのは，研究に関するデータがもっとも容易に入手できるからだといってよいであろう。しかし，評論家やランキング機関は，なぜ研究に重点を置く方法

---

[16]【訳注】英語：Third Mission。従来の大学の使命である教育と研究に加え大学が経済，社会，そして文化に貢献することをいう。

論が最善なのかを,後付けの理由で説明しようとしている。ARWUはこうした議論を自分たちの優位性の証として使っている。たとえば,学者らのコメントを引用して広報に使ったり,「大学の評価がいかに慎重に行われているか」を強調したり,採用した手法が「科学的に厳密で,地理的な偏りがないこと」を印象付けようとしたりしているのである(ARWU 2010)。

　第2に,データが直接得られないという問題を避けるために,計測は直接的にではなく,ほとんどは代理指標を通して行われる。たとえば,入学時の学生のスコアが学生の質を測る指標としてしばしば使われるが,これは大学での学習経験の質を測定する指標として果たして適切であろうか。同様に,入学時の選抜の厳しさの指標が,大学の(教育の)質を測るために使われている。しかし,その前提にあるのは,あるプログラムの入試が難しければ難しいほど,そのプログラムはよりよい教育内容を提供している,という考え方である。その他にも,論文数や被引用数,ノーベル賞などの受賞数,研究収入などが,研究の質を測定するのに使われ,予算と支出の規模が図書館を含む大学のインフラの質と同等とみなされ,また卒業生の就職率がプログラムの実務性や卒業生の雇用適性の潜在力を測るのに使われているのである。代理指標を使うにあたり,2つの相互に関連する問題がある。ひとつは代理指標の選択の問題(代理指標が,計測しようとしている対象の適切な代替になっているか)で,もうひとつは選択された指標自体が意味のある適切な尺度になっているかという問題である。別言すると,選ばれた指標が,測ろうとしている現象の代理指標として妥当だと人びとに認めてもらえるか,という問題である。

　それぞれのランキング機関は,教育研究の質を測定し大学の実績をランキングしていると主張している。しかし,彼らが使っている指標やその組み合わせ,さらには指標のウェイトの置き方はランキング機関によってかなり異なっており,これが問題をより複雑にしている。表2.3には,各ランキングによって「大きく異なっている質の定義」と指標カテゴリーごとのウェイトがまとめられている。ただし,各ランキングに共通した側面も存在する(Usher and Medow 2009：12。またRichards and Coddington 2010も参照)。たとえば,グローバルな

表2.3 国内ランキング,グローバル・ランキングにおけるウェイト

(網掛けは国内ランキング,％)

	1.入学時の成績	2.教育を支える要素：教員	3.教育を支える要素：大学資源	4.教育環境	5.教育成果：卒業	6.教育成果：卒業後の影響	7.研究	8.レピュテーション
Academic Ranking of World Universities [ARWU] (Shanghai Jiao Tong, China)	0	0	0	0	0	0	100[*1]	50[*2]
AsiaWeek - Asia's Best Universities (Hong Kong) (2001)	25	28	10	0	0	0	17	20
Best Global Rankings [USNWR] (US)	0	0	0	0	0	0	100	25
CUAA Chinese University Billionaire Alumni Ranking	0	0	0	0	0	100	0	0
Daily Telegraph (UK) (2007)	100	0	0	0	0	0	0	0
Financial Times Global MBA (UK)	6	26	0	12	1	55	20	0
Greater China Ranking	10	65	5	0	10	10	85	0
Guardian University Guide (UK)	15	15	15	20	0	35	0	25
La Repubblica Grande Guida (Italy)	17	31	22	0	10	0	20	0
Maclean's University Rankings (Canada)	10	40	40	0	0	10	26	20
National Rankings of the Best Universities of Kazakhstan	0	60	0	0	0	40	60	40
Netbig (China)	12	22	6	0	0	0	45	15
National Taiwan University (NTU) Ranking	0	0	0	0	0	0	100	0
Perspektywy/Rzeczpospolita Uniwersytet Europe (Poland)	18	26	31	0	0	0	0	25
Professional Ranking of World Universities (France) |2009|	0	0	0	0	0	100	0	0
Quacquarelli Symonds World Ranking [QS] (UK)	5	80	0	5	0	10	70	50
Ranking Iberoamericano (Pan-Hispanic) |2012|	0	0	0	0	0	0	100	0
SCImago Journal and CountryRank [SJR] (Spain)	0	0	0	0	0	0	100	0
Sunday Times (Ireland)[*3]	28.571	28.571	0	0	28.571	14.286	14.286	0
Times Higher Education World University Ranking [THE] (UK)	7	69.75	0	15	0	8.25	93.25	33

Times Higher Education Quacquarelli Symonds World University Rankings [*THE-QS*] (UK) [2009]	5	25	20	40	0	10	60	50
Times Good University Guide (UK)	3.3	53	7	0	3.3	3.3	30	0
University Rankings (Ukraine)	15	49	19	0	9	8	0	0
University Ranking by Academic Performance [*URAP*] (Turkey)	0	0	0	0	0	0	100	0
US News and World Report (*USNWR*) College Rankings (US)	12.5	12	10	30.5	0	12	0	22.5

(注1) 1〜6の欄の合計は100%。7と8の欄はそれぞれ研究およびレビュテーションのウェイトを個別に計算している。このため一部に重なる部分がある。ここの分析は大学のレビュテーションと研究・研究関連活動との間に強い相関関係があることを前提とする。発表年は継続されていない場合にのみ表示。
(注2) U-Multirankは含まれていない。U-Multirankには個別の指標はあるが，指標をひとつの指標に統合したり，ウェイト付けすることはできない。
[*1] Usher and Medow (2009) では「教育成果」を10%として計算しているが，これは「ノーベル賞・フィールズ賞を受賞した卒業生数」の指標なので，本表では (教育指標ではなく) 研究指標として扱っている。
[*2] *Nature*, *Science* の論文掲載 (20%) と賞受賞 (10% + 20%) とをレビュテーション (総計50%) としてカウントした。
[*3] Murphy (2014).
(出典) Usher, A. and J. Medow (2009:10-11), Hazelkorn (2011b) を改編・修正して作成。

レベルでは，主として計量書誌学的データや引用文献データに依拠しながら，どのランキングでも研究面に重点が置かれている。その一方で，国内におけるランキングや査定・評価では，多用なデータベースが利用しやすい状況にあるため，共通して分析対象の幅が広くなっている (表2.4を参照)。

研究指標と研究に関連する指標 (たとえば，研究者による相互評価，博士号授与数，研究による収入，被引用数，論文発表数，教員や卒業生の受賞数，国際化など) とを併せてみると，多くのグローバル・ランキングの指標が研究に偏っていることがよくわかる。そのような表 (表2.3と同じような) を作成してみると，研究のウェイトはいちじるしく大きくなり，*NTU*, *URAP*, *ARWU*では100%，*THE*では93.25%，そして*QS*では70%にも達する。こうした状況の背景が，以下の*QS*の考え方に示されている。

「留学生や外国人教員が多いこと自体は大学の質の指標にはなりません。

表2.4　研究を評価する手法

研究を評価する指標	ランキングで使用している国
助成金総額（金額）	スロバキア
教員1人あたりの助成金（金額）	オーストリア，ドイツ，イタリア
教員1人あたりの助成金（件数）	イタリア
EUの支援を受けている研究プロジェクト	イタリア，ノルウェー
国際共同研究プログラムへの参加	ポーランド
論文発表数	スウェーデン，スロバキア，オランダ
研究者1人あたりの論文発表数	ドイツ，スロバキア，スイス
教員1人あたりの被引用数	イギリス
論文1本あたりの被引用数	ドイツ，スロバキア，スイス
国際的な出版物数	ポーランド
発表後2年以内に引用された論文の割合（パーセンテージ）	スウェーデン
被引用数5以上の論文数	スロバキア
高被引用の論文（HiCi）上位5％に入っている論文の割合（パーセンテージ）	スウェーデン
特許数（絶対数）	ドイツ
教員1人あたりの特許数	ドイツ
大学院生／学部生の比率	イギリス
研究の質	ドイツ，イギリス，オーストラリア，オランダ
研究に関するレピュテーション（研究者による相互評価）	オーストリア，ドイツ，ノルウェー
研究の影響力	イギリス，オーストラリア，オランダ
灰色文献	個別大学や研究評議会で使われる

（出典）Hendel and Stolz（2008），Hazelkorn and Loukkola et al.（2014），Europa（2010c）を基に作成。

　しかし，『海外からの学生や教員の受け入れ』と『海外の研究者による大学評価や被引用数など』との間には，明確な相関関係がみられます。さまざまな指標で全般的に高スコアの大学が，さらに国際化を推し進めることで，その多くが世界的な大学に変身することに成功しているのです。」
（Byrne 2013）

また THE（2013〜2014）の考え方も同様である。

> 「研究大学院生が多いことはより研究重視であることを意味し，活発な大学院生のコミュニティがあることは，学部生や大学院生が高く評価するような研究主導の教育環境が形成されていることを示唆しています。」

ランキングに使われている指標間の相関係数が高いこと，さらにそれらの指標にかかっているウェイトの大きさも含めて考えると，グローバル・ランキングは実質的に研究活動を評価しているだけで，他の指標はその事実をぼかすために入れてあるのではないかと思えてくる。

　このように，指標で計測している対象の範囲が狭く，なかでも国際比較が可能な教育・学習データの不在が，グローバル・ランキングのアキレス腱といえるだろう。この短所を補うために THE は大学評価調査に「教育の評価」という項目を追加したが，教員が世界中にある他大学の教育の質に関して，実際どこまで知ることができるのかは不明である。QS, THE, ならびに U-Multirank は教員／学生比率を教育の質の代理指標として使用しているが，これにも問題がある。また U-Multirank は学生満足度調査も使っているが，こうした調査をめぐっても議論が多い（以下を参照）。

　以上の諸問題を考えると，ユーザーが，理論的には無限の指標リストから自分にとってもっとも適切と思われる指標を選択できる，多元的ランキングの利点に関心が集まるかもしれない。また「クラウドソーシング」的なアプローチ，すなわち評価される高等教育機関が予めランキング機関によって選抜されるのではなく，参加する大学すべてが分析対象とされるようなアプローチも魅力的である。そこでは，すべてのプロセスが民主的に行われるようになる。国レベルでこれがどのように機能するかを示す興味深い例は，南アフリカである。南アフリカのエリート大学 Big Five のいくつかは ARWU, THE, QS, あるいは Leiden ランキングのなかに登場するが，残りの 18 大学は SCImago と Webometrics のランキングにしか登場してこない（Matthews 2012 ; MacGregor 2014）。

同様のことが，これまで他のランキングでは対象とされてこなかったような EURASHE グループ[17] の *U-Multirank* に対する肯定的な反応にも示されている。

　もうひとつの問題はランキング順位の毎年の変動に関連したものである。*QS* と *THE* が頻繁に行っている方法論的な変更は，大学のランクを大きく左右することがある。これは消費者利益にかなうことかもしれないが，大学関係者や政策担当者に大きな不安を引き起こす。*USNWR* はやや異なる立場から，方法論の変更は，むしろランキングの改善の証であることを強調している（Morse 1995：94）。*THE* も同じ論法を用いて Thomson Reuters との協定を説明している（Baty 2010b）。大学のランキング順位は関連指標のウェイトの変更によっても変わることがある。これによって以前のランキングとは違ったものになるが，そのことは同時にウェイトを決めるに当たってはっきりした根拠がないことをも示している（Clarke 2004；Marginson 2014）。順位変動の影響をもっとも受けやすいのが，ランキング中位の大学である。そこでは小さな統計的差異が大学順位の大きな変化として顕われる傾向があるためである（Usher 2014a）。この点に関しては *USNWR* が行った調査によっても確認できる。その調査ではランキングのトップ層にある大学の順位が，一番変動が少ないという結論が示されている（Gnolek et al. 2014：6）。

　図 2.1 は *THE-QS* および *THE* のランキングをもとに，国やその性格があまり偏らないように選んだいくつかの大学のランキング順位の推移を示している。2009〜2010 年の *THE-QS* 最後のランキングから 2010〜2011 年の *THE* 最初のランキングへの移行にともなうウェイトの変更によって大きな影響があり，たとえば中位ランクにあったコペンハーゲン大学は 51 位から 177 位に落ちている。これとは対照的に，最上位にある大学は上にも下にもあまり変動がない。トップ 200 大学のなかで，最上位にある大学の順位があまり変わらず，中位・低位の大学の順位が大きく変わるというこの傾向はその後の年も続く。

17）【訳注】European Association of Institutions in Higher Education（欧州高等教育機関協会：EURASHE）は 1990 年に創立されベルギーに本部を置き，ヨーロッパの工科大学や専門学校など，専門職高等教育機関から構成される。

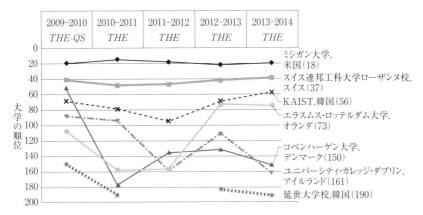

図2.1　*THE-QS*と*THE*世界大学ランキングにおける順位の変動（2009〜2014年）

（出典）http://www.timeshighereducation.com/world-university-rankings/ および www.topuniversities.com/university-rankings/world-university-rankings/2009 より作成。

しかし，これは大学の実態変化を示したものというより，*THE*で使われている手法や指標の微妙な変動，いわば「ノイズ」を反映したものであろう。これに対して*ARWU*は当初から手法を変更していないので，ランキングの結果も安定している。一方，2011〜2012年の*QS*ランキングをみると，*THE*よりも安定している。しかし，Marginson（2014：54）は，*QS*はレピュテーション調査を大幅に取り入れており，こうした調査は「毎年回答が変わる」ため，必然的に大きく変動するようになると論じている。

表2.3が，各ランキングが同じカテゴリーの指標にどのようなウェイトをつけているのを示しているのに対し，表2.5はそうしたウェイトの違いが大学の総合ランキング順位にどのような影響を与えるか，別言すれば，各ランキングが優秀さをどのように定義するかによって，総合順位も大きく変わってくることを示している。大学の「カテゴリー別ランキング」はそれぞれ異なった動きをすることから，「ランクの高い大学にとっては資金を集めることが順位を上げるうえでより影響が大きく，ランクが低い大学にとっては大学のレピュテーションを上げることがより大きな影響をもつ」（Grewal et al. 2008：6）。たとえ

表2.5 カテゴリー別の大学ランキング (QS World University Rankings, 2014〜2015年)

大学名	総合ランキング	研究者によるピアレビュー(40%)	雇用者評価(10%)	被引用数(20%)	学生／教員比率(20%)	外国人教員比率(5%)	留学生比率(5%)
ケンブリッジ大学, イギリス	2	1	2	40	18	73	48
MIT, 米国	1	6	4	10	14	42	57
カリフォルニア工科大学, 米国	8	26	107	1	6	109	106
ロンドン大学(UCL), イギリス	5	15	22	41	35	59	15
ハイデルベルク大学, ドイツ	49	43	125	218	100	276	225
ロンドン・スクール・オブ・エコノミクス(LSE), イギリス	71	61	6	401	196	24	7
シンガポール国立大学	22	9	10	185	71	23	62
ライス大学, 米国	129	251	401	55	141	169	115
ダブリン工科大学, アイルランド	551–600	n/a	391	n/a	n/a	300	135

(注) パーセンテージはそれぞれの指標のウェイト。*Times Higher Education World University Rankings* は2013年10月に出版されているが「2013-2014年」と表示している。
(出典) http://www.topuniversities.com/qs-world-university-rankings/

ば2009年の *THE-QS* ランキングにおけるユニバーシティ・カレッジ・ダブリンの急上昇は，たったひとつの指標である「雇用者による卒業生の能力評価」が「とてもよい反応だった」ことに起因するとみなされている (Flynn 2008)。大学によっては，総合ランクは高いが，特定のカテゴリーのランクでみると，それほど高くないこともある。たとえば2014〜2015年の *QS* ランキングでは，産業界との結びつきが強いとされているカリフォルニア工科大学 (CalTech) の雇用者評価は107位とそれほど高くなく，ロンドン・スクール・オブ・エコノミクス (LSE) の被引用論文ランクに至っては401位に過ぎなかった。これとは対照的に，ダブリン工科大学 (DIT) の総合ランクは551〜600位だが，外国人留学生指標では135位を占めている。このようにランキングをカテゴリー

別に分解することで大学を違った基準でランク付けすることができ，それによって総合ランキングの序列とは異なる視点で世界の大学をみることができる。なお，大学選びをしている学生がランキングのターゲット・ユーザーだとよくいわれるが，ランキングの構成に使われているほとんどの情報は，学部生には直接関係がない。評価結果がランキングというひとつの数字にまとめられているのでよくわからなくなっているが，ランキングで表されているのは，必ずしもユーザーが想像しているようなものではない。

　上記したようなランキング変動の不安定性が，ランキングの信頼性およびランキング間で比較しようとする場合の利便性を損ねている。さらに，ランキングが毎年更新されることでランキング機関の存在意義が高められているが，大学は非常にゆっくりとしか変わることができないので，毎年の大学の順位変動を大学自体の変化と結び付けて考えることは，あまり現実的でない（Casper 1996）。

　皮肉なことに，順位の変動性が高いという問題は逆の問題，すなわちランキングはどれも似たり寄ったりだという事実を隠すおそれがある。Ridley and Berina（1999），Tight（2000），Dill and Soo（2005），Turner（2005），Usher and Savino（2006），Usher and Medow（2009），Locke et al.（2008a）など多くの識者によって指摘されたように，ランキング結果は，提供機関によってそれぞれ異なるという側面と同時に，どれも非常に似通っているという側面を併せもっている。つまり，ランキングは変動しているようにみえて，少なくともその一部は驚くほど固定化しているのである（Usher and Medow 2009：13）。ランキングによって多少順位が入れ替わることもあるが，最上位に顔を出す大学は，どのランキングでもほとんど変わらない。どのランキングも実質的に同じものを測定しているので，こうした現象が起きても驚くには当たらない。たとえば1999～2006年の間，*USNWR* のトップ50大学には毎年同じ47大学が並び，ハーバード大学，プリンストン大学，スタンフォード大学，そしてエール大学は常にトップ5に入っていた。*THE-QS* のトップ50大学も似たようなもので，2004～2009年の間，常に同じ35大学が顔を出している。また *QS* の

トップ50にも最初のランキングから最近(2013年)まで同じ45大学が並び，*ARWU*のトップ50にも*ARWU*が誕生した2003年から2013年に至るまで，ずっと同じ41大学が含まれている。

　この節全体を通じて得られる教訓は明白である。すなわち，同じランキングという言葉を使っていても，その性格は互いに大きく異なっているということである。たとえば，「どの大学が一番優れているか」という質問をされても，誰に聞かれているかでその問いの意味するところは変わってくる（Vedder 2010）。しかし，各ランキングが教育の質に関して異なる見方を示していることについては，実際的なメリットもあるかもしれない。なぜなら，大学の性格や背景は一律でなく，そして多様なユーザーがさまざまな教育商品や教育サービスを求めているため，それらに応える多様な見方があることは有益だからである。グローバルのレベルだと国際比較できるデータが不足しているので教育の比較はもっと難しくなる。事実上，利用可能なデータが存在しているかどうかが，ランキングの内容を左右しているのである。

ランキングは意味のある内容を測っているか

　ランキングは感情的な反応を招きやすく，そのほとんどが白か黒かでグレーゾーンを許さないような議論である。人びとはランキングに対して賛成派と反対派に分かれ，鋭く対立している。その結果，ほとんどのエネルギーが，さまざまな指標に対する賛否の議論に費やされているのである。しかし，ここ数十年を振り返ってみると，引用される例が変わっているだけで，議論の本質は何も変わっていない。以下ではUsher and Medow（2009）が考案した枠組みに基づき，もっともよく使用されている指標を概観する。これらは教育から知識移転に至る展開，あるいは学生のライフサイクルに沿う形で述べるが，これらの指標は通常，「教育」とか「教育の質」などという名の下にランキングでさまざまに組み合わせられて使われている。以下では，指標を大きく8つのカテゴリーに分けて説明する。すなわち(1)入学時の成績，(2)教育を支える要素：教員，(3)教育を支える要素：大学資源，(4)教育環境，(5)教育成果：卒業，

(6)教育成果：卒業生に対する評価，(7)研究，そして(8)レビュテーションである。そこでは，国際的な文献に基づき，各指標の利点と問題点に関する広範な議論を扱うが，表2.6にその要点をまとめてある。なお，ランキングが測っているものは測ろうとしているものと合致しているのか，という質問がよくなされるが，もっと基本的な問いかけは，ランキングは本当に意味のある内容を測っているのかという質問である。

(1) 入学時の成績

　一般的に入学時の教育レベルが入学後の学業成果を表す適切な代理指標とされているが，その背景にあるのは，学生の学業能力は高等教育機関に在学中には大きな変化がないという前提である。そうした考え方は，次のような研究に基づいている。

> 「在学中に学生が何をするか，あるいは何を得るかに関してもっとも大きな影響を及ぼすのは学生仲間です。とくに彼らの態度や価値観，また個人の成長に関わるさまざまな面でその影響は大きいのです。」(Kuh and Pascarella 2004：53)

米国ではSAT試験の平均スコアと卒業率・定着率が「ほぼ完全に」相関している（Webster 2001：240；Pascarella 2001：21；Palmer et al. 2011）。さらに，将来所得，大学院入学率（Ehrenberg 2005：30），そして将来のキャリアでの成功（Scager et al. 2012）もSATスコアと強い相関関係がある。

　ただし別の研究によれば，入学時のスコアや標準試験での成績は，単にその学生が社会的・経済的に恵まれているかどうかを反映していることも多いとされ，結果的に文化的・民族的に異なる背景をもつ学生を意図的ではないにしろ差別することになるとしている（Beatty et al. 1999）。そこで米国のカレッジや大学によっては，SATスコアは選択的な参考資料として用いるだけで，「学生のこれまでの成績や高等学校で何を勉強したか，さらには人物や勉学態度など

表2.6 多用される指標の利点と問題点

カテゴリー	指　標	利　点	問題点
入学時の教育レベル	例）入学試験（SAT）のスコア，留学生の比率	＊入学試験スコアと学力は相関している ＊留学生（そして外国人教員）の多さは大学の国際的な重要性を示す	＊「学習・知的能力の成長」と「大学の選抜の厳しさ」との間には明確な因果関係はない ＊留学生の定義が一致していないため，数字の比較が難しい
教育を支える要素：教員	例）教員／学生比率，学位，研究成果	＊「教育へのコミットメント」を評価している ＊教員の資質と研究成果とを通して教育のアカデミックな質を測る	＊教員の質と教育の質，そして学生の経験の間には単純な比例関係はない ＊入学してくる学生の社会・経済的背景には差がないと仮定している
教育を支える要素：大学資源	例）予算，施設，図書館の蔵書冊数	＊学生1人あたりの大学予算と研究成果との間には強い相関関係がある	＊大学資源と学生の学習成果との間には相関関係はない ＊コストに見合った効果があるとは限らず，大学資産の計測は実質的に大学の富の計測になっている
教育環境	例）学生満足度，授業への能動的参加	＊教育環境の質や学習成果を理解するために使用される	＊学習成果の改善のためには有益だが，大学間の比較やランキングには使いにくい ＊学満足度は指標としてあまり意味が無い。
教育成果：卒業	例）卒業率，修了率	＊大学教育が成功したか失敗だったかを判定する	＊教育成果に影響を与える要因は多い ＊「なるべく多くの人に教育機会を与える」という目標を損なうことがある
教育成果：卒業生に対する評価	例）雇用適性，卒業直後の進路，給与または納税額	＊教育をキャリアや給与，ライフスタイルと結び付ける	＊雇用適性や給与は，市場動向や経済状況に左右される ＊キャリアの展開にかかる時間やキャリア形成の形態は専門分野によって異なる
研　究	例）発表論文数，被引用論文数，研究成果	＊研究と学術的活動，研究の生産性と影響力を測定する	＊計量書誌学指標および被引用指標は研究活動を正確には計測できない ＊学問分野により研究活動は大きく異なる ＊研究の影響力や貢献度を正確には測れない
レピュテーション	例）研究者同士の相互評価，関係者による評価	＊研究者仲間や関係者による評価として尊重し参考にする	＊評価者のバイアス，後光効果，抜け穴の悪用などが発生し易い ＊評価者は，彼等が良く知っている大学以外のことについては知識があるとは思えない

（出典）Hazelkorn（2011b：60）を改訂。

の定性的な評価をより重視する」こともある（McDermott 2008）。ただし，これに対しては入学生の成績・評価の粉飾を助長するだけだとの批判もある（Robinson and Monks 2002）。Kuh and Pascarella（2004：56）も次のように警告している。

　「学生の入学前の成績や能力等の条件を考慮しないと，学生が入学後に示す成果の差は，実際には単に学生が入学時にもっていた能力の差によるものだったとしても，所属大学の教育効果によるものだと誤解される恐れがあります。」

同様の理由で，米国以外の国では，多くの高等教育制度や高等教育機関において学生の選抜を試験に頼っている。また，学生も大学選びにあたって試験の成績を参考にしている（Carroll and Chetwynd 2006）。
　「選抜が厳しい大学に入る価値があるかどうか」を評価する際も同様の注意が必要である。どこの大学を卒業したかが，生涯収入に影響を与える重要な要素であることは事実だが，Dale and Krueger（2002, 2011）によれば，キャリアの成功は単に選抜の厳しい大学を出たこと自体よりも，その他の「計測できない要素」（つまり，学歴以外のよくわかっていない要因）の影響が大きいと指摘している。一方，「成功の判断基準が"付加価値"にあるとすれば」（Trow in Burrage 2010：579），社会・経済的に恵まれてない学生の方が，恵まれた家庭環境にある学生よりも，苦労して選抜の厳しい大学に入るメリットが大きい（Dale and Krueger 2011：24）。
　以上の議論に示されるように，入学時のスコアを入学後の教育の質を測る指標として使うのは問題が多い。OECD（2011a）は次のように問うている。

　「各大学の教育課程での貢献は，その付加価値の大きさで測られるべきです。A+の学生を受け入れて，A+の卒業生にして送り出す大学には誰も驚きません。しかし，B+の学生を受け入れてA+の卒業生にして送り出

す大学だったらどうでしょう。どちらの大学の方がよい教育をしているといえるでしょうか。」

確かに優秀な学生がたくさん集まると，知的好奇心を駆り立てるような刺激的な勉学環境が生み出される。しかし，Hawkins(2008) が問いかけるように「多くのカレッジが優秀な学生を募集し，優秀な学生として卒業させるが，これは大学の能力によるものだろうか，それとも学生自身の能力によるものだろうか」。Kuh and Pascarella (2004：53) によると，「全国レベルの研究大学」のトップ50におけるランキング順位と入学試験の平均スコアとの相関係数は -0.89 と非常に高い。これは，「入学する学生の入学前の成績で，大学のランキング順位の約80％を説明できる (McCormick and Kinzie 2014：14)」ことを意味している。しかし，「学習・知的能力の成長」と「大学の選抜の厳しさ」の２つの変数は，独立しており (Kuh and Pascarella 2004：56)，両者に因果関係はない。この結論は，米国の「大学生の学習成果に関する調査」(National Study of Student Learning：NSSL) および「全米大学生調査」(National Survey of Student Engagement：NSSE) によっても実証されている。それらによると「効果的な教育方法と入学時の選抜の厳しさとの間には，統計的に有意な関係はみつかっていない……」(Carey 2006a)。最終的に，選抜を重視することが「入学条件を引き上げるという間違った動機となり，これがまた限られた人数しかいない"最優秀"学生をめぐる獲得競争を激化させている」(Kuh and Pascarella 2004：37) のである。

外国人学生（外国人教員）の比率は，その大学の国際的評価を反映する指標であり，同時に世界中から優秀な学生や教員を惹きつける力がどの程度あるかを測る尺度として使われることが多い。またその大学が募集した留学生から授業料収入を得られることから，財源の多様化努力を測る指標とみることもできるかもしれない。現在この指標は，外国籍をもっている学生や教員の比率と定義されているが，この定義はみかけほどには単純でない。とくに「自国籍でない」居住者の人口が多い国や大学の場合，問題になることがある (Asmar

2005)。たとえば，マレーシアのマラヤ大学は，THE の定義にしたがって少数民族の学生を外国人学生ではなく自国民学生と数え直したため，同大学のランキングは 2004～2005 年の間に 89 位から 169 位へと，一般の面前で屈辱的な急落を経験した。この結果，2006 年 3 月には学長が交代に追い込まれる事態となっている（Marginson 2007a）。EU には，これとは別の特有の事情がある。EU 参加国の学生が別の EU 参加国の大学で勉強する場合には，EU 規制により当該大学の国内学生と同じ（安い）学費を払えばよいことになっている。そこで，EU の高等教育機関が海外からの留学生としてカウントするのは，通常 EU 圏外の学費を払っている学生のみである。このように，ランキング機関ではどのような定義が各大学で適用されているかを確認できないため，ランキング間の比較には慎重を要する。もっと重要なのは「外国人学生が多いことから判断できるのは，（ある国や大学の）教育環境の質の高さというよりは，それらの応募戦略の巧みさや広い意味での経済要因の優位性だ」（Taylor and Braddock 2007：252）という点である。たとえば，世界的に名の通った都市にある高等教育機関は，より魅力的であろう。逆に，オーストラリアの大学への海外からの応募人数が 40％減少した（Healy 2010）ことは，教育環境の質も同様に低下したことを意味しているのだろうか。

(2) 教育を支える要素：教員

　教員の生産性をどのように測定するかは，議論が多く複雑な問題である。教員の仕事については，アカデミック・キャピタリズム（大学資本主義）[18] を巡る議論に加え，仕事に何が含まれるのか，あるいは授業がない期間の活動などについて，一般の人びとから誤解されることが多い。教室での授業や学生指導，講義の準備，委員会活動，研究などに使う時間をどのように配分するのかは大学によって差があり，さらにはその設置目的や学問分野によっても異なってい

---

18)【訳注】「アカデミック・キャピタリズム」とは，大学や大学人が，企業と同じように経済的利益や予算獲得を目指して行動することをいう。この現象は，1980 年代から，米国，イギリス，オーストラリア，カナダなどでみられ，大学や大学人の価値観や行動様式に大きな変化が生まれているとされる。

る。教育活動や研究，学内業務や地域貢献を表すために使われる測定法や指標は，それぞれの高等教育機関で独自に開発されてきた（Webber 2011：110）。一般に研究がもっとも重視されるが（以下参照），教育活動についても，担当コマ数，受講学生数，週の平均授業時間数，単位数などの仕事量を中心にして評価する新しい手法が開発されている。「教員の生産性」と「教育活動や教育の質」との関係は複雑で両者の間には直接的な関係がないため，しばしば代理指標が使われる。

　ひとつの方法は教員の資質に着目することで，博士号をもっている教員の割合や教員の収入，報酬などを代理指標にすることである。最新の研究成果を反映したようなカリキュラムや教育方法が高等教育の教育・学習環境の必須条件だとする考え方が広く受け入れられているため，博士号という資格が使われている（Trowler and Wareham 2007）。関連データは通常，各高等教育機関から提供されるが，国から提供されるデータも存在する。*USNWR* は教員収入のデータを使っているが，これは，市場の力によって最高の教員が最高の大学に惹き寄せられるという前提に基づいている。しかし，教員収入が2倍になれば教育の質も2倍になるといった単純な比例関係にはない。むしろ，この点は議論のあるところだが，教員収入は市場条件で左右され，大学の富裕度を示す指標にはなっても，教員ならびに教育の質とはあまり関係がないのではないだろうか。もうひとつの計測方法は，学部授業を担当する教員のうち，被引用論文数が多い教員，受賞歴のある教員，あるいはベテラン教授や学者などが占める割合を測ることである。これをもって研究が教育に反映する程度を示すことができるかもしれない。

　もっとも頻繁に使われるのは教員／学生の比率だが，*QS* によると教育の質を評価するために使えるものとしては，一般に入手できる国際比較が可能な唯一の指標である。*QS* はこの指標が実際の教育・学習環境の質を示すとはいい難いことを認めている。しかし，「教育へのコミットメント」を表す代理指標として「完全ではないにしろ教育の質との相関関係が強い」はずだと主張している（QS 2010b）。しかし，本当にそうだろうか。

世論や専門家の思い込みとは違って，また教員／学生比率が重大な意味をもつようなごく限られた状況を除くと，すべての証拠が，学生の成績にとってはクラスサイズよりも教育の質の方がはるかに重要であることを示している。これは初等・中等の学校教育でも高等教育でも同様である（Hanushek 1999：163；Barber and Mourshed 2007：11）。また OECD（2010c：72）でも次のように主張している。「クラスサイズが小さい方が教育の質をあげるとよく考えられているが，クラスサイズが生徒の学習成果に与える影響に関してはさまざまな報告があり，はっきりした結論は出ていない」。OECD が実施している PISA（生徒の学習到達度調査）によっても成績トップの地域・国（上海，韓国，日本）のクラスサイズは，OECD の平均を逆に上回っている（OECD 2011b：392-404）。

　現実には，クラスサイズが小さいことは，むしろ高等教育機関やそれを支えるシステムに対する財政措置とその効率性（単位あたり費用とよばれることもある）について語っているといえるのかもしれない。また公立大学か私立大学か，研究中心か教育中心か，ヨーロッパにある大学か米国にある大学か，などによって，その意味するところや影響が変わってくる（Schenker-Wicki and Inauen 2011：31-50）。たとえば多くの米国の大学では資金に恵まれ，小さいクラスサイズでトップクラスの教授から直接指導をうけられる環境を享受できるが，公立大学（が多いヨーロッパ）では，そういう教育環境をつくる費用は高過ぎると思われるかもしれない。また，同じクラスサイズの高等教育機関でも教育環境が大きく異なることがあるかもしれない（Kuh 2003）。クラスサイズはまた，学問分野によって変わることもあり，小さいクラスサイズの裏には学生数の非常に多い学部のクラスや需要の非常に少ないプログラム，あるいは大学相互間での大きな偏りなどが隠されているかもしれない。実際問題として，適切とされる教員／学生比率の高等教育機関であっても，トップクラスの教授の多くが授業を担当しなかったり，講師や教授が教えるのが下手もしくは学生に対してほとんど無関心だったり，あるいは学生が面倒をみてもらえないところもある。よい研究者がよい教師だという考えもしばしば聞かれるが，必ずしもそうではないとする意見もある（Hattie and Marsh 1996）。

一方，データを巡っては，定義の不一致，不正確な報告，虚偽表示，そして不適切な比較などの問題がある（University of Toronto 2008）。2014 年時点で，教員／学生比率を使っているグローバル・ランキングは *THE*，*QS* および *U-Multirank* などである。*USNWR* でさえこの指標を使うことに対しては抵抗があるようだ。Jaschik（2009a）によると「教員／学生比率のスコアがもっとも高い 2 つの大学（両大学とも教員全員が常勤であると主張している）が，非常勤講師は指標の算出には含めていないことを確認している」。しかし，これは逆の意味に読むこともできる。つまり，非常勤講師や大学院生の教育助手（TA）もコア教員としてカウントしている大学がありうるということである（Jaschik 2009a, 2009b）。また臨床医をどのようにカウントするかも，もうひとつの問題である。いずれにしても，世界の多くの大学が研究助手や非常勤講師に大きく依存しているので，教員をどのように数えるかがランキングの最終結果に重大な影響を与える可能性もある。その上，非常勤講師等への依存傾向はますます強まっているという形跡もある（Altbach 2000b；Weingarten and Cortese 2007：5-7；Altbach et al. 2009：89-96）。アイルランドの高等教育機関のある幹部は，教員の数え方を変えてでも，彼の大学のランクを維持するためだったら必要なことは何でもする，と著者に語っていた。
　結局，もっとも重要なのは，教員／学生比率が教育の質や学生の経験にどんな影響を与えるかという点である。もしも大学が，

> 「より多くの学部授業を担当させるために常勤講師を低い給与で雇い，それによって浮いた資金で（研究に専念する）テニュア・トラックの教員の平均給与を引き上げれば（他の条件が一定なら）大学のランクは上がるでしょう……しかしテニュアもしくはテニュア・トラックの教員が担当する授業の割合が減る学生たちは，それによって不利益を被ることにはならないでしょうか。」（Ehrenberg 2005：32）

同様に Toutkoushian and Smart（2001：53）も，一般にいわれている見解と

は逆に，教員／学生比率が学生の学習成果にいちじるしい影響を与えているという根拠はほとんどないと論じている。「この分析結果に基づけば，大学の質や教育効果を測る手法として，教員／学生比率に過度に頼ることは疑問である」。多くの場合，教員／学生の比率は，重要そうな指標にみえるので，政治的な目的に使われることが多い。しかし，予算への影響を考えると，費用がかかると同時にそれに見合った効果があるかについては結論が出ていない。

(3) **教育を支える要素：大学資源**

　教育環境の質を反映するために，ランキングには大学資源の水準のような指標を含めることが多い。教員／学生比率を支持する立場と類似しているが，前提となっているのは，大学の高い投資水準が教育へのコミットメントを反映しているとする考え方である。指標として用いられるのは通常，予算規模や図書館の蔵書冊数である。ここで後者が含まれていることは驚くには当たらない。なぜなら，大学が提供しているプログラムのために必要な文献を所蔵していることは必須の条件だからである。このため，図書館蔵書などの教育資源を確認することは，通常，どのような認証評価プロセスでも重要な要素になっている。ただし発展途上国や新設の大学では，新しく図書館をつくるコストは極めて高くつくことが多い（Oni 2010）。このため，多くの大学では文献をオンラインでアクセスする仕組みに切り替えつつあるが，そのためのコストも増える傾向にある。教育資源を測るために使われるもうひとつの指標である年間予算規模，あるいは実験施設やインターネットなどへの投資に関しては，学生1人あたり支出額として表示するのが通例である。

　教育への投資が重要なことは疑いない。OECDは継続的な教育投資の必要性を常に強調し，EUは高等教育への投資を対GDP比3％に引き上げることを推奨している。またOECD事務総長が，ほとんどのヨーロッパの国の高等教育において学生1人あたりの平均支出額が米国の半分以下のレベルに減少していることと，「2007年の*THE*世界大学ランキングのトップ20にヨーロッパ大陸の大学がひとつもなかった」ことを関連づけて発言していたことがあった

(Gurria 2008)。Aghion et al.(2007)も，大学生1人あたりの予算と$ARWU$ランキングの研究評価との間に強い正の相関があると指摘している。これによって高等教育機関，とくに「エリート」大学に対する圧力が強まっている。すなわち，彼らが必要となる高い学費や寄付金を維持し続けようと思えば，「魅力的な成果物（教育サービスや研究成果など）を提供」し続けなければならないが，「当然のことながら，そのような成果物を出すには金がかかる」(Tapper and Filippakou 2009：61；Brewer et al. 2001)のである。

　しかし，予算規模や資産の大きさに重きを置き過ぎることは，次のいずれかの事実の重大さを無視していることになる。第1は，学費の値上げなどの追加的な資金が，必ずしも学生の教育に必要なことには使われていないという点である(Gillen et al. 2011；Orr et al. 2014)。第2は，教育環境への支出が教育の質や学生の学びに与える影響は，一般的に考えられているほどには大きくないという点である。Pascarella(2001：20)も次のように述べている。

　　「優れた学部教育にとって必要なものとは何でしょうか。いくつかの重要な要素をあげるとすれば，教育の質，教員や学生仲間との交流の深さと質，効果的な学習計画の作成，学術的体験への関心と熱意，さらには学生の積極的な授業参加の全般的な水準などでしょう。これらの要素の方が，在籍大学の外部評価や選抜性，資産などよりもはるかに重要なのです。」

最近ではTerenzini et al.(2010, Pike 2004も参照)が，次のように論じている。「学生がどのような種類の体験をするか，あるいは，そうした在学中の体験を通じて学生が何を身につけ，どのように成長するのか」ということにとって重要なのは，高等教育機関の内部構造や運営体制である。それらは大学の資産の額よりもずっと影響が大きい。別言すれば，着目すべきは資金をいくら投入したかではない。焦点を当てるべきは（それが学生の教育の成果であろうと研究成果であろうと）出てきた成果の質である。

　結果的に，学生1人あたり支出（という指標を重視すること）は，「支出を抑

えようとしている大学」(Ehrenberg 2005：33) や「同タイプの大学における全国平均以下の学費しか徴収していない大学」(Dean 2000；Turner et al. 2000)を罰していることになる。また，この指標では「学生が大学の資源をどの程度の頻度で，どのくらい有効に活用しているかに関する情報」(Webster 1986：152) は，ほとんど提供されない。同様に，図書館蔵書冊数に関する指標も「蔵書文献の内容が適切かどうか」についての判断材料にはならない (Lawrence and Green 1980：28)。ただし，Ehrenberg (2001：16-17) はこうした指標を文字通りに狭く解釈することに対しては，注意を促している。

> 「*USNWR* ランキングの分析手法は，(関連予算を減らさない限り) 競争相手の大学と共同して学部生や大学院生の教育の改善に取り組むことを妨げるようなものではありません……また，この分析手法では支出の増加をプラスに評価することにはなりますが，大学が学生の教育体験や教育成果をあげる資金を捻出するために別の項目で資金を節約しても (支出総額が減るわけではないので) マイナスの評価には繋がりません。」

この大学の資源という指標を文字通りに解釈すると，「過剰の設備は大学の評価を上げ」，設備が少なければ，その逆になるだろう (Münch and Schäfer 2014：60)。したがって予算の規模だけをみていると，費用対効果，費用対効率がどうなっているかを無視してしまう危険性がある (Badescu 2010)。さらにいえば，この指標が実質的に大学の富の尺度になってしまう恐れもあるのである (Carey 2006b)。

(4) **教育環境**

　学生の成長と教育成果に影響を与える要素は入学時のスコアや予算だけではないという認識に基づき，どのような方策が学生の学びを助ける上で鍵となるかを探る研究が，1930 年代からなされてきた。学校教育や高等教育のなかで生じてきた課題の多くは，STEM 分野 (科学・技術・工学・数学：Science, Technology, Engineering, Mathematics) などの専門分野でも生じている (Gamoran et al. 2011)。そこには「問題解決のための仲間との共同作業，留学，サービス・ラーニング[19]，教員と一緒に行う研究，ラーニング・コミュニティ[20] など」が含まれている (Kuh 2003；Pace 1982)。

　当初は教育のために使われている時間や教員の努力の質に注意が向けられていた (Tyler 1949)。しかし最近では，大学での経験が学習発達に及ぼす影響 (Pascarella 1985；Pascarella and Terenzini 2005) や学生の主体的な授業参加 (Kuh et al. 2006；Kuh 2008, 2014) の問題に関心が移ってきている。また，学業成果に与える影響がもっとも強いのは教育環境の質で，以下のような要因はあまり関係がないということが，世界各国の研究で示されている。

> 「大学の威信や質を測定する上で広く使われている指標（たとえば選抜の厳しさ，教員の平均収入，あるいは教員／学生比率など）は，学生の知識習得，対人スキル，そして大学院入学の準備などを改善することには役立っていません。」(Toutkoushian and Smart 2001：56)

教育環境の質を測定するための最適な方法を見出すのは，重要な課題である。(Norrie and Lennon 2013；Kuh 2001)。

　多くの国では教育環境の質に対する学生の考え方を調べるために，学生満足度調査を使うのが一般的である。そうした学生満足度調査が多く使われる理由は，全国レベルでデータを集め，調査結果を解釈し，さらにその情報を処理して大学に戻すのが比較的容易なためである。しかし，学生の自己申告調査を使

---

19)【訳注】教室での学習と地域の奉仕活動を組み合わせた教育・学習方法。より豊かな教育体験を与え市民の責任や社会的役割を教えることを目的としている。米国イーロン大学の Robert L. Sigmon 教授が 1979 年の記事「Service-Learning：Three Principles」で紹介した。
20)【訳注】「学びの共同体」とも訳される。少人数グループで複数の科目を同時に履修し，正課および正課外で協同学習を行いながら学びを深めていく学習方法。歴史的起源は 1920 年代に遡るが，1980 年代以降，とくに高等教育改革の一環として注目されるようになった。(五島敦子 (2014)「『ラーニング・コミュニティ』によるカリキュラムの再構築」『南山大学人間関係研究センター紀要「人間関係研究」』第 13 号)

う際には注意が必要なことを示唆している文献もある。とくに「回答者によるかなりの推測」をともなうような「客観的な事実に基づかない」項目，たとえば「受けた教育の質，大学の知的環境・学問的環境の性格，あるいは在学中にどれほど伸びたかの自己評価」などの項目は，その解釈を慎重にする必要がある。それは，「その高等教育機関に在籍している学生の客観的特徴」と学生の意見とが混同される恐れがあるためである（Pascarella 2001：22）。ただし，事実に基づかない意見が混入するという意味では，後述する研究者相互間のレピュテーション調査も，学生による主観的な評価と大差はない。

また，所属大学の評価は学生の就業機会に影響を与える可能性があり，これが別の問題を生んでいる。たとえば，自分の就業機会に悪影響が出ることを恐れて，所属大学によい評価を与えなければという強いプレッシャーを感じるという学生の報告もある。あるいは同じ理由で積極的によい評価を所属大学に与えている学生もいる（Kenber and Taylor 2010；Locke 2014：85）。

> 「私は（ドイツ）バイエルン州にあるひとつの大学の例を知っていますが，そこの教授たちは，評価のもっとよい大学に政府の補助金が取られるのではないかと心配して，学生たちに所属学部を実際以上によく評価するように告げていました。つまり，彼らは予算が減らされることを恐れていたのです。」（数学専攻の学生：ドイツの研究中心の地域公立大学，1945年以降に創立）

2008年に，イギリス・キングストン大学心理学部が学生に評価をよくするように指示したことが暴露され，国民の激しい怒りを買った（Coughlan 2008b）。また，ノッティンガム大学のランキング低下の例は，学生満足度調査の影響力の大きさを物語っている。このケースでは，ノッティンガム大学の学生が「チューターと接する時間数，教員によるフィードバックの不足や不十分なサポートなどに対する不満」（Patel, Gadher 2010 のなかで引用）を学生満足度調査の機会をとらえて表明したことが大きく影響したとされる。

学生満足度調査を国際的に比較する場合，問題はもっと複雑になる。なぜなら，各国の背景や文化の差，調査手法や学生グループによる応答の仕方の違いなどが大きく影響するからである（Trigwell 2011：173-176）。*U-Multirank* などのように，学生満足度調査に大きく依存している場合はとくに難しい課題になる。*U-Multirank* では教育経験ばかりか，研究の教育に与える影響まで学生調査で聞いているが，そもそも，どうすれば学生調査でそうした見解を調べられるのかよくわからない。

　それでは，どうすれば学習の質を知ることができるのだろうか。それに対する簡単な答えはない。なぜなら，根拠をもっていえるのは，学生の学習に影響を与えている主な要因は，大学資源そのものではなく，むしろ教室でどのような教育がなされているか，あるいは教室の外でどのような体験をしたかといった調査が難しいものだからである。OECD が加盟国の意向を汲んで開発・管理している PISA 調査では，学生が義務教育を終えるまでに社会人として活躍できる知識とスキルをどこまで身につけているかを評価しようとしている（OECD 2010a）。各国で共通の試験を行うことによって，OECD は学生の学びに関する全国レベルのデータ，しかも国際比較ができる有益なデータを大量に集めている。こうしたデータは，個々の教育機関の評価に使うことはできないものの，国レベルの教育制度を評価する手段のひとつとして，政策決定に影響を与えている。調査結果が発表されると（たとえば Top of the Class - High Performers in Science in PISA 2006），そうした結果は，たちまち OECD 加盟国の国家ランキングとして解釈されてしまう。PISA の成功にならい，大学生を対象とする OECD の *AHELO*（Assessment of Higher Education Learning Outcomes）プロジェクト（OECD 2010b）では，よい教育や学習を生み出す決定要因を把握し計測しようとしている。*AHELO* プロジェクトは，研究評価におけるグローバル・ランキングの成功に対抗する形で，教育評価のために開発されてきた。しかし，異なる国家のそれぞれ固有の目的をもった大学を対象に，国際的な比較ができるかどうかは未知の課題である。しかも，そこでは標準化に付随する問題—言い換えれば，多様な知的探究法や教育手法を一定の共通化や標準化という枠に

無意識的に押し込めてしまうという危険性―も回避しなければならないのである。現在，*AHELO* プロジェクトは一時中断しており，OECD 教育政策委員会が今後どのようにするかを検討しているところである（OECD 2010b；Tremblay 2014）。

　学習環境を計測するもうひとつの方法は，学生エンゲージメント（学生の能動的な学習参加）を調べることである。たとえば全米大学生調査（US National Survey of Student Engagement：NSSE）は，学生が学習その他の教育目的の活動に，どのぐらいの時間や努力を費やしているかを調べている。また，学生の学習活動への積極参加を促すために，大学がどれぐらいの資源を動員し，どのようにカリキュラムやその他の教育機会を整えているかも調査し評価している。ここで参加を促す学習活動とは，数十年にわたる研究に基づき，学生の学習を促し，学習成果をあげるのに有効とされる活動である（Ewell 2010：83-98，Kuh 2009；McCormick and Kinzie 2014）。NSSE 調査では，次の 8 指標を使用している。すなわち，学生と教員のコンタクト，学生間の協力，能動的学習（アクティブラーニング）時間，教員による素早いフィードバック，学生に対する期待の高さ，教授法の質，互いに影響を与え合う学生交流，そして学生を支えるキャンパス環境である。NSSE 調査の成功をうけて，オーストラリアやカナダ，中国，アイルランド，ニュージーランド，南アフリカでは NSSE と同種の調査が行われ，日本や韓国，メキシコでも類似のプロジェクトが実施された（Coates and McCormick 2014：2；HEA-UK 2007；Terenzini et al. 2010：22）。

(5)　教育成果：卒業

　高等教育の財政面でもっとも顕著な変化のひとつは，インプットからアウトプットへ，すなわち，教育成果重視への転換である。別言すると，政府は入学する学生数に応じて資金提供するばかりでなく，決められた卒業年限でプログラムを修了する学生数に応じた資金配分するという傾向である。こうした転換は，高等教育機関に対する評価の軸足を，単なる学生を惹きつける魅力から，学生の力を伸ばす教育能力へ移すための方策とみなされている。評価結果は教

育の成功と失敗を測る指標として，政府予算や大学予算，人材育成政策などに影響を与えることになる。高等教育機関は（入学条件を満たした上で）入学させた以上，その学生を卒業させる責任があるという解釈もありうる。また，USNWR は，高等教育機関の予想卒業率を測定することによって，入学試験の平均スコアと学生1人あたりの支出額を補正しようとしている。

ただし，教育成果は多くの要因から影響をうける。たとえば学生が所属する階層の社会経済的背景（Smith et al. 2000：F384；Denny 2010：6；Gater 2002：14-15）や「性別，人種・民族，専攻分野などの要素」，そして学生自身の意志（Selingo 2012）などである。卒業率を測定する時は平均値が用いられるので，社会経済的な地位が低かったり民族的背景により不利な立場にあるグループや，勤務形態や家族環境のために通常の履修パターンでは学べない社会人学生にとっては不都合かもしれない。また，卒業を延ばさざるをえない学生や復学しようとしている学生が含まれているかもしれない（Espinosa et al. 2014：4；Quinn 2013：61）。したがって，卒業率が重視されると，（入学して4年間で卒業するような）従来型の学生以外の学生グループや，そこから上位あるいは他の大学に編入しようとしている学生たちに教育機会を広げようとしている高等教育機関に対して，その努力を妨げる可能性がある。

> 「卒業率や定着率が学生全体の平均値として報告されるようになると，裕福な学生を多く受け入れている大学は，この数字のゲームで簡単に勝てるでしょう。逆に恵まれない学生を多く受け入れている大学は，行き場がなくなってしまいます。」（Jones 2009）

NSSE の調査によると米国の大学4年生の40％が別の大学で教育を開始し，修士課程・博士課程学生の半分近くが編入生だった（Kuh 2003：29）。またオーストラリアの大学（公立，1970年以降に創立，教育中心）を対象としたインタビュー調査によれば，現在の評価方法では，最終的に卒業する高等教育機関のみが評価されるため，アソシエイト（短期大学士）プログラムは徐々に廃止され

ている。全米州知事会のベストプラクティス・センターは，特定の手法に頼り過ぎることで，無意識的に「あまりにも多くの学生を除外してしまい，あまりにも少数の学生の学業記録しか追わない」状態になることに懸念を示している。

> 「高等教育の公的資金援助を決めるためにもっとも一般的に使われている指標は総在籍者数です。しかし，これを使うと学生が卒業できるように面倒をみようとするインセンティブは生まれません……しかし，別の指標である卒業率を厳格に適用すると，恵まれない学生を受け入れている大学を罰しているのと同じことになってしまいます。なぜなら，こうした大学では，卒業率が低いことは避けられないからです。それどころか，卒業ばかりを強調しすぎると，オープン・エンロールメント[21]政策を危うくしてしまいます。なぜなら，大学教育から多くのメリットをうけられるであろう普通の学生に力を注ぐより，トップクラスの優等生に集中した方が，大学の実績・評価が上がるからです。さらに卒業率を基準にして高等教育機関への公的資金援助を行うと，助成金がどうしても必要だが卒業率の目標に達していない大学では，卒業条件を緩めようとする強いインセンティブが働くことになります。」(Bearer-Friend 2009)

教育の質を評価するために，高いグレードの成績割合を基準にする方法もあるが，これにも問題がある。確かに，「高い点数をもらった大学生の方が授業を再履修せず，より早く卒業する傾向がみられる」(Gater 2002：6) のは事実である。しかし，これを別の角度からみると，「成績インフレ」の問題を生みやすい。すなわち，大学が自分のランクを上げるために学生の成績を水増しするインセンティブが生まれてくる (Baty 2006；Murphy 2009；Garner 2008)。最近，アイルランドのブログでは次のような指摘があった。

---

21) 米国で行われている大学入学制度のひとつ。入学の条件を高校卒業または大学入学資格検定試験 (General Educational Development：GED) に合格していることに限定する非選択的，非競争的な制度。

「入学時の CAO（Central Applications Office：アイルランド中央試験局）のポイントが低く卒業時に First Class Honours（第一級優等学位）の割合が高い大学は，同レベルで入学時に CAO ポイントが高く卒業時に First Class Honours の割合が低い大学に比較して，水準が低い大学だと解釈されてしまう可能性があります。」(O'Grady et al. 2014)

確かに学生の入学スコアを補正しないままでは，学業成績と教育の質とを関連づけることは避けるべきである。とはいえ，上の引用例に即していえば，入学時のスコアが低かった学生を立派に卒業できるようにしてくれる大学の方が，もともと優秀な学生をただ卒業させているだけの大学よりも付加価値が高いといえるのではないだろうか（Salmi and Saisana 2013）。

(6) 教育成果：卒業生に対する評価

インプット（学生の能力や教育環境等）中心の指標に対する批判，そして高等教育機関の効率性に対する教育政策面での関心も加わり，アウトプット（教育成果）をどのように計測するかに関心が向けられている。さらには学生が「卒業後の生活で成功できる」ように大学がしっかり準備してやれるのか，といった点に対して一層注目が集まっている（Myers and Robe 2009：27）。雇用適性とキャリア・レディネス（職業や人生に取り組もうとする態度）は，政府の高等教育政策ならびに大学にとって主要な関心事になっている。教育，人材育成，そして社会・経済の発展は密接に関連し合っているため，OECD は以前から高等教育は戦略的投資だと主張し続けてきた。大学を卒業すれば生涯収入は大きく高まり，より健康に過ごせ，しかも政治に対して強い関心をもち，他人との信頼関係を形成しやすくなることが期待できる（OECD 2009）。ボローニャ・プロセスでも同様の指摘があり，（ヨーロッパ諸国の教育大臣が 2007 年に発表した）ロンドン・コミュニケのなかで，学士課程，修士課程，博士課程，さらには生涯に亘る学習のそれぞれのステージにおいて，雇用適性を重視しなければならないと述べている。こうした改革を実行する上では，あらゆる関係者が責任を

もって関わるべきであろう。したがって，政府や高等教育機関は，教育制度改革を行う際には，その妥当性について，もっと雇用者やその他の関係者の意見を聞く必要があるだろう。

　こうした要請に対しては，それによって大学本来の使命—就職準備のような狭い範囲にとらわれないもっと幅広い使命—が傷つけられるのではないか，と懸念する声も上がっている（Alderman 2008）。しかしその一方で，雇用適性の責任を大学に求める圧力も強まっている。すなわち，学生が必要とし，雇用者が求めるような知識，技量，実施能力，行動特性などを，大学の責任で学生に身に着けさせるべきだという意見である。教育，キャリア，収入とライフスタイルの3者は密接に関連しているので，学生自身も希望する大学の卒業生がどこに就職しているかについて，ますます気にかけるようになってきている。2008-09年の世界金融危機の前でさえ，政府は雇用適性と関連づけて資金を出していた。現在，政府が資金を提供する際，他の指標とともに雇用適性を大学の成果指標に含めるようになり，両者の関係はますます強まっている（Tysome and Goddard 1999；Smith et al. 2000；Gill 2008；Estermann et al. 2013）。そうした雇用適性の情報は，これまで，卒業後の最初の進路先を対象にした調査に基づいていた。そうなるとランキングが雇用適性をその指標として取り入れようとするのは時間の問題だったろう。なぜなら，「それを公平といえるかは別として，履歴書にトップランクのカレッジや大学の名前があれば，低ランク層の大学卒に比べて，就職や名門大学院への門戸が広がる」からである（Morse 1995：93）。また，国内ランキングの方が，こうした進路データを集めやすいが，表2.3からわかるようにそのウェイトはそれぞれのランキングによって異なっている。

　進路データを使う際の主な問題点の第1は，どの時点で行った進路調査かという問題である。通常，調査対象となっている期間は卒業後6～9ヵ月以内の進路先なので，その後に生じる「年間での大きな進路先の変更」を無視しているし，それ以外にもたとえば「大学院卒業相当レベルの仕事か，もっと下のレベルの仕事か」も区別できない（Dill and Soo 2005：509）。多くの優秀な卒業生

が，就職や進学をする前にギャップイヤーをとることはよくあり，学生ローンを返済するために，とりあえず入れる所に就職する者もいるかもしれない（Best Value HE 2010）。

第2に，経済が活況を呈している時には，卒業直後の進路調査で有益な情報が得られるかもしれないが，国全体が不況の時や地域経済が落ち込んでいる時には，就職状況・就職先が雇用適性を正しく反映しているとは限らない。専門分野にもよるが，卒業生は自分に合った就職先を見出すのは，それほど簡単でないかもしれない。たとえば2007年におけるイギリスの医学部卒業生の失業率（卒業後6ヵ月）は0.2％，看護学部は1.7％だったのに対し，IT関連は9.5％，そして美術デザインの卒業生は8.5％だった（Prospects 2010）。一般に教養学科関連を専攻した学生よりも，実務指向の強いプログラムをうけた学生の方が失業率はずっと低い（Taylor and Jones 1989：206）。

第3に，Smithら（2000）は「専攻分野，大学院以上の学歴，性別，社会階層，出身校などによって，卒業直後のキャリア形成の経路に重要な違いがある」と注意を促している。たとえば芸術家，デザイナー，音楽家，そしてメディア関連の学生の卒業後の進路に特定のカテゴリーを当てはめるのは難しい。なぜなら，彼らは通常，ひとつの企業に雇われてフルタイムで働くのではなく，自らの芸術的活動を支えるために教師として働いたり，自営業で生活したりするからである。したがって，卒業してから1年後，3年後，5年後，10年後そして20年後に追跡調査を行い，年齢その他の人口統計学的な属性で区分したデータの方が，大学教育が卒業後の人生に与える影響を正しく知る上では有益である。そして大学単位ごとの集計データを使うことによって初めて，特定の労働市場の変化や卒業時期の景気変動に影響されなくなる。最終的に雇用適性に一番大きな影響を与えるのはその学生の力量で，最初に就いた仕事でも資格でもないが，それはランキングでは考慮されていない。

卒業後の収入や納税額を，教育の質の代理指標として使うことに関しても同様の問題がある。「質のよい（ランキング上位の）大学を出た場合，平均で約6％上回る収入」が得られることが研究によって示されている。しかし，「ラン

キング順位と卒業生の収入との関係は直線的ではなく，トップランクの大学を卒業すると収入は遥かに高くなる（Hussain et al. 2009：3-4）。また，女性は，どの教育レベルでみても同期の男性学生よりも収入が低い。給与水準は労働市場の需要と供給を反映しており，在学時代に学んだプログラムとの関係は薄い――これは教員の質の代理指標として，教員の給与を使うのが難しいのと同じである（Anon 2010b）。卒業後の収入を教育の質の指標として使うとしたら，金融セクターや銀行で働く人びとが（とくに世界金融危機前の繁栄の時代では）もっともよい教育をうけ，もっとも見識のある人びとを代表しているということになるだろう。

　Webster（2001：149-150）が「卒業生の達成度」と名付けたが，教育の成果を測るもうひとつの方法は卒業生の雇用先に依頼して調査を行うことである（以下のレピュテーションの項を参照）。パリ国立高等鉱業学校が開発した2009年のENSMP世界大学ランキング（*Professional Ranking of World Universities*）では，「フォーチュン・グローバル500」によって選ばれた世界のリーディングカンパニーのCEOクラスの人びとの学歴を調べている。「こうしたキャリアの成功が物語るのは，高等教育機関の教育研修プログラムの実効性であって，高等教育機関の研究実績ではない」（EMPT 2008）と述べられている。同様に，フランスのコンサルティング・グループRH Emergingは，ドイツの調査会社Trendenceと協力して，20ヵ国にまたがる主要企業の5,000人以上のリクルーターから聞き取り調査を行い，雇用適性に焦点を当てた大学ランキングを作成した。この調査結果に基づき，雇用適性の高い150大学を選んで*Global Employability University Survey and Ranking*として発表している。こうしたリクルーターによれば，雇用者の希望やニーズに合わせようとしている高等教育機関（の卒業生）は，このランキングのお蔭で有利になっている。ただし，このランキングは確かに革新的な試みではあるが，個人的なキャリアの成功を，受けた教育の質に直接結び付けて考えるのは難しいだろう。なぜなら，キャリアの成功のためには，たとえば卒業後，その地位に至るまでの社会経済的状況や運（必要な時に必要な場所にいた）などの要因も考慮する必要があるからである。

最後に，*ARWU* や *USNWR*，そして，その名の通りの中国億万長者輩出大学ランキング（*Chinese University Billionaire Alumni Ranking*）などでは，教育の質や教育成果を測る指標として，成功した卒業生の実績を使うことがある。これは，上述した卒業生の収入で教育の質を測ろうとする試みの一種と考えられるが，収入以外に，卒業生の受賞歴などの業績も含めて評価しているものもある。しかし，Pascarella（2001：21）も警告しているように，ここにも上と同様の問題がある。すなわち，卒業後の成功を，特定の大学に在籍していたためと考えるのか，あるいは個々の卒業生がもともともっていた特質（素質や社会経済的な背景）によるものと考えるのか，これら2つの影響を識別するのは難しい。なぜなら，こうした個人的特質は「卒業後の将来を占う上で圧倒的に重要な要素だからである」。「インプット（入学してくる学生の能力や教育環境等など）における格差を差し引いて考えるのでなければ，卒業後の成功を高等教育機関の学部教育の成果によるものだと主張するのは難しい」。

(7)　研　究

　ほとんどのランキングでは，教員の質や大学の質を測る指標として，研究もしくは研究者の生産性を測定してきた。こうしたやり方の妥当性は，2006年に実施された国際調査の回答でも支持されている（第3章を参照）。Thomson Reuters の調査報告でも，回答者の90％以上が，教員の研究成果（論文数や被引用数）は，高等教育機関を比較するための適切な，あるいは必須の指標だとしている（Adams and Baker 2010）。計量書誌学的データベースは，学会議事録に加えて膨大な数の査読付き論文を収録している（Web of Science では 12,000 誌，Scopus では 22,000 誌）が，これらは，発表されているものの一部に過ぎない。この問題を回避し，より広い範囲の文献をカバーするために，Web of Science では，灰色文献[22]の能力を大きく拡大しようとしている Google Scholar と協

---

22)【訳注】灰色文献（grey/gray literature）とは通常の出版物流通のルートに乗らない資料のことで，政府関係機関の研究調査報告や卒業論文などが含まれている。非営利団体 GreyNet は灰色文献の普及に努力している。

力を始めた．また，SciELO や RedALyc とも協力して中南米の著者データも組み込もうとしている．また，Scopus が芸術・人文社会科学（AHSS）の研究を取り込もうと技術開発をしている一方，*THE* は，研究の影響力，技術革新，知識移転に関して，それらを取り込む方策を検討している．

　これらの努力は，データベースのカバー範囲を芸術・人文社会科学や途上国の著者にまで拡大しようとするものだが，データベースの主たる受益者は，依然として自然科学，生命科学，医学の分野である．なぜなら，こうした分野では，複数著者による共著論文が頻繁に発表されているためである．これとは対照的に，社会科学や人文科学では単著でさまざまな形態（学術論文，政策に関する報告書，翻訳など）で出版される傾向がある．また，芸術分野では芸術作品，作曲，メディア作品などの形を取り，工学分野では，学会議事録，試作品などに焦点が置かれている（Mustajoki 2013）．これの意味するところは，上記以外の重要な情報源や出版形態，たとえば，書籍，学会議事録，技術標準の影響評価，政策報告書，電子文書，オープンソース出版などは，無視されるということである．従来の研究に挑戦するような新しい研究分野，学際的な研究成果やアイディアなどは，これを出版しようとすると，しばしば困難に直面する．また，これらがいわゆるハイ・インパクト・ジャーナルに掲載されることはあまりない（Hazelkorn 2010b；Gómez-Sancho and Pérez-Esparrells 2011；Hazelkorn et al. 2013）．

　ハイ・インパクト・ジャーナルを重視する傾向は最近強まっている．たとえば *ARWU* は，スコアの 20％ をたった 2 つの科学ジャーナルである *Science* と *Nature* に割り当てている．SCImago では，「学術的ジャーナルをランキングするために，ジャーナルの科学的権威を表す SJR（SCImago Journal Rank）指標を開発した．そこでは，権威のあるジャーナルから引用される論文により大きな重み付けをする方式に基づいて（そうした論文を多く掲載するジャーナルを高く）評価している」（González-Pereiraa et al. 2009）．アイゲン・ファクターを使ったジャーナルの質の分析は，「一流のジャーナルからのひとつの引用は，二流のジャーナルからの複数の引用に勝る」という原則に基づいて行われてい

る（Bergstrom 2007：314）。多くの政府や研究機関は，こうしたやり方を採用して優れた研究を取り上げたり，研究の評価に活用したりしている。欧州科学財団（European Science Foundation：ESF）の人文科学分野の文献検索データベース ERIH（European Reference Index for the Humanities）プロジェクトは，ジャーナルを15の分野に分け，それぞれのジャーナルに対して，レピュテーションや国際的影響力に応じて A，B，C のグレードを与えている（ESF 2010；Howard 2008）。しかし，こうしたやり方は，ジャーナルの質を個別の論文の質の代理指標として使っているとして批判を招いている。van Raan は「ジャーナルのインパクトファクターを，個別の論文評価や個人の研究業績の評価として，決して使ってはならない（van Noorden 2010 で引用）」と警告している。

> 「新規ジャーナルに掲載された論文は，ほとんどの被引用指標には引っ掛からず，したがって，ほとんどすべてのランキングにも反映されません。こうした論文が埋もれたままで利用もされないことは，学問を大きく歪め，潜在的には保守的傾向を助長してしまいます。」（Adler and Harzing 2009：78）

これまでのやり方では，失敗のリスクをともなうような研究を委縮させてしまう。Marginson（2008b：17）が述べているように，「すべての先駆的，革新的な研究が最初から多くの賛同を得るわけではない。むしろ，そうしたもののなかには，確立された考え方に挑戦するがゆえに，脇に追いやられてしまうものもある」。

言語や国境も別の阻害要因になる。国際的なデータベースは，英語文献に偏る傾向があり，たとえば，2012 年には，「中南米の査読付きジャーナルのうち，たった 4%（5,000 のうち 242 誌）しか Web of Science に含まれていなかった」（Alperin 2013a）。Thomson Reuters はこの事実を「歴史のなかで，現在は英語が科学の世界での共通語になっている」ことに基づいて正当化しようとしている。これは英語を母国語とする国や大多数のジャーナルを英語で出版している

ような国を有利にしている。他の言語を使うグループの方が人口は多いにもかかわらず[23]，英語が現在の位置を占めている理由は，より広い読者に読んでもらうためには，すでに広く読まれ，広く引用されている言語で書く必要があるという単純な関係があるからである。英語文献重視による不利益は，社会科学や人文科学にもみられる。こうした分野では，国内の事象を研究対象とし，自国語で出版する傾向がみられるからである。ただし，同じ自然科学でも，環境科学や農学の分野では同様な理由で不利益を被る場合がある。

　こうした専門分野間の格差や世界の地域間の格差の問題は，論文引用面にも顕われている。被引用指標は，学術的な知識に関して研究上の影響力を測るものであり，いわゆる「(過去の研究蓄積である) 巨人の肩の上に立つ」という言葉と同じ認識で作成されている。ジャーナルのインパクトファクターは，Garfield (1955, 2005) によって開発されたもので，その目的は，総論文数や総引用数とは別にジャーナルの重要性を測ることである。これは，Science Citation Index データベースに含める最重要な科学ジャーナルを選ぶために使われている。Thomson Reuters によって作成された Journal Citation Reports (JCR) は，計量書誌学的データベースとしては，もっとも広く知られている。ただし，そのシステムは専門分野ごとに別々に機能しており，当然，限界もある (Moed 2006)。ある研究が高い頻度で引用されるのには多くの理由があり，たとえば単に論文の導入部に書かれた概要を引用しているだけかもしれない。h 指数 (ハーシュ指数：h-index) では，長いキャリアを積んだベテラン研究者や引用回数の多い分野で活躍している研究者にとって有利になるようなバイアスがかかっている。これとは対照的に，標準化された被引用影響指標では，科学の各専門分野間の違い，論文のタイプによる引用頻度の期待値の差，被引用論文の発表後の経過年数の差，などを補正しようとしている。m-quotient でも上記した長い研究キャリアにともなうバイアス現象を修正しようとしている (Harzing 2008)。しかし，もちろんこれで問題点をすべてなくせるわけではない。

---

[23]【訳注】詳細は世界の言語を扱った Ethnologue.com を参照。

被引用指標は,「自然科学分野用につくられたニールセン視聴率に近いものである」(Lindsey 1989)。特定の研究テーマ,たとえば,ナノテクノロジーや生物情報学などの分野は,その話題性のためにより頻繁に引用される (Lutz 2010；Higgins 2002)。一方,別の論文は,そのテーマで議論や論争が行われるために頻繁に引用されているかもしれない (THE 2009；Adler et al. 2008；Webster 2001：147)。 *Nature* の調査では,次のように結論づけている。「ジャーナルの高いインパクトファクターは,大部分の論文の平均的な被引用水準というよりは,限られた論文へ引用が集中することによって形成される。このため指標の結果を歪めている可能性があり,個々の論文の質を測る客観的な指標としての価値を下げている」(Venkatraman 2010)[i]。インパクトファクターの低いジャーナルでも,有益な研究論文が掲載されていることもある。それに加えて,論文の著者は,彼らが知己かあるいは同じ出身国の研究者の論文を引用する傾向が強い。研究者が自国の研究者や英語で書かれた文献を参照しやすいという内在的な性向を前提にすると,知名度や後光効果(次項を参照)によって,特定の著者が他の著者よりもより多く引用されることになる。Altbach (2006) は,次のように述べている。英語以外の言語で書かれた研究が英語で書かれたものに比べて出版や引用が少ないのは,米国の大学の研究者が,彼らの知己である研究仲間の論文を引用する傾向があるためである。そうした傾向が生まれるのは,彼らの研究仲間の優れた仕事によるものかもしれないし,あるいは非公式な人的ネットワークによるものかもしれない。

　著者が自分の著作物を引用する自己引用も,連鎖的な波及効果で被引用指標を高める可能性がある (Fowler and Aksnes 2007；Toutkoushian et al. 2003)。また,編集の過程で,研究者や著者が,特定の文献を引用するように圧力をかけられることもある (Wilhite and Fong 2012)。多くのランキングでは,大学全体を分析の単位にしており,計量書誌学的な統計量あるいは総被引用数を大学全体で数えている。しかし,特定分野の動きは,よくも悪くも大学全体の動きとはかなり異なるものである (MacRoberts and MacRoberts 1996；Moed 2009)。さらには,女性研究者が不利に扱われるジェンダー・バイアスの証拠もある。

実際，女性研究者が著者となる割合は「彼女らが人口全体に占める割合や研究者総数に占める割合と比較しても少ない」。また，女性著者が「男性著者によって引用される割合も相対的に少ないが，女性著者によって引用される割合はそうではない」(Davenport and Snyder 1995)。

　こうした多くの問題点をうけて，Thomson Reuters (1994；Garfield 2005 も参照) でさえ「被引用数に影響を与える多くの要因を十分考慮せずに」あるいは「専門家による注意深い相互評価」なしにインパクトファクターを使うことに対して注意を促している。このように大学の研究の評価に対しては，もっと広い視点でとらえるようにしようとする声が高まっている (Europa 2010c)。すなわち，被引用指標を使うことからキッパリと別れること，なかでもそうした指標が採用や解雇の決定に使われている場合や，研究資金を「論文が掲載されたジャーナルのインパクトファクターにスライドして」提供するように使われている場合は，とくにそうである (Walter et al. 2003)。イギリスのイングランド高等教育財政会議 (Higher Education Funding Council for England：HEFCE) は，研究評価作業の基本資料として被引用指標に大きく頼るかどうかを検討してきた (Corbyn 2010) が，2014 年からは，より広く研究の影響を測ることとし，被引用指標に頼ることを廃止した (Research Excellence Framework (REF) を参照)。被引用指標だけに頼らないというこうした手法は，欧州委員会の主要な研究プログラムである Horizon 2020 でも採用されている。問題は，単に計量書誌学的指標や被引用率が研究の質を示す適切な代理指標になってはいないというだけではない。この種の指標は，個々の研究者の評価を誤らせるというだけでなく，社会全体にとっての知識生産やその影響力，利益などを誤って伝えるという点が問題なのである。高等教育が社会全体にもたらす影響や便益に鑑み，こうした懸念は広範な議論を巻き起こすことになった。すなわち高等教育のもつ「公共財」としてのより広い役割 (Kelly and McNicoll 2011；Wellman 1999) を，どのように計測するかという議論である。そこでは，指標の選択やデータの解釈といった問題をはるかに超えた問題として議論が展開されている。

　ウェブベースの手法，たとえば Google Scholar や機関レポジトリ，その他

のウェブベースの標準化技術を用いたものが次第に使われるようになってきている。しかし，これらにも特有の問題がある（Pagell 2009）。これらのウェブ技術は，公共財としての研究成果を広く普及させるのに貢献しており，計量書誌学的な手法の限界を超えて，研究活動や研究成果の全体像をとらえることに役立っている。彼らは，従来の発想，すなわち研究の影響力が，社会や経済で広く評価されるのではなく，研究者仲間の読者を通じてしか評価されないという考え方自体にも挑戦しているのである。また，インパクトファクター自体の改善や修正に取り組む新しい試みも進められている。そうした試みのひとつはオルトメトリクス[24]で，それによって灰色文献やソーシャルメディアやニュースメディアでの発言，データベースからの参照，レポジトリ，ダウンロードしたものなどの参照が容易になった（Alperin 2013b）。この手法は，各種の国家システム，ウェブサイトや出版社などによって修正が加えられてきたが，これらの機関はより広範囲な影響力を把握するための別の指標を探していたのである。

　オープンアクセスやオープンサイエンスへ向けた動きも同時に高まってきている。これは，出版社などが設定している制限（高額の購読料を支払わないとジャーナルに掲載された先端科学等の研究成果にアクセスできない）に対する反動として生まれてきた。さらには，公的資金で行われた研究は，公共の知識を拡大し知識交流やイノベーションを促進するために，誰でも利用できるようにすべきだという，より広い政策的視点から実施されている（Dunleavy 2013；Willinsky 2006）。これまでの研究によれば，オープンアクセスは非常に有効で，研究の普及，学術的な使用，被引用数（分野によっては最大580％増加）（Swan 2010；Gargouri et al. 2010）という面で大きく貢献している。ただし，研究者の優秀さを測る指標として，ヒット率を論文被引用数のように使うのには問題が多い。たとえば，ヒット率を意図的に操作するなどの可能性も排除できないからであ

24）【訳注】Altmetrics。「alternative（これまでにない，新しい）」＋「metrics（測定方法）」による造語。WEB上でのSNSなどの反応から学術論文などの影響度を測ろうとする手法。WEB上で参照するため，学術論文等の影響を迅速に知ることができる一方，偏った評価になる危険性などの課題もある。

る（Walter et al. 2003）。

　グローバル・ランキングでは，上記とは別の指標，とりわけ名誉ある賞の受賞を研究業績の指標として使うことがある。*ARWU*では，ノーベル賞や数学のフィールズ賞をもっとも積極的に使っており，卒業生の受賞（10％），または現職教員の受賞（20％）を評価スコアに組み込んでいる。研究成果の発表から受賞までには時間差があるので，昔からある大学が有利になり，また「一度受賞すると受賞者の名前はその大学の歴史から永遠に消えない」。このため過去に業績のある大学や歴史のある大学がさらに有利になる（Billaut et al. 2009：10）。*ARWU*では，対象となる研究者が「受賞した時に所属している大学」と定義している。一方，この指標は本来，数年前あるいは何十年も前に受賞対象となった研究を行っていた大学——これらは，現在所属している大学の教育や研究活動にはほとんど関係していないかもしれない——を評価すべき指標である。しかし，ARWU の定義の結果，各大学は受賞を間近に控えた「スター研究者」を採用することに躍起になっている。これは次の2つの例によく示されている。

　　「われわれは現在，X 教授と密接に協力しながら仕事をしています。もし X 教授がノーベル賞を受賞した時にわれわれの大学に籍を置いてくれていたら，われわれの大学はもっと高いランク，おそらく現在よりも100位か150位高いランクに達していたでしょう。」（総長：ドイツの公立の工科大学，1900年以前に創立）

　　「X 大学がある教授を，ノーベル賞を受賞するかもしれないという理由で他大学から引き抜いたケースがありました。ノーベル賞受賞学者を擁することで，論文の被引用数は増えるでしょうし，その結果，X 大学は *Times*（*THE*）のランキングで順位を上げるかもしれないからです。」（大学関係者，日本）

2013年に2人の著名な神経科学者が公立の UCLA から私立のサウスカロライ

ナ大学へ転出したケースは，いかにこの指標が大学の資金力と結びついているかを物語っている（Gordon and Brown 2013）。スポーツ界のスカウトに見習って，イギリスでは研究者チームの移籍の時期を設け，この期間に合法的に他の大学に移ることが許されている。こうした措置によって，研究評価プロセスの権威を傷つけないようにしているのである。

(8) レピュテーション

　いくつかのランキングでは，研究者仲間や大学に関連の深い人たちによる評価を使って大学のレピュテーションを計測しようとしてきた。そうした情報は，相互評価という形で集められる。そこで評価者は，設定された評価基準に合うと思われる高等教育機関を指定するように求められる。大学の業績，とくに研究面での業績を評価するためには，その分野の専門知識はもちろん，当該研究がその分野でどの程度貢献したかについての知見が要求される。研究者間の相互評価は大学の活動全般の礎となるものであり，教育研究の評価，質保証，認証評価や査定を行う上で不可欠の要素となっている。その意味でレピュテーションをランキングの要素として含めることは自然なことであり，実際，これと同様の考え方でレピュテーション調査がランキングに使われている。すなわち「どこの大学がもっとも優れているかということは，大学教員がもっともよく知っている」ため，*THE-QS* では，教員による相互評価調査に最大のウェイト（40％）を与えてランキングを作成している（Baty 2009b）。さらに，雇用者や学生の意見も指標の一部として使っている。ただし，こうした手法には以下のような欠点もある。

　まずレピュテーション調査は主観に陥る傾向があり，自分の研究分野に近い研究を高く評価したり，評価を一旦決めると，客観的な状況変化に合わせて柔軟に評価を変えることができなかったりする。知っている大学のなかから，あるいは予め決められたリストのなかから，評価者の個人的あるいは専門家としての経験に基づきトップの大学を示せと求められた場合には，評価者自身のバイアスも入ってくる。Bowman and Bastedo（2011）によれば，ほとんどの人は，

最初に彼らがもっている特定の価値観から出発し，徐々に最終的な判断に調整していく。このような（初期値（アンカー）が判断に影響してしまう）現象は，心理学でアンカリング効果とよばれている。THE-QS の調査では，調査を依頼された専門家が，その分野で優れていると思われる大学 30 校をただリストアップしてくれと求められるだけであり，その際，何の情報も与えられないし，リストアップの根拠になる情報の提示も求められない。しかし，評価者の情報は限られているかもしれないし，回答も安易な個人的記憶に頼ったものになるかもしれない。さらに CHE 大学ランキングや THE ランキング（2010）では，教育の質に関する専門家による評価が，ランキング結果として学生に与える情報の基礎となっている。ただし，こうした相互評価では，

>「教育方法の質，教え方の丁寧さや思いやりの程度，あるいは学生参加型の授業によって学問的関心を育む程度，などといったことについては，ほとんどあるいはまったくわかりません。」(Lawrence and Green 1980：13)

さらに，評価の基礎となるのが，当該教員が発表した論文を読んだものにしろ，会議での発表を聞いたものにせよ，教育の質を評価する方法としては，どの程度信頼を置けるのか疑問である。とくにこれを国際的なレベルで行うとなると，なおさらである（Ioannidis et al. 2007）。

「後光効果」，つまり，ある大学に関して（よいにしろ，悪いにしろ）知識があると，それが大学についてのすべての面に影響を与えてしまうという心理的効果にも注意する必要がある。たとえば，プリンストン大学のロースクールは全米最高のロースクールのひとつだとの評判もあったが，実のところ，同大学にロースクールは設置されていない（Marginson 2007b）。同様の誤った情報は，Heidelberg 大学でもあったし（Federkeil 2009：22），米国の複数の大学における地理学科についても同様の現象がみられた（Leiter 2011）。逆に，大学内にある特定の専門学部や研究センターが大学全体の評価よりも高いスコアを得ることがあるが，これも大学全体にとってはプラスの影響があると考えられる

(Webster 2001：143)。Lawrence and Green（1980：19）は，大学全体の評価とそれを構成する機関の評価との間に相関関係があるのは何故か，を問うている。その上で「教育研究の質の評価は，（大学全体の評判とは関係なく）専門的なプログラムや学部・学科などの専門領域ごとになされるべきである」と結論している。

以上の例は，大学の過大評価が，いかに「優れた過去の実績と関係しているか，あるいは逆に，長い歴史をもたない新設の大学では過小評価が問題になりやすいか」（Becher and Trowler 2001）を示している。こうしたことが起きるのは，タイムラグの問題——すなわち，レピュテーションを確立するには一定の時間がかかる——ためかもしれないし，あるいは単にレピュテーションと現実の成果とを混同しているからかもしれない。こうしたことからも，レピュテーション評価を毎年実施することに意味があるのか，疑問である（Usher 2014b）。van Raan（2007：95；Morse and Tolis 2013）は次のように述べている。

> 「既にレピュテーションを確立している高等教育機関は，それを維持する上で有利な立場にあります。なぜなら，高いレピュテーションというだけで最高レベルの人材を惹きつけるのが容易になり，それによって，ただでさえ有名な彼らが，さらに研究実績を強化できるという自己強化的な利益を享受できるからです。」

これはランキング機関が評価をする際に，他の情報源を参考にすることから生ずる。この場合，しばしば背景情報として他のランキングも参照されるが，これは「今日の大学の名声は，明日の名声に影響を与えることが多い」（Brewer et al. 2001：29）という事実に基づいている。

こうしたことも，レピュテーションに対する疑問を生む。すなわち，どういう集団のなかでのレピュテーションなのか，あるいは何のためのレピュテーションなのか，という疑問である。レピュテーションは，「特定の社会的グループや関係者から，能力あるいは高い実績や質を認められること」と同義なため，

それは相対的で社会的な文脈によるものである。言い換えれば,「大学のレピュテーションでは,評価する社会グループが違えば,結果も異なってくる。たとえば,雇用者と大学教授とでは,いろいろな事柄に対してものの見方が異なってくるし……,全国からの視点か,地域での視点かによっても異なってくる」(Berghoff and Federkeil 2006)。ドイツでの研究によると,雇用者は私立のビジネススクールを非常に高く評価するのに対して,大学教授はそれらを低く評価する傾向がある(Federkeil 2009:23)。

　レピュテーションはまた,調査の回答者が結果に影響を与えようとするなどの操作の対象になりやすい。こうした一種のレピュテーション操作は,直接的あるいは間接的に行われる。間接的なものとしては,たとえば,調査対象者の構成(対象グループの人数,地域的分布や専門分野の偏りなど)は結果に影響を与えうる。*THE-QS*の調査では,調査対象者がどの地域に所属しているかについて大きな偏りがあることが問題視された。すなわち,欧米に位置している主要大学からの学者の比率が不釣り合いに大きかったのである。こうした偏りはまた,サンプル・サイズや回答率の差が反映されたものでもある。

　調査のバイアスにはまた,*THE*が一定のブランド力があると認めた国(イギリス,あるいはオーストラリアや香港などの英連邦諸国やかつてのイギリス植民地)からの代表者が不釣り合いに大きいことも反映されている。たとえば,2008年の調査では,インドからは236,ドイツからは182,そしてイギリスからは563の回答者という分布であった(Baty 2010c)。その後*THE*は,こうした*THE-QS*の"相互評価"や聞き取り調査に含まれる問題点を認めている。この問題に対処するため,毎年行う大学評価調査(これは*THE*ランキングのレピュテーション要素の基礎をなしている)で,他の地域からの代表者の数を増やそうとしている。ただ残念なことに,*THE*の手法の改善が調査対象者の地域分布に焦点を当てたものだけに留まり,それ以外については不透明のままなら,既にブランドを確立している国々にとって有利になっているランキングの構造的バイアスを,実質的にどの程度修正できたといえるだろうか[ii]。*THE*や*QS*の地域的なバイアスは,彼らがこうしたレピュテーション調査に大きく依

存していることで説明することが可能である。その一方で，ARWUではレピュテーション要素をランキング作成に含めていない（Vidal and Filliatreau 2014）。

大学教員やその仲間は，「自分たちの大学と同じタイプの分野（もしくは彼らが日頃から接触のある研究者）に対して，自分たちの大学に対してと同じくらいの好意をもって高い順位を与える傾向があるため」（Webster 2001：44），こうした調査は，伝統のあるオックスフォード大学やケンブリッジ大学，米国のアイビーリーグ，あるいは英語圏の大学にとって有利になる。さらに別の視点での議論として，レピュテーションは，実質的に研究成果を別の方法で計測しているに過ぎないともいえるので，表2.3に示されたような項目別のウェイトにさらなる（研究重視の）影響を与えることになる。

同様の問題が，THE-QSにおける雇用者に対する調査についてもいえる。選ばれた数の企業—通常は大規模な多国籍企業—で調査が行われるため，企業間もしくは世界全体のなかでは不完全で偏った姿を描き出すことになる。さらに回答者は，結果に直接的に影響を与えようとするかもしれない。たとえば，他の大学に対しては，そこそこの平均的な評価をつけ，自分自身の大学に対しては，最高の評価をつけたりする。学生は，自分の所属する大学によいスコアをつける圧力を感じている。なぜなら，それが，自分の将来の就職と繋がっているかもしれないし，あるいは，大学からそうした圧力をうけているかもしれないからである（Kenber and Taylor 2010）。ある米国の大学の学長が，次のように認めている。「今年はレピュテーション調査にこれまでよりも正直に回答した。実のところこれまでは，自分の大学を除き，他のすべての大学に対しては"わからない"にチェックを入れてきた」（Finder 2007b；Bastedo and Bowman 2011）。大学の成果を示すための適切な指標というよりも，「レピュテーション指標は，社会的認知度を測る指標としてみるべきだろう」（Berghoff and Federkeil 2006）。

こうした方法論的な問題は，レピュテーションに比重を置いたランキングの信頼性を傷つけることにもなってきた。果たして学長やその他の関係者は，他の多様な高等教育機関に関して，それを公平に評価できるほど十分で確実な知

識をもつことができるのだろうか。それに加えて，THE-QS も USNWR も，回答率の低さ，無関心，いい加減な回答などに悩まされてきた。ある米国の大学の学長は，質問表を埋めるためにひとつの大学に関して 10〜15 秒以上かけていたら「U.S. News に対してもっとよい回答をする」ことができただろうが，そんなことをしていたら学長の仕事は務まらないと述べている（Lee 2009）。さらに米国の大学は，同じ問題で別の歪みを与えている。すなわち，いくつかの大学は，レピュテーションに比重を置いたランキングへの参加を意図的に断っている。それは「データに基づかない誤った厳密さや権威付けをすることになり兼ねない」（Butler, D. 2007；Farrell and van der Werf 2007；Hoover 2007；Jaschik 2007b）からである。

　THE はパートナーである Thomson Reuters と共にこの問題を克服するために，手法の改善や調査対象者のグループを国連推計に基づく世界の研究者の地理的分布の比率に合わせるように拡大している（Baty 2010c）。さらに，英語やスペイン語に加えて，中国語，日本語，フランス語，ドイツ語などでも質問・回答ができるよう調査が行われている。これによって英連邦や英語圏の国などのように，以前は実態以上に重きを置かれるという恩恵をうけていた国々の比重は少し下がることになった。こうした改善にもかかわらず，レピュテーション調査に固有の不安定性を克服できたとはいい難い。なぜなら，こうした調査では，実際に誰が回答したのか，あるいは，どのような地理的分布，どこの高等教育機関，どの専門分野での回答なのか，といったことに完全に依拠しているからである。しかも，そうした回答者の正確な属性は，誰にもわからない（Usher 2014a）。

第 2 章の結論

　指標の選択や，それらのウェイトの大きさは，ランキングに関わる問題のほんの一端に過ぎない。そもそも高等教育機関全体を計測したり比較したりすることは，本当に可能なのだろうか。数量的な指標を使って質を測ることなど実際できるのだろうか。しばしば指摘されるのは，高等教育機関の機能は複雑だ

ということである。学部から博士課程までの教育機能，研究活動はもちろんのこと，社会奉仕活動に参加し，技術革新やベンチャー企業を生みだす源でもあるし，国家という建物に掲げられた紋章のようなものでもある。高等教育機関は経済の原動力であることを重視する人もいるし，イノベーション・エコシステムの中核的な柱，あるいは重要なパートナーであることを強調する人もいる。三重，四重，五重に絡み合う知識経済の螺旋構造[25]，あるいは知識のトライアングルなどと称されることもある。教育を授けるという枠を大きく超えて，高等教育は人的資本の源となり，地域，国家，そして世界から高度な能力をもった人材や投資を惹きつける玄関口として機能し，技術や知識を移転することを通じて多様な関係者と積極的に関わり合い，国家や地域の国際競争力を支えている。多くの大学は，病院，博物館，劇場，ギャラリー，スポーツ施設，カフェなどを備えており，それらすべてが，大学コミュニティや地域社会，さらには国にとって重要な役割を果たしている。さまざまな高等教育機関は（個別の機関としてではなく）グループ全体として，広範な国の要請に応える役割を果たしている。すなわち，さまざまな価値観に支えられ，人口動態的，民族的，文化的に多様な国民の要請に応え，複雑で困難な政治環境，経済環境にも対応している。このような実情を考慮すると，高等教育機関の複雑な活動をいくつかの数量的な情報に置き換え，それらをランキングという単一の指標にまとめ，さらにそれを使って高等教育の全般的な質に近似させようとするなど想像もつかないほど無謀な試みであろう。しかし，ランキングが実際に行っていることは，正にそういうことなのである。

　高等教育機関が透明性を確保し説明責任をきちんと果たすべきだという点に関しては議論の余地はない。しかし，どのような手法を用いようとも，計測のバイアスを完全に排除することはできない。問題はそうしたバイアスが結果を歪めてしまうほど大きいかどうかである（Usher 2010）。それこそが，どの指

---

[25]【訳注】知識経済の「三重螺旋構造（triple helix）」とは政府・産業・大学間の協力（産官学連携）を指す。「四重螺旋構造（quadruple-helix）」はこの3者に社会環境（市民社会，たとえばボランティア団体や非営利組織など）を加え，また「五重螺旋構造（quintuple-helix）」はさらに自然環境を加えたもの。

標を選択し，どのように計測するかが極めて重要になる所以である．また，どのくらいの期間で考えようとしているかも重要である．計測されている多くの項目が，高等教育機関の戦略設定や公共政策にとって重要な項目であるが，1年や2年では多くの高等教育機関は変わらないし，変えることもできない．このため毎年比較をすることは，かえって誤解の種になるかもしれない．しかも，教員や教育の質を測る多くの指標や代理指標は，せいぜい間接的な指標でしかないため，場合によると逆効果を生むことになるかもしれないのである．ランキングによっては，専門分野別（たとえば，*CHE* 大学ランキング）や高等教育機関のタイプ別の比較ができるようなもの（たとえば，*USNWR* や *Maclean's*, *U-Multirank*）も出てきている一方で，その他の多くのランキングでは同じ基準であらゆる高等教育機関を計測，つまりは「すべてに同じ尺度」を当てはめようとしていることになる．こうした手法を使うことによって，それぞれの高等教育機関は，最高のものからどの位離れているか，ということで順位付けされているのが本質である．別言すれば，各大学がハーバード大学とどの程度の差があるか，で各大学は測られることになる．このようにして，ランキング組織が選んだ指標を基準にする狭い意味での優秀性という概念が広まっていく．しかし，客観的な指標やウェイト，あるいは根本的な真実を明らかにするランキングなど，どこにも存在しないことは明らかである．すなわち「指標がウェイト付けされたり集計されたりしなければならない本質的な理由などどこにも存在しないのである」(Usher and Savino 2007).*CHE* 大学ランキングや *U-Multirank* では，一定の制約はあるものの，ユーザーが自分に合わせて大学をランキングできるし，*ARWU* や *QS* でも一定の範囲で分野別のランキングをみることができる．しかし，こうした指標を提供することは，かえって合成された総合指標を用いて異なる高等教育機関を総合ランキングとして比較することに無理があることを浮き立たせるだけである．

　人々は優れた大学とは何か，に関する一方的な定義をランキングによって知らぬ間に植え付けられている．ランキング機関は通常，上位500だけの（場合によってはもっと少ない）高等教育機関のランキングをつくっているが，彼ら

は実際にはもっと多くの大学から情報を集めている。発表大学数の制限は個々のランキング機関が設けているものだが，これは，ランキング順位が下がってくると順位の差が統計的に意味をもたなくなるためである。ただし，それだけではなく，数を制限することでランキングに載っている高等教育機関の威信を高めるという効果もあるだろう。世界には18,000以上の研究大学レベルの高等教育機関が存在するため，上位500大学というのは，全体の僅か3％でしかない。しかし，ランキングが発表されることにより，一般人，政策担当者，大学関係者などの間で，トップの20校，30校，あるいは100校以内でなければ，世界最高レベルとよぶに値しないという観念が生まれてきた。こうした状況では，ほとんどの大学にとって，世界クラスの大学の仲間入りをすることなど，とても手が届かないことになる。それなら，そうした大学への仲間入りを目指す競争もなくなるだろうと思われるかもしれない。しかし，これまでの経験からすると，競争はなくなるどころか，逆にますます過熱化する一方で，政策担当者の関心もそうした数少ないエリート大学を目指す方向に向けられている。一方，さまざまなジャンルのランキング，たとえば，歴史の若い大学ランキング（QSの「創立50年以内のトップ50大学」とか，*THE*の「創立50年以内のトップ100大学」）やBRICs大学ランキング，アジア・ランキング等々が次々と登場してきている。このため，高等教育機関は，むしろ，それぞれ自分に合わせた土俵で競争できるようになってきている。

　高等教育機関ごとの個別の背景や設立目的の違い以外にも，ランキング指標自体のもつ特性のために，いくつかの高等教育機関を適切に計測できない場合もある。たとえば，生命科学の分野は，計量書誌学的な指標や被引用指標などでとくに有利になり，掲載誌のインパクトファクターを指標に使うことで，こうした有利さは一層強調される。また，*ARWU*の場合，*Nature*や*Science*などの学術誌への論文掲載本数を研究者の質を測る規準指標として用いているため，こうした分野に強い大学が有利になるという偏りが生まれている。その結果，超一流校であるLondon School of Economics（LSE）が当初は*ARWU*ランキングの圏外にはじかれていた。というのも，こうした計量書誌学的な指標では

社会科学の分野がうまく取り込めなかったからである。似たような問題でフランスやドイツなどの大学が不利な立場に追いやられていた。なぜなら，フランスのCNRSやドイツのFraunhoferやMax Planck研究所に代表されるように，これらの国では，大学以外の独立した研究所が重要な研究を担うシステムになっているからである。これとは別種の問題が意味のない指標を使って計測することから生じている。たとえば先にも述べたが，ほとんどの指標は教育の改善とはあまり関係がないということが，多くの学術論文で明らかにされている。しかし，政府や高等教育機関は，計測手法の問題や論理に疑問を呈するよりも，むしろ現在の風潮に押し流され，自分たちの制度や組織をランキングに合わせて改変しようとしているのである。

　U-multirankは，最近の傾向を反映して，より広い視野から高等教育機関の多面的な側面をとらえようとするものであり，ユーザーが各自の目的に合わせてランキングを作成できるようにしている。ここ数年の間に商業的なランキングやその他（政府系）のランキング機関が進めてきたのもユーザーとの双方向機能の強化である。また，ユーザーの幅広い目的に応えるために，より特化した形のランキングや指標を作成してきている。このように多次元的な体裁を整えることに関しては大きな進歩があった。しかし，より本質的な問題は，高等教育の成果や質を意味ある形で計測し比較することが果たしてできるのか，という点である。2つの概念（教育の質と量的計測結果）は，置き換え可能なように使われているが，両者は本質的にかなり異なるものである。こうした異質のものを2つ合わせて考える場合，単純な解釈が行われるようになってきた。すなわち，何か（たとえば，予算規模，研究者，留学生，外国人スタッフなど）が量的に多くある場合，それは必ず質の面に反映されるという考え方である。逆に，教員1人あたりの学生数が少なければ，よりよい教育が提供できるという考え方もある。教育の質を，国境を越えて比較することは単純な手法ではできないものの，最終的には地球規模での共通のデータセットを整える必要性は高まっていく。

　こうした議論を通じて，識者の間でも意見の相違があり，ランキング機関に

よっても考え方が異なることが明らかになってきた。また，各ランキング（の大学の順位）は似通っているともいえるし，ランキングによって（その内容は）かなり異なっているともいえる。そもそも，同じランキングといっても，測っている内容が，それぞれかなり異なっている。「どの大学がベストか」という質問に関しても，どのランキング機関が問うているかによってその意味するところは異なっている。このことは，異なるランキングの最終結果はそのまま比較できるものだと思っているユーザーに混乱をもたらすことになる。ただし，ランキングが教育の質に関して多様な視点をもっているということ自体は有益であろう。なぜなら，高等教育機関の設置目的や背景は皆異なっているし，ユーザーはそれぞれ異なる教育プログラムやサービスを求めているからである。しかし，同時に，主要な国内ランキングやグローバル・ランキングのリストは，かなり近似していることも事実である（Richards and Coddington（2010）によって作成されたinteractive mapを参照）。

　Dill and Soo（2005：499）によれば，一般に受け入れられている（国際的な共通基準などないという）考え方とは裏腹に，「優れた高等教育の質を測る共通の基準が国際的に生まれてきている」。こうした見方は，新規に入ってくる学生や教員の質に基づいている。Usher and Medow（2009：13）によれば，こうした共通性はある事実にともなう"付帯現象"で，"質の高い"学生や教員というのは，単にそうした事実が表面に出ただけの現象に過ぎないとしている。別言すれば（その事実とは），ランキングは，大学の社会経済的な優位性を計測しているに過ぎない，ということである。そこでは大学の歴史，規模，資金量を間接的に測っているだけであり，結果的に規模の大きな大学や大国を利することになる。なぜなら，これらの大学や国は，長年をかけて，すでに国内的，国際的に名声を確立しており，したがってより多くの研究者を擁し，より多くの研究成果をあげているからである。Tapper and Filippakou（2009：58）は，必要な建物や設備をつくりあげるには時間が必要で，必要な人材（スター研究者や卒業生による同窓会組織）を集めるのはさらに時間がかかる，としている。こうした設備や人材を集積し維持するコストや，ランキングにおける当該大学の

ポジションを守るコストを，過小評価すべきではないだろう。

よい評価を得るための競争（これはランキングによって一層，煽られているが）のなかで，公立の高等教育機関や公的教育制度は不利になりつつある。

> 「州政府の高等教育に対する右肩下がりの財政支援は，当然の結果を生んでいます。われわれは，ランキングの支持者ではありませんが，ひとつのランキング・システムの25年間の軌跡に公的高等教育機関の資金不足の影響が如実に表れています。1987年に発表された *U.S. News & World Report college rankings* の最初のランキングでは，トップ25大学のうち8大学が公立大学で，そのうち2大学は，トップ10入りしていました。しかし，最新のランキング評価では，トップ20入りしている公立大学はひとつもなく，エリート25大学のうち，僅かに2つの公立大学が21位と25位に入っているに過ぎません。」（Archibald and Feldman 2012：11）

さらに，米国の私立大学は，どのグローバル・ランキングでも，トップ20のなかで圧倒的な存在感を示している。たとえば，*THE* では14校，*QS* では11校，*ARWU* では19校の米国私立大学が，トップ20入りしている。*USNWR* でもトップ20大学のうち，19大学は米国私立大学である。国際的なレベルでみても，大きな地域的偏りがみて取れる。グローバル・ランキングの上位は，そのほとんどが米国とヨーロッパの大学で占められており，アジアの大学は徐々にその存在感を高めているものの，アフリカや中南米からは極限られた大学しか顔を出していない（Marginson and van der Wende 2007b）。また，高ランクの大学は，留学生受け入れ数の面でもトップクラスにある（van Damme 2014）。そして2008年の世界金融危機以降，こうした格差はますますはっきりしてきている。

レピュテーションがランキングを決めるとしても，ランキングがレピュテーションを決めるということはないのだろうか。統計的にみると，大学間の差というものは非常に小さいのだが，ランキングでは結果を順位付きで発表するた

め，その差が非常に大きいようにみえてしまう。Bowman and Bastedo (2009：1) は，「発表された大学ランキングは，将来の研究者による相互評価に大きな影響を与える。そうした影響は，その大学の教育研究の質や成果の変化とは関係なく，研究者仲間による過去の相互評価の結果にさえ左右されない」と述べている。学生やその他の関係者は，こうしたランキングに依拠しながら，大学選びや政策選択を行っているのである。そうした背景にあるのは，大学のランキングは，卒業後の社会的成功に密接に関わっており，また大学自身にとってもランキングは経済利益やその他の大学資源の獲得に強く結びついている，という実情である。高ランキングの大学やカレッジは，「6桁（10万ドル以上）の初任給への玄関口」となっているため，これがエリート教育への需要をかき立てている。こうした状況がランキングの重要性が増してきた理由でもある。しかも，他の市場と異なり，ランキング上位に来る大学は，その数が限られているのである（Frank 2001：6；Jaschik 2010b）。

　高等教育の市場は，勝者総取りの様相を呈してきており，そこでは，大学間の僅かな差が，その後の評価ならびに資金や人的資源の獲得に大きな違いを生むことになる（Frank and Cook 2003：28）。Bastedo and Bowman (2010：177) によれば，全体的な結論は「制度理論から導かれる結論と整合的である。制度理論によれば，研究者による相互評価は，当該大学に関するそれまでの(a)総合ランキング，(b)所属するランキング階層，(c)その階層のなかでの順位変化，から強い影響をうける」。これによって，名声の自己強化的な循環が起こり，結果として「名声の現状固定化」につながることになる。ランキングは，単に上位大学を目指す戦いの単なる結果（名声の獲得）を示しているだけでなく，名声を築き上げる原因にもなっているのである。

　ある種の国内比較あるいは国際比較は「いったん定着すると永続する（固定化）」ということが広く知られている。ランキングは，広範な利用者に対して単純明快な情報を提供することができる。そのために，現時点では好ましい形態として発展してきたが，それは同時にランキングのアキレス腱ともなっているのである。すなわち，誰もが有意義で信頼がおけ，検証可能なものだと合意

できるような国際的に比較可能な指標やデータを見出すことは難しいため，ランキングでは簡単に計測できる見通しの立ちやすい指標が採用されがちである。その結果，過去の実績に重きが置かれ，質の問題を量的な指標で代用して測ることが重視される。しかし，さまざまな指標や代理変数を使って大学の特質をとらえることは非常に難しい。それだけでなく，調査対象の学生の属性をコントロールした分析では，大学の資源やレピュテーションは教育の質とほとんど関係がないという研究結果も示されている。こうした状況は，ランキングで使われている指標に本当に意味があるのだろうか，という根本的な疑問を生じさせる。教育の質を測っているというよりも，ランキングは実質的に社会的選択性によって利益が累積されていくのを計測もしくは後押ししているのではないだろうか（たとえば，McGuire and Flynn（2011）を参照）。Kuh and Pascarella（2004：52）によれば，「米国のトップ大学のランキングは，所属している学生のSAT/ACT（大学入試のための共通試験）のスコアの平均値で並べただけのものとほぼ同じである」。そうだとすると，その影響は，高等教育の活動や成果（教育と学習，学生の積極参加活動，知識の交流と技術の移転など）の幅を歪めたり損ねたりするものである。それによって，大学に対する社会の広範囲なニーズは無視されてしまう。ランキングは，特定の大学（基準）あるいは特定の国が常に上位を独占するという観念を抱かせ，現状が固定的で変わらないという見方を助長してしまうのである（Grillo et al. 2010：16）。

　次の第3章でみるように，その影響のおよぶ範囲は，上位20, 50あるいは100位以内にある大学をはるかに越えて広がっている。大学，学生，その他の関係者，さらに政府ならびにEUなどの超国家機関は，ランキング機関によって立案された基準に合わせるために，高等教育に大きな改革を迫り変更を加えている。こうした現象は，ランキング機関——その多くは営利企業であらゆる機会をとらえて自分たちのランキング・システムの普及に努めている——に責任があるのだろうか，それとも，ランキングの結果を大げさに解釈して使用するユーザー側に責任があるのだろうか。

注

ⅰ）エジプトのアレクサンドリア大学が *Times Higher Education World University Rankings* 2010 で高いランクを記録したケースがこの問題を象徴している。すなわち、たった一人の著者による理論物理学と数学に関する一群の論文がひとつのジャーナルに掲載されたが、これらの論文の被引用度が高かったため、大学のランキング・スコアが大幅に上がった。トルコにおいても 2014 年に同様の問題が発生したと指摘されている。Holmes 2010；Guttenplan 2010、そして Usher 2014c を参照。

ⅱ）2012 年 3 月～4 月に実行された *THE* の 2013 年調査には 144 ヵ国から 16,639 の回答があったが、内 43％は英語圏の北米とオセアニアからの回答者であった。オセアニアの国別内訳はないが、おそらく大部分がオーストラリアとニュージーランドからの回答で、他の国からの回答はほとんどなかったと思われる。また、回答の約 17％は西ヨーロッパからであった。2013 年 3 月～5 月に実施された 2014 年調査には 133 ヵ国から 10,536 の回答があったが、35％が北米・オセアニアからの回答であった。米国からの回答割合は 2013 年の 33％から 2014 年の 25％へと、もっとも減少幅が大きかった。他の地域、たとえば東アジアや南米などの割合は 1～2％ポイントずつ上がったが、もっとも大きな増加は南、西、そして東ヨーロッパからの回答割合であった。それ以外の地域、たとえば西南アジアや中央アジア、東南アジア、中近東、そしてサブサハラ・アフリカの割合は同じか減少した。

第3章
高等教育機関からみた ランキングの影響力

> 「競争がとても厳しいので，大学は自分たちのランクを少しでも上げる方法を探しています。そのためにプログラム内容や大学の目標を改定し，名門大学と協力関係を築こうとしているのです。」
>
> （ポーランドの教員）

> 「私たち（大学関係者）がよく気をつけていないと，そのうち大学は自然科学だけに集中することになってしまうでしょう。奉仕活動の責任を果たさず，教育への努力をできるだけ減らそうとすることになるかもしれません。」
>
> （デンマークの教員）

これまでのランキングとの関わり

　毎年，新しいランキングが公表される度に，世界中の高等教育界に衝撃が走るような大騒ぎになってしまう。高等教育機関の幹部でグローバル・ランキングに関心のない人は滅多にいないし，大部分の人はグローバル・ランキングか国内ランキングについてよく知っている（Adams and Baker 2010；Jaschik 2009c）。多くの高等教育機関の幹部はランキングに対して過剰反応はしないと公言しているが，自校のランキングや関連する国内外の大学のランキングを知らない幹部や管理責任者はほとんどいない。ランキングへの関心が高まるにつれ，ランキングへの警戒感や猜疑心が強まる一方で，必要なデータを集め，その結果に対処するなかで，ランキングを有意義なものとして取り組もうとする例も増え

てきている。大学の管理担当者は，ランキングに使われるデータ収集やランキング結果に「もっとも熱心で，執着している」といわれている (Keller 2007；Meredith 2004；Provan and Abercromby 2000)。また Thomson Reuters や *QS* にプロファイリングの情報も提供している (QS 2010c；Jobbins 2010)。実際，彼らは「公にはランキングにはそれほど熱心でないように装っているが，本音では滑り落ちないように必死になっている」(Griffith and Rask 2007) のである。Espeland and Sauder (2007：24) によれば，「ロースクールのある管理者がランキングは重要だと"悟る"ようになってきたのは，学生や卒業生，マスメディア，そしてロースクール仲間の反応からだった」。

メキシコの大学の上級幹部 (1900年以降に設置された公立の研究大学) は「正に，やっても非難されるし，やらなくても非難される」状況だと嘆いている。あるロースクールの長は，ランキングにどのように対応していたかについて，次のように語っている (Whitman 2002)。

> 「恥ずかしい話ですが話したほうがいいと思います。新しい *USN*(*USNWR*) ランキング報告書が出た時の私の反応は，昔住んでいたアパートでゴキブリをみつけた時と一緒でした。防衛本能が働いてしまい，私はとりあえず目を閉じて電気をつけ，見なくて済むようにゴキブリに逃げる時間を与えました。前回 *USNWR* が発表された時も，私はとりあえず目を閉じました。それから (ランクがもっとも低い) 第4階層のグループを恐る恐る覗いて，うちのロースクールがそこにないことを確かめました。なぜって私の任期中に第4階層に落ちてしまうのを見ることは一番の恐怖でしたから。おかしいでしょう！ ここは立派なロースクールなのですよ。」

こういう反応は，ランキングが高くない高等教育機関の間でも珍しくはない。多くの国際的な事例を見聞きするなかで，高等教育機関の幹部の間には確信に近い次のような考え方が広がっている。すなわち，ランキングは自校の地位と評価を維持し築き上げるのに有益である，あるいは優秀な学生はランキングを

使って大学候補（とくに大学院レベル）をリストアップしている。さらには大学に関係を持つ人々が資金提供や後援、卒業生の採用などの意思決定を行う際にランキングの助けを借りて行っている、といった見方である。これ以外に、提携する大学候補を探したり、国際的ネットワークや国際的な組織への参加を検討したり、あるいはベンチマーキングのためなどにランキングを使う大学もある。大学にとってのランキングの重要性は、大学がランキングのどこに位置しているかに応じて異なる。しかし、ランキングが低い大学でさえ、公表されたランキングに含まれているというだけで、国内外の注目度が大きく向上することがある。このように、ランキングはブランドを高める機能を果たし、宣伝効果もある。同時に、ランキングは大学の利益に直結しているので、所属大学の順位の上下によって、報酬が増えたり、解雇されたりする学長や幹部管理者の話は枚挙にいとまがない。ロヨラ大学によれば、ランキングで成功することは「収入増に直接影響を与える」(Morphew and Swanson 2011：188 で引用)。批判はあるものの、以上のような側面は高等教育機関の募集戦略およびマーケティング戦略において極めて重要な特性—とくに競争的な市場においては必須の要素—になってきている。そのため、内心ではランキングにそれほど意義を感じていなくても、それを重視する高等教育機関も珍しくない。たとえば、ランキング機関のウェブサイトへのリンクを張って、自校のランキングを宣伝するような高等教育機関さえある。好き嫌いは別として、高等教育機関の学長や上級幹部はランキング結果を非常に真剣に受けとめているのである。

　前章でも触れたように、ランキングについては多くの論文や記事が書かれているが、そのほとんどは分析手法に関するもので、ランキングが学生の大学選択へ与える影響を分析している論文や報告は数少ない（たとえば Clarke 2007；Meredith 2004；Monks and Ehrenberg 1999；Roberts and Thompson 2007；Caruso et al. 2011a, 2011b；Hazelkorn 2014a)。もっとも頻繁に目にするのは逸話的記述や内部者の体験談、そしてランキングの影響や使用に関するジャーナリスティックな解説記事で、研究に基づく論文や報告書の数は少ない。初期の例外は、米国大学理事会協会（Association of Governing Boards of Universities and

Colleges：AGB) によって 2001 年に実施された米国カレッジの大学長に対する調査であった。その時点では，米国はランキングを長く経験してきた唯一の国だったので，この米国のケースは興味深い。AGB の調査によると，学長の 76％ は *USNWR* ランキングが自分の大学にとって「やや重要」あるいは「非常に重要」と答え，51％はランクを上げようと試みたことがあり，50％はランキングを内部的な規準指標として使い，また 35％はランキング結果をプレスリリースあるいは大学ホームページで発表している，とのことである。さらに学長の 4％はランキング対策を取るためにタスクフォースか委員会を設けている（Levin 2002)。その後の調査によると，ランキングが学生の大学選択や大学の政策に与える影響は引き続き強まっていることが明らかになっている。全国大学入学相談員協会（National Association of College Admissions Counselors：NACAC）によると米国の大学の 70％以上がランキングを広報やマーケティングに活用し，50％近くがランキング対策のために定期的にあるいは時に応じてプログラム内容を変更している。何人かの回答者は，学長や理事，教員などから直接に，大学のランキングを上げる方策を講じるよう圧力をかけられていると答えている（Caruso et al. 2011a：9，11）。

　ランキングの影響力を示す同様の例は他にもある。概ね「30％近くの日本の大学がさまざまな専門分野において，国際的に競争できるレベルを達成しようと努力している」。また，86 国立大学のうち 47％が，大学運営の明確な目標のひとつとして世界ランキングを使っている（私立大学では 9％）（Yonezawa et al. 2009）。Thomson Reuters の調査も同様の結果を示している。イギリスの高等教育機関のリーダーのうち 40％は「分析的な比較」が「極めて有益／とても有益」と答え，さらに 45％は「ある程度有益」と回答している（Adams and Baker 2010）。ヨーロッパの高等教育機関を対象にした 2014 年版の RISP 調査[1]

---

1)【訳注】Rankings in Institutional Strategies and Processes は 2010〜15 年の間ヨーロッパ大学協会とアイルランド・ダブリン工科大学，フランス大学長会議，そしてラトヴィア大学情報センター（Academic Information Center）の共同で実行された。(http://www.eua.be/activities-services/projects/past-projects/quality-assurance-and-transaparency/Rankings-in-Institutional-Strategies-and-Processes.aspx)

では，ランキングが大きな影響力をもつことが示されている。すなわち，回答者の 90％以上がランキングにおける自校の位置を常に確認していると答え，60％近くが大学の戦略形成でランキングは重要な役割を果たしているとしている。また，RISP 調査の回答者の 39％が大学の戦略立案や組織運営，経営，そして研究活動にランキング結果を活用していると答え，また 3 分の 1 が将来そうする予定があると答えている（Hazelkorn and Loukkola et al. 2014：38）。

その一方で上とはまったく逆に，データを提供しなかったり調査への参加を拒否したりすることで，ランキングを無視あるいはボイコットする道を選んだ大学もある。ランキングに対してもっとも批判の声が強いのがカナダと米国で，そこでは大学が共同し，それぞれ *Maclean's* ランキングと *USNWR* ランキングの信頼性を低下させようとしている（Thacker 2007；Arnoldy 2007；Morse 2010b；de Vise 2010；Tetley 2006）。1999 年には 35 大学が Asiaweek ランキングへの参加を拒否している（Stella and Woodhouse 2006：5）。もっと最近の例として，ヨーロッパ研究大学連盟（League of European Research Universities：LERU）がその必要性とコストへの懸念から *U-Multirank* への支持を 2013 年 1 月に中止した（Grove 2013）。またイギリスのいくつかの大学は，イギリス高等教育統計局（Higher Education Statistics Agency）によるデータ公開を拒否している（Locke 2014：84）。しかし，もっと一般的な大学の反応は，しぶしぶでも参加することである。これは，参加しなければ校名が表に出なくなってしまうと（怖れとはいえないまでも）心配しているためである。

本章では，ランキングが高等教育機関に与えている影響，そして高等教育機関がランキングに対してどのように対応しているかを，調査や面接，世界各国の体験報告や研究成果をもとに分析する。そこには，ランキングに関する高等教育機関の意見を調べた著者独自の国際調査も含まれている。これは，もともと 2006 年に実施したものだが，2014 年に行った新しい調査結果とともに 2 時点間の変化を比較分析する（Hazelkorn 2007, 2008a, 調査手法に関しては，巻末の補論を参照）。

大学の順位とランキングに対する態度

ランキングは―競争力を測り，透明性と説明責任を確保し，あるいは高等教育の成果のベンチマーキングを促進する手段として―ウイルスのように急速に広まってきた。ランキングの測定方法や影響力に対する懸念はあるものの，高等教育機関の幹部や上級管理者たちは，ランキングが「好むと好まざるとにかかわらず，高等教育の風景の一部」になっており（Labi 2008b），「すでに定着してしまっている」と認めている。毎年のランキングの発表ごとに，世界中の多くの高等教育機関では期待と不安が飛び交い，パニックに近いような騒ぎが惹きおこされる。その後，年ごとのランキング変化に関する細かい分析がなされ，主要な大学関係者，オピニオン・リーダー，そして政策決定者への潜在的な影響について評価，検討がなされる。

> 「私たちが何故ランキングを気にするかというと，単純な理由ですよ。世間がそれを気にしているからです。受験生から在籍学生，民間企業のリクルーターに至るまで，皆ランキングの有効性を信頼しているから，私たちもやむをえず重視しているのです。つまり私たちがランキングをどう思っているか，などということには関係なく，それに注意を向けなければならないのです。とても単純なことですよ。」（高等教育機関の上級管理者：Martins 2005：714で引用）

トップ25を占める大学の顔ぶれにはほとんど変化がないので，ランキングをもっとも気にかけているのは「現在の順位を維持するか，少しでも上がろうとしているトップ100か200の大学」だ（オランダの教員），という意見もある。しかし，実際の状況はもっと複雑である。ランキングを重視したり，解釈したり，あるいは対策を取ったりする大学は多種多様で，そこには順位が低い大学や，なかにはランク外の大学さえ含まれる。教育中心の大学と研究中心の大学との違いは，異なる野心をもった両極のようなものである。すなわち，前者は

資金を適切に配分して欠点を無くしていく，つまり「弱点は克服する，低い成果には耐えられない」とする大学であり，後者は長所をさらに伸ばす，つまり「トップ10大学としてすべきこと」により集中するランキング上位の大学，という違いである（Locke 2011：218）。

アイスランド大学は「アイスランド社会にできる限り貢献するため，世界トップ100の大学のひとつになる長期目標を決定した」と宣言した（University of Iceland 2006；Hannibalsson 2008）。トルコのハジェテペ大学も同様に「グローバル・ランキングに名を連ねているトルコ最高の高等教育機関のひとつ」として「今後5年間，（現在の）高い地位を一層強化し，ランキング順位をさらに上げることを目指す」と戦略計画のなかに示している（Hacettepe University 2007：54）。多くの大学にとって，グローバル・ランキングの上位に入ることは国家的威信に関わる問題なのである。

> 「*THE*ランキングが発表された直後，私はインドネシアのトップ5，6位に入る大学で講演するよう招待されました。現地に着くと代表者の一人がやってきて，ランキングについて直ちに私と相談したいとのことでした。そして彼らの学長が，世界のトップ100以内あたりに入らなければならないとする目標を設定したと話していました。」（オーストラリアの高等教育関係者A）

ウガンダのマケレレ大学は2年間で44位も順位をあげた後，*Webometrics*ランキングでアフリカのトップ10大学のひとつになることを目指している。これは同大学が，「ランキングは大学の影響力と威信，ならびに研究成果を広める責任の指標になる」と考えているからである（Bareebe 2010）。ただし，別の大学では，――ますます競争的になる環境のなかで存在感を示せるので――ランキングに入るだけで満足しているところもある。

調査した高等教育の幹部の圧倒的多数は所属大学の現在の順位に不満をもち続け，順位を上げたいと考えている。たとえば2006年には58％が所属大学の

順位に不満だと回答している。また93％が国内ランキングで，82％がグローバル・ランキングで，それぞれ順位を上げたいと回答した。さらに2014年になると2006年を上回る83％の回答者が所属大学の順位に不満を表明している。その一方で80％が国内ランキングで，88％がグローバル・ランキングで順位を上げたいと答えており，これらは2006年の状況とあまり変わっていない。

　図3.1と3.2は，回答者が所属する大学の現在のランキングとなりたいと希望するランキングとを2006年と2014年とで比較したものであり，それぞれ国内ランキングとグローバル・ランキングに関して示したものである。これらのグラフをみる際，ランキングには多くの種類があることを考慮する必要があるが，2006年には回答者の4％が国内ランキングで1位だと回答し，19％は所属大学が1位になって欲しいと答えている。これが2014年には自校が1位だとの回答が17％に，1位になって欲しいとするものが32％になっている。2006年には回答者のうちグローバル・ランキングで1位だったところはなかったが，6％がトップになりたいと回答している。2014年にはこの数字がそれぞれ，4％と5％になっている。希望するランキングのポジションをすべての大学が獲得するのは，コスト的にも計算上も不可能である。しかし，大学の戦略的な達成目標あるいは使命として，特定のランキング順位を掲げる大学（ならびに教育大臣，政策担当者）の数が増えるのを誰にも止められない。

　全体としてみれば，高等教育機関の幹部は，国内ランキングであれ，グローバル・ランキングであれ，現在の順位よりはるかに高いポジションを望む傾向がある。結果として2006年には上位10％か25％に入ることで満足していたものが，2014年には上位5％に入りたいという高等教育機関の幹部が増えてきた。たとえば2006年には国内ランキングの上位10％以内に入りたいと答えたのは回答者の70％で，2014年にも同比率は約70％で変わっていないものの，58％が国内ランキングの上位5％以内に入ることを望んでおり，32％は1位になりたいと回答している（2006年には，上位5％以内に入ることを望んでいるのは40％，1位になりたいのは19％）。グローバル・ランキングでも似たような傾向がみられる。2006年には回答者の71％が上位25％以内に入ることを，18％が上位5

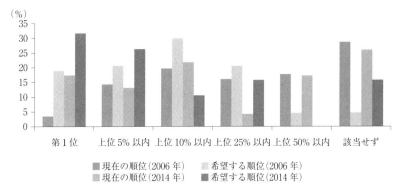

(注) サンプルサイズは次の通り：現在の順位（2006年）N=56，希望する順位（2006年）N=63，現在の順位（2014年）N=23，希望する順位（2014年）N=19

図 3.1　国内ランキングでの現在の順位と希望する順位（2006年・2014年）

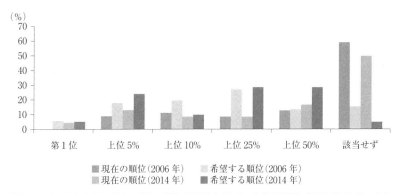

(注) サンプルサイズは次の通り：現在の順位（2006年）N=47，希望する順位（2006年）N=51，現在の順位（2014年）N=24，希望する順位（2014年）N=21

図 3.2　グローバル・ランキングでの現在の順位と希望する順位（2006年・2014年）

％以内に入ることを望んでいた。これに対して2014年には上位25％以内に入りたいと思っている比率自体は変わっていないものの，グローバル・ランキングの上位5％以内に入りたいと思っている比率は29％に増えている。別言すれば，大部分の高等教育機関が国内外のランキングで上位25％以内に入りたいという思いは以前と変わらず強いことが示されているが，25％以内という同じ

区分のなかで，もっと高い順位を目指すように変わってきているのである。（政府の）資金配分や優秀な学生の獲得がランキング結果と結びついているため，高等教育機関はグローバル・ランキングより，むしろ国内ランキングでの上位食い込みに力を入れている。

　1970年以前に創立している高等教育機関の方が，1970年以降に創立したものより，国内でもグローバルでもランキングに入りやすい傾向がみられる。同様に，教育中心の大学より，研究指向や研究中心と自認する大学の方が，ランキングの上位10％に多く入る傾向がみられる。ただし高等教育機関の立場は単純ではなく，自分の位置に満足しているといいつつも，順位をもっと上げることにも力を注いでいる。2006年に自分の順位に一番満足していなかった大学は研究中心の大学だったが，これは驚くべきことではない。なぜなら，ランキングでは主として研究業績に重点を置いているが，自校をこうした研究指標で評価している大学では，それらの指標に敏感になるからである。2006年の調査結果では，研究指向の大学や研究中心の大学は満足度が低い（図3.3を参照）。

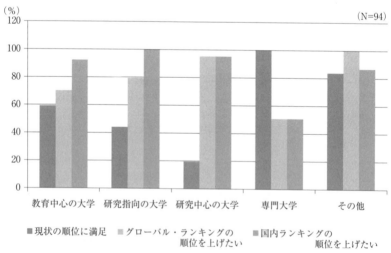

図3.3　大学タイプ別のランキング満足度（現状の順位に満足 vs 順位を上げたい）（2006年）

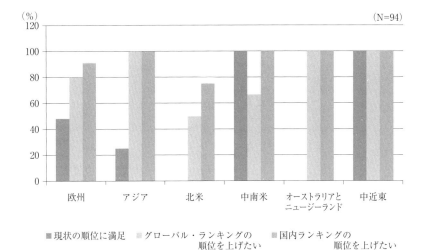

図 3.4 地域別のランキング満足度（現状の順位に満足 vs 順位を上げたい）（2006 年）

またトップ10％に入っている高等教育機関は順位を向上させたいという気持ちがもっとも強く，一方，ランキング入りしていない大学は少しでも順位を上げ，最低限でもランキング入りしたいという思いが強い。

世界を地域別にみてみると，興味深い相違点がある（図 3.4 参照）。アジア，中近東，そしてオーストラリア・ニュージーランドでは，彼らの社会のなかでランキングが重視されているため，その順位を上げることに熱心になる傾向がある。これらの内，アジアと中近東ではランキングに対する信頼がとくに高く，ランキングが戦略目標や大学の質に関する"客観的"な規準指標として使われているほどである。いくつかの発展途上国では，（大学での）縁故採用や自己推薦などの採用慣習を正す方策としてランキングが使われている。

大学のランキングに対する不満はさまざまな面にあらわれている。第1に，ランキングの分析手法に対する広範な懸念が存在する。たとえば指標の選択やウェイトの大きさ，指標が現地の実情やそれぞれの大学がもっている"特殊性"を反映していないことなどがある。そして教育や学習，地域への貢献といった

幅広い教育的役割と責任を軽視あるいは無視して，研究やレピュテーション，そして有名な賞の受賞に重きを置き過ぎることなども不満材料となっている。

「規模が比較的大きい（正規学生が4万人以上）われわれの大学では，規模の小さな私立大学よりも教育環境がよくありません。しかも，研究のための時間や（第三者からの）追加的な研究助成金を獲得するための十分な時間もありません。研究成果をもっとあげるには，教育負担や入学者数を減らすしかありません。」（上級管理者：ドイツの研究中心の公立大学，1945年以前に創立）

また，ノーベル賞受賞のような特定の賞を指標に使用すると，「単にその専門領域にノーベル賞が存在しないため」評価対象から外されてしまう大学も出てくることになる（政府関係者：デンマーク）。

第2に分析手法以外でも，高等教育の幹部たちはランキングに対して広範な

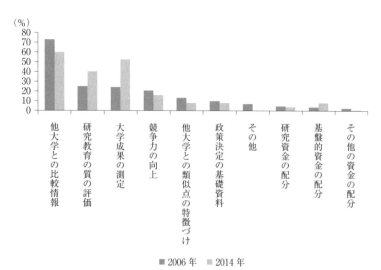

図3.5 ランキングの使用目的に関する意見（2006年・2014年）

高等教育機関からみたランキングの影響力 第3章

懸念を抱いている。たとえば，ランキングが関係者の考え方や活動によくない影響を与え，しかもこの影響が増大しつつあるのではないか，という懸念である。図3.5に示されているように，ランキングは大学の業績の計測や質の評価，さらには資金配分への影響を強めつつある。2006年には，回答者の70％以上が，ランキングの主な機能は，高等教育についての比較可能な情報を提供することだと答えていた。2014年でもこれが主たる機能だという点では変わっていないが，その相対的な重要性は低下してきている。むしろ今日，ランキングは大学成果の測定（52％）および研究教育の質の評価（40％）において，より積極的かつ干渉主義的な役割を果たすようになってきたとみなされている。ランキングが大学資源の配分に影響を与えるとする回答者は，2006年の3％から2014年の8％に増加している。また高等教育の実績に関する比較可能な情報を提供するというランキングの趣旨に基づき，学生がランキングのもっとも重要な客層であり利用者であると依然としてみなされている（図3.6を参照）。しかし，ランキング利用者の実態に関しては，2006年からは大きな変化があった。す

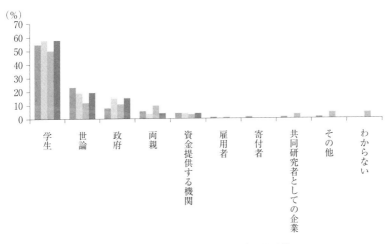

図3.6 ランキングの対象者に関する意見（ターゲットとしている対象者 vs 実際のユーザー）

なわち，2014年の調査では，利用者として両親や雇用者，企業などの比重が下がり，政府と世論の比重が上昇しているのである。

　高等教育機関の幹部は，ランキングが主要な大学関係者に影響を与えていると感じているが（図3.7），当初はそうした影響が出るとは予想されていなかった。2006年の調査では，とくに学生とその両親，次いで政府や教員，雇用者，寄付者などのグループがランキングによって良い影響を受けていると思われていた。これが2014年になると，教員や協定締結相手，そして共同研究者などにも強く影響を与えるようになったと考えられている。その一方で，ランキングは大学の品質マークを表す簡便な指標ととらえられることが多い（図3.5参照）。そのため，大学関係者がランキング結果から大ざっぱな（時にネガティブで）単純化した結論を出し，それに基づいて資金配分や共同研究，認証評価などの採否を決めるのではないかと，高等教育機関の幹部は心配しているのである。2014年の調査では，高等教育機関の幹部の24％が，学生はランキングによってネガティブな影響をうけていると考えている。また同18％が両親や教員，雇用者，政府補助金，そして民間企業もネガティブな影響をうけていると回答

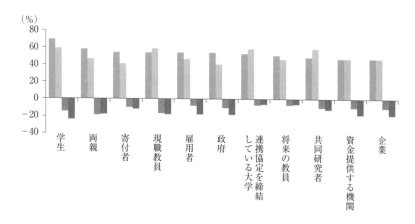

図3.7　ランキングが主要な大学関係者に及ぼす影響に関する意見

している。

　ランキングは，政府や大学関係者による高等教育機関への対応に影響を与える可能性がある。2006年の調査では，回答者の10％が，ランキングは基盤的交付金の配分に影響を与え，同20％が研究助成金の配分にも影響を与えていると回答している。また今日，回答者の多数（35％近く）がランキングは高等教育機関をクラス分けするのに影響を与えていると考えている（図3.8）。調査への回答から，ランキングの影響に関する見方が変わってきたことは確かだが，こうした変化がランキングだけによるものかについては，必ずしもはっきりしない。なぜなら，ランキング自体による直接的影響を他の政策的影響から区別することが難しいからである。さらに個別の大学レベルでなされた意思決定と，グローバル化，市場化，競争の激化などの一般的要因によって，どこの大学でもなされるであろう意思決定とを区別することも難しい。これはRISP調査でも出てきた問題である。ランキングは関係者の考え方に具体的にどのように影響を与えているのだろうか。表3.1には大学側の多様な見方をまとめてある。

　大学のランキングが高いか低いかによって，高等教育機関の幹部の考え方も

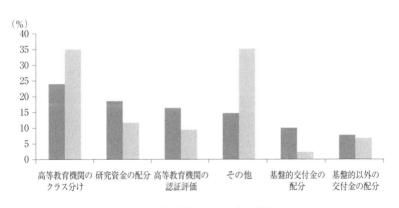

(注)　複数回答。「その他」の中には「ランキングは政策決定に影響がない」とする回答も含まれる（2006年 N=70，2014年 N=18）

図 3.8　ランキングが政策決定に及ぼす影響に関する意見

表3.1 ランキングは大学関係者にどのような影響を及ぼしているか
―大学の幹部や上級管理者による見解―

大学関係者の区分	ランキングが大学関係者に与えている影響に関する回答者の意見
寄付者・後援者	*「完全に大学のランク次第。」 *「寄付者は敗者と関連づけられるのを望まず,彼らのイメージを勝者とだけ関連づけたいと考えている。」
協力者・パートナー	*「共同研究がやりやすくなる。」 *「国際評価が上がる。」
現職教員ならびに教員候補	*「質の高い研究を発表する必要性が増してくる。」 *「ランクが下がっている学部の学部長に改善策を促しやすくなる。」 *「評価が良いので学生募集が楽になる。」 *「採用・昇進の基準がより明確になり透明性が増す。」
雇用者	*「高評価大学の卒業生の就職チャンスは増すが,そうでない大学の卒業生には逆の効果。」 *「雇用先は(卒業生の)質を示すものとして受け止める。」 *「(ランキングが良ければ)雇用先は安心する。これまで(うちの大学に)門戸を閉ざしていた雇用先も卒業生を受け入れるようになる。」
政　府	*「悪い評価が繰り返され(て固定化す)る。」 *「認証評価が楽になる。」 *「改革の障害となる口実が減り,新たな活動を始めやすくなる。」 *「ランキングが高いと地方政府が助成金を増やす可能性が高まる。」
学生とその両親	*「より多くの学生が(高ランク大学へ)入学を希望する。」 *「通常,優秀な学生は評価の高い大学に応募する。」 *「特に国際的に大学を選ぶ場合,ステータスと評価が意思決定の上で重視されている。」 *「ランキングの高い大学へ行くよう,子供に勧める。」

(出典) Hazelkorn 2011b：92.

関係者の対応も共に変わってくる。たとえば，ランキングが高いと「*政府に対する立場*」でより優位に立てる一方，政府や補助金を供与する機関も，高いランキングの大学に対してはより好意的に応じてくれる，と高等教育機関の幹部たちは語っている。こうしたことが，口頭でのサポートを得て，「教育や優れた研究を推進するための資金獲得」の増大（総長代理：オーストラリアの研究指向の公立大学，1945年以降に創立）や認証評価の通りやすさとなってあらわれる。ドイツの公立大学（1945年以前に創立）の上級管理者によれば「政府は進んで

優れた大学に追加資金を出す傾向があり」、一方、補助金を供与する機関もランキングを使って「評価の高い大学に資金を配分する」傾向がある。大学のランキングが高ければ、出資してくれそうなスポンサーや寄付者たちを安心、納得させ、その出資する組織や企業自身のイメージを成功イメージに重ねることができるようになる。「寄付者たちは負け組を助けたり、組んだりしたいとは思っていない。むしろ、勝ち組とだけ組みたがっている。つまり、成功した有名大学に自分たちのイメージを重ねたいのである」（上級管理者：メキシコの研究指向の私立大学、1945年以前に創立）。雇用者もランキングに対して積極的な反応をみせる。「レピュテーションが高い大学の卒業生の方がよい仕事につきやすいし、その逆もいえる」（上級管理者：ドイツの研究中心の公立大学、1945年以前に創立）。

> 「公表されたどんなランキングでも、知名度の高いランキング機関の結果と同様、非常に大きな注目を集めます。そして、学生も政府も、なかでもマスメディアが、ランキング結果を真剣に受けとめているのです。このためにランキングは大学の評判に大きな影響力をもち、それを介して大学間の競争を促し、同時に教育政策にも影響を及ぼしているのです。」（上級管理者：ドイツの研究中心・教育中心の大学、1945年以降に創立）

> 「政府が作成する大学リストは、いくつかの予算を教育や研究に配分するために使われています。これ自体は大学ランキングではないのですが、当然そうだと解釈されています。」（副学長：オーストラリアの研究中心の公立大学、第二次世界大戦後に創立）

大学のランキング順位によって、大学関係者は安堵するか、あるいは逆に関心を失ってしまう、と高等教育機関の幹部は主張する。ランキング順位が誇れるほど高くなければ、大学はマタイ効果、つまり低評価の悪循環に入ってしまうのではないかと懸念しているのである。

2006年の調査によれば，高等教育機関の幹部の80％以上が，ランキングは既存名門大学を有利にする一方で，情報の偏りや不正確さの問題もあると感じている。また73％は，ランキングが有益で大学間の比較が可能な情報を提供し，63％が高等教育機関が戦略的計画の目標を設定する上で役に立っていると回答している。しかし，ランキングが大学の業績を正しく評価しているかどうかに関しては，意見が分かれている（表3.2）。また，ランキングが大学の実績に関するイメージ，たとえば「我々は世界一だ」などといった根拠が明確でない思い込みに挑戦するのは意味のあることである。さらに，ランキングはマーケティングや学生募集，大学間協定や共同研究の促進，そして教員の士気を高めるのに役立つこともあるだろう。

　「うちの名前が知られていなくても，たとえば，上海交通大学の世界大学学術ランキングのトップ500に入っていますというと，わかってもらえま

表3.2　ランキングによる影響やメリット，2006年調査

(％), （回答者数：N＝115)

	そう思う	そう思わない
すでに確立されている大学にとって有利か？	89	10
高等教育機関の序列化が進むか？	82	17
偏っている，あるいは不正確なことがあるか？	81	17
比較可能な情報が提供されているか？	73	26
研究における強さが強調されているか？	72	26
高等教育機関の戦略的計画の作成に有益か？	63	34
高等教育機関の成果に関する評価が提供されているか？	50	47
説明責任が促進されるか？	45	48
大学の評判を上げたり，下げたりするか？	42	57
高等教育の質を正しく評価しているか？	40	58
大学の多様性を促進するか？	36	59
大学が真のパートナーを探すのに役立つか？	35	60
公正な競争を促すか？	23	75
ひとつの高等教育機関が持つ全体像を示しているか？	10	89

（注）無回答もあるため，両者の合計が100％にならないことがある。

第3章 高等教育機関からみたランキングの影響力

す。」（管理者：オーストラリアの研究中心・教育中心の大学，1945年以降に創立）

ランキングに対する懸念や批判にもかかわらず，2014年に調査した高等教育機関の半分以上は，ランキングが自校のレピュテーションに関して―もちろん，どの分野の活動を見るかによるのだが―よい影響を与え，妨げというより，むしろ助けになっていると考えている（図3.9）。また，3分の2以上はランキングにより自校のレピュテーションが向上すると信じ，50％近くが毎年，ランキングにおける自分のポジションを宣伝活動―たとえば記者会見や公式発表，ウェブサイトへの掲載など―に使っている（Hazelkorn and Loukkola et al. 2014：34-35も参照）。

ランキングに対する考え方は，当該大学がランキングのなかで占めている位置次第である。

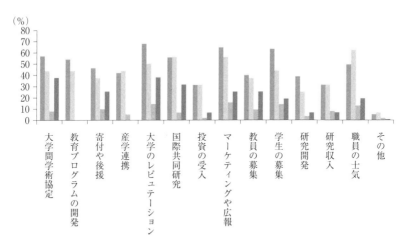

図3.9 ランキングは大学の役に立つか，妨げになるか（2006年・2014年）

145

「ランキングで一度悪い評価をうけると，それが一般化されて他の多くの専門分野における研究や教育の良い成果も適正に認めてもらえず，結果的にレピュテーションを大きく損ねてしまいます。」（上級管理者：ドイツの研究中心の公立大学，1945年以前に創立）

　「自校のランキングは総合大学のなかでは中位にあります。そこは，すごく良い影響が出るというほど高くもないし，悪い影響が出るというほど低くもありません。」（上級管理者：カナダの研究指向の公立大学，1945年以降に創立）

こうした大学の発言に幅があるのは，次のような発言を比較してみても明らかである。たとえば「入学生が減ってしまった」という人もいるし，今は「（自校が）広く知られるようになった」という人もいるが，つまるところ「成功が成功を生む」ということである。高いランキングは「有効なマーケティングとなり」，「世論の支持」を獲得する一助となり，また「政策決定者によい印象を与える」ことにもなる。しかし，その一方で，逆もまた真である。

　「世論（大学のレピュテーション）は入学生の数や大学の資金獲得，それに卒業生の民間企業への就職率にも影響を与えます。」（副学長：ヨルダンの教育中心の公立大学，1970年以降に創立）

低いランキングは「ARWUランキングのトップ500に入っていないということで，ネガティブな宣伝効果」をもち，そのため大学が「被害を最小限に抑えるために時間を費やす」ことを余儀なくされるとみなされている。「中位の」ランキングも入学希望者の気持ちを挫くかもしれない。

戦略的計画

　ランキングは高等教育機関の役員会議室にまで入り込んでいる（IHEP 2009）。

「大学間の競争がグローバル化するにしたがって，世界ランキングの重要性が増している」（高等教育機関の上級幹部，研究中心の私立大学，1970年以降に創立）。あるいは，ランキングは「大学内での意思決定に強い影響力を及ぼしている」（Bowman and Bastedo 2009：417）。もっとも，高等教育における最近の動向についての調査によれば，ヨーロッパの大学はランキングよりも，ボローニャ・プロセス，質保証，そして国際化の方を重視している（Sursock and Smidt 2010：26）。

ランキングが大学の戦略的利益にどれ程深く関与しているかは，2014年の調査結果にも示されている。すなわち，調査した高等教育機関の84％は，自校にランキング順位を分析する正規のプロセスが存在すると回答している（2006年の調査ではこの数字は56％だった）。この分析は通常，学長が議長を務める委員会で行われる（2006年には回答者の56％，2014年には41％）が，より高レベルの意思決定機関である理事会で行われることもある（2006年には14％，2014年には18％）。同様に，RISP調査でも回答者の85％は，ランキングは大学のトップレベル（学長か理事会）で検討されると答えている（Hazelkorn and Loukkola et al. 2014：28-30）。

EUの政策決定者の大多数は，ランキングやその他の分類ツールが多く（77％）のヨーロッパの高等教育機関の意思決定，とりわけ戦略的な政策決定や目標設定に影響を与えていると考えている（Europa 2010e）。日本の調査でも似たような結果が示され，国立大学の半分ぐらいは戦略目標を決める際にランキングを考慮している（Yonezawa et al. 2009）。調査手法や国の背景，調査時期が異なるが，比較のため2002年に行われた米国の学長に対する調査では，学長の20％がランキングを気にかけていないと答えていた（Levin 2002）。

ランキングに対する大学側の反応として重要なことのひとつは，ランキングにはメリットがあるという思いである。すなわち，政府，学生，教員，研究者仲間，雇用者，寄付者，そしてその他の大学関係者の支持や認識が高まる，といったメリットがあげられている。ドイツのある大学では次のように説明している。

「私たちは民間企業で大いに役立つような卒業生に育てたいと思っています。そして民間企業はもちろんランキングを見ています。このように民間企業がランキング結果を注視している以上，私たちもランキングに対して強い関心をもたざるをえないのです。」(副学部長：ドイツの公立の応用科学大学，1970 年以降に創立)

少なくとも，ランキングは議論を活発にしている。たとえば，「うちの学内では，大学におけるランキング現象について議論してきた…」(高等教育機関の上級幹部：メキシコ)，あるいは，ランキングを「業績を改善する手段のようなもの」として利用している大学もある (学長：日本の研究中心の国公立大学，1900 年以降に創立)。現在のランキング順位から滑り落ちる"恐怖に駆られた"対応もあるかもしれない。ランキングから直接的に影響をうけていると認める大学はほとんどないが (Green et al. 2012)，大学がランキングを戦略的ツールあるいは管理手法として使っているという否定し難い証拠がある。

　「留学生の誘致，国内での研究促進，政府の政策，そして社会貢献を同じひとつの仕組みを通して結び付けられるということは，強力な経営手法です。変化を惹起し，大学経営に刺激を与えるような手段もしくは論点を提供することになりますから，経営管理にとってはよかったと，私は実際そう思っています。」(上級管理者：オーストラリアの研究中心の公立大学，1945年以降に創立)

同じことを，イギリスの研究中心の大学関係者の言葉を借りて表現すると，「大学経営の立場からすると，手法や発表時期が異なるランキングは役に立つ。なぜなら，本来そうした目的のためにつくられたわけではないにしても，ランキングは時折，便利な梃子として使えるからである。」(Locke et al. 2008b：39)。ランキングは意思決定を促し，変革をおこし，改革のスピードをあげ，そして決まった計画をやり遂げるための根拠を提供する。ランキングは「(大学の)

経営手法をもっと実務的なものに近づける」。ただし，ランキングを経営のツールとして使うという意味ではなく，「経営方針がぐらつかないように支える杖」としての役割が期待できるのである（学長：オーストラリアの教育中心の州立大学，1970年以降に創立）。

ランキングの影響は，大学のビジョンや基本方針，そして戦略計画などの面に最初にあらわれることが多い。大学の反応は4つのタイプに分けることができる。(1)明示的な目標としてのランキング，(2)暗黙的な目標としてのランキング，(3)目標設定ツールとしてのランキング，そして(4)成功度合いを測る尺度としてのランキング，である。

(1) 明示的な目標としてのランキング

ランキングは，大学の長期計画に不可欠なものとなっており，「大学幹部と学部との間」での「目標設定や取り決めに明示的に」示され，個人教員の雇用契約（実績連動型）に使われることもある。多くの戦略計画ではランキングがはっきりと謳われており，多くの場合，ある一定水準のランキングに到達もしくは維持することを目標にしている。政治家や大学幹部の発言のなかでは，地域ランキング，国内ランキング，あるいはグローバル・ランキングのいずれかでトップ20，50，もしくは100に入ることを強く希望する趣旨が述べられ，それが「トップ・リーグ」，「世界エリート大学のクラブ」の一員である証だと主張している（Georghiou 2009b：48）。

O'Connell（2014：39, Appendix 1）によると，ラッセル・グループ[2]や1994グループ[3]に加盟しているような上位大学の半分近くが，その大学綱領や戦略計画でランキングに言及している。RISP調査でも回答者の60％が，ランキングが彼らの戦略目標に直接的に影響を与えていると答えているが，その際，

---

[2]【訳注】国際的評価の高いイギリスの大規模な研究型大学で構成されるグループ。24大学で構成され，政府などへの要望を伝える団体として1994年に設立された。
[3]【訳注】イギリスの研究志向大学18校によって構成される団体で，ラッセル・グループと同様，政府機関などへ要望を伝えることが目的。ラッセル・グループの加盟校と比較すると，学生数が少なく，所在地は小都市，歴史も若い大学が多い。

表 3.3 大学の戦略形成におけるランキングの役割

(%)

	総回答者数 (N=171)	国内ランキングに入っている大学の回答者（N=109）	グローバル・ランキングに入っている大学の回答者（N=127）
自校はランキングを参考にしていない	39	29	35
自校は国内ランキング順位に関して明確な目標を定めている	14	22	9
自校はグローバル・ランキング順位に関して明確な目標を定めている	18	6	21
自校はグローバル・ランキング順位と国内ランキング順位の両方に関して明確な目標を定めている	29	42	35

(注) 国内ランキングとグローバル・ランキングの両方に入っている大学があるので，国内ランキングとグローバル・ランキングの回答者数の合計が，回答者総数と異なることがある。
(出典) Hazelkorn and Loukkola et al. 2014：38.

グローバル・ランキングの大学より国内ランキングに出ている大学の方が，より強く影響をうけている（表3.3）。イギリスで行われた別の調査でも同様の結果が得られているが，そこでは，とくに中位の大学にとって，国内ランキングで上位を確保することの重要性が示されている。なぜなら，それによって「他の多くの中位大学とは異なる特徴をもっていることを，印象づけることができるから」である（Locke 2014：81）。

ランキングに対する大学の態度をみると，時に公式発表と本音とが異なる場合がある。同じ大学から出た次の2つの発言を比較すると，そのことがよくわかる。

「私たちの総長は，*ARWU*で49位，*THE*なら9位は占めたいものだと，その願いを表明していました。」（上級管理者：オーストラリアの研究中心の公立大学，1900年以前に創立）

「私たちはランキングに注目はしていますが,*ARWU*であれ*THE*であれ,ランキングを上げるために,われわれのやり方を変えるようなことはしていません。」(同大学の総長)

オーストラリアのロイヤルメルボルン工科大学(RMIT)も順位に関して表明している。すなわち,同大学の Strategic Plan 2010 Designing the Future のなかでは,次のように述べられている。「イギリス *THE Supplement World University Rankings*(*THES*)で,オーストラリア大学中での順位を上げ,*THE* の世界トップ100大学に留まること」を目標とする(RMIT 2005：12)。ケンタッキー大学は*USNWR*での順位を基準にトップ20に入ろうとし(DeYoung and Baas 2012),一方,ロヨラ大学は「レピュテーションおよびランキング順位を上げる」ために「教育プログラムを再検討」することを決めた(Morphew and Swanson 2011：188で引用)。同様に,ボツワナ大学も「*THES* のトップ200に入るか,*ARWU* のトップ500大学に入る」ことによって,高い国際的評価を得る野心を抱いている(University of Botswana 2007：3)。こうした野心は,時にユーモラスに聞こえることもある。たとえば,ワシントン大学(セントルイス)の学長 David T. Blasingame は次のように発言している。「全米 No.1 大学が2つ以上あったらいけないという理由はどこにもない」(Winter 2003で引用)。

(2) **暗黙的な目標としてのランキング**

とくにランキングについて言及しなくても,世界最高の大学あるいはトップレベルの大学として認められたいという願望は常に表明されており,「world-class」(世界クラス)や「leading」(一流)という形容詞がグローバル・ランキングの高順位に入っていることと同義語となってきた。たとえば,ダブリン大学トリニティ・カレッジは「世界に強い影響を与えるエリート大学グループの一角を占める」ことを目標にしている(TCD 2009：1)。別のアイルランドの大学であるユニバーシティ・カレッジ・ダブリンでは,その大学綱領のなかで「世界クラスの大学」,そして「すべての活動分野において,トップレベルの大学

と国際的に競い合えるような大学」になりたい，という願望が表明されている（UCD 2005：3）。さらに，ラトビア大学は「今後 10 年以内にバルト海地域で一流の研究大学になる」ことを熱望している（ラトビアの教員）。

(3) 目標設定ツールとしてのランキング

　ランキングに対して愛憎半ばし，どちらとも取れる態度の大学もある。こうした大学ではランキングに対して「選択的に管理目的に合致する指標のみを選んで」使っている。大学の成果は，ランキングのなかでの位置づけを調べることで他大学と比較される。それによって，その大学の強みと弱点を識別し，戦略目標を設定して目的を明確にし，さらに結果を計測して大学資源を割り当てるのに使うのである。このような大学にとってランキングは KPI（key performance indicator：重要業績評価指標[4]）として使用される。日本の地方大学（1945 以降に創立）の学長は「私たちは大学の順位そのものを上げることを意図としてランキングを使うのではなく，むしろ……モチベーションの向上と教育の質の改善のために使っている」と語っている。同様の見解が，イギリスの大学（1992 年以前に創立）の関係者から示されている。

　　「大学のいくつかの KPI，たとえば定着率，学生満足度，雇用適性などの指標はランキングにも反映されています。大学は本来これらの指標を（ランキングとは関係なく）チェックしており，問題があれば対応しているのですが，ランキングによってそうした行動はより強化されています。」(Locke et al. 2008c：3)

マンチェスター大学もこのアプローチを取っている。「有力グローバル・ランキング」の指標を KPI の基準として使うことで，2015 年までに「国際的な名声」

---

[4]【訳注】組織や事業，業務の目標の達成度合いを計るために使われる定量的な指標群。現在の状況を表す指標のなかで，進捗度合いを示すのに適しているものが選択される。

を獲得することを主な目的としている（Georghiou 2009a, 2009b）。

(4) 成功度合いを測る尺度としてのランキング

　ランキングは，しばしば特定の戦略や活動が正しいことを確認するために使われる。たとえば，シンシナティ大学の順位が5年間で172位から139位に上がったことは，同大学が「正しい方向に向かっている」ことを示している（Farrell and van der Werf 2007）。ニュージーランドのヴィクトリア大学ウェリントン校によれば，「2014年までに *THES* 大学ランキングのトップ200大学に入っていれば」，同大学の戦略が成功したとみなせるとしている（Victoria University 2008：11）。他の大学もランキング順位が上がることに一様に歓迎する態度をみせている。

> 「正しい方向へ一歩前進……ランキング順位が上がったことは，2014年までにトップ100に入ろうとする私たちの努力が正しいことを示しています。」（University of Groningen 2009）〔オランダ〕

> 「ランキング表では，大学の特質や強みのすべてを測定することはできません。……しかしながら，私たちは最近数年にわたるUCL（ロンドン大学，ユニヴァーシティ・カレッジ・ロンドン）のランキング順位の目覚ましい上昇については満足しています。なぜなら，それはUCLの教授陣や世界各国から集まっている留学生の高い質を正しく反映しているからです。」（University College London 2009）〔イギリス〕

米国のチャップマン大学の学長も次のように認めている。「私たちが戦略目標の達成に向けて進捗しているかどうかを客観的なデータで確認するために，何よりUSNWRに頼ることになるだろう。他に何か代わりとなるものがあるというなら別だが。」（Farrell and van der Werf 2007）

IR（インスティテューショナル・リサーチ）

　ランキングは，学長（総長）室，大学の戦略企画部門，あるいは経営評議会などで定期的に議論されている。多くの大学では，専門の部署を設けて大学の正確なデータを集め，その結果から大学の成果について何がいえるかを分析し，同時に国内外の類似した大学の成果や順位をモニターしている。さらに，高等教育機関では，さまざまなやり方でタスクフォースを設置したり，「特定の主要指標を扱う」専門の担当者を置いたりしている。充分な資金的裏付けのあるIRや戦略企画室，あるいは大学政策を担当する部署は必須となってきている。

　IRとは戦略企画，募集戦略，財政評価，予算審議などの基礎となるような広範なデータ収集ならびにデータ分析を意味している。IR室はもともと1920年代に米国のBig 10の大学に設けられたものだが（Saupe 2005），比較的最近になって他の大学にも設置されるようになってきた。こうしたIRの普及と重要性の増大は，ランキングへの対応だけでなく，監査文化へのより広範な対応として生じている。今日，IR室は上記したようなデータ収集・分析機能だけではなく，政府や（ランキング機関を含む）独立した監査機関に対する説明責任を果たす上でも重要な役割を担うようになってきた。ランキングによって，データの収集や分析という裏方の仕事が，戦略的な意思決定および大学成果を測るという表舞台に引き出されたのである。

　ある大学ではIRを「くるみ割りグループ」と名付けているが，大学全体の各部署から集めた25人で構成され，副学長がその議長を務めている。そして「学長による経営協議会に報告書と分析結果を定期的に報告している」ということである（高等教育機関の上級幹部：イギリスの研究中心の公立大学，1945年以降に創立）。また，イギリスのある現代専門大学の関係者は次のように語っている。

　　「あるランキング機関からの訪問をうけたことは，ワーキンググループを設置するきっかけとなりました。このワーキンググループの目的は，ランキングがどのように作成されているのか，どのデータが国の機関に報告さ

れているのか，研究関連指標はどのようなやり方で計算されるのか，さらに NSS（National Student Survey：国内学生調査）に関しても調査することでした。その構成メンバーは，副学長3人，そして大学企画室，ビジネスインテリジェンス室，そしてマーケティング室からのスタッフでした。」（Locke et al. 2008c：12, 38）

ランキングは「大学の評判や入学する留学生の質に影響を与える」ため，ある韓国の大学では「関連指標とそれぞれの指標における自校の状況をモニターするチーム」を設置した（高等教育機関の上級幹部：研究中心の私立大学，1970年以降に創立）。またドイツのある大学では，*CHE* 大学ランキングの影響をうけて，ランキングとレピュテーションの件が，2001年以来，毎年戦略企画会議の議題となっているという話である。さらに，メキシコの大学（私立の工科大学，1945年以降に創立）の上級幹部によると，ランキングは極めて重視され，「ランキング機関に出す報告書を準備させるために，いくつかの研究科に支援」を与えていたとのことである。

　RISP 調査では「回答者の半分以上が，継続的あるいは日常的に大学の成果やランキングを注意深くモニターしている担当者が一人以上いると答えており」，上記のヒアリング結果と非常に整合的である（表3.4を参照）。また，回答者の30％以上はランキングをモニターするための専門家によるチームや部署があると答え，38％は全学委員会のレベル，あるいは学部レベルでの委員会や会合でランキングを定期的に議題にしていると回答している（Hazelkorn and Loukkola et al. 2014：28）。細かい所で各大学のデータの扱いに異なるところはあるだろうが，ランキングの順位に関係なく，高等教育機関が国内外のランキングでの自校の成果や状況をモニターすることは，実態的に日常業務の一部となっている。われわれも「ランキングには注目せざるをえない。他の大学もそうしているのだから。」（Corley and Gioia 2000）。

　ランキングの理解を深め順位を上げるために，多くの大学では主要ランキング機関などの専門家を招きワークショップやセミナーを開催したり，方法論の

表 3.4　ランキングのモニター

(N = 147)

ランキングをモニターする方法	(%)
ランキングにおける自校の順位を定期的にモニターしている専門の部署や部門がある	33
全学レベルで，ランキングにおける自校の順位を定期的にモニターしている担当者が一人以上いる。	54
学問分野，学科，あるいはプログラムのレベルで，ランキングにおける自校の順位を定期的にモニターしている担当者が一人以上いる。	12
ランキングを戦略決定や特定の目的のために参考にすることも時折あるが，定期的にモニターする体制にはなっていない	23
全学レベルでランキングについて定期的に討議されるような場（委員会，会議，など）がある	26
学部・学科・プログラムのレベルでランキングについて定期的に討議されるような場（委員会，会議，など）がある	12
その他	5

(注)　複数回答のため合計は100％にならない。
(出典)　Hazelkorn and Loukkola et al.（2014：29）

詳細を把握するためにコンサルタントを採用したりしている。実のところ，ランキング機関と高等教育機関との対話は，前者に促され，後者に求められて行っている。何の目的で，そうしたことをやっているのだろうか。これは（ランキングに対する）理解を深めるための講習なのか，より正確なデータ収集のためなのか，それとも「ランキング・システムに働きかけること」が目的なのだろうか。こうした行動は世界中で，大学の使命という枠を超えて行われている。実際，イギリスの2つの大学（ひとつは1992年以前に設立の大学，もうひとつは研究中心の大学）では（ランキングの）「改善」自体を意図して目標に掲げ，しかもそれが順位を上げるのに功を奏したようである。(Locke et al. 2008c：3；Georghiou 2009b)。インドはさらに踏み込んだ行動をとっている。すなわち「インドの事情」をより正確に反映するような特別の指標を開発することを目的として，*THE* および *QS* との協議を政府主導で行ってきた（Goswami 2014；Nanda 2013。詳しくは第 5 章を参照)。

　議論のあるところだが，ランキングを重視する風潮は，大学自身による質保証が一般の人びとに信頼されていないことを反映しているとされる。とくに大学の質保証の仕組みを導入して日が浅いか，あるいはうまく機能していない国においては，そうしたことがいえると思われる。高等教育機関の取った措置が，質保証のためなのか，それともランキングへの対応のためなのか，どちらか曖昧なケースもある。たとえば，多くの高等教育機関では，学生満足度，教育や学習環境の質，そして学生の施設などの問題に以前よりも注意を払うようになってきているが，これらは，いくつかのランキングが使っている指標でもある。こうした目的の重複は，次の引用にも示されている。「われわれの主要目標は大学の質を上げることである。大学としては，ランキングが方向性を確認する指針にはなっても，主要な改革を進める決定的な要因になるとは考えていない。」（高等教育機関の上級幹部：スペインの私立大学，1945 年以降に創立）。

　一方，その対極に位置するものとして，米国の大学の不正が大々的に報道されたケースがある。すなわち，複数の米国の大学がクラスサイズや教員給与の数字を操作したり，レピュテーション調査に影響を与えようとしたり，あるいは USNWR に実際とは違うデータを提供したりすることで，ランキング順位を意図的に上げようとしたことを認めた事件である。たとえば，サウスカロライナ州のクレムゾン大学やカリフォルニア州のクレアモント・マッケナ・カレッジ，マサチューセッツ州のノースイースタン大学などがそうだった（Lederman 2009；van der Werf 2009；Anon 2012；Shaw 2012；O'Melveny and Myers 2012；Kutner 2014）。ジョージア州のエモリー大学は，2000 年〜2011 年に入学した新入生の SAT・ACT スコアを膨らませたことを認めている。また，ワシントン D.C. のジョージ・ワシントン大学では，2011 年の新入生のうち，卒業高校のトップ 10 に入る学生が占める割合を 20% 膨らませたことを認めている。またペンシルベニア州のバックネル大学とヨークカレッジ・ペンシルベニア校，テキサス州のメリーハーディン大学ベイラー校，そしてルイジアナ州のテューレーン大学も募集学生データを細工した，あるいは入学生に関する事実とは異

なる統計データを報告したと伝えられて，引用されている (Supiano 2013 ; Jaschik 2013)。こうした行動は，テキサス州のベイラー大学の次のような行動と整合的である。すなわちベイラー大学では *U.S. News & World Report* の大学ランキングにおいて，彼らの目標である「トップ階層（top tier）に入るために2億ドルを費やし，またすべての学部が確実に目標を達成できるように，戦略企画部長を採用した……」(Baylor University 2009 ; Farrel and van der Werf 2007)。得られるメリットの大きさを考えると，彼らがこのような行動に駆り立てられるのは，少しも驚くべきことではない。

組織改革

ランキングは，高等教育機関の内部組織に影響を与えたり，構造改革を促進したりする。ただし，ランキングが高等教育機関の意思決定にどの程度影響を与えているかは，ケースによって微妙に異なっている。以下の例でそれらを比較してみよう。

> 「……われわれの大学では，ここ10年ほど，ベンチマーキングや大学間競争に努力を集中させてきました。こうした流れのなかで，ランキングはひとつの情報として，他の多くの要素と一緒に議論されてきました。その意味で，ランキングは大学の意思決定に間接的に影響しているといえるでしょう。しかし，ランキングの直接的な影響力，たとえば，そのために新たな役職を創ったり，構造改革を進めたりしたようなことはありません。」（大学幹部：ドイツ）

> 「確かに，私たちはランキング（もちろん *THE-QS* と *ARWU* のことです）にしたがって要因を分析し，学長（2010-2014年）の新しい指示のための提案をしました。これは，博士課程の学生やポスドクなどの若手研究者のために最良の状況を整える（資金的，物理的に――たとえば，若手研究者用のプロジェクトに大学の資金を向けたり，さらには学生やポスドクから生活や境

遇に関するフィードバックをうけて新たな方策を検討したりする）ためのものです。ただ答えるのが難しいのは，こうした措置が，ランキングがなくても採られたかという点です。私は，そうだとは信じていますが，ランキングがなければ，こんなに早くは進まなかったでしょう。」（大学の上級幹部：チェコ共和国の研究中心の公立大学，1900年以前に創立）

「私たちは，ランキングに対していろいろな形で対応しています。大学としてランキングを検討し，上層部や大学理事会のために分析結果を提供しています。大学の実績レポートのなかにはランキングのことも含まれており，そこには，大学全体のランキングのほかに専門分野ごとのランキングも含まれています。また，大学のハイレベルの計画文書のなかでもランキングのことは意識的に触れられており，これは大学の計画作成の過程でランキングが考慮されていることを示しています。」（大学の上級幹部：オーストラリアの研究指向の公立大学，1945年以降に創立）

大学の歴史や立場，立地する国の背景などにはほとんど関係なく，ランキングは，世界中の大学の計画策定や意思決定の過程のなかに，いつの間にか上手に滑り込んできている。

　2014年の調査では，回答した高等教育機関の50％以上が，（ランキングのために）戦略的，組織的，経営的，あるいは学術的に行動を起こしていると回答している（2006年には，この割合は63％だった）。ただし，回答の選択肢がたくさんあるので，こうした肯定的な回答の割合が全体的に上がった可能性はある（以下の議論を参照）。比較のため，RISPの回答者では，ランキングを大学の計画に使っているとしたのが39％，使うつもりだとしたのが3分の1程度だった。こうした計画に含まれる行動としては，大学の政策や資金の配分方法の改定，研究分野の優先順位，教職員の募集・昇進基準や入学基準などの変更，学科や教育プログラムの新設・中止もしくは統合，そして，場合によっては他の高等教育機関や研究機関との合併などである（表3.5を参照）。これとは対照的に，

表 3.5　ランキングを動機とした，戦略的，組織的，あるいは管理面，学術面での行動変化

(N = 171)

戦略的，組織的，あるいは管理面，学術面でとった行動	(%)
影響なし	31
大学の運営政策を変更した	27
公式の運営体制は以前と変わっていないが，実態的には特定の分野に焦点が移った	26
いくつかの研究分野が優先的に扱われるようになった	23
採用基準・昇進基準が変更された	21
正規の手続きがランキングのために改定された	17
資金配分が変更された	14
影響はあったと思われるが，具体的なことはわからない	14
新しい学科や部門，プログラムが設立された	11
入学基準が改定された	9
閉鎖あるいは合併された学科・部門・プログラムがある	8
他の外部組織（高等教育機関，研究機関など）との合併があった	5

(注)　複数回答のため，合計は100%にならない。
(出典)　Hazelkorn and Loukkola et al. (2014：39)

　RISP 回答者の31％が，ランキングは大学の行動に何ら影響を与えていないと回答しているし，14％が影響は間接的にしかないと答えている（Hazelkorn and Loukkola et al. 2014：39）。

　大学組織の再編の例としては，これまでは別個の学科（学部）として存在してきた同種あるいは性質の近い専門分野（たとえば，経営学と経済学や社会学，社会科学と政治学，生物学と食品科学など）を統合する，あるいは大学内にあった独立的組織（たとえば，研究センター，研究所，病院など）を本体に組み込む，逆に大学院を独立した組織とすることで学部と大学院の活動を分離する，などの動きがみられる。これらは，最適規模の追求や学際分野の創設といった努力の一環である。機関どうしのレベルで考えると，同じ地域や市に存在するすべての高等教育機関を統合するという可能性もある。そこには，相互にメリットのある戦略的な再編，あるいは，小規模で十分な自律性をもたない組織をより大きな大学組織のなかに取り込むことも含まれている。これらの目的は相乗効果や効率を高めることだが，同時にそれによって専門性を高め，運営管理やサ

ポート体制を改善する効果も期待できる。基本的に，これは大きな組織を創り出して，より多くの学生や教員を集めてより高い成果や収益を生み出すためのものである—要するに，規模は重要なのである（Moriarty 2009；Georghiou 2009b, 2015；Daly and Laffan 2010）。

設備も更新されてきている。しかしここでも，設備更新とランキングとの関係について，どちらが原因でどちらが結果かは，いずれの方向にも解釈することが可能である。大学によっては，学生を惹きつけ定着するように，彼らが"世界クラス"とよぶところの施設を建設し，「イメージを良くするための改修」にお金をかけている。たとえば，新しい学生寮，学生センター，研究室，光ファイバー・ネットワーク，スポーツ施設，それとともに，教員／学生比率の改善にも努めている。とくに米国では，こうした投資は，高等教育機関ならどこにでもみられる一般的な光景になってきているが，そのような状況は少し前まではあまりみられなかったものである。今日，"付加価値"の高い施設や奨学金は，大学のマーケティングや戦略的な展開，そして国内外で学生募集を企画する上で極めて重要な要素になってきているのである。こうした動きは，競争条件が厳しくなってきているなかで採られている通常の更新・改善措置の一環と考えるべきだろうか，あるいは，ランキングへ対応するために行われているのだろうか。また，こうした進展は，どの程度学生の学習に役立っているのだろうか，あるいは，これは基本的にカントリークラブの施設改修と同じようなものだとみなすべきなのだろうか。

必ずしもすべてのランキングで学生1人あたりの支出や設備の質を，その指標として使っているわけではない。USNWRでは，教育，研究，学生サービス等への平均支出を計測しているが，スポーツや学生寮への支出は計測していない（Morse and Flanigan 2009, 2013）。それにもかかわらず，キャンパス施設の質と（海外からの）学生を惹きつける魅力との間には，一定の相関関係があるだろう。あるポーランドの回答者は，彼の大学では「……（国内ランキングで高いスコアを得るために）図書館の蔵書を増やし，学生の寄宿舎や教育手法に関する専門分野を拡大し続けた」ことを示唆している（大学の上級幹部：ポー

ランドの私立大学，1990年以降に創立）。イギリスのある大学では，「ランキングのために，意図して大学の構造改革を進めたことはない」が，「そうした改革と専門分野のランキングとは確かに高い相関関係がある」と述べている（高等教育機関の上級幹部：イギリスの研究中心の公立大学，1945年以降に創立）。

マーケティングと広報

　高等教育機関は，アドミッション・ポリシーや募集プロセスを改善，強化，発展させてきた。さらに予算や人員を急速に増やしてマーケティングや広報活動を，年間を通じて専門的に行う部署に拡大してきた。もっとも重要な進展のひとつは，国際化に関する専門部署の設置である。米国やヨーロッパの多くの高等教育機関は，NAFSA（US Association of International Educators）やEAIE（European Association of International Education）のような国際教育担当者会議やアジア等で開催される留学生フェアに深く関与して，広報を行っている。また，海外に送り出す貿易使節団には，かなりの割合で高等教育機関が参加している。

　　「（高等教育の）国際市場の重要性を考えると，大学は海外市場，とくに大学院生に的を絞ったマーケティングにもっと多くの時間と資金を費やすことになるでしょう。そして，これまではあまりやってこなかったようなやり方で，さまざまな学生募集フェアに専門チームを派遣することになるでしょう。」（総長：オーストラリアの研究中心の大学，1900年以前に創立）

多くの大学では，大学の成果を盛り込んだ資料を相互に送り合うのにかなりの時間と労力を費やしているが，こうした努力はいろいろなランキングで行われているレピュテーション調査の予行演習のようなものでもある。議論のあるところだろうが，各大学がこうした行動をとるのは，おそらくランキング機関のレピュテーション調査に回答する人たちに良い影響を与え，できればランキングを上げるのに役立てたいと期待しているためである。

第3章 高等教育機関からみたランキングの影響力

　ランキングは，他のタイプの高等教育機関から明確に差別化できるブランドとして，"大学"という呼称の威信を高めることにも一役買ってきた（Morphew 2002；Pulley 2003）。通常，ブランド名を変更する試みは，ステータスや名声，さらに今日では評判—別名ランキングともいわれる—の向上を図る努力の一環として行われる（Khanna et al. 2014）。アイルランドでもっとも古くもっとも権威のある大学であるトリニティ・カレッジ・ダブリンでは，比較的小さな，しかし重要な名称変更を検討していた。背景にはそれによって，（カレッジよりも）大学という呼称の方が海外の学生や協定校に対してもっとわかりやすくなるという考え方があった（Murphy 2013；Byrne 2014）。同じ目的で，アイルランド政府は，アイルランド王立外科医学院（ここでは半数以上が海外からの留学生という積極的な募集活動をしている）のような"大学以外"の高等教育機関に対して，大学ブランド（大学という呼称）が使えることを提案してきた（Sheahan 2014）。
　高等教育機関の幹部の50％近くが，彼らのランキング順位を広報目的に使っており，65％がランキングはそうした目的に合致していると考えている。2006年に，ドイツでは74％，全世界では63％が，ランキングはとくに学生募集に有効だと回答している。比較のために，これをアメリカの大学の学長を対象とした少し前の調査でみると，35％が有効だと回答している（Levin 2002；NACAC 2010：2も参照）。RISPの回答者もランキングをマーケティングや広報目的で使っており，なかでも，受験生やその両親，マスメディア，そして政府をターゲットにしてこうした活動を行っている（Hazelkorn and Loukkola et al. 2014：31-32）。すべてのケースで，高等教育機関の幹部たちは，彼らのウェブページ，講演，新人教員や新入生のオリエンテーション，国際会議，あるいは政府に対するロビー活動で，ランキングでの（良好だった）結果を伝えていることを認めている。ただし，他のライバル大学に先行しているのでない限り，あまり芳しくない結果には触れないのが普通である（教員：オーストラリアの研究中心の公立大学，1945年以降に創立。Hazelkorn and Loukkola et al. 2014；University of Glasgow；University of Illinoisなども参照）。
　ちょうどレストランやホテルの格付けと同じように，「ランキング順位や大

163

学の質の問題は，重要性が増しているマーケティングや大学紹介のための強力な指標になってきている」（教員：メキシコの公立大学，1940年以降に創立）。大学は，「たとえ，それが100％正しいものでないとしても，ランキングをマーケティングでの便利なツールとして」使っている（大学の上級幹部：ポーランドの私立大学，1990年以降に創立）。大学のホームページは，さまざまなランキングからの発表文で彩られている。大学によっては，「自分たちの大学のランキング順位がわかるようなコーナーをホームページ」上に設けているところもある（デンマークの大学の上級幹部）。イリノイ大学では，公式サイトでランキングがどのような役割を果たすかを説明し，同大学のランキング実績を示すための参照リンクも提示している（University of Illinois 2009）。オランダのフローニンゲン大学はウェブページで，「グローバル・ランキングで3回連続の上昇を果たした」と宣言している（University of Groningen 2009）。他にも，特定の新聞記事や出版物を引用したり，高ランキング大学との名誉ある連携協定や大学の成功物語に関するメディア記事を誇らしげに掲げたりしている。しかし，こうした行為は，ランキング順位が落ちた時のことを考えると，両刃の剣になるかもしれない。

　ランキング機関のウェブページにさえ，多くの大学が広告，ロゴ，スローガンなどを出している。THEやQSのウェブサイトには，一連の大学の広告が掲載されているコーナーがある。「大学は以前よりも自分たちのパブリックイメージやブランドイメージ，名前を売ることなどに熱心になり，やり方も洗練されてきているが，それがまたランキングにも影響を与える，という悪循環に陥って」いるのかもしれない（大学の上級幹部：研究中心の公立大学，1900年以降に創立。Robertson 2009b）。

大学資源の配分への影響

　ランキングは，大学資源の配分やそれをとりまく議論，たとえば業績を測る指標や大学資源管理などに関する議論に影響を及ぼしている。

第3章 高等教育機関からみたランキングの影響力

「これまでのところ，われわれは大学管理の方法について，何も変えてきませんでした。それにもかかわらず，ランキングの重要性が増しているのはわかっていますし，重要な意思決定をする時は，そうしたランキングの評価結果を念頭に入れています。」（大学の上級幹部：ドイツの研究中心の公立大学，1945年以降に創立）

ここではあまりはっきりとは語られていないが，伝えたいメッセージは明確である。つまり，ランキングは大学資源の配分を直接左右はしないが，実績をあげている学部や分野は，何らかのメリットを受けることも期待できるということである。

「大学資源はランキングを上げることを目的に配分されているわけではありません。しかし，実際に起きているのは，ある大学院やプログラムが一旦ランキングで良い位置を占めると，その部署は大学資源を得やすくなるということです。」（大学の上級幹部：メキシコの私立の工科大学，1945年以降に創立）

「……われわれは，ランキングへの貢献度を学部ごとに計算するつもりです。そうすると近々，大学の資源は，この貢献度に応じて配分されるようになるかもしれません。」（大学の上級幹部：韓国の研究中心の私立大学，1970年以降に創立）

現在のランキングは，大学資源の配分については直接には何も示していないかもしれないが，将来「われわれの意志で」ランキングを資源配分に利用する，といっている人もいる（ギリシャの大学の上級幹部b）。ベイラー大学では，新規プログラムへの研究資金の配分を大学の戦略計画と結びつけている。「教職員は誰でも，各自の予算を超えるような資金を新規プロジェクトのために必要とする場合は，そのプロジェクトが，"ベイラー2012"の目標達成にどのよう

165

に貢献するかについて，必要事項を書類に記載して提出しなければならない」——その目標とは，「ベイラー大学を U.S. News & World Report の大学ランキングでトップ階層（Top Tier）に入れる」というものである（Farrell and van der Werf 2007）。

　大学資源をランキングと結びつけるやり方は，おそらくはランキング順位の低い大学で行われており，幹部のリーダーシップが強い高等教育機関や歴史の浅い大学では，なるべく時間をかけずに"発展"させたいと強く望んでいる。これとは対照的に，歴史や伝統のある大学では，通常，独自の大学文化が強く，大学人としての矜持を保とうとする教員同士の力が大学運営に大きな影響を与えている。ただし，こうした分け方は，学術的な研究によって裏打ちされたものではない。ランキングに対する対応は，その国の事情や大学の使命の枠を越えて拡がっている。もっとも，大学幹部の考え方に大きく左右されるので，近隣の大学はまったく異なる対応を取るかもしれない。いくつかの大学の例では，大学総長の給与，ボーナス，時には総長の椅子も，（総長の実績を示すものとしての）大学ランキングと密接に関連している（Langbert 2006：7）。バージニア・コモンウェルス大学（米国）では，USNWR の第 2 階層（Tier 2）の大学になるという目標を設定した。この目標を達成するために，第 2 階層に入れば学長の Eugene Trani に毎年 25,000 ドルのボーナスが支給することが確約されたと伝えられる（Levin 2002）。その他，アリゾナ大学の Michael Crow は，ランキングの特定指標で改善がみられれば，60,000 ドルのボーナスを約束されたと伝えられ，マッコーリー大学（オーストラリア）の Stephen Schwartz は，ランキング順位が上がれば，100,000 オーストラリア・ドルのボーナスが支払われる契約を結んだと伝えられる（Jaschik 2007a, 2007b；Gabrielson 2007；Alexander and Noonan 2007）。また，ケンタッキー大学の理事会では，「州議会の指示により，2020 年までに全米の公立大学のトップ 20 に入る」ことを前提に新しい学長を任命した（DeYoung and Baas 2012：83）。一方，ノースイースタン大学の学長は，在任中に USNWR のトップ 100 入りを果たした功績で，退職金に 200 万ドルが加算された（Kutner 2014）。

上記とは逆の例として，マレーシア大学では，*THE-QS* が外国人留学生を数え直したために2004年の89位から2005年には169位に落ちた結果，当時の学長の契約は更新されず，新たな学長に据え変えられた。また，ホバート・アンド・ウィリアムスミス・カレッジ（米国）では，2002年に上級副学長が新たなデータをランキング機関に送らないミスをして大学のランキングが転落した。その責で彼女は首にされた（Graham and Thompson 2001）。さらに，州政府や州の評議会と（公立大学が）給与についての合意をつくる際，政策担当者自身がランキングを意識している，あるいはランキングから強く影響を受けているようである。つまり，ランキングに取りつかれているのは，何も大学に限った話ではないということである。

優先順位の設定：教育か，研究か

ランキングが，大学での意思決定にどこまで影響を与えるかは，もっとも議論の多い問題のひとつである。Thomson Reuters の調査では，回答者の71％が，大学は「学生を教育することよりも」自校のランキングを上げることに熱心だったと回答している（Adams and Baker 2010）。こうした傾向がどのような結果を生むかというと，オーストラリアのある副学長（1900年以前に創立した研究中心の公立大学）の次の言葉によく示されている。「もし，ランキングを上げることを最優先で考えるとするならば，大学にはとりわけ次のような方策が必要になってくる。すなわち，教育専門の教員を雇って教員／学生比率を高め，あるいはティーチング・アシスタントに学部教育を任せるような米国モデルを採用し，研究やその成果を出すことにもっと重点を置く。そして，学生サービスへの支出を減らして，資金をもっと研究活動に振り向ける。あるいは卒業率を上げるのに役立たないようなプログラムは廃止する」。以下のヨーロッパのビジネススクールの学長のコメントに示されるように，特定分野に専門化した高等教育機関や教育プログラムも，こうした選択に無関心ではいられない。

「単に自校のランキングを上げたいという理由だけで，（プレッシャーに弱

い）責任者が，学問の府としての戦略を放棄してしまうような状況が（ランキングによって）生まれています。たとえば，もし，学生の平均年齢を23歳に引き下げ（て卒業率を高め），学生をすべて女性，すべて（外国人である）米国市民とし，卒業後に新たな企業を創ることも公務員になることも止めさせ（て民間企業に就職させ），評議員をすべて入れ替えてフォークランド島出身の女性だけ（！）に置き換えたら，ランキングの順位は，40位は上がるでしょう。」（Wedlin 2004：127-128 で引用）

いくつかの大学では，正にこうしたことを行っている。すなわち，教育と研究のバランスを変え，学部から大学院に重点を移し，専門分野の構成も変化させている。大学資源は，より生産性が高そうなところ，あるいは，（とくに国際的に）より利益を生み，かつランキング指標を牽引しそうな教員を抱える部門に投入するように再編成される。もっとも，どの程度まで大学資源をシフトさせるかは，変革の意志の強さや大学の設置目的，大学資源の大きさなどによって左右される（Lo 2014：95-100；Chapman et al. 2014：40 を参照）。

　たいていの大学では，自分たちの大学の業務や成果をチェックしており，質の改善に努めている。「しかし，これがランキングへの対応のためかとなると，そうともいい切れない」（上級幹部：1800年以前に創立した研究中心の公立大学）。オーストラリアのある大学では次のように語っている。「研究のための資金は増大している—確かにこれはランキングを上げるのに役立つだろう—しかし，（ランキングのことがなくても）いずれにしろ，われわれはそうしていただろう」（大学の上級幹部：オーストラリア）。別の証言では「研究論文をハイインパクト・ジャーナルに載せるため，あるいは全国レベルで競う政府の競争的資金を獲得するために，大学が多くの改革，そして，それを支えるための多くの支援を行った」ことを認めている。「これらはすべて，われわれの KPI 全体を引き上げるのに有効なようである」（教員：オーストラリアの教育中心の大学，1970年以降に創立）。どのような高等教育機関かに関わりなく，そこでのメッセージは明確である。「研究は現在，これまで以上に重要になっている。教育よりも重要

だとは必ずしもいえないが，正に今，研究はこれまでになく重要になっているのである」(オーストラリアのある労働組合員)。

研究センターや研究機構，あるいは大学院の新設は，このトレンドをもっともはっきりと表している。もっとも，外部資金の獲得や外部からの強い要請に応じる形で，研究が個人的な営みから組織的な事業に変容してきたのは，ここ何十年も続いてきた傾向ではある。こうした組織として研究に取り組む形態は，効率的でタイムリーで，適切に管理された研究環境を確保する上ではもっとも優れた方法だとして，大学や政府から歓迎されている。より大きなチームでは，より多くの大学院生を抱えていることが多く，より多くの査読付きの論文を書き，より多くの競争資金を獲得し，そして，より持続可能で知名度も高まる。大学が「ランキングでの順位をKPI指標として」使うので(大学の上級幹部：オーストラリア)，芸術や人文科学，社会科学の分野では，とりわけ自分たちが影響をうけやすいと懸念している。ある総長が述べたように，ランキングを上げるもっとも手っ取り早い方法は「人文系を切ること」である。なぜかというと，第2章でも述べたように，ランキングは計量書誌学的なデータや被引用データに頼っているが，こうしたデータは生命科学や医学分野に有利だからである。これは別に目新しいことではない。Trowは，カリフォルニア大学バークレー校において，全米研究評議会（United States National Research Council）のランキング（1982年）での順位が低下したことへの対応策として，生物学分野における教員の任用や昇進のやり方，ならびに設備や環境整備を含む広範囲な改革について記している（Dill and Soo 2005：517-518で引用）。工学，ビジネス，教育学——こうした分野では，これまで査読を経て出版するという伝統があまりなかった——の教員も，プレッシャーを感じている。コーネル大学でも，似たような話が90年代にあったといわれている（Ehrenberg and Hurst 1996）。

ランキングは学術上の慣習にも影響を及ぼしている。国際ランキング入りしているジャーナルに英語で論文を載せることも，そのひとつである。

「若い同僚の何人かは，自分たちの論文をどのジャーナルに投稿するかを

決める際，ジャーナル・ランキング（これは大学自体のランキングに影響を与えるのですが）を考慮して決めています。」（教員：オーストラリアの研究中心の公立大学，1945 年以降に創立）

できるだけ査読付きの国際的科学ジャーナル（いくつかの分野ではより具体的に *Nature* または *Science*）に投稿することが推奨されている（フィンランドの大学の上級幹部 A）。別の例では，「国内大学ランキングで高いスコアが得られるように，教員は彼らの論文を（Thomson Reuter 社の ISI Master Journal List に名前が載っているような）高評価のジャーナルに発表するよう」強く促されている（大学の上級幹部：ポーランドの 1990 年以降に創立の私立大学）。日本の大学では，大学のランキングを上げるために，「独創性の高い論文を書き」それを国際ジャーナルに英語で発表するよう教員に奨励している（台湾における同様の例は，Lo 2014：88-95 を参照）。いくつかのケースでは，教員が発表努力すべき優先ジャーナルを，大学が独自にリストアップしている。研究成果の周知を図り，結果としてその影響力を高めることは，大学の戦略目標になってきており，こうした流れによって，論文の発表は個人の枠を超えた組織レベルのものになってきている。高等教育機関は，自校に関連するすべての出版物やプレゼンテーションについて，そのなかで使われる書式や専門用語を段階的に統一化し，さらにオープンソースのソフトウェアを使って大学の機関レポジトリを創っている。また，高等教育機関が教員に対して，すべての出版物やその他の学術的成果をウェブサイトに載せるように要求する例も増えてきている。これによって大学の業績や成果を見えやすくするとともに，一般の人びとへの知識の普及に役立てようとしている。こうしたデータのレポジトリは，ウェブ上でアクセス可能なため，被引用数を高める上で大きな役割を果たすことがわかっており，結果としてランキングを上げる一助ともなっている（Gargouri et al. 2010）。前述のウガンダのマケレレ大学の例でみてみると，同大学はウェブ上での存在感を高める適切な解決策を提案するために，ICT（情報通信技術）支援部門の責任者を長とする委員会を構成した。「当委員会では，すぐに着手すべき短期方策（戦

術）と中期の方策（戦略）とを提案した報告書を作成した。これは，ウェブ上での十分な存在感を確保し，結果としてランキングを上げることを目的としている」（Bareebe 2010）。

　高等教育機関は，彼らにとってあまり重要でない分野や他校と比較して貧弱な成果しかあげていない部門を残すことの費用を勘案し，「彼らが強みをもつ特定の専門分野」への特化を進めている（MacGregor 2007）。結果として，大学幹部や教員たちは次のことを認めている。「5年，10年先の大学の構造は，今とは様変わりしているだろう。すなわち，いくつかの学部が弱体化する一方で，他の学部は今よりもっと重要になり，もっと資金を獲得し，もっと知名度が上がっているだろう」（教員：ドイツの研究指向の私立大学，1945年以降に創立）。こうした動きは直接，間接の行動をともなっている。たとえば，個別の教員に対しては特別の資金を使って報い，"有名人"を任用し，特定の部門や専用の研究所や施設のために"スター"学者を雇い，さらには，とくに生産的であったり，代表的資金を確保したりする個人や学部にも追加報酬を与えている。

　　　「高ランクのジャーナルに論文を発表すると，当該研究者に追加報酬がもたらされ，延いては学科レベルで教育負担が減ることも確かにありえます。」
　　　（教員：オーストラリアの研究中心の公立大学，1945年以降に創立）

他の人からも，「確かにそういう見方もある……つまり，研究資金を獲得できないような人びとに対して，教育が罰のように使われている」（物理科学の講師：オーストラリアの研究中心の公立大学，1945年以降に創立）。結果として，生物学や物理学などの一定分野に関しては，特別もしくは追加的な資金を提供して（相対的に）強化を図っているが，他の分野では特別の措置は取られない。

　多くは間接的であるが，同様の効果によって教育もネガティブな影響をうけている。なぜなら，「ランキングは，基本的に研究活動に基づいて評価するので，大学の戦略立案を，研究重視・教育軽視の方向に駆り立てがちだからである」（教員：オーストラリアの研究中心の公立大学，1945年以降に創立）。他にも，大学

がその資源を研究の企画に優先的に割り当てる結果,教育が犠牲になっているといった声が聞かれる。「多額の資金が新たな研究拠点の建設のために費やされてきた。これは素晴らしいことだが,教育のための場所を確保するという意味では,そうではない……」(教員:オーストラリアの教育中心の大学,1970年以降に創立)。アイルランドのユニバーシティ・カレッジ・ダブリンが,*THE-QS* ランキングのトップ100に入った時の反応として,学生は次のように不平を訴えている。

> 「受講者数の少ない科目,たとえば映画研究や語学は予算が劇的にカットされています。その一方で,自然科学系のビルディング改修のための足場は,次々と組み上がっているのです……。」(Fitzsimons 2009)

Georghiou (2009a) はこうした(大学と学生との間に)緊張があることを次のように認めている。マンチェスター大学による「研究重視の当初の方針は,学生に対して彼らを軽視しているという印象を与えてしまった。このため同大学は現在,学部生に対して個別指導を最重視する挑戦的な教育企画を始めている。これは,Eラーニングや大学院生のティーチング・アシスタントを使って,教育効率を高めようとするものである」。

別の側面として,教育の質の代理指標として卒業率に注目することは,低SES (Socio-economic status:社会経済状況) 学生を入学させないようにするインセンティブを与えてしまう(これは第2章でも触れた)。「われわれは他の機関に対して1年間の入門的な科目を提供することを,意識的に縮小してきた。なぜなら,大学がどのように評価されるかという観点からすると,これは完全にネガティブな効果しかないからである」(教員:オーストラリアの教育中心の公立大学,1970年以降に創立)。他では一般の科目から資金を引き揚げ,より高度な科目を含むオナー・プログラムや限定された社会人向けプログラムに振り向け,その一方で差別是正のためのアファーマティブ・アクションを縮小している (Henry 2005)。ランキングによって大学の行動がどのように誘導されるか

を示す別の例は，ポーランドでみることができる。雇用適性が指標のひとつになっているので，大学は，「国内ランキングで高いスコアを得るために」，教育プログラムと労働市場との結びつきを強めようとしている（大学の上級幹部：ポーランドの1990年以降に創立した私立大学）。

英語を母国語としない国では，ランキングは大学の国際化を促進してきた。日本では―留学生の92％はアジアからの学生で，なかでも60％は中国から，15％は韓国からの学生だが―自然科学や工学の大学院では，英語で行う授業に力を入れている。ある研究中心の私立大学（1945年以降に創立）では，全講義の10～20％を英語で行う授業にすることを目標にしている。また，他の日本の研究指向の私立大学（1945年以降に創立）では，30人の外国人研究者を雇い，5つある大学院のうちひとつを完全に英語だけで授業を行う課程にしようと計画している。大学教員の国際公募では，英語を話せる者しか受け付けないという点が強調されている。こうしたやり方は何もアジアに限った話ではない。ドイツの高等教育の幹部や教員は，こうした傾向をよく認識している。あるドイツの学長（1945年以降に創立した研究指向の地域公立大学）は，新規ポストの募集広告をドイツ語でしか出さないという近視眼的な考え方の学部を非難している。また，別の大学の教員は，自分はこのポストに「ほとんど英語でしか教えない」条件で採用されたと語っている（教授：ドイツの公立の応用科学大学，1970年以降に創立）。オスロ大学でも，「採用方針をより積極的にし，すべての募集広告を英語とスウェーデン語の両方で出す」という計画に改善してきた（Ellingsrud 2007）。

管理上の観点からみると，ランキングは大学の業務慣行の変化を加速するのに役立ってきた。ランキングは一方で「質の高い研究を発表することが重要だという認識」を高めるのに役立ち，他方で「ランキングが下がっている学部の長に改善を促すのが容易になった」。自主的な判断が認められている大学では，高い成果を出す研究者に応分の報酬を提供して彼らを惹きつけられるように，成果主義や業績給のような市場原理に基づいた給与システムや魅力的な報酬体系を導入することが支持されている。ランキングはKPIのひとつとして，教

育指向の学部と研究指向の学部とを区分するのにも使われてきた。ランキングの向上に一貫して貢献しているような教員に対して経済的なインセンティブを与えるのは何も特別のことではないが，(そうでない教員から) ボーナスまで取りあげてしまうやり方は，やり過ぎかもしれない。

> 「……多くの場合，われわれは一種の協定を結んできました。たとえば，3年以内に200,000ユーロの資金を獲得できた場合は，月に500ユーロを給与に上乗せするなどです……。」(総長：ドイツの研究指向の公立大学，1945年以降に創立)

ランキングは，大学での任用にも影響を与えている。すなわち，高ランキング大学で博士号を取った大学院生や高ランキング大学の教員 (Jaschik 2010a)，さらにはKPIの向上やランキングを上げることを意図した"能力増強型の教授"をターゲットにした任用を行っている (教員：1970年以降に創立したオーストラリアの教育中心の大学)。多数の有名教授をリクルートしようとしている大学は多いが，マンチェスター大学もそのひとつで，2008年までに3人のノーベル章受賞者を擁し，2015年までには5人を擁することを目指している (Georghiou 2009b：56)。一方，中国の清華大学では，「非常に効果的に教員のトップ層を入れ替えている」(Luo 2013：177)。マレーシア国民大学 (UKM) では，大学教員の採用に関する4つの行動原則を決めている。すなわち，厳格な選択基準，採用時での高めの給与と明確な昇任スキーム，"センター・オブ・エクセレンス"として世界的に著名な学者を惹きつけるための特別インセンティブ制度，などである。同様に，ケンタッキー大学でも「卓越した教員を惹きつけ，強化し，維持する」ことを目的とした戦略計画を策定した。この計画は，ランキングのトップ20に入るための5つの方策のひとつである (DeYoung and Baas 2012：89)。

　アイスランド大学の2006〜2011年の戦略計画は，トップ100に入るための必要なステップを示したものとしては，もっとも包括的なもののひとつであっ

た（Box 3.1 を参照）。これの 2011～2016 年版は，従来の"長期計画"を踏襲すると同時に，それまでの成功した事例にも触れている（University of Iceland 2010：3）。ランキングと人材獲得戦略との間の密接な関係は，香港大学の学長とシンガポール国立大学の学長も認めている。両大学は 2009 年の *THE-QS* ランキングで，それぞれ 24 位と 34 位にまで躍進したのだが，彼らはその成功の秘訣を「世界中からトップクラスの学者を招き入れること，そして現時点では世界中からトップレベルの学生も集めることだ」と述べている（Lee, H. S. 2010）。

上記以外でも重要な側面が国際化によってもたらされる。*THE* も *QS* も，留学生や外国籍の教員の比率を，レピュテーションや教育研究の質の代理指標として使っている。同時に，グローバル・ランキングに入ることで，大学にとっても国際的に知名度が高まるという明確なメリットがある。ある大学幹部が認めていたように，ランキングに載ることで「ますます国際化を追求したくなるような活力が新たに湧いてきた」。こうした変化が進むスピードは，日本のある大学（1900 年以前に創立した研究中心の私立大学）の学長も認めている。彼によれば，教員の国際公募は，最初はゆっくりと，しかし「現在は急速に進んでいる。……10 年前と比べると劇的な変化だ」。翻って，高いランキングの大学には，高被引用論文を書き，国際的な賞をうけている同僚がおり，これらが国際的な"スター学者"を惹きつける磁石になりうる（Clarke 2005：196）。一方，低いランキングはこれとは逆の効果で，彼らを遠ざけてしまう。

「（前に在籍していた大学が）あるランキングで最下位になっているのに気が付きました。それに仰天したことが，2 年前に移籍することを考え始めたきっかけです。しかし，そのこと以外にも，今の大学に移る方が望ましいと思われる理由がいくつかあったと考えています。」（環境と生命科学の教授：オーストラリアの教育中心の地域公立大学，1970 年以降に創立）

> **Box 3.1** 2006～2011 年のアイスランド大学の戦略概要
>
> 「アイスランド社会に最も貢献できるよう，アイスランド大学は世界のトップ 100 大学に入るという長期目標を設定した。……目標のひとつは，2011 年に博士課程の学生の 30％を留学生にすることである。そのために英語での広報資料を改善し，アイスランド大学のウェブサイトの国際性を高め，アイスランド大学の教育プログラムの広報活動を海外で組織的に行う。
>
> 　ISI Master Journal List に名前が載っているような査読付き国際ジャーナルに掲載される論文数を 2011 年末までに 100％増加させる。この目的を達成するため，研究報酬制度を改定して，このようなジャーナルへの投稿に重点を移すよう促す。たとえば *Nature* や *Science* などのような各分野のトップ・ジャーナルへ論文が掲載された場合には，特別賞を授与する。また国際的に高評価を得ている学術出版社で本が出版された場合にも特別賞を授与する。以上の変更は 2007 年から実施する。
>
> 　海外の第一級の大学や教員との組織的な協力関係を増加させる。2011 年にアイスランド大学は，少なくとも世界 8 ヵ所の先端的な大学・大学教員と共同研究を積極的に実施する予定である。国際的に評価の高い大学や研究機関との共同事業を促すために，こうした共同事業には 2007 年にスタートする大学研究基金から重点的に資金配分する予定である。」
>
> （出典）http://www.hi.is/en/strategy/strategy_2006_2011

ランキングと大学人

　個人の視点にもよるが，ランキングに対する見方は，次のいずれかである。第 1 は，ランキングは研究ならびに適切な研究指標の開発，あるいは評価手法などを促進，加速させると同時に自校出身者の優遇や縁故者びいきを減らすことができる（Arimoto 2011：241）という見方である。第 2 は，ランキングは教員に強いプレッシャーを与え「通常だったら迅速には動かない」大学に，変化するインセンティブを与えるという見方である。後者の厳しい見方からすれば，ランキングは結果として「成果の上がらない教員があまり歓迎されていないことを明らか」にすることによって，「彼らを罰することになる」（シニア・アドミニストレーター：オーストラリアの教育中心の地域公立大学，1970 年以降に創立）

高等教育機関からみたランキングの影響力 第3章

「大学はもっと冷静になる必要があると思います。われわれはパニック状態ともいえる2日間の将来計画会議を開催しました。まるで共産主義国家の研修会のようで,誰もが立ち上がって研究教育の改善のために,それぞれ何をやっているかを発言しなければならないのです。」(法学の教授:オーストラリアの研究指向の公立大学,1970年以降に創立)

こうした反応は,専門分野によって異なるのはもちろん,教員の年齢／世代,学問的価値への認識,惹きおこされる変化の影響,などによっても変わってくる(Shin and Jang 2013：159)。また,高等教育機関のタイプや資金が配分される仕組みによっても違ってくる(Lo 2014：81-100)。

ある教員は,「われわれはもっともっと業績を発表しろと圧力をかけられている」と述べている(ジェンダー問題専門の教授:オーストラリアの研究中心の公立大学,1945年以降に創立)。加えて,もっと「国際ジャーナルに発表しろ」とも言われる(学部長:日本の研究中心の私立大学,1900年以前に創立)。

「研究活動はとても重要です。……教育も確かに重要ですが,ランキングを上げるためにわれわれが第一にやらなくてはならないことは,研究活動をもっと活発にすることです。」(物質科学の教授:日本の研究中心の国公立大学,1900年以降に創立)

ジャーナルのインパクトファクターは常に議論の的になるが,こうした指標は生命科学や医学分野を不釣り合いに有利にする傾向がある。また,インパクトファクターを重視する風潮は,アジア諸国の教員にとっては二重の負担をもたらしている。すなわち「日本のジャーナルに日本語で発表するだけではなく,国際ジャーナルに英語で発表すること」が強く求められている(学部長:日本の研究中心の私立大学,1900年以前に創立)のである。日本の人文系の教授(研究中心の国公立大学,1900年以降に創立)も同様の考えだった。「そうした圧力は強まっている。……英語で書かれた研究論文や国際ジャーナルに掲載された

論文は，日本のジャーナルに掲載された論文よりもずっと高く評価されている」。そして，学術的な出版や論文発表の記録は学部内の資金配分にも影響を与える可能性がある。とくに，大学財政が厳しい昨今の情勢では，海外の会議への参加や海外出張への経済支援をうけられるかどうかは，（所属大学の）ランキング次第である。同様に，教員は発表した論文数と研究成果の影響度に応じて追加報酬を受け取ることになるかもしれない（情報技術の上級講師：オーストラリアの教育中心の公立大学，1970以降に創立）。しかし，これら2つの動きは，ポスドク，若い研究者，女性などにとって逆風になるのではないかとの懸念を生んでいる。

　ある教員は，ランキングは士気にも影響するといっている。もし大学のランキングが「"良ければ"，ランキングは，彼らの"プライド"や"自尊心"に訴え，よい雰囲気に繋がるだろう」。それによって，個人の評判も高まるし，プロファイルの向上にもなる。このため教員も満足してやる気が出るだろう。その一方で，ランキングは教員を分断してしまうかもしれない。なぜなら，研究成果を出している教員には有利になるとみなされるからである。

> 「自分の専門分野や学部では，学部長が義務負担を振り分けるのにランキングが影響を与えています。つまり，研究面で高い実績をあげていると認められた場合，その教員の教育負担は減らすようにしているのです。これは議論をよぶ可能性のある問題です。なぜなら，たまたますべての時間を教育に捧げているため研究ができない，という状況でも，学部長からは，君は研究を何もしていないから，教育ばかりに時間を費やしているんだね，と言われるかもしれませんから。このような罠にわれわれは嵌ってしまうかもしれないのです。」（経営学の教授：オーストラリアの研究中心の公立大学，1945年以降に創立）

このように，ランキングは「人びとに，自分たちが高等教育システム全体のどこに位置しているかという認識に影響を与えうる」。ランキングで"最優秀"

と評価されなかった学部では，自尊心を挫かれるかもしれない。「優れた教授たちや教育プログラムは，妥当性の疑わしい指標で測ったランキングの（誤った）解釈によって不当に扱われている」。なかには低いランキング結果に失望してか，その大学を去ってしまう優秀な教員もいる。彼らは，大学のランキングが低いことで自分たちまで低く評価されることを訝しく思っているのである。とくに芸術・人文関連の教員たちは，自分たちが脆弱だという危機感を感じている。彼らは，「自然科学の高等教育機関という新たな戦略的拠点と提携関係を結ぶ道を見出さなければならない」（シニア・アドミニストレーター：ドイツの研究中心の公立大学，1900年以前に創立）。計量書誌学的な指標が指向している目的からして「人文系の研究者」は，ランキングのことをあまり話題にしたがらない傾向があり，あるいはランキングを「底が浅く」しかも「議論したり，心配したりする対象ではない」と考える傾向がある（映画を専門とする教授：日本の研究中心の国公立大学，1900年以前に創立）。結局のところ，ランキングが研究と教育の連携を断ち切り，「極めて優れた研究者であると同時に優れた教育者になることは完全に可能だ」という考え方が崩れてしまうのを，教員は恐れているのである（ジェンダー研究を専門とする教授：オーストラリアの研究中心の公立大学，1945以降に創立）。

ただし，この場合，教員はまったく罪のない被害者というわけではない。彼らが，自分たちの研究者としての立場を強めるために，ランキングをすぐに利用していたことを示す多くの証拠がある。そして「先方の研究者もしくは研究チームが例外的に高い能力や実績がない限り，低いランキングの大学との共同研究は組もうとしない」という事実も示されている（商学部の教授：オーストラリアの研究中心の公立大学，1900年以前に創立）。

研究者仲間ならびにその他の大学関係者からの評価

国際化している高等教育の世界では，ランキングは他の大学ならびに関係する企業等（とくに提携先候補となる国内外の大学の情報を求めている企業）が使う重要な評価ツールになりつつある（図3.10を参照）。調査した大学のうち，2014

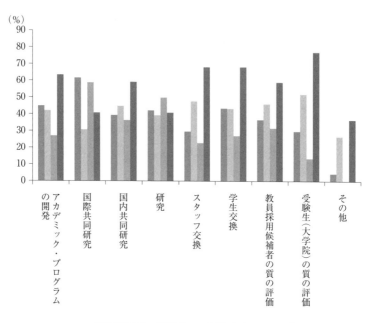

(注) 複数回答。(2006 年 N=71, 2014 年 N=22)

図 3.10　主要な決定の前に相手大学のランキングを参考にするか（2006 年・2014 年）

年には 84％ が自校と同等な国内他大学のランキングをモニターしていると答えているが，2006 年にはこの数字は 76％ 程度だった。同様に，約 77％ が自校と同等の海外の大学をモニターしていると答えているが，2006 年にはこの数字は 50％ 程度だった。また，40％ 近くの大学が，戦略的な提携関係を結ぶ際に相手のランキングを考慮している。これと関連して，2014 年には 70％ の大学の幹部が，他大学が自校との提携関係を検討するに際して，ランキングが影響を与えていると答えている（この数字は 2006 年には 57％ しかなかった）。さらに，自校が大学間の研究組織あるいは専門組織のメンバーに加わるに際して，他の大学の支持を取り付けるのにランキングが影響したと 45％ が信じている（この数字は 2006 年には 34％ でしかなかった）。

> 「ランキング結果は提携関係を結ぶかどうかの決定的な要因ではないかもしれませんが，ランキング結果は間接的には考慮されています。」(学長：ドイツの研究中心の公立大学，1850年以前に創立)

国際的な大学連合やネットワーク形成，そのメンバーになること，さらには関連するブランドイメージの向上，こうしたことの重要性を考えると，そこでのランキングの影響はとくに重大である。こうした大学連合の例としては，ヨーロッパ研究大学連盟（League of European Research Universities：LERU），コインブラ・グループ（Coimbra Group），ウニベルシタス21（Universitas 21），世界大学ネットワーク（World University Network：WUN），クラスターグループ（Cluster Group：Cluster），コンポステラ（Compostela），世界都市・世界クラス大学ネットワーク（World Cities World Class（WC2）University Network），そしてアセアン大学ネットワーク（ASEAN University Network）などがある。こうしたグループやネットワークのメンバーになるメリットのひとつは，「大学資源を何倍も効果的に使い，単独ではほとんどできないようなやり方で世界中の人びとの注目を集める」ことができることである。ロゴをウェブサイトに常時表示することもそうしたメリットのあらわれであり，今度はそれが大学の質の証しとして使われ，人びとにもそう解釈される（Labi 2011）。

ランキングは，研究者仲間による他大学への評価方法にも影響を与えている。「これは，カレッジ幹部による相互のレピュテーション評価を変えてしまうほど，ランキングとその階層化手法には強い正当性があるためである」（Bastedo and Bowman 2011）。また「単に（ランキングに）入ったというだけで，外部評価の際には有利になる」。

> 「どの大学も強力で成功した大学と提携を結びたがっています。そうすることは，認証評価や資金集めの上で有利になるのです。」(学長：ドイツの教育指向の私立大学，1900年以前に創立)

このことは，ハイレベルの代表団の訪問をうける時にも，大学が特定の構想に参加するよう招かれる場合にも，当てはまるだろう。「ランキングが始まって以来，世界中の数え切れないほどの大学からわれわれの大学を訪問したいという要望が来ている（前副総長：オーストラリアの公立の研究大学，1900年以前に創立）。その一方で，ランキングの結果が不振だと（時には期待したほど高くはなかったというだけで）逆の効果を生む。たとえば，ドイツのある工科大学（1900年以前に創立した公立大学）の学長は，彼の大学が第1期の"エクセレンス・イニシアチブ[5]"に選ばれなかった時に，いくつもの海外協定校から「貴校は，もはや名門校（エクセレンス）ではなくなったのか？」と尋ねられた，と嘆いている。アフリカの大学でも似たような話がある。彼らは，「国際的なイメージを高めようとしているような（その多くはヨーロッパやオーストラリアの）大学から，大学グローバル・ランキングでのわれわれの順位が高くないという理由で，一緒にやれない」と言われ続けてきた，と語っている（Holm and Malete 2010）。

先にも述べたように，ランキングは，大学の主要な関係者，たとえば，雇用者，卒業生，慈善団体，後援者，そして高等教育関係の理事会などの人びとの意見や意思決定に影響を与えている（図3.7，3.9）。この結果，因果関係の連鎖が生まれてくる。高等教育の専門家は「通常，長期にわたって比較的安定した外部評価を与えているのだろうと思われている」（Bastedo and Bowman 2010）。このため，ランキングが専門家に与える影響を考えると，他の大学関係者がランキングに対して同じように反応しても不思議ではない。

　　「米国のロースクールがランキング順位を落とした時，その反応はすぐにあらわれ，かつヒステリックなものでした。私は卒業生から頻繁に手紙をもらい，理事会からもランキング順位が急に落ちた理由について，いった

5）【訳注】Exzellenzinitiative。ドイツのエリート校を育成・強化するプロジェクトで，2006年から実施している研究支援制度。連邦政府と州政府が研究環境の整備，学際協力等を支援する。

い急に何が起きたのか，との問い合わせがありました。……こうした反応は，馬鹿げたものです。なぜなら，手紙をくれた人のほとんどは，本ロースクールの実態についてよく知っているからです。学生自治会も（ランキング結果に対して）抗議していました。というのも，彼らは実際に1年間ここで学んで，何も特別のことは起きていないことを知っていたからです。つまり，彼らみんなが本当に言いたかったのは，『おまえは何をやってたんだ』ということなのです。」(Espeland and Sauder 2007：23)

ランキングは，大学の格の登記簿のような性格をもつので，「主要な企業はランキングで（第1階層や第2階層の）学術評価をうけている大学の卒業生に採用のための活動資金を優先的に振り向ける傾向があり，逆に劣っていると思われる（第3階層や，第4階層の）大学やカレッジを避ける傾向がある（Webster 2001：240)。また，大学に研究資金を提供しようとするような企業は，大学の国際的な評判を重視するが，ここでもランキングが使われる（ドイツの経営者団体）。Spiewak (van Raan 2007：94で引用）は，ドイツテレコム社が支援する大学の講座を決めるのに，ランキングが使われていると主張している。同様に，ボーイング社は，「共同研究の相手を選んだり……教育プログラムや補足的な実習に……ボーイング社が提供している1億ドルを……どのカレッジに配分するかを決めたりする」のに（ランキングの）成果データを使うつもりだと述べている（Baskin 2008)。全体的にみると，企業がどの程度ランキングを使っているか，その結論は論文によってさまざまである。しかし，国内企業や中小企業よりも多国籍企業の方が，ランキングを抵抗なく使用することがわかっている。また，ランキングは，先進国よりも途上国からの学生を獲得しようとする場合により大きな意味をもつ。というのも，とくに高等教育制度全体が未熟な国でそれがいえるのだが，大学の質，延いては卒業生の能力を測るのに，ランキングがその規準指標として使われているからである（Guttenplan 2014)。

　卒業生，なかでも最近の卒業生は大学の名声の影響をとくにうけやすい（Holmes 2009)。しかも，彼らからの寄付は，ランキングと正の相関がある。

つまり，大学のランキングが上がれば，卒業生からの寄付も増えるというわけである（Webster 2001；Masterson 2010b；Flynn 2010b）。Locke（2014：81-82）によれば，ランキングのことを一番心配しているのは，理事会における大学関係者以外のメンバーとのことである。なぜなら，彼らにとってランキングが科学的でとても有意義なことをやっているようにみえるからである。

第3章の結論

　Sauder and Espeland（2009：68）には，ロースクールの長が「一人前」になった時の話が記されている。彼女は長となるまで「ロースクールのレピュテーション，管理政策，資金の配分や予算編成といったことのすべてにランキングが必須だということを知らなかった」。大学は，学生，とくに「優秀な」学生を獲得しようと必死に戦っている。そして，「ほとんどの大学は研究面でうまくいっていない箇所（研究対象，研究活動）を以前よりも綿密に見直している」（オーストラリアの政策担当者）。

> 「……ランキングには何の意味もないから，ただ座って何もしないというのか――まったく馬鹿げている。金(カネ)だよ，金。高いランキングは現実に多額の資金が集まることを意味しているんです。私もそうではないことを望んでいますが……（McClure, Rivard 2014bのなかでの引用。米国シラキュース大学の学長がランキングを批判，無視し，マイノリティーや低所得者を多数受け入れた。その後，同大学のランキングが下がったことを内部の教授が批判した言葉）。」

それほど高い順位でない高等教育機関でさえ，ランキングの輝きに囚われている。もっと高い順位になりたい，あるいは順位はどこでもよいので，とにかくランキング入りしたいと願っている高等教育機関の比率が年々増えてきている現状に，そのことはよく示されている。これまでの各国の経験からして，ランキングは，さまざまな側面で大学運営に活用されている。すなわち，戦略的な

思考や計画を浸透させ，優先順位の決定に役立ち，学生や研究者の募集戦略や募集方針を決める一助となり，潜在的な協定校や共同研究相手を見出し，研究教育の成果や質の規準指標を決め，大学のマーケティングやブランドイメージを支え，投資や慈善活動を促し，投資家や企業の雇用者を納得させる，等々（NACAC 2010：3）。

Elsbach and Kramer（1996）は，次のように述べている。ランキングは時に「組織の評判を脅かす存在になりうる」ため，大学は，データの問い合わせやランキング結果に異議を唱えることに，しばしば膨大な時間を費やしている。カリフォルニア大学バークレー校のある回答者は次のように力説している。

> 「某大学についてみていて，しばらく状況が飲み込めませんでした。われわれの同僚を私が知る限り，そして，その大学について私が知ることから判断して，彼らのランクがわれわれより上だなんて，ありえない。」（Elsbach and Kramer 1996：456）

前記した Levin（2002：6-7）によるバージニア・コモンウェルス大学の「ケーススタディ」は，大学の研究部門が6ヵ月もかけてどのようにデータを集めたか，あるいは渉外担当の副学長を雇って，入試，マーケティング，対外広報の改善の責任を任せたか，その経緯をよく示している。9つの戦略が採用されたが，たとえば，教育プログラムの改善，マーケティング計画の策定，出版やウェブサイトの拡充，博士号をもった教職員の比率を上げること，常勤教員の比率を上げること，などが含まれる。また，上位にランクされている大学は，世界クラスの大学をもちたいという政府の要望に応える形で，追加的な特別資金を求めるロビー活動にランキングを利用している。これは，まさしく上海交通大学が世界大学ランキングを始めた時の動機であった。こうした場合の彼らの主張のエッセンスは，次のようなものである。

> 「世界クラスの大学になるのにもっとも近い距離にいるのはわれわれです。

もし，追加的な資金を頂けるのであれば，その目標に近づける可能性はずっと高まるでしょう。」（オーストラリアの高等教育の関係者 A）

　したがって，ランキングに対する批判にもかかわらず，ほとんどの高等教育機関は，ランキングが彼らの妨げになっているというよりも，助けになっていると信じている。これは，（著者が行った）国際調査でも明らかであるし，最近のヨーロッパを基盤とする RISP 調査によっても支持されている。ランキングのリストに入れば，パブリックイメージも良くなるし，共同研究や提携関係を結ぶ上でも有利になるのである（Hazelkorn and Loukkola et al. 2014：35）。このようにランキングは情報提供する以上のことを行っている。すなわちランキングは，高等教育機関が自身をどのように認識するか，そして，その多岐にわたる機能をどのように評価し優先順位を付けるかに関して，影響を与えているのである。ランキングは高等教育という場に働く力の源泉を変えることで，国際的にも国内的にも高等教育機関の間の競争を激化させている。そして，高等教育機関に対して「彼らのプログラムが時代遅れになっていること」そして競争が改良を促す力をもつということに「突然気づかせる」（Gioia and Corley 2002：109）。これによって，高等教育機関や高等教育制度に顕著で急速な変化がもたらされる。

　こうした新しい環境に対応するために，高等教育機関は合理的に行動しているのだろうか。大学のデータの使われ方は，大学の評判，地位，そして財政基盤に極めて重要な影響を与ええるため，「ランキング機関に提出する統計資料には正確を期して，彼らの地位が国内的にも国際的にも正しく反映されるようにする」ことは，彼らの利益である（上級幹部：イギリスの研究中心の公立大学，1945 年以降に創立）。しかし，より正確になったはずのデータが，いったいどの段階で，次に示すような不正な操作の対象になるのだろうか。

　ある国際調査によれば，回答者の 74％が，「ランキングの順位を上げるためにデータを操作した」ことを認めている（Adams and Baker 2010）一方で，米国の入試事務担当の責任者に対するある調査では，回答者の 93％がそうした

行動はどこでもやっていると信じている（Jaschik and Lederman 2013：8）。ランキングは，しばしばゼロサム・ゲームだとみなされる。世界のトップ・ランキングにある大学が享受している利益の好循環は非常に強固な反面，そうでない大学は負のサイクルによって逆の結果を生んでおり，いわゆるマタイ効果が生まれているのである。この結果，高等教育機関の幹部は，たとえ情報操作をしてでも，彼らのランキングを上げるための行動をするのは必要でもあり合理的でもある，と信じている。そこには，"他でもみんなやっている・シンドローム"が働き，やらなければ自分たちが困るだけだ，という思いがある。高等教育機関の幹部たちにとっては，こうした行動をとるのは，実績に応じて資金を獲得する他のシステムでの行動と同じことをしているだけなのである。

> 「学部や学科に行ってみれば，どうやって多くの資金を獲得するかについて彼らはよくわかっています。たとえば，PhDを修了したすべての学生に対して，どうやって資金を得るかなどです。」（前副総長：オーストラリアの公立の研究大学，1900年以前に創立）

はっきりしないのは，彼らが自分たちの目的を達成するためにどの程度の予算を実際に投入しているかという点である。Gnolek et al.（2014：15）によれば，USNWRのランクを少しでも上げようとすれば，たった2つの指標だけで「毎年1億1,200万ドル以上の資金を継続して追加投入することが必要になる」ようである。2つの指標とは，学生1人あたり約8万6,000ドルならびに教員1人あたりの（諸経費を含む）報酬15万ドルの追加資金である（第6章，ならびにDeYoung and Baas 2012も参照）。しかし，各種指標が相互に関連し合っていることを考えると，強力で一定の方向性をもった行動と継続的な投資が不可欠である。

最後に，指標やそのウェイトが変化した時に，それが高等教育機関やその戦略にどのような影響を与えるかは，明確でない。なぜなら，結局のところ，そうしたウェイトの変化は商業ベースないしは独自の判断で動いているランキン

グ機関によって決められているからである。ここで暗黙の前提となっているのは，指標は客観的な事実を表しており，一定期間大きく変動するものではなく，今後5〜10年に亘る大学の長期目標を決めるのに使うことができる，という点である。そして，こうした状況下では，ランキングは大学に対して「外部的に定義された理想の大学像に向かって専念するよう」(Martins 2005：715) 指示する存在となっている。そうすると，もしも指標が変わったら，大学の戦略もそれに合わせて変わっていかなければならないのだろうか。そして，もしそんな状態になったら，誰が大学の戦略を決めていることになるのだろうか。

第4章
ランキングの利用
―学生の選択ならびに学生募集―

> 「私の同級生は米国コロンビア大学卒ですが，私の大学でとても高く評価されています。直接に言われたことはないですが，私が頑張ってこの（日本の）大学を卒業しても，コロンビア大の卒業生ほどには認められないことは一目瞭然でした。」
> （ベトナム出身の留学生：日本の研究中心の私立大学，1900年以前に創立）

> 「（私は現在所属している大学より）国際的な評価がもっと高い大学は他にあるということを知っていましたから，最初の頃（今の大学で良かったか）心配でした。卒業後，米国かヨーロッパの大学院に行きたいと思っていたので，自分の直感に従って今の大学にするか，それとも選択肢がもっと広がる他の大学にするか，しばらくの間，本当に迷っていました。」
> （在学生：オーストラリアの教育中心の大学，1970年以降に創立）

ランキングの高まる人気

ランキングの歴史は100年近くになるが，良くも悪くも注目を集めるようになったのは，1980年代に入ってからのことである。成功した主な要因のひとつは「大学や政府では対応できていなかった透明性と情報提供に対する一般の人びとの需要」を満たした（あるいはそのようにみえる）ことであった（Usher and Savino 2006：38）。Clarke（2007：35）によると，高等教育におけるいくつかの傾向がランキングに対する需要を高めている。たとえば，進学率の上昇，

就学のための費用の増加，そして払ったお金に値するだけの価値を期待する消費者としての学生の視点などである。Morse (2010a) も似たようなことを指摘している。特に，米国のいくつかの私立大学では学費が非常に高くなっている——学部レベルで年間 50,000 ドル，卒業までの4年間で 200,000 ドルもかかる——現状では，「大学に，コストに見合うメリットがあるのかを判断できる情報が切実に求められている」。こうした費用対効果の問題についてはスウェーデン高等教育庁も次のように指摘している。

　「学生は自分の教育のために多くの時間とお金を投じています。ですから，大学を選ぶ前に受験生が大学に関する包括的かつ適切な情報へアクセスできることはとても重要です。」(HSV 2009：6)

ランキングの利用者を対象にした 2010 年の調査では，ランキングを最も高く評価しているのは学生であることが示されている (Adams and Baker 2010：chart 2)。また，米国の調査では，回答者の 84% が卒業率，学生ローンの返済状況，そして就職率などの情報を公開するよう大学に義務づけるべきだと考えている (Hart Research Associates 2013：16)。こうした潮流が背景となって，ここ 10 年の間にさまざまなランキングが誕生し，多様な発展を遂げている。そしてランキングの利用者や利用目的は，当初のターゲットだった学生やその両親という枠を遥かに超えた広がりを見せている。実際，大学の費用対価値を重視しているランキングが増えてきた (Kaminer 2013)。

USNWR Best Colleges ランキングおよび *CHE* 大学ランキングは自分たちの重要性を強調し，学生とその両親に対して次のようにアピールしている。まず，*USNWR* ランキングは「学生やその家族は，米国のカレッジや大学の教育プログラムのそれぞれの利点についてなるべくたくさんの比較情報をもつべきだ」と考えている (USNWR 2010a)。そして，その目標は「あなたに一番合った大学を見つけよう (Find the Best School for You)」というキャッチフレーズによく示されている (USNWR 2013)。一方，*CHE* 大学ランキングは次のよ

第4章 ランキングの利用—学生の選択ならびに学生募集—

うに問いかけている。

「ドイツの大学が提供している学習プログラム全体がわかる優れたナビゲーターをお探しですか。どの大学のどのプログラムがあなたの希望やニーズにピッタリなのか，知りたいですか。あなたの答えが YES なら，今すぐ *CHE* 大学ランキングを使いましょう！」（DAAD 2010）

大学を費用対価値で評価する Obama 政権の計画は，オンラインで提供することによって大学情報へのアクセスと大学間比較を容易にしたイギリスやオーストラリア政府などの先例にならったものである。

これらと並行して，オンラインで簡単にアクセスできる学生向けの大学ガイドが急増している。たとえば *RealUni.com*, *the Push Guide*, *Springboard*, *The Times* 紙の *Good University Guides*，そして *Apply2Uni* などである。また，*Princeton Review* の大学ランキング *The Best 378 Colleges* では，さまざまなカテゴリーで 62 種類ものランキング・リストを作成し，それぞれでトップ 20 を発表している。たとえば，「学生寮ランキング」，「LGBT フレンドリー大学ランキング」などといった具合である（Princeton Review 2013）。学生が教員を勝手に評価するオンライン・サイトについてはこれまでも議論されてきたが，ソーシャルメディアには，確かに従来型のランキングを凌ぐポテンシャルがある。こうしたサイトの代表的なものとしては，Students Review（http://www.studentsreview.com/），Unigo（http://www.unigo.com/），College Confidential（http://www.collegeconfidential.com/），あるいは Mynextcollege（https://www.facebook.com/mynextcollege）などがあげられる（McKay 2013）。

今日，ランキングは高等教育の広範な関係者によって，当初想定されてはいなかったような目的で使われるようになってきている（Sauder and Espeland 2009：68）。すなわち第 3 章で見たように，高等教育機関はランキングを自校のみならず，類似した大学の成果を測る基準指標として使っている。また，協定校や共同研究相手を探すのにも使われているし，提携関係を結ぶ前にそれに

191

相応しい相手かどうかを評価・判断する一助としても使われている。雇用者は，有望な卒業生や社員候補を探したり，特定の卒業生の能力や特性を推測したりするのにランキングを使っている。大学の説明責任と透明性に対する社会的な要請が増大し，そして—2008年の世界金融危機後は特にそうなのだが—費用に見合う価値が求められてきた。これらに伴い，政府や雇用者など，重要な大学関係者のランキングに対する関心は強まってきている。これは，ランキングが高等教育部門ならびに個々の大学から独立していると見なされており，ランキング指標が成果測定や教育研究の質の基準，そして競争力強化の手法として使われるためである。発展途上国ではランキングは認証評価を代替もしくは確認するのに使われることが多く，説明責任を果たし透明性を確保することは，世界のトップ大学に仲間入りするのに不可欠だと考えられている（Edukugho 2010a）。*U-Multirank* は，「大学レベルや国家レベル，さらにはEUレベルの政策決定者が高等教育の将来構想を作成するのを助ける」ことを目的として，より優れた情報提供をすることを明示的に謳っている（Europa 2008a）。「公立大学への助成金に直接の責任を持っている政府」に加えて，高等教育に関心を持ち寄付者ともなりうる卒業生，さらには（教育行政に影響を与えうる）一般有権者という利用者グループもいる。このグループは，

> 「大学の収入に直接的な影響力を持っているので，彼らの好みや選択が学費政策，入学基準，教員の選択，ならびにその他の大学の活動に反映される。」（Zhe Jin and Whalley 2007：2）

このようにランキングが公共圏（以下を参照）に影響を与える力は無視できない。

ランキングには情報提供者という役割に加えて，世論形成者としての側面もある。このことによって（ランキングや高等教育について聞いたり読んだり見たりすることによって影響を受けている）世論は，ランキングの（普段は考慮されていない）もう一つの観客であり利用者ともなっている。世論はメディアによって示され，あるいはメディアを通じて表明されるが，ランキングはメディア企業

によって作成されたり配信されたりすることが多いので，利益相反の問題が生まれてくる。世論は社会がある時点で持っている信念の複雑な収集であり集合であるが故に説得力を持っていると同時に，様々な影響も受けやすいのである。Habermas（1991）が述べる公共圏とは，市民が理性的な議論を行いコミュニティの意見を表明する空間であり，一方，Blumer（1948）は，世論を異なる時点における意見の集約とみなしている。ロゴマークの存在，伝統的な建物のイメージ（たとえばハーバード大学を想起させるような蔦に覆われた煉瓦の建物），世界的に有名な政治家や国際リーダー，芸術家などが名誉学位・名誉教授の地位を授けられる写真，あるいは，その大学の専門家がラジオやテレビに出演する頻度などによって世間の見方は影響される。それによって，その大学のレピュテーションを変えたり強化したりすることができる。Brewer et al.（2001：28）によると「ある大学やカレッジに対して世間から抱かれる特徴が，その大学の成果の質と直接関係がなくても，高いランキングと結び付けられてしまうことがある」。

2013年に公開された *USNWR Best Colleges* ランキングは，初日だけで1,890万回アクセスされ，260万人のユニークユーザー（サイトにアクセスした重複を除く正味の人数）に利用された（Morse 2014b）。これは2000年ごろのハードカバーの *USNWR* 特集号の総購入者数が1,100万人だったころと比べて，顕著な増大である（Dichev 2001：237）。2007年の当該ウェブサイトの平均アクセス数は，通常の月で50万ページビューであったのに対し，新ランキング発表後の72時間では1,000万ページビューに達している。さらに2年後の2009年には，発表後のアクセス数は1,530万ページビューに上り，190万人のユーザーに利用されていた（Putze 2010；Morse 2010a）。*U.S. News* によると，利用者の80％が *U.S. News* のメインページを通してではなく，ランキングページ（*USNWR*）に直接アクセスしており，「ランキング・データだけが目当ての利用者」であることを示している。他のランキングサイトの状況も，*USNWR* と似たり寄ったりである。

TopUniversity ランキングや *ARWU* ランキングの人気ぶりは，年間アクセ

ス数の急激な増加に示されている。一方，QSによると2009年には自身のウェブサイトが700万人にアクセスされたのに対し，QS以外のサイトへのアクセスは1,300万人だったとのことである (Sharma 2010a)。また，AlexaやQuantcastなどの外部のウェブ・トラフィック測定ツールでは，サンプル・アクセスの相対的順位をもとにして，ランキング・ウェブサイトの（世界中のウェブサイトの中での）順位付けを行っている。2014年7月時点での各ランキング・ウェブサイトのグローバル順位は次の通りである。ARWUは985,000位でTHEは16,000位，最も人気があったのはQSで11,000位であった。それぞれのウェブサイトには，独自のトラフィック・パターンがある。たとえばQSの場合はインドからの利用者が最も多く（総数の21％），次いで米国（8％），イギリス（7％），パキスタン（6％），そしてメキシコ（5％）の順である。これとは対照的に，THEではイギリスからの利用者が最も多く（17％），次が米国（16％），3番目はインド（13％）である。人口構成から見ると，利用者は男性が多く，18～24歳の高校・大学卒業生である。U-Multirankのウェブサイトは最近立ち上げられたばかりなので，上記のランキング・ウェブサイトと単純に比較することは難しいが，初期の利用状況を見ると，米国からの利用者も9％あったものの，ヨーロッパからの利用者が顕著に多い（ドイツから20％，フランスから9％，イタリアから7％）ことは興味深い (Alexa 2014)。

　データを直接比較することは難しいが，2000年代初頭ごろからランキングの人気が高まっており，次のようなランキング出版物にもその傾向は見て取れる。たとえば，Asiaweek誌が毎年発行していたBest Universitiesは同社のベストセラーだった。一方，Time誌による1998年の推計によると「受験生およびその両親は年間4億ドルを，ランキング・レポートを含めた大学入学準備のための商品に費やしている」(Stella and Woodhouse 2006：4)。またDichev (2001：237) の推計によると，ランキング・レポートの顧客の一部は「受験生や親以外の需要者」であり，このグループに対する売り上げは伝統的な顧客である受験生を40％上回っている。これとは対照的に，Sunday Times紙の『英国大学ランキング』は（CDとDVDの販売は雑誌よりはいいものの）ベストセラ

ーとは見なされておらず，販売促進や宣伝によって売り上げが多少増加しても，通常，売り上げの増加分はコストの増加で帳消しになっている。したがって，その出版の狙いは，むしろ別のところにあると考えられる。

> 「（ランキング・レポートの出版は）大学入学を考えている 16～18 歳の若者との間に長期的な関係を築く……すなわち将来の雑誌購読者ならびにウェブサイト利用者に誘導することにあります。……このため *The Times, Guadian, Independent* さらには *The Irish Times, Irish Independent* などのアイルランドやイギリスの多くの新聞は，こうした受験生のために多くの重要情報を提供しているのです。」(Murphy 2010)

実際，ウェブを使ったランキング利用が増加するのに伴い，ランキング・レポートの販売数と売上金額は減少してきている。そして毎年 8 月ごろにはランキング関連情報をウェブ上で探す活動が急増する傾向が見られる。このように学生やその両親をウェブサイトに向かわせることで，印刷出版物の売り上げを長期的に伸ばすのにランキングは重要な役割を果たしているのである。

　Bowman and Bastedo（2009：18）によれば，ランキングがメディアに報道されると（特にランキング結果が第一面に掲載された場合），それは受験者に対して強い影響力がある。すなわち「"トップレベル"の大学の一員というラベルを貼られると一段と重みが付き，トップレベルの大学群の中で順位がひとつ上がるよりも遥かに大きなインパクトがある。」（Meredith 2004）。オーストラリアの大学（教育中心大学，1970 年以降に創立）のアドミニストレーターは *Good University Guide* が学生募集に与える影響と，そのランキング結果を伝えるメディアの役割とを区別し，後者は見出しが持つ宣伝効果のために，より強力な影響力を学生募集に与えているとしている。また，オーストラリアの学生（教育中心大学，1970 年以降に創立）も次のように認めている。

> 「どの大学が 1 番で，どれが 2 番か，3 番かなどについては，共通の認識

があり，それを当然のこととして受け入れています。すなわち世界中どこの国でも，トップの大学はハーバード，オクスフォード，イエール，ケンブリッジ大学だと思われています。なぜなら，映画やメディア，様々な文化の中でそうした考え方を見聞きしているからです。実際，そうしたことによって人々のトップ大学のイメージが固まってしまうのです。人びとはいろいろな記事でこうした大学名を目にしていますから，これらの大学は最先端で，トップランナーに違いないと頭に叩き込まれます。様々なところにいつも名前が出てくるのだから，もちろん人々の敬意を集めている大学なのだと。」

こうしたメディア報道は良い影響を与えることもあるし，逆の影響を与えることもある。あるオーストラリアの政策担当者は次のように語っている。学生は「世評にとても敏感である。ある大学では，ランキングで悪い評価を受けたために，留学生の入学者数が激減したこともある」（オーストラリアの政府職員）。（良い情報であれ悪い情報であれ）メディア報道がもたらす可視化の影響は確かに大きいようである。

　ランキングの中心的な魅力が，簡単でわかりやすい表示形式にあることに疑いの余地はない。ランキングは一目でわかる簡便な品質保証マークである。ランキングのお蔭で，ユーザーは特定の高等教育機関を詳しく分析する前に「予備選別」（Contreras 2007）することができ，あるいは簡単に相互評価や比較を行うことができる。ただし，いくつかの問題点もある。たとえば，ランキングは，ユーザーが期待しているような内容を実際に測っているのか。ランキングは意味のある内容を測っているのか。あるいは，学生や他の関係者に最も役立つような情報や指標を提供しているのか。そしてランキングは学生の意見や選択にどのような影響を及ぼしているのだろうか。こうした問題を分析するためのグローバルで包括的なデータは限られているが，いくつかの明確な傾向は読み取れる。

　本章ではドイツ，オーストラリア，そして日本の学生に対して行われたイン

タビュー結果から，ランキングが彼らにどのような影響やインパクトを与えているのかを考察する。また，学術研究や関連調査，新聞雑誌記事の解説などから引用した世界各国の状況も参考にする。さらに International Graduate Insight Group データベースの包括的なデータも活用する（i-graduate 2010, 2014）[i)]。これらの情報を総合することで，ランキングが学生の大学選択や学生募集，そしてキャリア機会などにどのような影響を及ぼしているかを，広範かつ包括的に分析する。本章は次の4節から構成される。(1)ドイツ，オーストラリア，そして日本で行われた個人インタビューとグループ・インタビューをもとにした学生の大学選択に影響をおよぼす要因の分析，(2)より広範な世界各国における実態の分析，(3)ランキングと高等教育機関の募集戦略の相互作用の分析，そして(4)ランキングと就職やキャリア機会との関係の考察，である。

学生の大学選択—ドイツ，オーストラリア，日本—

　学生がカレッジや大学の選択を行う際に大きな影響力を持つ要因は何か，また，それらがどのように影響を与えているのかが，これまでの研究で明らかにされてきた。こうした要因には，両親や同級生からの影響，学費および生活費などのコスト，カレッジや大学が提供するコース／プログラム，所在する都市や国，大学施設や社会生活の質，そしてカレッジや大学のレピュテーションなどが含まれる（Bergerson 2010）。意思決定の複雑なプロセスは，いくつかの段階やフェーズを経て行われるが，それぞれの段階やフェーズで「さまざまな個人的あるいは構造的な要因が互いに影響し合い，その結果がさらに次の段階・フェーズに影響を与えていく」（Kallio 1995：110；Hossler et al. 1989）。学部生に関しては両親や友達から影響を強く受ける（Chapman 1981：492）。しかし，大学院生は，キャリア計画など，「卒業後の人生」や仕事などを考慮して大学院を選択している（Kallio 1995：120）。最近では，学生が消費者として行動をとるような傾向が強まっていることに，いくつかの研究が着目するようになってきた。James et al.（1999：75-76）によると，「レピュテーションが重要な役割を果たす高等教育市場では，学生は学位を取ることによる利益を最大化」し

ようとするので，大学や学部のステータスや名声が重要な要素になってきている。

> 「大学には重要な提供価値があり，それはかけたお金に見合うべきものだと思います。もし大学に有望なキャリアも期待できず，レピュテーションの高い一流大学でもないのだったら，5万オーストラリア・ドルも払って5年間も通う甲斐がありませんよ。」（オーストラリアの学生リーダー）

学生は，「大学間にある種の階級が存在し，一般に認知されている大学の名声と入学に必要な成績とは密接に関連していると考えている」ことが多い。しかし，プログラム内容を無視して大学の名前だけで選択を変える学生はほとんどいない（James et al. 1999：71）。オーストラリアのある調査では，2004年に入学した学生を10年前と比較し，「学生の目的意識が強まり，キャリア目標がより明確になった」と指摘している（Krause et al. 2005）。こうした傾向はイギリスおよびスペインの調査でも確認されており，学生が労働市場やキャリアの見通しを以前よりも重視しているということが示されている（Maringe 2006；Gallifa 2009）。

> 「私は，入学の時や卒業の時に学生が一番心配することは何か，座って考えてみました。それはやはり大学のレピュテーションではないかと思います。」（Smith, Gadher 2010で引用）

> 「大学に行く目的は将来の良いキャリアを得ることではないでしょうか。もしその大学がこの面で役に立たないのならば，大学に通う意味は何なのでしょう。」（ある新入生の意見，Lee 2010で引用）

1,000人の成績優秀な学生を対象にした米国の大規模調査でも同様の結論が得られており，「学生の4人に3人は，どこの大学に行くかが，その後の人生に

おける社会的成功や仕事面での成功に大きな影響を及ぼすと考えている」(van de Water et al. 2009：5)。こうした見方は，USNWR の見方とも一致しており，大学のレピュテーションは「一番肝心な卒業後初めての仕事」を確保することや，「トップクラスの大学院」に入ることに重要な役割を果たすと主張している（Morse 2010a)。ドイツでは52％の学生がレピュテーションの高さを理由に大学を選択している（Federkeil 2009：18)。これは米国の全国大学入学相談員協会（NACAC）の調査結果とも整合している。それによると，相談員の62％はランキングについて高校生やその両親と何回か話し，16.5％は学生が使えるように大学ランキングの本を提供している（Caruso et al. 2011a：10)。

　国際的な学生の流動性は，最近数十年にわたって急速に高まってきた（Brooks and Waters 2013)。OECD によると，2011 年には 430 万人弱の学生が，自分の国籍とは異なる国の大学に在籍し，その大部分は学部で従来型の課程を学んでいる。留学生の圧倒的な多数である 83％は G20 国の大学に在籍し，また 77％は OECD 加盟国の大学で学んでいる。こうした留学生のうち53％はアジア出身であり，最も多いのは中国，インド，そして韓国の学生である。こうした傾向は強まりつつあるが，それは自国における教育機会が不足していることと，海外の大学を卒業した方が，箔が付くと考えられているためである。2000 年～2011 年の間に大学や大学院などに留学する世界中の学生数は 2 倍となり，年平均で約 7％の成長率である（OECD 2013：304-305)。留学するかどうかの決断は重要であり，Mazzarol and Soutar（2002：88；Böhm et al. 2004：21）によれば，留学先の国や大学の選択はいくつかのプッシュ要因とプル要因の相互作用に影響される。なかでも言語や文化への配慮，地理的な近さ，教育制度の類似性，そして卒業後の就業機会などが重要である（Gribble and Blackmore 2012)。

　留学生にとって，留学することや留学先の選定は「家族全体のプロジェクト」となる場合もある（Brooks and Waters 2013：53)。オーストラリアに留学するアジア出身の学生，たとえばマレーシアやシンガポールからの学生にとって両親や親族から受け継いでいるものは重要である。「自分の両親が居たところは，

祖父母，叔父，叔母など大家族のつながりが強く，そうした親族からたくさんの情報が伝わってくる」（オーストラリア政府の政策担当者）。同様に，家族の支援も極めて重要である。米国で学んでいる留学生の62％は，主に自分あるいは家族の資金で支えられていると述べている（IIE 2008）。また，アジアから留学する学生全体も同程度の支援を家族から受けている（Brooks and Waters 2013：53-54）。

　大学の質—ただし，もっと大切なのはその質がどのように世間に認知されているかという点だが—は決定的に重要な要素である。そこには，大学のレピュテーションや所在国の情勢，そして当該大学卒業資格の価値が将来の就職先に認められるか，といった点が含まれる。しかし，学生は均質な集団ではない。多様な能力や野心，社会経済的な背景を持ち，これらが留学先の選択や傾向に影響を与えている。多くのアジアの学生にとっては「海外で（英語で）学位を得たことそのものに価値がある」（Brooks and Waters 2013：145）。その一方で「（イギリスでは）少数の恵まれた学生が（大学ランキングの序列をもとに）国や地域の枠を越えてグローバルに大学を選択している」（Brooks and Waters 2013：107, 116）。Findlay and King（2010：1）によれば，調査したイギリスの学生の89％が，「世界クラスの大学」で学びたいという欲求が彼らの留学する意思決定に「重要」あるいは「非常に重要」な影響を与えた，と回答している。

　　「向上心の強い（イギリスからの）留学生にとって，米国は依然として圧倒的人気の留学先（51％）ですが，フランスやドイツはあまり人気がありません。また，イギリス国内のトップ10大学に申請した学生は，海外でも一流大学に申請する傾向が見られます。」（Findlay and King 2010：41）

イギリスでの傾向は，他の国でも見られる。たとえばSpies（1978）やAlter and Reback（2014）はそれぞれ，人並み以上の米国の学生は大学のレピュテーションや学生生活の質など，コスト要因とは関係のない要素で大学を選択する傾向があるとしている。またJames et al.（1999：x）によるとオーストラリア

でも似たような傾向が見られ，「研究中心」の大学に申請した学生は「他の要因に比較して，研究上のレピュテーション，大学のイメージや名声，そしてキャンパスでの社会・文化的活動などの要因に影響されやすい」。

本項では，上記の要因，特にランキングが学生の大学選択にどのような影響を与えるか，という点に着目して分析を行う。学生を，国内学生／留学生，学部生／大学院生，という2つのカテゴリーで，4つのグループ（(1)学部の国内学生，(2)学部の留学生，(3)大学院の国内学生，(4)大学院の留学生）に分けて分析する。社会経済的な背景ならびに民族性や国籍に伴う問題は本章の後半で分析する。

(1) 学部の国内学生

学部生は通常，地元の大学に入学する。家庭の事情や経済状況，選択できる大学やプログラムなどにより，自分が住んでいる都市や州内，あるいは地理的に近い大学を選択する傾向がある。選択の判断に地元の情報，たとえば友達や家族からの情報，地域ランキング，カレッジ・ガイド，入学スコアなどを利用する。米国で行われた調査によると，学生の流動性が高まりつつあることやある程度の地域差を見込んでも，「カレッジに進学する高校卒業生の約80％は故郷の州に残り，その地域のいわゆる旗艦大学か地方大学に進学する。そして，州外に出る学生の半分以上は私立大学に進学している（Marklein 2006；Mak and Moncur 2003；Drewes and Michael 2006）。

インタビュー対象とした3ヵ国でも似たような傾向がみられる。オーストラリアのある学長は，学生の流動性はたった3％に過ぎないと主張している。また，ドイツの学生は大学に入学してもまだ両親と一緒に暮らす「ホテル・ママ」的考え方から抜け出せないでいると見られ（Kehm 2010），50％以上の学生が，大学選択における非常に重要な要素として「実家から近い」ことをあげている（CHE 2007；Federal Ministry of Education and Research 2010）。以下は，そうした学生（ドイツの研究中心の地域大学，1945年以降に創立）の代表的なコメントである。

「(私が在籍している)この大学は一番家に近くて，数学科の評判はとても良いです。また有名な教授も何人かいて，その教授たちの名前を言うと，どこに行っても人々から『ああ，あの人ですね，もちろん知っていますよ。その人の書いたものを読んだことがあります。』と言われたりします。」

ドイツの *CHE* 大学ランキングやオーストラリアの *Good University Guide*，日本の『朝日新聞出版・大学ランキング』は，学生の流動性の高まりや入学の選択肢が増えていることに対応して多様な指標を使って評価しており，特に近隣に複数の大学がある場合には役に立っている。これは，学生(オーストラリアの研究中心の公立大学，1945年以降に創立)の次のコメントでも確認できる。この学生は *Good University Guide* を利用している理由として，「教育活動，各分野の研究活動など，大学生活の様々な側面に対して，多様なガイドラインを提供しているから」と答えている。また *USNWR* は，米国の学部生の流動性の増加と情報ニーズの拡大に対応して，早い段階で国内市場に参入している。さらに，ランキングは米国以外の国でも同様の効果を持つようになっている。たとえば，(オーストラリアのような)「学生の大学選択に関して，地域的流動性が一般的にあまり高くない国」でも，ランキングは一流大学に「州外の学生を引き寄せる」ことを可能にしているのである(オーストラリアの高等教育政策関係者)。

　入学スコアや予備試験結果，高等学校の成績も，ランキングと同様に大学のレピュテーションや名声に影響力がある (Sweitzer and Volkwein 2009)。学生とその両親は，入学条件の厳しさならびに大学や学部の選抜水準の高さが，大学の質の高さを表していると考えることが多い。ランキングのようなレピュテーション的性格を持つ要素が学生の選択に影響を与えうるのは，しばしば特定の文化に固有なものだという説明がなされてきた。しかし，実際には多くの国でそうした影響が見られる。オーストラリアの新設大学では，その権威を低く見る"学生"の受けとめ方に悩んでいる (Long et al. 2006：142)。また，日本では「高校教師は依然として入試の点数を重視しているが，親たちは大学ラン

キングも見ているかもしれない」。ただし，本質的に，入試の点数と大学ランキングとは，

> 「同じものを示すと解釈されています。なぜなら，入学試験は非常に厳格に行われていますし，学生の質は多くの場合，卒業した大学で判断されますから。」（教員：日本の研究指向の地方国立大学，第二次世界大戦後に創立）

社会文化的，社会経済的な要因は「大学を資産，レピュテーション，名声などで差別化し序列化する」ことを一層促している（オーストラリアの学生リーダー）。オーストラリアの学生（研究中心の大学，1970年以降に創立）は，ランキング順位が今の大学より低い大学を彼女が選択した時に，高校の副校長が「怒った」様子を語っている。

> 「（副校長は）〔X大学〕に入学した方が将来の選択肢が広がるし，単純にもっと立派な大学に見えますから，成績優秀な学生はそっちへ行くべきだと信じていました。ですから，私のような学生はせっかくの良い成績を無駄にしていると思われていました。」

USNWR もレピュテーションを測るデータとして，入学時のスコアや教職員の給与などを使用している。これから見ると，入学時のスコアなどを大学の質の代理変数として見ているのは，学生だけではなさそうである（Butler and Murphy 2009）。

(2) 学部の留学生

　学部の留学生が，留学生全体に占める割合は，国によって異なっている。調査を行った3国を見るとオーストラリアに留学する学生の94％は学部レベル（国際標準教育分類：ISCED A, B）で学び，日本の場合，この割合は90％である（OECD 2013：317）。これとは対照的に「ドイツに留学する学生のほとんどは

自国で高等教育を受けた経験があり，半分近くはすでに学位を持っている」(Federal Ministry of Education and Research 2005：2)。最初の学位を取ろうとする学生は，親族の繋がりや所属大学との関係をもとに留学先の大学を選択する傾向が見られるが，留学先のビザの取得しやすさ，将来の就職やキャリア機会も重要な要因である。特に政府が，留学生は地元経済や国内経済に大きな貢献をすると考えている国は重視される（Theil 2010）。

ランキングは重要な情報源の一つであり，留学生にとっては特にそうである（Mao 2013）。ある中国人留学生（オーストラリアの研究中心の公立大学，1970年以降に創立）は，各大学のウェブサイトでは良いイメージしか公開されていないので，特に海外にある大学の場合，留学して何が得られるのかわかりにくいと話している。EUのErasmusプログラムや米国のJunior-year abroad（3年目は海外に留学する）などのようなプログラムを利用して，学部教育の限られた期間だけを留学する学生は，（選択肢はあるが）主として所属大学の協定校の中から留学先を選択する。このような背景で，大学間のネットワークは大きな付加価値を持つが，海外協定の拡大にあたっても，大学のレピュテーションは重要な役割を果たす。

(3) 大学院の国内学生

大学院生の多くは学部時代にランキングを意識するようになり，大学院の選択にランキングを使うようになる。進学したい大学院が海外にある場合は特にそうである。たとえばドイツの学生たち（研究中心の公立大学，1900年以前に創立）もランキングを意識することが多くなったと表明している。彼らは大学に入学した時の最初のクラスで，自校の大学のランキング成功談を学長から聞かせてもらったと言い，一方，別の学生（教育中心の応用科学大学）は大学院を選択する際にはランキングを必ず参考にすると答えている。また，オーストラリアの学生も次のように述べている。

「大学のグローバル・ランキングは，わざわざ調べるまでもありません。

なぜかと言うと，どこかのランキングで良い評価が出ると大学は自分たちで宣伝するからです。学生にアピールするために，そうしたランキング情報を立派な装丁の大学案内やマーケティング資料にすぐに載せます。あれだけ宣伝されると，嫌でも目に入りますよ。」(オーストラリアの学生リーダー)

　大学院の選択は，専門分野や教員の専門的知識など相互に関連する多くの要因を考慮しつつ行われるが，次の例からわかるように学生は大学院修了資格の価値をよく知っている。

「博士課程の若い学生たちは，指導教官や先輩・友人等を通して大学のことをよく知っています。この点，高校を卒業して進学する大学を探している学生とは違います。」(オーストラリアの高等教育政策関係者)

　留学生向けの奨学金の対象ともなる成績優秀な学生は，国外にも移動する傾向がある。また海外での経験を重視する雇用者も増えてきている (Wiers-Jenssen 2010)。このため，特に小さい国や発展途上国においては，学部であれ大学院であれ，同じ大学や同じ国に留まって勉強を続けようとするのは，(特に研究目的の場合) ますます難しくなってきている。

(4)　大学院の留学生

　大学院生—すなわち，学部を卒業した後 MA，MSc，MBA などの修士号やポストグラデュエート・ディプロマ，あるいは研究中心の MPhil や PhD などの資格を取得しようとする学生—が世界中の国境を越えて移動する学生に占める割合は増加しつつあり，戦略的に重要になってきている (Guruz 2008：161-235)。米国やイギリス，オーストラリアでは，留学生は大学院生のほぼ半分近くを占めている。また，フランスでは留学生全数の半分ぐらいが大学院生で，日本では 20％以下である (OECD 2013：317)。現在，世界中の留学生の 80％近

くは OECD 加盟国の大学に在籍しているが（OECD 2013：324），主な留学先である米国，イギリス，ドイツ，フランス，オーストラリアの5ヵ国で70％以上を受け入れている。また，留学生の出身地で最も多いのはアジアである。大学や大学院レベルで留学している学生の中では，中国，インド，そして韓国出身の学生が最も多い（OECD 2009, 2013；UNESCO 2008：188；Maslen 2007）。アジア出身の留学生が占める比率は，オーストラリアで81％，米国で72％，カナダで54％，イギリスで52％，そして世界全体では53％である（OECD 2013）。かくして，卒業後のキャリア重視，学生の成熟度，流動性の高さなどから，留学生はランキングの読者や利用者として，その主要なターゲットとなってきた。また，同じ大学院生でも，修士やポストグラデュエート・ディプロマを追求する学生と，研究を目標とする博士課程の学生とは区別する必要がある。前者の方が，数は遥かに多いからである。

　一方，英語を母国語としない国でも，英語で提供されるプログラムが現在は著しく増えてきた（Wächter and Maiworm 2008；Labi 2007；Labi 2008d）。日本の一部のプログラムでも，留学生の授業は英語で行われ，日本語を話さなければならないという条件はない。高等教育の国際化が活発化する以前でも，法学や医学，ビジネスの分野では，学生を日常的に世界中から募集していた。ヨーロッパにおける高等教育の流動性を上げるためにボローニャ・プロセスが開始されたが，*CHE* エクセレンス・ランキングの設立はこれに対応したもので，学生にとって「最も相応しい博士課程や修士課程」を見つける手助けをすると共に「2000 以上の研究チームの情報」も提供している（CHE 2010c）。

　海外で学ぼうとする大学院生は，グローバル・ランキングの主要なユーザーであるが，その背景には現地の情報がよくわからないという事情がある。

　　「オーストラリアの博士課程を考えるならば，ランキングは多分あまり重要ではありません。なぜかと言えば，オーストラリアの大学に関してなら，少なくともそれらのイメージについてはある程度つかんでいるからです。……でもイギリスや米国など，大学事情をよく知らない国で勉強したい場

第4章 ランキングの利用―学生の選択ならびに学生募集―

合には，グローバル・ランキングを参考にするかもしれません。」(学生：オーストラリアの研究中心の公立大学，1945年以降に創立)

ついでながら，多くの留学生は留学に必要な資金を自分で稼ぐか家族に頼るので，(大学・プログラムの) 質ならびに費用対価値を評価する際に，ランキングは重要な機能を果たすと考えられている。そして海外で取得した学位がもたらす経済的効果や社会的ステイタスの価値をよく計算に入れた上で「留学する国や学習する分野を選ぶ」傾向がある (Varghese 2008：22)。彼らは「オーストラリアについては知っているかもしれないが，オーストラリアのどの大学に行ったらよいのかは知らない」。

大学のランキング順位は，家族や友達，将来の雇用先にも認めてもらえる社会関係資本，文化資本を学生に賦与することになる。

「インドネシア国外にある大学院に行きたい（インドネシアの）学生の間では，大学ランキングについてとてもよく議論されています。政府関係の人でも民間企業の人でも，大学ランキングについてはよくわかっていると思います。」(日本の私立工科大学〈1970年以降に創立〉で学ぶインドネシア出身の学生)

ランキングの持つ社会的レピュテーションの側面は重要である。たとえばある元研究生は，彼女の雇用主から，「英語圏の国の方が日本より高等教育の質がずっと高く，ランキングの高い大学が多いのに」なぜ日本に学びに行ったのかと聞かれた。こういった質問は，留学生にとって大学のレピュテーションと社会的ステータスの重要性を再認識させる。そうした社会的背景の下では，自分の大学のランキング順位が上がると「学生が正門にそのことを記した垂れ幕をつけてこれを宣伝したり」，「特に留学生がそうなのだが，垂れ幕と一緒の写真を撮りたがったり」する気持ちは理解できる (学長：オーストラリアの研究中心の公立大学，1900年以前に創立)。

学生の大学選択とランキング―各国の実態―

　グローバルな競争が激しくなるなか，学生による大学選びも大きく変化している。これにどのように対応していくのか，世界中で模索が続いている（Hazelkorn 2014a）。必ずしも明確な結論とは言えないかもしれないが，これまで記したような傾向を支持する研究結果が増えつつある。また，個々の研究がどのような時期に行われたのか，そしてどのような種類の学生グループを対象にしたのかも，結果の解釈の際に考慮に入れる必要がある。ランキングが世間から多くの関心や注目を集めるようになるに従い，学生の大学選択に与えるランキングのインパクトや影響力も増大しているようである。2010 年における学生の反応は，20 世紀後半や 21 世紀初頭―これらの時期には，主として米国にしか大学ランキングが存在していなかった―と比較して明らかに変化している。McManus-Howard（2002：114, 107-108）は，「（ランキングの）有用性，アクセスの容易さ，利用の広がり，影響力などによって，米国の高等教育におけるランキングの役割は大きく広がった。」と述べている。Scott（2006）も「電子メディアやランキングの利便性と重要性が急速に高まったこと」は学生の大学選択に大きな影響があったと述べて同意している。

　国別の事情もまた重要である。当該国の認証評価や質保証の機関が高等教育の実態把握のための指標作成にどの程度貢献しているか，国内ランキングやグローバル・ランキングがどの程度普及しているか，国内的あるいは国際的に学生の流動性がどの程度高まっているか，こうしたこと全てが，ランキングの影響力の重要な要因となる。これは様々な研究で指摘されていることだが，大学の質基準の透明性が欠けているような状態では（Stella and Woodhouse 2006：17），学生やその両親は，ランキングを独立した情報源として考えるようになる。特に，国際的な組織，たとえばメディア関連の企業の後ろ楯がある場合は，ランキングはより重要な役割を果たすようになる。結局のところ，これまで行われた研究の大部分は，ランキングの歴史が長かった米国のデータに基づくものである。現在は米国以外の国でも研究が行われているが，これらは比較的新し

第4章 ランキングの利用―学生の選択ならびに学生募集―

い分野での調査である。研究ごとに結論が異なる理由のいくつかは、これによって説明がつくのかもしれない。

　ランキングが学生の大学選択に与えるインパクトや影響力を理解する上での最初の基準となる先駆的な研究が，Hossler and Foley（1995）ならびに McDonough et al.（1998）によって行われた。そこでの結論は，ランキングは学生の意思決定自体にはほとんど影響を与えていないというもので，「決定の確認，つまり，すでに彼らが行った決定が正しかったと満足する」のに役立つということである（Hossler and Foley 1995：28）。McDonough et al.（1998：530；Galotti and Mark 1994）によれば，米国の学生の40％がニュース雑誌の発表するランキングを利用していた一方で，それが大学選択の上で重要な要素だったと回答しているのは，たった11％に過ぎなかった。しかし，5年後に行われた McManus-Howard（2002：108）の研究では，ランキングに対する強い支持が見られた。すなわち，初めて大学に入る正規の学生の56.7％が，ランキングは「非常に重要」・「ある程度重要」と回答している。

　これらの初期の研究に始まって，最近の研究全てが示唆しているのは，ランキングの影響力は増しつつあるという事実である。そして，米国の研究で一貫して示されてきたのは，恵まれた社会経済的背景，成績優秀者，エリート大学の選択，そしてランキングの利用，の間には，密接な関係があるということである。研究成果の概要は次のようになる。

・高い社会経済的な背景を持つ学生は，そうでない学生に比較してランキングを利用している割合が高く，しかも両者の差異は時間の経過と共に拡大している（Espinosa et al. 2014：12）。
・米国の成績優秀な学生（SATスコア，1300以上）のうち，85％がランキングを参考にしている（ASG 2013）。これは2009年の調査と比較すると非常に大きな伸びである。2009年当時，応募や入学を決めるのに大学ランキングを使っていたのは，成績優秀学生の35％に過ぎず，両親の勧めやキャンパス訪問などに比較して，その重要性は遥かに低かった（van de Water et al.

2009；LipmanHearne 2009)。
- 高い能力があり，大卒の親を持つ（特にアジア系の）学生や米国の市民権を持たない学生，そして，医学，医療，法律などの学位を取ろうとしている学生は，たいていランキングを使っている（Hossler and Foley 1995；McDonough et al. 1998；Monks and Ehrenberg 1999；Ehrenberg 2005；Griffith and Rask 2007；ASG 2013)。
- ランキングを使う学生は，使わない学生に比べて，大学の研究面でのレピュテーションに対する関心が強い（91％対45％）。同様に大学の社会的なレピュテーションに対しても相対的に関心が高い（41％対21％）（McDonough et al. 1998；ASG 2013)。
- 自宅から通う学生は，ランキングを使う率が相対的に低い。すなわち「自宅と大学との距離が拡大するにつれ，ランキングを重視する学生の比率が増える」。McManus-Howard（2002：111）によれば，ランキングが「非常に重要」あるいは「ある程度重要」と回答する割合は，大学まで500マイル以上離れているカレッジ／大学で学ぶ学生の場合は65.4％なのに対し，自宅あるいは自宅近くから通う学生では39.5％に過ぎない（Roberts and Thompson 2007：18；McDonough et al. 1998)。
- 私立大学へ通う学生は，ランキングを使う傾向が強い。McDonough et al.（1998）によれば，ランキングを「非常に重要」と考える私立大学の学生は「重要でない」とする学生の3倍もある。一方，McManus-Howard（2002：110）によれば，私立大学の新入生の場合は，その62.9％がランキングは「非常に重要」あるいは「ある程度重要」としているのに対し，公立大学の学生の場合，その比率は51％である。
- ランキング表に載っているような大学に入学した新入生の場合，ランキングが「非常に重要」あるいは「ある程度重要」とする傾向が高い（76.8％)。これに対して，ランキング入りしていない大学へ通う学生の場合，その比率は31.8％に過ぎない（McManus-Howard 2002：109)。

これらの研究のいずれにおいても，回答に大きな男女差は見られない（McManus-Howard 2002：110；McDonough et al. 1998：527；van de Water et al. 2009：8）。
　しかしながら，ランキングの使用が増え続けているのは，米国だけでなく世界中で生じている現象である。2006年にはStellaとWoodhouseは，イギリス（1999年），米国（1999年），チリ（2002年），そしてインド（2004年）における多くの研究を調べ，ランキングは限られた影響しか持たないと結論づけた。すなわち「上位中産階級，あるいは上流階級の家庭の子女だけが，こうした（ランキング）ガイドを使う傾向がある」としたが，今日，ランキングの利用はもっと一般に普及している。Stellaによる2004年の調査では，インドの学生はランキングの影響力は，両親，友人，大学に在籍する学生，その他からのアドバイスよりも小さく，一番下と評価している。しかし，その後の研究では，ランキングの影響力は増大しつつあることが示されている（B. 2014）。CHEもドイツに関して同様の結果を報告している。すなわち60％のドイツの受験生が，「ランキングのことを知っており，ランキングを多くの情報源のひとつと考えている」（Federkeil 2007：357）。（医学，法律，ビジネスなどの）専門職に焦点を当てたプログラムを履修する学生たちも，従来型の"アカデミックな"課程を履修する学生たちに比較して，ランキング情報を使う傾向がある。1999年には，イギリスでの回答者の3％しか電子メディアを重要とは考えておらず，ランキングについて言及した回答者はいなかった。それとは対照的に，2006年になると，学生の63％が，ウェブサイトで情報を調べたと答え，52％がランキング表を閲覧したと回答している。同様に，イギリスの学生の61％が，大学選びの意思決定を行う前にランキングを参照したと答え，70％がランキングは「重要」もしくは「非常に重要」と考えている（Roberts and Thompson 2007：19-20；Rolfe 2003：32-33；Galotti and Mark 1994：606）。2010年のヨーロッパ学生連盟の調査では，52.4％の学生が，ランキングを重要な情報源として使っている。かなりの数の集団だが，大学のウェブサイトから情報を得ている学生が92.8％，それぞれの学部やプログラムのウェブサイトを閲覧している学生が89.2％，そして，実際にそこで学んだことのある学生の推奨に従った者が59.6％いるのに

211

比較すればそれほど多くはない (Jungblut and Vukasovic 2013：43)。イギリスに留学する可能性のある海外の学生を対象とした，もっと最近の研究では，全般的な意思決定において，ランキング表は最も重要な要素としてあげられている。さらには，40％の学生が，分野別のランキングの方が，留学先の国の選定や大学全体のランキングよりも重要だと回答している。

　Clarke (2007) は，イギリス，ドイツ，ニュージーランドの事例を根拠としながら，成績優秀者は選択のための判断材料にランキングを使う傾向があると言及し，結果として，高いランキングによって応募者が増えるとしている。授業料を全て自力で賄えるような十分な経済力のある学生，すなわち政府やその他の奨学金を頼りにせずに大学を自由に選択できる学生は，よりランキング順位の高い（たとえそれが，数ランク上というだけでも）カレッジを選ぶ傾向がある。これに対して，奨学金を受けている学生は，ランキング順位に関してはそれ程敏感でないように見える。また，私立大学の学生は公立大学の学生と比較して一定の違いがある。すなわち，前者では，「大学の"レピュテーションの重要度"は"コストの重要度"をかなり上回っている」。一方，後者では"レピュテーションの重要度"は，かろうじて"コストの重要度"を上回っている程度で，さらに，"コストの重要度"と"大学の場所の重要度"とでは「2対1」くらいの開きがある (van de Water et al. 2009：26)。低所得者層，ないしは家族の中で初めて大学へ行く学生は，ランキングを重視しない傾向がある。しかし，「恵まれない社会経済的状況にある米国の学生は，コミュニティ・カレッジ（短大）やその他の入学基準が緩やかな高等教育機関に入学する傾向があり，こうした機関は，*U.S. News* やその他のランキング機関で対象外となっている」(Clarke 2007：39) ことを考慮すると，このような傾向は驚くべきことではない。しかし，他の研究では，低所得グループにおいてもランキングの利用は高まっている。たとえば，McManus-Howard (2002：112) によれば，かなりの割合の低所得層（51.5％）や中所得層（51.7％）の学生が，ランキングは重要だと考えている。

ランキングの利用―学生の選択ならびに学生募集― 第4章

　工学，ビジネス，自然科学のプログラム―これらは留学生にとって最も魅力的な分野だが（IIE 2007）―を学ぼうとする米国の学生は，芸術や人文・社会科学を学ぶ学生に比較して，よりランキングに頼る傾向が強い。すなわち，2006年の調査において，ランキングを「非常に重要」としているのは，工学，ビジネス，自然科学を学ぶ学生では，それぞれ20.2％，18.3％，18.1％である。これに対して，社会科学や人文科学の学生では，それぞれ14.9％，13.5％に過ぎない（HERI 2007）。近似した傾向はイギリスの研究でも見出され，機械工学では「学生，特に留学生がランキングを重視する傾向が強い」のに対し，看護学や建築学では関連性が弱いか，反する結果しか見られない。また，コンピュータ科学や化学で特に見られるのは，「大学のランキング順位が上がった時は応募者が増えるが，下がっても影響は小さいという」傾向である（Roberts and Thompson 2007：26）。似たような傾向は留学生においても見られる。

　それぞれの国の状況や文化，大学選びの意思決定プロセスなどに多少の違いがあるにせよ，留学生の行動はランキングを重視する方向に確実に向かっている。Roberts and Thompson（2007：4）によれば，留学生の92％は，彼らが大学選びをする上で，イギリスのランキング表は「重要」もしくは「非常に重要」と考えている。それにもかかわらず，ランキングは「留学生に対してより大きな影響がある」とする一般命題を支持できる確かな根拠はないと結論づけている。オーストラリアにおけるタイからの留学生に関する2003年の調査では，海外で学ぶという意思決定でも，留学先の国や都市の選定をする上でも，最も重要な影響があったのは家族だとしている。ただし，どの分野を学ぶか，あるいはどこの大学に留学するかに関しては，家族の影響は大きくない（Pimpa 2003）。

　その他の研究では，これとは逆にランキングを重視する結果が示されている。2008年に行われたイギリスの研究では，海外からの留学生，特に工学を学ぶ学生は，信頼できるランキングに対する関心が高い（Soo and Elliott 2008：14）。2007年および2008年のスウェーデンの学生のおよそ3分の1が，ランキングを重要な情報源とみなしている。また，アジアや中南米の学生にとって，ラン

213

キングは特に重要である（HSV 2009：39）。また，カナダの規模の大きな大学に入学した中国，日本，韓国の学生たちは，カナダという国のレピュテーション，つまり，教育の質の高さに強く影響を受けていた。この傾向は，特に第一志望の受験生や次に示すような工学やビジネスの大学院プログラムの学生で顕著である。

> 「（これらの学生では）進学先候補の選択，応募，大学の決定でランキング情報に大きく依存していました。香港・台湾を含む中国からの学生たちは，日本や韓国からの学生よりも，大学や専門分野のランキングをより重視しています。また，ランキング情報は，大学選びを失敗しないためというよりも，投資目的として見たリターンの向上や経済効果を狙っている場合に重視されています。別言すると，これらの学生は，トップ・ランキングの工学やビジネススクールの大学院やプログラムの学位を，彼らのキャリアの向上や有望な仕事に就くための手段として考えているということです。」(Chen 2007：771)

Chen（2007：80）が示唆しているように，「多くの東アジアの学生たちが，大学や個別の専門教育プログラムのレピュテーションや大学の質，ランキングなどを極めて重要と考えている」のは何故かに関して，文化的な背景や教育制度から説明できるかもしれない。オーストラリアにおける2009年の研究でも同様の結果が得られている。すなわち，ヴィクトリア州に来ている留学生の16.4％が，家族や友人が，大学やコースを選択する上で重要な要因だったと述べている一方で，64％が，ランキングが決定的な要因だったと回答している（図4.1を参照）(Lawrence 2009)。さらに2013年の調査でも，70％近くの留学生が，ランキングは依然として最も重要な要因だと回答している（Lawrence 2013, スライド20）。

イギリスの留学生満足度調査（The International Student Barometer）―これは28ヵ国から143,000人の留学生の回答を得ている―によれば，学生の選択

第4章 ランキングの利用―学生の選択ならびに学生募集―

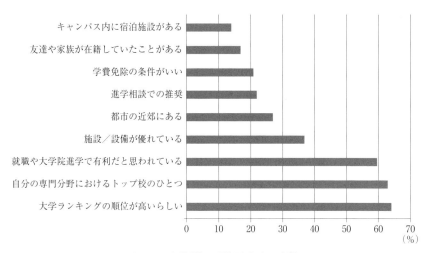

図 4.1 大学選択に影響を与える変数

出典）R. Lawrence 2009. "Economic Impact of International Students in Victorian Universities", Australian International Education Conference. での発表資料。著者の許可を得て掲載。

に影響を与える上位5つの要因の内，4つは大学のレピュテーションに直接関係するもので，同時に「ランキングにおける順位」も彼らの中では高い優先順位を占めている（表4.1を参照）。2014年の回答は2010年のものから大きく変化しており，2010年には最優先事項であった「教育の質」の項目（Hazelkorn 2011b：138）が，2014年では優先順位のトップ10に入っていない。レピュテーション関連の項目が重要であるという点では，どの地域も共通しているが，図4.2に示されるように，アジアやアフリカからの留学生は，ヨーロッパや北米からの留学生に比較してランキングをより重要と考えている。こうした学生の態度は，それぞれの地域の高等教育機関の態度と近似している（図3.4を参照）。以上の傾向は2010年においても見られたが，北米の学生がランキングを重視する程度は2010年から低下している。一方，大学や卒業資格のレピュテーションは，依然として非常に重要な要素とされている。ランキングとレピュテーションの関係については，以下の本章結論部分で論じたいと思う。

今日，学部生ならびに大学院生（教育課程並びに研究目的）はランキングに対

215

表 4.1 学生の大学選択に影響を与える 10 大要因，2010 年ならびに 2014 年 (N = 64,623)

重要度の順位，2014 年	重要度の順位，2010 年	要　因	平均スコア，2014 年	平均スコア，2010 年
1	2	この大学で卒業した時のレピュテーション（キャリアにおける価値）	3.49	3.74
2	3	この大学のレピュテーション	3.48	3.44
3	4	研究の質	3.4	3.42
4	n/a	この国の教育制度に対するレピュテーション	3.38	n/a
5	6	個人の安全，治安の良さ	3.28	3.24
6	7	教育費	3.25	3.21
7	10	学びたいプログラムがある	3.25	3.09
8	n/a	生活費	3.2	n/a
9	n/a	この大学で取得した学位による収入の見込み	3.17	n/a
10	9	ランキングにおけるこの大学の順位	3.14	3.09

注）「重要度の順位，2010 年」の蘭に n/a とあるのは，2014 年には 10 大要因には含まれているが，2010 年の 10 大要因には含まれていなかった項目。
出典）© International Graduate Insight Group Ltd. (i-graduate) 2014.

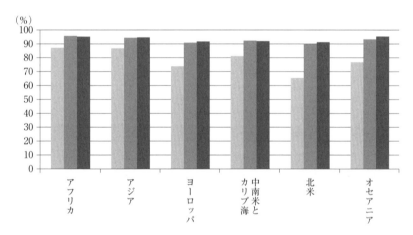

図 4.2 ランキングやレピュテーションを「重要」／「とても重要」と回答した割合（出身地域別の留学生の回答割合），2014 年 (N = 623)

出典）©International Graduate Insight Group Ltd. (i-graduate), 2014.

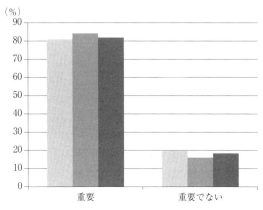

図 4.3　学部／大学院別のランキングの重要性（%），2014 年（N = 623）
出典）ⓒ International Graduate Insight Group Ltd. (i-graduate), 2014.

して高い関心を持っている（i-graduate 2014）（図 4.3）。また，出身大学のレピュテーションは，その後のキャリア機会に大きな影響を持っている。回答者の93.8%は，特定大学の卒業資格のレピュテーションが「重要」もしくは「非常に重要」と考えている。学生は，大学のレピュテーションと国のレピュテーションと，どちらがより重要かと問われると，前者が重要とする者は68%，後者は27%である。この結果は，他のいくつかの研究結果—そこでは，学生は最初に高等教育の評判の高い国を選び，次いでその国の中で大学を決めることが示唆されている—と異なる結論になっている（Hazelkorn 2011b：138-140）。

　最後に，学生が政府の助成金や奨学金を受けて留学する場合，ランキングが決定的な役割を果たしている事実に注目したい。これは，各国政府が，応募者を評価したり留学を承認したりするために，大学の質もしくは費用対価値の指標として（Clarke 2007：43），ランキングを公式あるいは非公式に使うことが多くなっているからである。たとえば，ロシア，ブラジル，チリ，シンガポール，サウジアラビア，カザフスタン，モンゴル，香港，カタールなどの国では，政府の奨学金を海外留学目的で出すのを，高ランキングの大学に入学を許可さ

れた学生に限定している。ブラジル国費海外留学プログラム「国境なき科学 (Science Without Borders)」の下，31億6,000万レアル（20億2,000万ドル）の資金が75,000人分の科学技術奨学金として投じられたが，留学先の高等教育機関はTHEまたはQSのランキングを基準にして指定された（Gardner 2011）。一方，イランでは，彼らがあまり有名でない大学に留学しても，帰国してから雇用を得るのが難しいかもしれないという見方が，留学しようとしている学生の間で広まった（McMahon 2010）。

他の国では，外国人留学生に対するビザの発行や就労機会をトップレベルの大学を卒業した学生に限定している。たとえば，オランダでは"高い教育を受けた人々"のために"オリエンテーション・イヤー"を設けた。これは，当該期間中に職を探す人に対して1年間の居住許可証を与えるものである。この許可証を得るための条件として，入国予定者はオランダの大学，もしくはTHE, QSまたはARWUいずれかのランキングの上位200に入る大学で修士号またはPhDを取得していなければならない（IND 2014）。かつて（2007年時点）の移民政策では，高度人材移民の定義は，ARWUまたはTHE-QSのランキングで上位150位以内の大学を卒業していることであった。言い換えれば「知識労働者だけがオランダに入国する資格がある」ということである（Beerkens 2009）。デンマークでも海外の大学の卒業生にはボーナス・ポイントを与えているが，その基準としてTHES-QS World Rankingがここでも使われていた（Danish Immigration Service 2014）。マケドニアでは，上位500の大学の学位しか自国の学位として認めていない（Farrington 2008）。これ以外にも，様々なポイントやボーナス制度を大学の質（ランキング）と結びつけている例はたくさんある。

高等教育機関も，こうしたやり方から無関係ではいられない。「もし我々がPhDの候補を見る時に，……彼らは中国のどこの大学から来たのか，と考えるとしたら，多分，我々も有罪だ」（教員：オーストラリアの研究中心の公立大学，1945年以降に創立）。これらの例は，ランキングに対して既に確立している社会的な評価と学生自身の選択との間の微妙な関係を物語っている。特に留学生

は，自分の卒業資格について，しばしば自分がやりたいことと他人が下す評価との間でバランスを取らなくてはならないのである。

ランキングと学生募集戦略

　これまでの議論では，ランキング順位あるいは「順位の変化は，学生が出願や入学を決める上で顕著な影響がある……」ということをマクロレベルで示してきた（Monks and Ehrenberg 1999：10；Wedlin 2006；Roberts and Thompson 2007；PA Consulting 2011；Alter and Reback 2014）。しかし，単に学生数を増やしたり，「大学のランキング順位を維持あるいは上げるための"力"となるような学生を獲得したりする」ことは，大学の目的と言えるのだろうか（Clarke 2007：38）。

　Monks and Ehrenberg（1999：10；Ehrenberg 2001：26）は，ランキング順位の高さと当該大学への応募率との間には，特に最優秀の学生の間で，強い相関があることを示唆している。ランキング順位の僅かな変動でも―特に留学生の間で―「それとわかるほど学生数や応募学生の質に変化が表れる」（Dichev 2001：238；Sauder and Lancaster 2006：116）。Roberts and Thompson（2007：22；Honan 1995）は次のように指摘している。

> 「トップに向けた階段を登ることで，急激ではないが着実な影響が国内募集のシェアに表れてきます。留学生募集に関して言えば，顕著とは言えないまでも，次のような明確な兆候が確認できます。すなわち，重要な節目，たとえばトップ20位，トップ10位などを越えてくると，応募者が増える傾向が見られるようです。ただし，いつもそうなるとは限りません。また，ロンドン（イギリスに留学する学生の主たる目的地で，競争が非常に激しい）では，ランキング順位の変動が他地域に比較して，より強い影響があるということが示されています。」

　Alter and Reback（2014：1）もまた，「学術上のレピュテーションの変化，ならびに大学生活の評判の変化は，カレッジの受験者の数に加え，新入生の学力

219

や結果として新入生の地理的分布にも影響してくる」と指摘している。同様に，最近のイギリスでの研究によれば，「大学全体，あるいは特定分野のランキングで上位20％以内」に入れなかった高等教育機関は，「まとまった数の学生を集めるのはほとんど不可能」であることが示唆されている（Smith 2014）。

そのような受験生の行動はドミノ現象的に広がっていく可能性がある。ただしSchmalbeck（1998）によれば，大学のレピュテーションは，毎年の少々のことでは傷つくことがないとされている。こうした現象は，GunnやHillのイギリスにおける研究によっても見出されている。彼らの研究によれば，1992年を境としてそれ以前に創立された歴史ある大学とそれ以降の新設の大学との間で，ランキングの影響には明確な二極化が見られる。ただし，こうした効果は時間の経過とともに薄れている。すなわち，イギリスの著名な新聞である*The Sunday Times*の発表するランキングは，学生の応募率に顕著な影響力があり，1998年に初めて登場した時は「応募率の変動の理由の96％は，ランキング変化で説明できた」（Gunn and Hill 2008：288）とされるが，その後はそうした影響力は低下している。研究結果が全体として示しているのは，ランキングと応募率との間にある正の相関は，すでに名声を確立した大学には新設の大学ほどは当てはまらない。なぜなら，「前者は確立した歴史と背景があり，したがって，そのイメージは1年程度の変化によっては影響を受けない」（Roberts and Thompson 2007：25-26）からである。それにもかかわらず，1855年創立のメルボルン大学は，留学生の入学者数が2004年までは目標値をいつも15％下回り続けてきたが，同年に*THE-QS*が初めて発表した世界ランキングで同大学が22位を占めたところ，次の3月には首尾よく目標を達成することができた（Roberts and Thompson 2007：18-19）。

ランキングが上昇することのメリットもある。ランキング順位が上昇した大学は，受験者の少ない割合しか入学させられないため，結果として選抜性がより高まるが，この選抜性指標は*USNWR*や*The Sunday Times*（イギリス）の両方で使用されている指標である。それとは逆に，

「ランキング順位が下がった場合は，その大学は受験生のより多くの割合を受け入れることになり，(さらに)合格者のより少ない割合しか実際に入学しない。この結果，入学したクラスの質，すなわち入学時 SAT の平均スコアで測った質は落ちることになる。」(Monks and Ehrenberg 1999：10)

この悪循環は続き，ランキング順位の下方スパイラルに陥ってしまう。Monks and Ehrenberg (1999：10) は，「ランキングの使用が広まり，その影響力が増したことによって，大学が (データを操作してでも) ランキングに影響を与えようとする動機が強まるかもしれない」と示唆している。

選抜性指標は USNWR における重要な指標のため，大学は，受入可能人数は変更しないまま受験者数を増やそうと，たとえば広告やマーケティング努力を活発化させている (Corley and Gioia 2000：325-326)。いくつかの米国の大学では，「入学者の届け出た SAT の平均スコア」を引き上げようと SAT の提示を任意にしていると指摘されている (Robinson and Monks 2002：2-3；Shaw 2012；Editorial 2012)。しかし，たとえばシラキュース大学 (Rivard 2014a)，ケンタッキー大学評議委員会，そしてカンザス州大学職員委員会などが実行している主要な取り組みのひとつは，入学の基準を引き上げることである。カンザス州大学職員委員会は「それによって国内大学ランキング順位を引き上げることができ，アメリカ大学協会の会員の地位を維持することができる」としている (Rothschild 2011b, 次も参照のこと，Heck 2011；DeYoung and Baas 2012：102)。

他の高等教育機関でも，補欠や非正規学生などの入学時の (相対的に) 低いスコアは公式データには含めていない。さもなければ，それ以外の一般で入学した学生の士気を挫くことになるだろう (Ehrenberg 2001：7)。また，Winston (2000：10) は，高等教育機関はクラスや同齢集団の入学者数を制限するかもしれないと示唆している。なぜなら，「多くの人数の受け入れは受験生集団の質をさらに低下させ，学生の平均的な質を下げることを意味しているからである」。学生の質が下がると，「学生に対する大学の魅力が低下し」，それがまた学生の質―つまり成績優秀な学生のことだが―に影響を及ぼす。第3章で

も述べたように，エモリー大学，ジョージ・ワシントン大学，テューレーン大学，バックネル大学，そしてクレアモントマッケーナ・カレッジなどでは，学生の入学時スコアの実態が誤って伝えられていると非難しており，彼らの選抜性指標はもっと高いはずだとしている（Anon 2012；Supiano 2013；Jaschik 2013）。チャップマン大学は，こうした選抜基準の引き上げ努力がどのような結果をもたらすかを示す興味深い例となっている。

「*U.S. News* によれば，チャップマン大学は，西部地域の修士レベル大学における『選抜性のランク』で20年もしないうちにトップに躍り出ました。入学に必要な最低SATスコアは，今や1050で，45の冠講座があります。寄贈された基金は2,000万ドルから2億5,000万ドルに増えました。*U.S. News* が1993年に収録する大学の範囲を広げて地域の高等教育機関を加えた時は，チャップマン大学は，西部地域の大学4分位中，第2分位に属しており，学術面でのレピュテーションは，同グループの112校中90位でした。それが今や（2007年）西部地域の修士レベルの大学の中で総合11位を占めるに至っており，学術面でのレピュテーションでは，同グループ中，14位タイとなっています。」（Farrell and van der Werf 2007）

その他の米国の研究では，1989年から2007年の間に，SAT（verbal score のみ）700点以上の新入生の比率は，イエール大学で33％から78％に，スタンフォード大学で24％から67％に，ペンシルベニア大学で9％から54％に，そしてシカゴ大学では18％から68％にそれぞれ上昇している（Schmidt 2008；Stake 2006；Espeland and Sauder 2007；Sauder and Lancaster 2006）。

Monks and Ehrenberg（1999；Blair 2000）は，SATのスコアを5ポイント上げると合格者の人数が2％減少すると指摘している。Meredith（2004：459）も同様に，「第1分位に入るか入らないか，つまり，ランキング表の最初のページに載るかどうかは，入試の状況に特に大きな影響を与える」と述べている。これらの理由で，高等教育機関は，合格率や入学率のデータを操作する衝動に

駆られるかもしれないし，実際，そうすることも可能なのである（Avery et al. 2005：1）。

　学生の入学時の成績や入学者数のデータを操作しているのは米国に限った話ではない。ヨーロッパでは学生募集における平等性やオープンな姿勢は当然とされるが，そのヨーロッパにおいてさえ，そうした行為が行われているのは明白である。ランキング順位と新入生の相対的な質との間には強い相関（0.8）があり，「ランキングの高い大学では，より優秀な学生を獲得している」と言えるだろう。ランキング順位を10位，あるいはそれ以上改善した大学は，次の年には成績がもっと高い入学生を迎えている可能性が高い（Roberts and Thompson 2007：5）。オーストラリアでも似たようなことが行われている。オーストラリア政府は大学に対して足切りの点数を公表するように要請しているが，大学側は「(実際）より高い足切り基準点」しか公表しないと主張している。その上で，「ハンディキャップのある学生に対しては，特別平等プログラムに基づいて（より低いスコアで）入学させること」には同意している。それによって，入学時のスコアを下げることなく，そうした学生も「支援していると言える」のである（オーストラリアの政策担当官）。

　日本における大学の名声も学生選抜の厳しさと強く関係している。国立大学の22％がこうした基準を用いて世界での"トップレベル"達成を目指しており，34％が学生の質や選抜性で国際標準を目指している。国公立大学のための全国レベルでの標準化された入学試験が1970年代後半に導入されて以来，上記の傾向は強まっている（Yonezawa et al. 2009：133；Turner et al. 2000：402）。学生選抜を操作するような状況（制度的に行うことさえ）は，たとえばアイルランドなどにおいて実際に存在する。アイルランドでは，学生の入学選抜手続きにおいて，受験者の家族情報や同窓の関係者がいるかなどといった要因は一切，わからないようにしている。しかし，入試制度は，供給と需要とに基づいて運用されるため，高等教育機関は，特定のプログラムの入学定員を変えることで，入学する学生の成績に影響を与えることが可能である（Humphreys 2014b）。大学院レベルでは，学部に比較して学生選抜に関する秘密性は低く（受験生の属

性が試験官に知られている），特に留学生の場合，学部時代の教育水準が適切なレベルかどうかを評価するためにランキングが使われている。

　私立大学あるいは資金力のある公立大学は，ランキングによるプレッシャーにうまく対応することができる。彼らがアドミッション・ポリシーを柔軟に変更できることや「*USNWR* のランキング順位の変化に応じて授業料の（奨学金等を差し引いた）純支払いを調整」（Meredith 2004：460）できる能力があるため，こうした手段をうまく活用することができる。たとえば，成績優秀者の獲得に焦点を絞って資金援助や投資を行うことができる。こうした成績優秀者は，「（豊かな）社会経済状況と強い相関関係にある」（Lovett 2005；Brewer et al. 2001；Turner et al. 2000）指標でもある。レピュテーションや威信の高い大学ほど授業料が高い，という一般的な思い込みのために，Bowman and Bastedo（2009：433）は，「カレッジはエリート大学となるための一環として，授業料を大きく値上げしている」と主張している。なぜなら，「競合する他大学と比べて授業料を引き下げることは，大学の質が低いサインと受け取られかねないからである」。イギリスでの"上乗せ料金（top-up）"（差別化された料金とも呼ばれる）に関する論争では，授業料の嵩上げが世界クラスの大学であることを保証する方法として説明され，議論されてきた（Sanders et al. 2002）。その代わり大学は，たとえば助成金，奨学金，貸付などで「より見えにくい形の値引き」をする傾向がある。これは，「辞退した応募者の中から追加的な入学者を惹きつけるために行っている」（Monks and Ehrenberg 1999：49）。いくつかの大学では，援助のための資金配分を変更し，経済的にそれを最も必要としている学生から，「才能を買うため」にメリット奨学金（成績優秀者に対して支給される奨学金）にシフトしている（Lovett 2005）。

　もしも，ランキングの高い大学への需要が増えているのだとすると，ランキングの低い大学への需要は減っているのだろうか。ランキングの低い大学では，確かに需要が減少しているという証拠が見出されている（Alter and Reback 2014 を参照）。カナダでの研究によれば，「より小規模の主として学部レベルの大学では毎年の国内ランキングで低い順位に苦労しているが，大規模の大学は

そうではない」(Drewes and Michael 2006：783)。しかし，Roberts and Thompson (2007：5) によれば，他の要因，たとえばランキングの（絶対的な順位よりも）相対的な順位の方が強く影響している可能性がある。すなわち，

> 「同じ地域内の大学，あるいは直接的に競合する大学のランキング順位がどう変化するかは，当該大学の順位がランキング表全体の中でどう動くかと同じくらい重大な影響があります。たとえば，あなたの大学のランキング順位が上昇しても，あなたの主要なライバルの順位がもっと大きく上昇すれば，学生獲得という面から見れば，マイナスでしょう。」

レピュテーションと社会的地位という2つの特性が組み込まれた二元システムの下では，ランキングが各分野の社会選抜を加速するかもしれないという兆候がみられる（Sauder and Lancaster 2006：122-124 を参照）。なぜなら，大学の質やステータス，レピュテーション，入学時の成績の間には相互関連があるからである。このようにして"ケルトの虎[1]"の時代に，アイルランドでは工科大学（応用科学の大学）から（より高い社会的地位を目指して）伝統的な大学へ学生の移動が生じた。Fitzgerald（2006；Clancy 2001：56-57）などによれば，次のような現象が起きていた。

> 「工科大学から総合大学へのかなりのシフトは，肉体労働者の子供にあたる若い世代で生じていました。1998年から2004年にかけて，そうした学生が工科大学を選択した比率は，8分の1減少し，この減少分の学生のほとんどは総合大学に向かいました。」

その一方で，Roberts and Thompson（2007：5）は，ランキング順位の低下は，入学者の成績レベルを積極的に引き上げる行動に大学を駆り立てるかもしれな

---

[1]【訳注】1995 年から 2007 年におけるアイルランドの高度経済成長期を指す表現。

いとしている。イギリスの大学の場合，順位が10位かそれ以上低下したところは，「"次回"の募集時には入学者の平均的な成績を何とか押し上げようと努力する」(引用符""は筆者)。

　こうした流れからすれば，(トップクラスの)学生をめぐって，国家間，あるいは高等教育機関同士での競争が激しくなっても驚きではない。米国が高等教育の市場化やランキング・システムにより長く曝されてきた一方で，他の国の状況も米国に近づきつつある。高等教育機関は，ランキングを戦略的な意思決定への参考資料，そしてブランド化や国内的・国際的な広報手段として使ってきた。

> 「自分たちの大学を国際的な視野から見ている人たちは，学生や教員を惹きつけるために，格付け，ランキング，評価が持つ可能性に大きく注目してきました。また，こうした可能性は新聞でコメントされたり，マスメディア等の解説でも引用されたりしています。」(化学の教授：ドイツの研究中心の地域公立大学，1945年以降に創立)

一部の高等教育機関はランキングの高順位を獲得するために激しく張り合っている。その一方で，他の多くの大学にとっては，ランキング表に載っただけでも，地域的あるいは歴史の浅さに基づくバイアスを克服できるメリットがある。調査を行った高等教育機関のリーダー全てが，ランキングは留学生や人材募集機関，提携先を探している他の高等教育機関などの間で知名度を上げることに貢献しているという共通認識を持っている。ある大学では，ランキングに名前が出たために，海外からの代表団の訪問が増え，「キャンパスに来たいという学生が増えた」(高等教育機関の上級管理者：ドイツの研究・教育中心の公立大学，1945年以降に創立)。このため高等教育機関は，ランキングの重要性が高まっている状況，特にランキングが大学間競争のハードルを引き上げている実情に対処しようとしている。ある上級管理者は，「ランキングに対処するために，主要な海外の学生市場で需要を拡大するための資金を使うこと」を余儀なくさ

れていると語っている（イギリスの研究中心の公立大学，1850年以前に創立）。

　アドミッション・オフィスや国際部では，受験生，なかでも留学生は，いつも大学のランキングについて質問してくると認めている。そして受験生はランキングに応じて態度を変える可能性，あるいは現実に変えることが多く，高ランキングだとわかると実際に応募者は増大する（Monks and Ehrenberg 1999；Ehrenberg 2001：2, 10；Heavin 2010）。特に成績上位者はランキングに対してより敏感で，ランキング順位の高い大学に遠くまで出かけるようである。これに対応して，大学の方でもこうした受験生に的を絞り，経済的インセンティブを含めた特別のパッケージを用意し始めている。これは，過去何十年にも亘る米国の高等教育の例に倣うものである。前章ではすでに，大学がどのような形で「学生募集に取り組むようになったか」を概観した。従来，彼らは国内（地域）に焦点を当てていたが，ほとんど毎年のように専門性を高め，学生募集の対象国とアドミッション・オフィスを拡大し，特別の奨学金を提供するとともに外からの学生に対する学生寮の充実を図ってきた。日本の学長（研究中心の国立大学，第二次世界大戦後に創立）は，学生に話す機会に大学のランキングを示さなかったり，強調しなかったりしたことはほとんどない，と認めている。一方，教員（研究中心の国立大学，1900年以降に創立）は，「優秀な留学生を獲得するという観点からしかランキングには関心がない」と述べている。

　選ばれた大学やカレッジに入学することは，「学生たちにさらなる経済的な優位性を与えることになる。それは，卒業後の収入や最高の大学院や（医学やビジネスなどの）専門職大学院に入学できる可能性が高まることを通じて実現されていく。ただし，このことは，「過少評価されている少数民族の学生や低所得家庭の学生など」にとって，より大きな意味がある（Ehrenberg 2004）。それによって間接的なメリット，たとえばエリート層や将来の重要人物たちとの人的ネットワーク，「名門の」社交クラブやゴルフクラブの会員権，子弟を名門校に通わせる機会なども得ることができる。その結果，学生たちも大学の順位を上げるために自分たちにできることを意識するようになる。たとえば，学生満足度を評価要素としているランキング機関に対して，驚くほど好意的な意

見を返信し，それによって自分たちが所属する大学のプログラムの名声を上げようとしている証拠がある（Clarke 2007；Coughlan 2008a）。また同窓会も同じような対応をするかもしれない（Lawrence and Green 1980）。

ランキング，就職，キャリア機会

　学生や高等教育機関の間では，特定の大学を卒業したという学歴が，その後のキャリア機会や出世に影響があるという考え方が広く共有されている。

> 「かつては（学生新聞に）多くの広告を出していた雇用主が，最近あまり広告を出さなくなったが，……それは必ずしも不景気のためばかりではありません。」（Barham 2010）

オーストラリアの学生リーダーは，「具体的な証拠をすぐに出すこと」はできないものの，ランキングが雇用主に影響を与えていることを認めている。日本においては，大企業の雇い主は，大学のランキングよりも，学生の行動，言い換えれば，学生の"全人格"により強い関心を持っている。しかし，高ランキングの大学を卒業した学生は，就職がより容易，たとえば「企業独自の非公式なランキングに従って（ペーパーテストを受けずに）直接，面接に進める」と思われている（教員：日本の研究中心の国公立大学，1900年以降に創立）。あるいは，「トップクラスの大学であれば，就活の際に有利」だと思われている（教員：日本の技術系の研究大学，1900年以前に創立）。しかし，この分野における研究からは，はっきりした結論が示されていない。これは，おそらく，国際的大企業と中小企業とでは対応が異なるだろうし，こうした事実を（企業が）認めることは，公平であるべき採用慣行に疑問を投げかけることになるため（正直な回答が集まらないから）かもしれない。

　ある報告書では次のように述べている。雇用者の「世界では，誰も大学ランキングが究極の基準だとは考えておらず」，「面接した個々の人物の能力の方が，ずっと大きな意味を持っている」（ドイツの雇用者組織）。米国の研究では，管

理者を雇用する場合，「候補者がどのような種類の知識やスキルを持っているかを示せる，ということが重要で，どこの大学を卒業したか，あるいは，どのような学位を持っているか，などということにはあまり関心が払われない」としている（Calderona and Sidhu 2014）。同様の結果がオーストラリアでも示されている。そこでは，面接やテストを通じて雇用主が評価した候補者の個人的な資質に重点が置かれている。国際的な企業や大企業，あるいは専門的な組織では，ランキングをより"制度的"に使っている一方で，中小企業や地方企業は，自分たちの経験に基づいた（外から影響を受けにくい）彼ら独自の基準とでも言うべきものを持っているようである。特に後者に関しては，良い面とそうでない面がありうる。良い面として，個人的経験は，ランキングによって形成された認識を時に覆すことがある。特に企業が地元や地域に密着している場合は，そうである。なお，採用の慣行は，当該国の社会文化的な要素の差や，募集対象が管理職か現場担当者かによっても変わってくる。

　その一方で，EUにおける大規模調査では，ランキングが影響力を持つことが確認されている。大学卒業生のリクルーターの40％が，「高い国際ランキングや良いレピュテーション」は「非常に重要」，あるいは「かなり重要」だとしている。このことは特に，国際的な活動をしているリクルーターに当てはまる。すなわち，海外と"頻繁に"接触のあるリクルーターの回答では48％なのに対して，海外との接触がないリクルーターの場合は32％がそう答えるに過ぎない（Gallup 2010：9）。各国の事情の違いによっても差が生まれる。国際ランキングを重要と思っている雇用主の比率は，ドイツ，スウェーデン，フランスでは20～23％なのに対して，ギリシャ，トルコ，キプロスでは69～77％にも達している。こうした後者の国々では，「良い国際レピュテーションは非常に重要」とする見方が浸透しており，ギリシャやトルコでは33％が，キプロスでは41％が，そのように回答している（Gallup 2010：10）。

　同様に，それ以前のイギリスの研究でも雇用主は *THE-QS* あるいはランキングによって得られた大学のレピュテーション，あるいは勘や経験に重きを置いている。面接したリクルーターの25％が，「大学の質や基準に関する主要な

情報源として，ランキング表を参考にしている」と回答している（HEFCE 2006：80, 87-92；Shepherd 2005）。

「私たちは通常，長年かかって得た情報や知識を使います。しかし，信頼性のあるデータとしては，*The Times Higher Education* を使っています。

私たちも *The Sunday Times* のランキング表は見るかもしれません。単なる一般的な意見としてだとは思いますが。」

ある仕事に応募しようとしていた人は，「*THE-QS* のトップ 100 大学のうち，上位 33 位以内の大学の学位を」持っていなければならないと言われた。UK Institute of Directors は，会員の 32％は，「その採用に際して，"特定レベルにしかない大学"―つまり国内ランキング表の底辺にある大学のことだが―の卒業生を避ける傾向がある」（Shepherd 2005）。2006 年に行った 500 人のイギリスの雇用者に対する調査では，大学のレピュテーションの重要性は，10 項目中の 8 位に過ぎないようだった（Smith 2006；University of Portsmouth 2006；Thakur 2007：90）。しかし，それにもかかわらず，その指標の影響力は無視できない。アイルランドの調査でも近似した結論に達している。それによると，雇用主は成績優秀者ないしは特定の大学を卒業した人材を探しているし，そうした採用基準の重要性は増している（GradIreland 2009）。ボーイングのような会社では，最適の工学プログラムを提供しているところを見出すために，従業員の勤務実績をもとに独自の評価方式を確立している。ボーイングは，これは「大学を順位付けるためのものではない」と主張している。しかし，その一方で，このようにして作成された結果は，ボーイングが最も生産的な労働者を産み出していると考える序列に従ってカレッジを順位付けしたものなのである（NACE 2008；Baskin 2008）。

雇用主は，時にランキングを，たとえば上位 10 位あるいは 20 位以内の大学にターゲットを絞るなど，予備選抜の方法として使っているのかもしれない。

第4章 ランキングの利用―学生の選択ならびに学生募集―

「……我々が，これらの大学の卒業生を採用し続け，そして，こうした卒業生がビジネス界に入って非常に良い結果が出ている限り，このやり方を変えなければならない理由はありません」(HEFCE 2006：87)。彼らは，そうした考え方を自分たちの経験や意見に基づいて形成しているが，これまでそうした意見を変えたことはなかっただろう。Clarke（2007：41）によれば，大学卒業生の就職活動における成功は，しばしば「伝統的な大学ステータス階層」の反映であり，それは特定の大学を卒業した学生が特に成功していることから立証できる，としている。Hossler et al.（1989）も同様の見解を何十年も前から述べており，「より有名な大学に在籍していた学生は，より大きな便益を得ているようだ」としている。別言すれば，雇用主は特定の著名大学から採用するメリットを理解しており，「今後，学生を採用しようとする大学」を絞り込んでいる。

「別の視点として，オーストラリア財務省を見てみると，彼らも民間企業と同様に特定大学だけを対象とした採用枠を設けています。こうした大学では財務省の基準を満たすような高いレベルの経済学のプログラムが提供されているのです。」（オーストラリアの高等教育政策関係者）

あるアイルランドのジャーナリストは，「グーグルが主としてダブリン大学トリニティ・カレッジ，コーク・カレッジ大学（UCC），ユニバーシティ・カレッジ・ダブリン（UCD）からしか採用していないのは，それがこれまでの慣習からなのか，あるいは企業の威信を示すためなのか」と質問したことがあった（Keenan 2010）。また，ドイツでも似たような経験が記録されている。すなわち，ランキングは「多くの企業にとって従業員の採用の際も共同研究の相手を探す場合でも有益な手段」になると言われている（ドイツの経営者組織）。このことは特に経営者が同程度の能力を持つ候補者の選択に直面した場合に効いてくる。その場合，「よりランキングの高い大学の卒業生の方に，多少の好感」を持つかもしれない。米国の法律事務所では，「面接対象者とする条件に」*USNWR*のランキングを日常的に使っている（Espeland and Sauder 2007：19）。これと

231

は別の見方もシーメンスのある役員から提示されている。すなわち，特定の高等教育機関についてあまりよく知られていない場合，たとえば途上国の高等教育機関などの場合には，ランキングは雇用者にとってより大きな意味を持つだろうとするものである。ただし，こうした考え方は，「学生がどこの出身かは，実際，大した問題ではない」，ヨーロッパで教育を受けていることにこそ価値がある，とするヨーロッパの考え方とは対照的なものである (Guttenplan 2014)。

　学生は，ビジネス，医療，法律関係のような特定職業分野での就職活動では，卒業した大学院の社会的評価やレピュテーションが雇用機会や初任給に影響するという事実に長い間敏感だった (Wedlin 2006；Sauder and Lancaster 2006；Berger 2001；Jeon et al. 2007；AACSB 2005)。また *Financial Times, Business Week, The Economist, Forbes* そして *Wall Street Journal* などは，2000年ごろからビジネス関係の教育プログラム，特にMBAのランキングを発表してきた。また，ランキングと認証評価との間には強い相関関係があり，そこでは前者が後者，つまり「主として米国のAACSB (Association to Advance Collegiate Schools of Business)，ヨーロッパのEQUIS (European Quality Improvement System)，イギリスのAMBA (Association of MBAs) などの認証評価機関を，選別のための仕組みとして」使っている (Wedlin 2006：103)。

　学会もランキングの影響から免れない。ポスドク，講師，教授職の就業機会は，候補者が学位資格を得た大学のレピュテーションによって大きな影響を受ける。プログラムや大学の名声の高さの指標として *USNWR* のランキングを使った2つの米国の研究によれば，博士の学位を取得した大学と，その後の高ランキングな研究大学への就業，昇進，給与との間には強い相関関係があることが示されている (Jaschik 2014；Oprisko 2012)。Oprisko (2012) が述べたように，「大学の名声に基づいて雇用することにより，学会の大物とのネットワークが顕著に拡大し，その結果として競争力を上げることに繋がる」。このようにしてあらゆるタイプの雇用主がランキングを候補者名簿として活用し，学生や卒業生たちは，これを打ち破ることができない「ガラスの天井」だと理解しているのである。

第4章の結論

　学生は，ランキングだけに頼ってカレッジや大学を選んでいるのだろうか。明らかに，一定の学生はそうだと言える。ある米国の学生によると，

> 「ランキングや競争的な考え方は，高校生の間にすでに深く染み込んでいます。たとえば，候補となる大学について話すと，私の友人たちの最初の質問は，『それで，その大学のランキングは？』というものでしょう。そして，その答えが，彼らが考えるほど高くなかったら，その大学はすぐさま問題外とされたでしょう。私の知り合いの中には，ランキング順位が十分に高くないという理由で，また，彼らの子供たちが"もっと順位の高い大学へ入れるはずだ"という理由で，ある大学に応募するのを認めなかった両親がいます。極端な例では，*USNWR* のトップ 25 位に入っている大学にしか息子が出願するのを許さなかった両親もいました。ランキングは，大学入学を一か八かの緊張を強いられるゲームに変え，入学の目的を自分に合った大学を選ぶことから自慢する権利を得ることに変えてしまいました。」(Ziccarelli 2010)

　ランキングが学生の選択に与える影響は，これまで増大してきたのか，減少してきたのか，あるいはすでに安定した高原状態にあるのだろうか。調査結果によれば，ランキングの影響力は時間と共に強まっており，特に，スクールカウンセラーからのアドバイス利用とランキング利用との差が開きつつある（図 4.4）。新入生の態度に関する米国の調査によれば，1995 年に比較して，ランキングの影響が重要だと回答している割合は 122.8％増大している（表 4.2）。

　ランキングの影響力の増大は，どのようなタイプの高等教育機関でも見られる現象ではあるが，ランキングが「非常に重要だ」と答える傾向が最も強いのは私立大学で学ぶ学生である（1995 年には 20.8％，2013 年には 44.7％）。もちろん，公立大学に通う学生もその影響は免れない（1995 年には 11％，2013 年には 30.6％）。

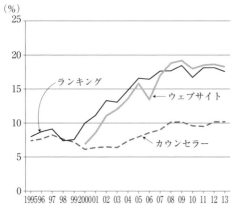

注) 章末注ⅱ) 参照。

図 4.4 カレッジ／大学の選択で重視した情報源，1995〜2013 年（％＝「とても重要」の割合）
出典）米国大学生調査研究プログラム（CIRP）をもとに編集。

表 4.2 カレッジ／大学の選択で重視した理由，1995 年，2006 年，2013 年（％＝「とても重要」の割合）

項　　目	1995 年 (％)	2006 年 (％)	2013 年 (％)	1995 年〜 2013 年の変化率
大学の良いレピュテーション	49.2	57.4	64	30.1
卒業生の就職の良さ	43.1	49.3	53.1	23.2
カレッジ／大学の規模	33.8	38.9	37.6	11.2
助成金や授業料免除などの経済支援オファー	31.6	34.3	48.7	54.1
社会的活動に関する高いレピュテーション	22.5	32.2	44.1	96
卒業生がトップレベルの大学院や専門職大学院に入学している	25.5	30.2	33	29.4
実家の近くに住みたかった	20.4	18.3	19.6	-3.9
国内雑誌でのランキング順位	7.9	16.4	17.6	122.8
親戚からの推奨	9.4	11.6	8.4	10.6
高等学校のガイダンス・カウンセラーによる推奨	7.4	8.6	10.3	39.2
宗教的な属性や傾向	5.1	7.3	8.3	62.7
ウェブサイトから取得した情報	n/a	13.4	18.3	169.1

注) 章末注ⅲ) 参照。
出典) CIRP 1995, 2006, 2013.

人種や民族別に見ても,その全てでランキング利用は増大していると伝えられているが,最も利用が盛んなのは,アジア系の学生である。さらに,上述したMcDonoughやMcManus-Howardの線に沿った全ての研究で,裕福な家庭環境の成績優秀者がランキングを利用している場合が多いこと(1995年には17%,2006年には24%)が示されている(HERI 2007)。

レピュテーションとランキングとの関係を切り離すのは難しいかもしれない。これは,単に多くのランキングが程度の差はあれレピュテーション指数に頼っているからではなく,レピュテーション指数自体の中に自己引用的な永続性(現在のレピュテーションはそれまでのレピュテーションで決まり,強化・持続される)の要素が含まれているためである。それにもかかわらず,大学のレピュテーション,大学の質,ランキングの間には,複雑で相互強化的な論理関係があることが研究で示されている。多くの調査結果によれば,大学のレピュテーションが「学生の大学選択に与える最も重要な要因である」(Simões and Soares 2010:385;Purcell et al. 2008:46;Fogarty 2011)。しかし,学生が大学のレピュテーションをどのように解釈するかに関しては,ランキングの影響が大きくなっている。The International Development Program of Australian Universities and Colleges Ltd. (IDP) (2014) は,ランキングとレピュテーションを結び付けて,「これは中国(37.9%),インド(36%),中東(34.6%)の学生にとって最も重要な要素である」としている。特に,学部生(30.7%)よりも大学院生(36.9%)にとって,また,大学全体のランキング(34.9%)よりも専門分野別のランキング(65.1%)が重視されている。この結果から見ると,グローバル・ランキングで高い成果を示す国と,留学生の受入数で高いシェアを占める国との間には強い相関がある(van Damme 2014)。こうした関係性は,特定の大学／学科に入ることのメリット,ランキング,レピュテーション,雇用適性,キャリア機会などの相互間にも見られ,これらの要素が相まって学生の選択に影響を与えている。

米国でのランキングに対する熱狂や経験は,他国にも拡がるのだろうか。国際的な調査に基づけば,その答えはYESである。学生たちは,レピュテーシ

ョン要素と大学の質指標との双方から影響を受けている。

> 「私は，大学のランキングに関心を持たないような人など見たことがありません。高ランキングはイコール，自分の大学に対するプライドですし，自尊心の源でもあり，就活時のより大きな自信にも繋がっているからです！」(Anon 2010g)

学生は特に，ランキングをとりまく世間の反応，すなわち，マーケティングや広告に敏感である。OECD（2013：308）は，大学の質に関する認識は，ランキングを含む広範な情報から形成されるものだと指摘している。

> 「主要な留学先となっている国ではトップランクの高等教育機関の比率が多いことやランキングが上昇している大学で留学生が増加しているという事実によって，"大学の質に対する認識"の重要性が増し，注目が集まっています。ただし，学生が留学先をどこにするかということと個々の大学の質に関する判断との間に相関関係があることを示すのは難しいです。」(引用符""は著者)

ランキングは，世論を形成するための最重要な要素とは言えないかもしれないが，研究や教育の質に対する評価やレピュテーションを形成する上での陰の担い手になっている。

　CIRPデータも，こうしたランキングとレピュテーションの間の複雑な相互作用を明らかにしてくれる。すなわち，(2006年では) 57.4％は，「大学の良いレピュテーション」が最も重要と考えているが，「国内雑誌におけるランキング」については16.4％の回答者しか特に触れていない。また，レピュテーションとランキングとの相互関係も興味深い。たとえば，イギリスでの研究によれば，学生の44％が，大学のレピュテーションは大切だと回答しているが，レピュテーションが何によってもたらされるかという点については，たとえば，何年

程度の歴史があるか，入学に必要な成績スコアの高さは，といった明示的な根拠に加えて「大学名がどの程度，一般の人に認知されているか」といった目には見えないような基準にも基づいている（Scott 2006）。ただし，学生たちも，「大学のレピュテーションが白か黒かといった単純なものでない」ことはわかっている。学生は「大学のレピュテーションには様々な側面があり，それが複雑なものだ」ということを理解している（オーストラリアの学生リーダー）。彼らは，大学や教育プログラムのレピュテーションが，彼らの意思決定に影響を与える重要な要素だと考えている。そして，学生はランキングを，選ぶ大学の範囲を決めたり，あるいは自分の大学選びが正しかったかを（第三者の目で）確認したりするために使っている。このことは，自然科学や工学（ここは正に，各国政府や大学が学生を惹きつけようと躍起になっている分野である）を学ぼうとするアジア系の学生に特に当てはまる。

　また，ランキングが「頭脳獲得競争」を激しくし，学生募集戦略や意思決定を歪め，高等教育機関やそこの学生や卒業生を階層化しているという証拠も数多く知られている（Barrow 1996）。

> 「私たちの大学の選抜は厳しいですが，もっと厳しくする必要があります。……私たちの大学が要求するSATのスコアは上昇しつつありますが，私たちが望んでいるほど速くは上昇していません。……私たちは，新しい学生センターを建設し，学生寮を改善し，それ以外の予算を使ってスター教員や最優秀な学生を惹きつけようとしています。……なぜって，こうした措置は，競合校がみなやっていることなのです。何もせずに安閑としていることは私たちにはできません。」（Anon, Reich 2000で引用）

学生募集の場合に「高得点」を強調するので，高等教育は「点数の低いマイノリティーを無視し，点数の高いマイノリティーの競争を激化させている」と批判されるかもしれない（Schmidt 2008）。さらに，それによって「他の活動―たとえばこれまで過小評価されてきたグループからの学生に対する募集や支援―

に使える資金や人的資源」を減らしていると非難されるかもしれない（Clarke 2007：38；Stake 2006；Meredith 2004）。実際，そうした行動によって，大学の活動や使命のうち，ランキングで計測されないような側面（たとえば関連するプログラム開発など）は，止めてしまうように機能することが示されている（Espeland and Sauder 2007：15）。

　SATなどの標準試験を入学基準として使うことには批判があり，いくつかの米国の大学やカレッジは標準試験を使うのを止めている。しかし問題なのは，それが才能の多様性や大学の門戸を広げるためという認識から来ている決定なのか，あるいは第2章で論じたように，それによって大学の入試プロセスを不透明なものにしてしまわないか，という点である（Robinson and Monks 2002；McDermott 2008；Palmer et al. 2011 などを参照）。授業料負担も，SATと似たような役割を果たしている。前記のイギリスの授業料政策も，最も優れたエリート大学の間で，最も優秀な学生をめぐる奨学金つり上げ競争を促す結果になっている。こうした学生たちは「特別待遇」によるメリットに注意を払っているのである（Grimston 2011；Morgan 2011）。ただし，学生たちにとっての問題は，高額のメリット奨学金に引き寄せられる形で入学しても，次の年には初年度ほど多くの奨学金を大学は準備していないという点である。メリット奨学金プログラムは「大学の名声を上げ，ランキングを上げるために必要な優秀な学生」を買うことには役立つ（Segal 2011）かもしれないが，予想していないような問題が出てくる可能性もある。たとえば，大学が設備を更新するためには，その費用を賄うために授業料を上げるか，慈善や寄付金のような別の収入を増やす（あるいはその両方）必要がある（Tapper and Filippakou 2009：61）。問題になるのは「多様な学生の増大」（Bastedo and Gumport 2003：355）に応えるために，高成績の学生の機会が"奪われる"ことではない。むしろランキングが意識的であれ無意識的であれ，人びとの行動を変えさせ，大学の順位による社会的選別を強化しているのではないか，という点が問題なのである（Hazelkorn 2014a）。

　その一方で，トップのエリート大学に希望者が殺到している状況では，ラン

キングはおそらく「トップエリート大学に準ずる新たなエリート大学を生むことによって」高等教育の民主化に貢献してきたかもしれない。こうした大学は，"エリート"大学から"溢れ出た需要"や人びとのエリート大学への執着から利益を得ているのである（Finder 2007a）。Samuelson（2004）によれば，エリート大学は「全ての優れた学生や教員に応えることはできない。これは単純に受入可能人数の問題だ。より多くの優れた学生や教員は他へ行かなければならない。」としている。

注
ⅰ）このデータはベンチマーキング・コンサルティングサービスに関する独立した機関である International Graduate Insight Group Ltd.（i-graduate）の許可を得て収集・公表した。International Student Barometer（ISB）は自国以外で学ぶ学生の意思決定，認識，期待，そして体験を記録している。2013年の調査（2013年に収集されたデータ）のサンプル・サイズ（N）は143,526だった。必ずしも全ての質問に回答することは求められていないため質問により回答数は異なり，一番多かったのは学生の選択に関する質問への回答で64,623件である。
ⅱ）CIRP Freshman Survey の年間調査データは http://www.heri.ucla.edu/ ならびに（2013年の最新のデータを使うため）Eagan et al.（2013）より収集し，ひとつのデータセットにまとめた。ランキングに関する情報が初めて収集されたのが1995年のため，同年を開始年としている。データは「大学を選択する上で"特に重要だった"理由は次のうちどれか」という質問に関連したもので，25の回答選択肢が用意された。この25の選択肢のうち，情報源に関する3回答を抽出し図にプロットした。なお「ウェブサイトから取得した情報」に関するデータは，2000年から記録されている。
ⅲ）「ウェブサイトから取得した情報」のデータは（他の項目では1995年から記録されているが）2000年から記録されている。

第5章
ランキングと政策選択

> 「今こそ，我々の中から世界クラスの大学がもっと多く出てくる時なのです。世界のトップ100に入るためにもっと多くの大学が努力すべきで，トップ10に入ろうとする志を持った大学も出てきて欲しいものです。」
>
> (Julie Bishop：オーストラリアの教育科学訓練大臣，2007年)

> 「政府としては，今後10年以内に少なくとも一つ，世界のトップ100に入る一流大学が出てくることを望みます。また今後5年以内にアジアでトップになる大学に出てきて欲しいです。」
>
> (呂木琳：台湾の教育部政務次長，2003年)

世界クラスの大学というステータスを求めて

2008年の世界金融危機は，人的・知的資本の開発競争における高等教育の重要性にスポットライトを当てることになった。当時，多くの政府は銀行の支払能力不足や信用収縮，投資家・消費者マインドの低下，そして世界貿易の急激な縮小など，1930年代の世界恐慌に匹敵する問題と戦っていた。その一方でOECDは不況に打ち勝つためには教育に対する投資が決定的だと訴え，その費用対効果は個人，社会，政府のレベルで極めて大きいと強調した（Gurria 2009）。同様の主張が，他の国際機関や政府からも示されている。たとえば，オーストラリアとニュージーランドの政府代表は「世界金融危機を理由に（教育）改革を遅らせたり止めたりしたら，各国の競争力は低下し，世界経済の回

復も遅れる」と警告している（Government of Australia and Government of New Zealand 2009：21, 次も参照，Obama 2009；Education International 2009）。Levinは，その莫大な投資に象徴されるアジアへのパワーバランス変化に焦点を当て，アジアは「世界が脱工業化，知識集約型の経済へ移行する中，経済成長を維持するためには高等教育制度の大改革が不可欠である」ことを認識していると述べている（Levin 2010）。金融危機の影響は各国によって差があり，それぞれの事情も異なることから，UNESCO は「金融危機により教育予算が減らされたり，教員の募集や給与の支払いが遅れたり，新しい教室の建設費が削減されたり，社会的弱者に対する支出が制約されたりする可能性がある」と警告していた（Matsuura 2009, EUA 2013 も参照）。EU も教育への投資の重要さを強調し，以前の政策宣言を踏まえ，Europa 2020 の中で「知識集約型成長（smart growth）」戦略を高等教育の現代化に結び付けている（Europa 2010a：13）。

「知識集約型成長の到来は，今後の成長の源泉として知識とイノベーションを強化しなければならないことを意味しています。そのためには，われわれの教育の質を向上させ，研究活動の実績と効率を上げ，そして EU 全体でイノベーションと知識の移転を進めていくことが必要です。」（Europa 2010a：9）

アイルランド政府は，その成長戦略『Building Ireland's Smart Economy』の中で高等教育の改革と再構築を促し，「新たな組織合併や提携を推進した。そこでは専門的知識と投資の集中化が効率的に行われ，成果も上げることができる」（Government of Ireland 2008）。同様に，ラトビアも大学間の合併など高等教育の主要な改革を提案したが，こうした動きの背景には，世界金融危機によって財政上の問題が生じてきたことがある。加えて「世界のトップ 1000 大学に，ただのひとつも入っていない」というラトビアの大学の「競争力のなさ」に対する危機感がある（Vorotnikov 2010；Kursisa 2010）。またイギリスの大学は「経済危機が起きている今こそ，その活動を根本的に見直さ」なければ，「リストラか死が待っており，（いくつかの大学は）将来消えてしまうだろう」と警告さ

れている (Eagan, Baty 2009c の中で引用)。しかし，金融危機が起きる前から，(公立の) 高等教育の構造，成果，それに財政支援などの問題が，多くの国で優先的な政策課題となっていた。

2000 年に開始されたヨーロッパのボローニャ・プロセスでは，国際競争力を高めるために各国の教育制度の収斂を促進し，一貫性のある高等教育制度が必要であることを訴えていたが (Europa 2007b)，改革の緊急性を真に促したのは 2003 年から登場したグローバル・ランキングである。当時，欧州教育大臣会議の議長を務めていたアイルランド教育科学大臣はその背景を次のように述べている。

> 「昨年，上海交通大学の高等教育研究所が，学術・研究実績による世界のトップ 500 大学のランキング (ARWU) を発表しました。ただし EU にとってはあまりいいニュースとは言えません。そこで示されたトップ 50 大学のうち 35 はアメリカの大学でしたから。」(Dempsey 2004)

他の国の政府や政策関係の高官からも，似たような懸念が表明されてきた (Box 5.1 を参照)。ランキングがアメリカとイギリスの大学に支配され，フランスの大学は劣っているように見えることに危機感を抱いたフランスの元老院は，フランスの研究者は英語圏の大学に比べ (英語での論文発表などで) 不利な立場にいるという趣旨の報告書を発表した (Bourdin 2007-2008；Labi 2008a；Siganos 2008)。また，フランスが議長国の時に開催した欧州委員会でヨーロッパの新たなランキング制度を支援することを決めた (EU Presidency 2008)。Lambert and Butler (2006)，Aghion et al. (2007)，並びに Ritzen (2010) は，それぞれヨーロッパの大学は岐路に立っていると論じている。「……最近のグローバル・ランキング発表によって……ほとんどの政策決定者は問題の大きさに気づき，大学改革に関する公の議論が喚起された。」(Dewatripont 2008：6，また Saisana and D'Hombres 2008；Baty 2010a；Costello 2010；NCM 2010 も参照)。

結果として，多くの政府は高等教育体制および研究体制の思い切った再編と

ランキングと政策選択 第5章

> **Box 5.1** ランキングと国際的地位
>
> ・「国立台湾大学は，英紙タイムズの最近のランキングでトップ100の大学に入った。我々の教育部（教育省に相当）の次の目標は，他の大学も様々な分野でトップ100位以内に入るのを支援することである。」〔呉清基：台湾の教育部長，2009年〕（Wang 2009）
> ・「与えられた作業は単純なものである。大学は *THES* ランキングの測定指標を知っていた。このため，やらなければならない仕事は，自校にある既存の改革プランがどれほどランキング指標の改善に役立つかを調べることだけだった。」〔Mustapa Mohamed：マレーシアの高等教育大臣，2007年〕（Chapman 2007）
> ・「現時点では *THES-QS World University Rankings*（2007年）の上位500大学にナイジェリアの大学はひとつも入っていない。それどころか，アフリカ大学ランキングで見るとナイジェリアの大学の地位はもっと惨めだ。なぜなら，ケニアや南アフリカ，ガーナなど天然資源がもっと少ない国々の大学の後塵を拝しているのだから。」〔Chima Ibeneche：Nigeria LNG Ltd. の専務取締役〕（Isiguzo 2009；Nworah 2007）
> ・「インドネシアの大学が世界クラスの大学となる上で，この会議（グローバル・ランキングと教育の質に関する国際学会，2009年）が重要な節目になることを願っている。世界クラスの大学（WCU）のステータスはインドネシアの高等教育の発展を示す象徴ではあっても，その目的ではない。しかしながら，我々はインドネシアのいくつかの大学が，複数のグローバル・ランキングで良い評価結果を達成できたことを誇りに思う。」〔Bambang Sudibyo：インドネシアの国民教育大臣，2009年〕（Sudibyo 2009；Jardine 2008）
> ・「"上海ランキング（*ARWU*）"と"*Times Higher Education*（*THE*）"は大学のレベルを測る最も権威のあるランキング・システムである。……しかし，アフリカでも世界でも，一流とされる大学グループの中にチュニジアの大学はひとつも入っていない。」〔Mehrez：チュニジアの代表議会下院議員，2010年〕（Anon 2010c）
> ・「ヨーロッパは行動を起こさなければならない。……上海ランキングによると，たった2校しか世界のトップ20の中に入っていない。」〔欧州委員会，2010年〕（Europa 2010a）

改革に踏み出した（Dill 2009；Shin and Teichler 2014）。ランキングが唯一の原因ではないが，ランキングが多くの国で政策パニックを惹き起こしたと言ってもそれほど大げさではないだろう。そこでは政策決定者がランキングと（エリート）高等教育，そして国際競争力とを単純に結びつけて考えるようになった。かなりの投資が行われた例もあるが，逆に必要な投資に資金が不足していると懸念が示されたこともある。各国に共通する政策キーワードは，国際的比較可

能性，ベンチマーキング，大学の質と卓越性，透明性と説明責任，そして（測定可能な）実績などである。必ずしもランキングに由来しているわけではないが，次の３つの重要な政策動向はランキングによって拍車がかかっている。(i)説明責任と透明性—これにより大学の成果を測定し比較するための具体的な指標や代理変数が開発された，(ii)国際化と"頭脳獲得競争"—これにより特定の種類の研究成果が持て囃されるようになった，そして(iii)世界最高クラスの大学—これにより世界的な大学を持つことに各国が執着するようになった。こうした傾向は金融危機の前から既に見られていたが，金融危機によってその重要性と影響力が加速されてきた。いくつかの国では経済活性化の中心的政策のひとつとして，高等教育と研究活動に積極的に投資が行われた。その結果，エリート研究大学と一般の教育指向の大学との差が拡大し，国や地域，社会に影響が及んでいる（Marginson 2010b；Jaschik 2010b）。

　近年，ボローニャ・プロセスに伴い，教育の質保証制度とカリキュラムが変更されたのに加え（Europa 2010b；Sursock and Smidt 2010），EUは研究投資，国際競争力，そして卓越した大学をより強化する政策に重点を置くようになってきた。リスボン戦略の目標達成のために，高等教育と大学主導の研究の重要性を強調する報告書が，政策決定過程の上級レベルでいくつも発行された。たとえば欧州委員会は，2006年に欧州理事会と欧州議会に対して「大学の現代化アジェンダの実現—教育，研究，そしてイノベーション」という報告書を提出した（Europa 2006b）。その翌年，欧州委員会は次のように指摘している。「グローバリゼーションの挑戦によってヨーロッパ内の高等教育と研究機関は世界に向かって完全に開放することを求められ，同時にヨーロッパの大学も強い競争力を持つグローバル・プレーヤーになることが必要になってきている」（Council of the European Union 2007；CREST 2009；Europa 2005a, 2005b, 2005c）。ここで強調されているのは，大学の質や透明性，比較可能性の大切さであり，潜在力と能力開発の問題である。このためEUの大規模研究プログラムである第6次欧州研究開発フレームワーク計画（FP6）の中で「（バーチャルの）ネットワーク・オブ・エクセレンス」の形成が促された。さらに第7次欧州研究開

発フレームワーク計画（FP7）の中でこの概念はさらに具体化され，欧州イノベーション・技術機構（EIT）が設立された。これはいくつかの特定分野における知識構築共同体（Knowledge-Innovation Communities：KIC）を通して運営されているが，そこでは指定された研究集積地に研究機関を共同設置することが強調されている。同様の趣旨をもった新たな試みが他にも行われている。たとえば，欧州研究会議（European Research Council：ERC），U-Map（the European Classification of Higher Education Institutions）（van Vught 2009），2014年5月に開始された*U-Multirank*（a multi-dimensional global university ranking）（CHERPA 2010a, 2010b），そして欧州委員会の教育・文化総局に新たに設置された生涯学習部〔Lifelong Learning：Higher Education and International Affairs〕（Osborn 2010）などがある。こうした活動を通して，EUは時間をかけて粛々と，そして計画的にヨーロッパの高等教育と研究の構造改革を進めてきた。2014～2020年の期間に800億ユーロの投資が計画されているEUの研究戦略計画Horizon 2020によって，大学の統合と集中化が進む可能性が高い。この予算規模はEUが教育，職業訓練と青年政策，そして研究開発状況の報告などに投資する150億ユーロと比較しても巨額である（Maassen and Stensaker 2010；Hazelkorn and Ryan 2013；Hazelkorn 2013f）。

　米国では2005年に高等教育の将来に関する「連邦教育長官諮問委員会」――当時の教育長官の名をとってスペリングス委員会とも呼ばれた――が設立された。その最終報告の中では次のように率直な所見が述べられている。

　「私たちは1年間に亘り高等教育が直面している諸問題を調査してきました。そこで得た教訓は，我が国は高等教育セクターのこれまでの成功に寄りかかって，将来に対しても根拠のない自己満足に陥っているのではないか，というものでした。今こそ，現実を直視する必要があるのではないでしょうか。米国の高等教育には賞賛すべき点もたくさんありますが，同時に至急改革しなければならない点も多いのです。」（CFHE 2006）

245

さらに次のように指摘している。我々は「レピュテーションやランキング」には頼るべきではない。なぜなら，「多くの場合，それらは教育や研究などの大学の成果物ではなく，財源などの大学のインプット」を使って作成されているからである。むしろ「大学の真の実績ならびに，学生が一生使える業務遂行能力や学習能力を反映できるより正確なデータ」を基にして，大学の責任能力を測る新たな尺度を導入すべきである（CFHE 2006：14）。スペリングス委員会で特に推奨されたのは，アクセスの容易さ，コストや費用負担の妥当性，そして質の高さや説明責任などである。特に大きな議論を呼んだのは，「主としてレピュテーションに基づく制度から実績に基づく制度」への転換という提言である。こうした転換には「消費者に使いやすい高等教育の情報データベースの新たな構築」が必要になる。すなわち「"プライバシー保護"を確保した上で，学生のデータを集め，分析し，利用できる高等教育情報システムの開発である。それを使えば，説明責任，政策決定，学生の選択のための強力なツールとなる」（CFHE 2006：21-22；Sponsler 2009：6-7）。またアメリカの高等教育の管轄権は，そのほとんどが州や（営利や非営利の）各高等教育機関にあるため，連邦政府の介入拡大を強く支持するスペリングス委員会の提言は論争を巻き起こすことになった（Tierney 2009）。そして，当時の抵抗は強かったが，その遺産はObama政権での高等教育機関格付けシステム（PIRS）として生きていると言えるだろう。──（しかし，こうしたスペリングス委員会による抵抗にもかかわらず，ランキングに頼る現状は大きく変わっていない）。ここで想起されるのは，戦闘に勝っても戦争に負けるという比喩である。

Salmiによると世界には約33のエクセレンス・イニシアチブ（優れた教育・研究を促進する政府事業）が存在しているが，その多くはアジア，ヨーロッパならびに中近東に集中しており，アフリカや中南米にはあまり多くない（Siwinska 2013で引用）。こうした計画が生まれてきた直接・間接の理由は，第1にランキングによって迫られた新たな事態への対処であり，第2に国家の競争力を維持・向上させて流動性の高い資本と頭脳を惹き付けるためである（Cremonini et al. 2013：103-104）。また，ランキングの対象大学となるためには一定以上の

規模が必要のため，多くの政府は自分たちの高等教育機関が必要な規模に満たないか，あるいはランキングの対象となる機関に該当しないのではないかと心配している。具体的には，(i) ランキングは量的指標を重視しているが，大学の規模が小さ過ぎる，(ii) たとえばフランスのグランゼコールやドイツのフラウンホーファー研究機構，マックス・プランク研究所のような有力な研究機関でも，大学ではないという理由でランキングの対象外とされている，(iii) 専門分野の重点の置き方に偏りがあるので，たとえば医学部がない大学や社会科学のみの大学の場合，計量書誌学的な指標のスコアが高く出ない，そして (iv) 以上3点の理由が複合している場合，などである。

こうした事情などもあり，いくつかの国は競争相手国に比べて投資が足りないと心配するようになった。そうした認識のもと，高等教育制度や研究体制の再編を行って特定の大学を優先的に強化するようになった。なかでも，フランスやドイツ，ロシア，スペイン，中国，韓国，台湾，マレーシア，フィンランド，インド，日本，シンガポール，スリランカ，ラトビアなどでは，グローバル・ランキングに触発され，あるいは順応するために，世界クラスの大学を自国に育成することを主な目的とする事業を立ち上げている (Salmi 2009：86-91；Vorotnikov 2010；Anon 2009a；Morgan 2010b；Alwis 2011；Pham 2014；Vorotnikov 2013)。

トップレベルを目指す努力は，通常，名声を高めようとする個別の大学が行うものだと考えられることが多い (O'Meara 2007)。しかし，米国の各州政府もまた似たような動きをしており，USNWR ランキングの第1階層 (Tier 1) のステータスを確保できるような旗艦大学を創る，あるいは既存校をそうしたレベルに引き上げようと努力している。それ以外にも，州政府はたとえば公的制度を再編したり（テキサス州等），政策目標が達成されたかどうかを評価したり（ミネソタ州，インディアナ州，テキサス州等），学生の選抜を厳しくしたり（カンザス州，ケンタッキー州等），ランキング順位の上昇に応じて学長の給与を調整したり（フロリダ州，アリゾナ州等），さらには大学の実績の測定法を標準化したりもしている (Sponsler 2009：10-13。次も参照 DeYoung and Baas 2012；

Hazelkorn 2011d；Rothschild 2011a, 2011b；Heck 2011；Ludwig and Scharrer 2009；Lederman 2005；Arnone 2003；Anon 2010i)。こうした州政府の行動の目的は，正に上述の国家戦略と同じで，投資を引き寄せ経済成長を高めることにある。

> 「テキサス州の最も重要な資源はテキサスの人材です。しかし残念なことに，わがテキサス州は，最優秀の学生たちが進学のために州から出ていってしまうという"頭脳流出"の問題を抱えています。理由のひとつは，テキサス州に"第1階層"の大学がないということです。州憲法修正第4提案(特定の州立大学が全国的に名の知れた研究大学になれるよう経済支援することを目的としたNational Research University Fundの創設)では，第1階層ステータスに入ろうとしているテキサス州の大学に対して資金を提供しようとしています。州政府は大学での研究活動を増やすことで，新しい雇用を創出し，給与水準を引き上げ，そして州および地方の税収を増やそうしているのです。」(CPPP 2009：1)

これに応じてヒューストン大学は次の宣言を出している。「我々が真の旗艦大学となるためには，卒業生からの寄付を増やし続け，博士号取得者の数を増やし，そして学術水準の引き上げと成果の向上を図っていかなければならない」(Cougar Editorial Board 2011)。

Salmi (2009：7-9) は，3つの異なる政策アプローチがあるとしている。第1は政府が少数の既存大学を選んで強化・発展させる(勝者選抜型)，第2はいくつかの大学に合併を促し，新たな大学に生まれ変わらせる(ハイブリッド・モデル)，そして第3はゼロから世界クラスの新大学を創り出す(新出発アプローチ)である。政府は望ましい成果をあげるために，ランキングから得られる指標を基に競争資金や成果主義的な資金配分方法を使うこともある (Pruvot and Estermann 2014)。以下の例には上記3つのアプローチ全ての要素がはっきりと示されているが，結果としてBarrow(1996)が"選び抜かれた最優秀校(selective excellence)"と呼び，Moodie(2009)が"わが国にもハーバードを (Harvard here)"症候群と呼んだ現象が生じている（第6章を参照）。

・フランスは大学の経営力と企画力を強化するために，大学の自治権を強める法律を 2007 年に導入した。また，*ARWU* におけるフランスの大学の貧弱な位置付けに失望し，2008 年にはキャンパス改造計画「Opération Campus」を開始した（Cremonini et al. 2013：113）。そこでの目的は，約 80 億ユーロの財政資金を投じて国内 10 ヵ所に「研究・高等教育の地域拠点」（poles de recherche et d'enseignement supérieur：PRES）を設置することであった。そこで大学や研究機関，グランゼコールなどを合併させ，あるいはそれらの集積地域を形成することで，研究教育能力とその存在感を高めようとした（Landry 2010；Marshall 2010；Siganos 2008）。2009 年にフランス政府は追加的な財政支出を発表し，高等教育と研究活動が「フランスの経済政策における新たな柱」であることを示した。そこでは「政府の資金は，各大学に平等に分配するのではなく，むしろ，より大規模で自律的な大学—最先端を追求し，現代的な管理体制と高い生産性を備えた大学—を創るという政府の政策に合致するように支出される」（Enserink 2009a, 2009b）。2010 年に入ると，フランス政府は 44 億ユーロを費やしてパリ・サクレーにスーパー・キャンパスを創設し，世界のトップ 10 入りを目指す計画を発表した（Anon 2010d；Landry 2010；Staley 2013）。さらに 5 億ユーロを投じて，グルノーブル市にも最先端研究統合拠点 GIANT（Grenoble Innovation for Advanced New Technologies）を設立した（Prest 2010）。そこでの目標は，2012 年までに 2 大学を世界トップ 20 位以内に，そして 10 大学を 100 位以内に入れることである（Marshall 2012）。「我々の目標はとてもシンプルです。世界トップレベルの大学が欲しいのです」（Davies 2009）。

・中国が 1995 年に開始した「211 工程」では，国際的水準で競争できるトップレベルの大学 100 校を確立することを目的にしていた。本来，「世界クラスの大学を持つことは学界エリートの悲願だったが，……今では中国の国家政策となった」（Luo 2013：168）。次いで 1998 年に提唱された「985 工程」では，

もっと焦点を絞り，米国やヨーロッパのトップ校と競争できるレベルの世界クラスの大学を10～12校育成することが目標となった（Brandenburg and Zhu 2007）。当時北京大学の党委書記を務めていた閔維方は，この背景と目標を次のように説明している。

「今日の厳しい国際競争の中で，大学は国の競争力の根本に影響を与える重要な要素です。従って，世界クラスの大学を育て運営することは，国家建設における戦略的重点目標のひとつになっているのです。」（Ngok and Guo 2008：547で引用）

具体的には次のような方策が講じられている。大学の合併ならびに資金・人材などの大学資源の共有化，新たな才能の発掘・育成や世界トップレベルの研究者の獲得，そして国立の科学技術イノベーション・プラットフォームや人文学・社会科学イノベーション・センターの設置，さらには競争力を持った魅力的な学部や教育プログラムの開発である（Ngok and Guo 2008：551）。2007年時点で985工程に総額238億元（約3,684億円[1]）が費やされてきた。科学研究には平均7億元（約108億円）の資金が各大学に投入されてきたが，なかには12億元（約186億円）の資金を獲得した大学もいくつかある（Cao 2009；Ngok and Guo 2008）。中国の投資戦略は世界金融危機でも影響を受けなかったようである（Anon 2009b）。全国統一大学入試である「高考」（全国普通高等学校招生入学考試）も中国の経済成長率の鈍化に合わせるために，改革の対象となった。その目的は，技術に強い卒業生をより多く生み出すこと，そしてそれまで中国の経済成長の大黒柱だった（労働集約的な）製造業への過度の依存を避けることだった。そのため，中国政府は，「技能型人材」試験と従来型から行われてきた「学術型人材」試験との2つの試験から成る「二元制度」の計画を明らかにした。「学術型人材」試験を採用する中国の有名

---

[1]【訳注】2007年当時のレート，15.48円／元で換算，以下同。

第5章 ランキングと政策選択

エリート大学は今後もアメリカやヨーロッパの研究中心大学のモデルを追求するかもしれないが,「技能型人材」試験を採用する大学は異なる高等教育のモデル,たとえばドイツなどの技術専門教育のような制度[2]をさぐる必要があるだろう (Postiglione 2014)。これらにより,研究成果と被引用数が上がり,結果としてランキングにも良い影響が出ており,その意味では以上の戦略は実を結んでいると言ってよい (Luo 2013：172-173)。

- マレーシア政府は2007年に「高等教育のためのアクション・プラン (Action Plan for Higher Education)」を発表したが,その目的はApex University (頂上大学) と呼ばれるトップクラスの大学をひとつか2つ育成し,そこに「世界クラスの大学というステータスに達するために必要な特別な資金と自由度を与える」ことであった (Sirat 2013)。たとえば,そうした大学ではより大きな経営の自由度が与えられ,以前よりも厳しい採用基準やプロセスで教員や学生の募集ができる。アクション・プランの中では,2010年までに少なくともひとつの大学をグローバル・ランキングのトップ100位以内に入れると明記されている (Government of Malaysia 2007：35, 36)。Apexのステータスを得られた大学は「世界クラスの大学になれる可能性がマレーシアの大学の中では最も高いわけで,したがって,世界トップ・ランクの大学と競争するための追加支援が与えられるであろう」(マレーシア高等教育大臣：Chapman and Kaur 2008で引用)。こうしてApexのステータスを得た大学は,それぞれ約1億5,300万リンギット (約52億円[3]) の資金を国から得ている (USM 2010)。8億3,000万リンギット (約282億円) の追加支援を要請したマレーシアサインズ大学 (USM) は「5年でトップ200位入り,2020年までに (トップ50は無理でも) トップ100位入りを目指す勢いで世界ランキングを昇っていく」ことが期待されていた (Anon 2008；Chapman and Kaur 2008；Chap-

---

[2]【訳注】この制度は発祥地のドイツでは「デュアルシステム」(Duales Ausbildungssytem) と呼ばれるが,オーストリアやハンガリー,セルビアなどでも主流であり,フランスやフィンランド,オランダなどの国にも存在する。日本でも2004年に主に専門高校を対象とする「日本版デュアルシステム」が導入された。
[3]【訳注】2007年の平均レート,34円／リンギットで換算,以下同。

251

man 2007)。2014年の時点で,最も歴史の古いマレーシアの5大学は全て3年連続で *QS University Rankings : Asia* には名を連ねているものの,世界3大ランキングのいずれかでトップ100位以内に入ったマレーシアの大学はこれまでひとつもない (Gomez 2014 ; Chapman 2014 ; Maran 2014)。

・台湾は2005年に,トップの大学に対して5年間にわたり年間100億ニュー台湾ドル (約344億円[4]) を投ずるという目標設定型の新規構想を開始した (Lo 2014 : 24-36, 81-87 ; Lawson 2007)。その目的は「大学の国際的地位を向上させること」で,資金の大部分は国立台湾大学に投ぜられた。2006〜2010年に実施された第1段階では国際化に焦点が当てられ,大学が海外からの教員や留学生を積極的に受け入れるとともに,恵まれない環境にある国内の学生に対する公平な扱いも保証した。次いで2011〜2016年に第2段階が実施された。第2段階では,第1段階の成果を踏まえ,台湾の高等教育機関を世界クラスに引き上げるという明確な目標の下,引き続き世界トップレベルの教員と研究者を台湾に惹きつけることに優先順位が置かれた (Taiwan Ministry of Education 2013)。すなわち,各大学をそれぞれが強い分野に特化させて,世界トップ100の中での台湾の大学の存在感を高めることが目的だった (Wang 2009)。

・デンマークでは2010年,当時の教育大臣が,2020年までにデンマークの大学のうち"少なくとも"1校は,ヨーロッパのトップ10 (*THE-QS* のランキングで) に入れるという意向を発表した。その時点で,コペンハーゲン大学はヨーロッパで15位を占め,オーフス大学は20位だった。2006〜2012年に国民総生産の0.5%にあたる390億クローネ (約6,880億円[5]) で「グローバル基金」が設立され,2011年から毎年1億クローネ (約18億円) が (デンマークの研究活動を向上するための) Centers of Excellence と (産学連携を促進するための) New Matching Funds にそれぞれ支出されている (The Dan-

---

4) 【訳注】2005年の平均レート,3.44円/ニュー台湾ドルで換算。
5) 【訳注】2006〜2012年の平均レート,17.64円/デンマーク・クローネで換算,以下同。

ish Government 2010；Anon 2010e；Myklebust 2009)。大学間の合併（大学数は12から8に）ならびに11研究所の大学への吸収合併は，公式には自発的なものだが，デンマーク政府に強く後押しされていた（Ahola et al. 2014：27)。2011年に発足したデンマーク社会民主党主導の連立政権である赤緑連盟も，公式には前政権の立場を廃したが，高等教育制度の成果に対する政府の強い行政監督は維持している（Myklebust 2014a, 2014b)。

・フィンランドでは，ヘルシンキ経済大学，ヘルシンキ工科大学，そしてヘルシンキ芸術デザイン大学の3校の合併によりアールト大学が誕生したが，これはフィンランドの高等教育において現在進行中の広範な改革の一部である（Kekälea and Puusaa 2013)。アールト大学は特に選抜されて，"世界クラスの大学"となるための補助金5億ユーロが通常予算に加えて投入された（Aarrevaara et al. 2009)。この新たに創設されたアールト大学は，主要な改革を進め，国際共同研究を促進するとともに教育や学習の評価も行った。こうした展開によって，ランキングのトップグループ入りを求める世論の期待も高まったが，この目標は未だ達成されていない（Salovaara and Teivainen 2014)。

・ロシアは2012年に「ロシア主要大学競争力強化評議会」を設置した。これは，2012年5月に大統領令として発表されたProject 5-100として知られる政府主導の大学国際競争力強化プロジェクトを受けたものである。プロジェクトの目標は2020年までに5大学をグローバル・ランキングのトップ100位以内に入れることであり（Alekseev 2014），2013〜2015年に年間3億米ドルが特別支援として投じられた。この支援金額は，2016〜2020年には増額される見通しである（Froumin and Povalko 2013)。このプロジェクトは，ロシアの40大学の教育プログラム開発を促進するために2009年に導入された4億米ドルの特別資金を引き継いだものである（Androushchak 2014: 10)。Project 5-100では，各大学の国際化計画に対する評価や目標達成のロードマップに沿っているかを基準にして15の大学を対象に選出した[6]。このプロジェク

---

6)【訳注】2015年には新たに6大学が追加選出され，現在は21大学になっている。

トにはそれ以外にも，いくつかの大学に国立研究大学のステータスを与えたり，海外の研究者を対象に学術交流を促進したり，産業界との共同研究プロジェクトを確立したりすることなどの活動が含まれている。プロジェクトに参加している大学は，通常予算の 10〜40％を追加予算として受け取れるので，「プログラムから追い出されることは厳しい経済的損失をもたらす」ことになる（Alekseev 2014）。

・韓国の BK（Brain Korea＝頭脳韓国）21 プログラムでは，合併を通して高等教育機関の数を減らし，また入学基準を引き上げることで国立大学への入学者数を減らし，さらに 15 の"世界クラス"の大学を誕生させるために集中投資を行うことを目指している（Shin and Jang 2013）。韓国政府は BK の第 1 段階（1999〜2005 年）では 1.34 兆ウォン（約 1,308 億円[7]），第 2 段階（2006〜2012 年）では 2.03 兆ウォン（約 1,705 億円）を支出した。さらに，2008〜2012 年の間に実施された World Class University Project（WCU）は人件費（年間給与）や直接・間接経費，追加支出をカバーし，予算は 8,250 億ウォン（約 623 億円）であった（Government of Korea 2002, 2008）。2013 年には，BK21 と WCU を一本化した BK21 PLUS プログラム（2013〜2019 年）が開始された（Suh 2013）。さらに最近，韓国政府は人文学研究の振興を目的とする Humanities Korea や社会科学研究の振興を対象とする Social Science Korea なども開始している。

・インド政府はさらに一歩先を進んでいる。インドは BRICs の中でグローバル・ランキングのトップ層に大学が入っていない唯一の国であり，そのことで経済的な力量も問われるのではないかと懸念している。このためインド政府は直接 THE と QS の両ランキング機関と話し合いに入って，自国の大学のランキング順位を上げる方策を探っている（Nanda 2013；Pushkar 2014；Chopra 2013）。そこでは"インドの事情"を考慮した独自の指標を開発するため，指定された各高等教育機関から一人ずつ，ランキング機関と直接協力して働

---

7)【訳注】1995〜2005 年の平均レート，0.09762 円／ウォンで換算。以下，各年代の平均レートで換算。

く担当者が選ばれた。たとえばインド憲法に義務付けられている特定グループごとの入学割当制度（15％は指定カースト，7.5％は指定部族，そして27％はその他の社会経済的地位が低いグループ）や「身体障碍者」に対する入学割当制度が，インドにとって不利になると見られている（Goswami 2014）。また，インド政府は複数のエリート工科大学を合併させることで，必要な規模を確保するとともにブランドイメージも確立しようと考えている（Raju 2014）。グローバル・ランキングの結果ならびにインドの高等教育機関のうち何校がランキングに含まれているのか，といった事柄は一般の人びとの関心事項になっている。このため，高等教育制度の新しい改革が政策アジェンダに上ってきている（Pathak 2014）。

・ベトナム政府は教育制度の広範な改革法案の一環として，自国の大学に対して2007～2008年時点でのランク付けを行う計画を発表した。その狙いは「低くランク付けされて大学のレピュテーションを損なうことがないよう，各大学にその実績を改善するよう奮起させる」ことにある（Nhan 2007）。その目的は2020年までに，少なくとも一つの世界クラスの大学を持つことである（Pham 2014）。また，高等教育改革アジェンダ（Higher Education Reform Agenda：HERA）としても知られるベトナムの抜本的包括的な高等教育改革（Fundamental and Comprehensive Reform of Higher Education in Vietnam 2006-2020）は，2020年までに「国際的に高水準で，強い競争力をもち，さらに社会主義市場経済体制に適した高等教育制度をもつ」ことを目的にしていた（Harman et al. 2010：51-52）。その目標には，大学入学者数の増大，大学に階層構造を設けて優秀な学生の上位20％を選ばれた研究大学に入学させること，教員の資格条件の向上，学生／教員比率を下げること，私立大学の拡大，研究による収入の増加，大学の統治・管理体制の改革，カリキュラムの再編と国際化，そして高等教育制度全体の国際化，などが含まれている（Harman et al. 2010：3）。

・南アフリカでは1994年のアパルトヘイト制度の崩壊後，高等教育の役割は主に社会的平等，効率性，民主的市民参加，そして経済開発を促すことにあ

ると見なされてきた。この戦略を追求するひとつの方策として，白人が大部分を占める大学と黒人系が多い工科大学との合併を積極的に進めている。南アフリカの「国家開発計画：2030年に向けたヴィジョン（The National Development Plan：Vision for 2030)」(2011) は，高等教育の意義を改めて強調し，経済開発の手段としての重要性を認めている。その中で，*ARWU* を基準指標として使いながら，南アフリカの大学は発展途上国としては良くやっているものの「いくつかの主要な分野において十分な実績を上げていない」と指摘している（National Planning Commission 2011：271；Cloete et al. 2011）。こうした背景のもと，世界最大の電波望遠鏡を開発する国際 SKA プロジェクト（Square Kilometre Array Project）を共同で南アフリカとオーストラリアに設置するという決定は，研究成果を上げて国際的な地位を向上させようとする南アフリカによる懸命の努力の表れである（MacGregor 2012）。

・ナイジェリアでは 2001 年以来，国内ランキングが実施されてきたが，それはナイジェリアの大学委員会（NUC）による広範な計画の一部である。その計画の目的は，「NUC による認証評価の結果にも示されているように，物理的に建物や施設などが充実し，他の指標も改善したにもかかわらず，なぜナイジェリアの大学がグローバル・ランキングで極めて貧弱な結果しか出せないのか」を検討することにあった（Olatunji 2009；Oni 2010；Edukugho 2010b；Okebukola 2013）。また，高等教育機関の質保証制度を確立しつつあるが，その目的は「大学の満たすべき基準を引き上げてナイジェリアの大学部門の国際的地位を向上させ」，「2020 年までに少なくとも 2 つの大学をグローバル・ランキングのトップ 200 位以内に入れる，いわゆる 2/200/2020 ヴィジョン」を達成することにある（Baty 2009a；Okebukola 2010）。世界銀行からの資金供与に加え（NUC 2010；Davie 2007 も参照），政府は 2008 年に 420 億ナイラ（約 369 億円[8]）の新たな特別調整基金を発表した。「これにより 6 大学，3 技術専門学校，3 教育大学，そしてナイジェリア防衛大学に対してインフラ

---

8)【訳注】2008 年の平均レート，0.87846 円／ナイラで換算。

改善の資金が提供されることになる」(Baty 2009a)。

　各国政府は，経済開発，国際的競争力強化の手段としての高等教育の重要性を認識しているため，上に列挙したような大型投資を伴う改革の例は枚挙に暇がない。財源がもっと限られた国でさえ，改革の渦の中に巻き込まれている (Icamina 2010；Anon 2010c；Isiguzo 2009；Sudibyo 2009 を参照)。たとえば，スリランカの教育大臣は「自国の大学の順位がグローバル・ランキングで低下し，……マレーシアやインドの大学に比べても遥かに劣っている」ことに対して懸念を表明している (Abeyratne 2007)。アイルランドもまた「*ARWU* のトップ 200 位以内にアイルランドの高等教育機関がひとつもない」ことを気にかけていた (Donnelly 2009；Flynn 2010b)。ただし，ダブリン大学トリニティ・カレッジ (TCD) は，2014 年にこの目標を達成している。*ARWU* 以外のグローバル・ランキングで見ると，TCD は *QS* ランキングの発足以来 *QS Top 100* に入っており，アイルランドの 3 大学も 2014 年の *THE* の *Top 100 Under 50*（創立から 50 年以内のトップ 100 大学）に入っている。しかし，ここ数年，*THE Top 100* にアイルランドの大学が入っていないことが懸念されている (Ahlstrom 2014)。

　ランキングは他の形でも政策決定に影響を与えている。Zhe Jin and Whalley (2007) によれば，*USNWR* ランキングと学生 1 人あたりの公的資金支出との間には，強い相関関係がある。すなわち，1990 年に初めてランキングに登場した公立大学への州の支出は 1987～1995 年に平均で 58％増加しているのに対して，ランキングに登場したことのないカレッジへの支出は 49％増に過ぎず，すでにランキング入りしていたカレッジに対する支出も 48％増に留まっていた。また，*USNWR* のランキング表に登場した大学には，学生 1 人あたり 6.5％程度の州支出の増加が見られる。マケドニアは 2008 年 2 月に高等教育に関する法律 (Law on Higher Education) の 159 条 (no. 35/2008) を導入し，これにより *THE-QS*，*ARWU*，*USNWR* のいずれかでトップ 500 位以内に入っている海外の大学で取得した学位は，複雑な認証手続きを経なくても自動的に国内で認証されることになった (Farrington 2008)。第 4 章でも既に触れたが，

モンゴルやカタール，カザフスタン，ブラジル，ロシア，チリなどの国では，奨学金の支給を高ランキング（トップ100位以内）の大学に入学した学生に限定している（Salmi and Saroyan 2007；Snytkova 2014）。同様にオランダの入国法（2008）は，当初 ARWU または THE-QS の上位150位以内の大学から学士，修士，あるいは博士号を取得した比較的若い外国人を対象にして「技能移民」として認めていたが（Beerkens 2009），その後，認可する条件を上位20位以内に引き上げた。シンガポールは，「最高レベル」の大学だけに許される海外専門大学（Foreign Specialized Institution）というカテゴリーを導入し（非公式には THE-QS のトップ100位以内の大学と言われている），地元の大学や工科大学との国際共同研究はこれらの大学だけに限って承認している。その選択条件の厳しさは，イギリスのある有名な大学が僅か数ポイントの差で外されたという逸話にも示されている（Ministry of Education 2008：28）。また，上述のインドのパターンと似ているが，マケドニアとロシアは国内ランキングのためにランキング機関と協力関係を作った。

　以上の例は，ランキングが世界中の公共政策決定や世論に及ぼす多面的な影響を物語っている。こうした影響は，アジアに加えてオーストラレーシアやヨーロッパなどで最も顕著なように見えるが，アフリカも無縁ではない。南米は，つい最近まで比較的影響を受けずにきた（Morgan 2010a）。しかし今日，ブラジル，チリ，コロンビア，メキシコ，そしてペルーはそれぞれ少なくともひとつの国内ランキング制度を設けている（Downie 2011）。米国は連邦制のために状況はもう少し複雑である。州の間では旗艦大学の地位を巡って互いに競争があり，あたかも世界クラスの大学をめざして凌ぎを削る各国の縮図が米国で見られる。すなわち南部・西部の州は，トップレベルの大学が集まる北東部の州に挑戦している（Selingo 2002）。州政府は高等教育の改革を加速させるためにランキングを利用している形跡があり，特に世界金融危機の後にその傾向が強まっている。そして投資や高度人材を惹きつけるために，それぞれの地元の魅力を宣伝しているのである（Creative Dublin Alliance 2009：8）。個々の計画や提案の良し悪しはともかく，政策決定者は改革に必要な根拠や合理性，そして

基礎指標などを示すのにランキングを利用し，それらを基準に高等教育機関を評価したり，必要な場合は教育制度や大学を一定の方向に合わせるように変更を迫ったりしてきた。こうした試みの例としては，改革を推し進めるために，差別化された資金提供モデルを導入することや，予算配分を大学の実績（しばしばランキングを使って測られる）に結び付けることなどがあげられる。

本章の以下の節では，ランキングが各国の高等教育政策に与える影響を理解するために，ドイツ，日本，オーストラリアの3ヵ国の状況を概説する。これらは2008年に行われたインタビューと最近の追加インタビューを基にしたものである。政策決定に影響を与える要因は多様で，それらを軽視するものではないが，以下の分析ではランキング要素の影響に焦点を絞る。最後の節では，こうした政策の変化を分析できるような一般的な分析枠組みを提示する。

ランキングへの反応

最近まで先進国でも発展途上国でも，高等教育の大衆化と民主化，つまり，より多くの人が高等教育を平等に受けられるということに重点が置かれていた。すなわち高等教育を受けやすくすることで，より多くの人に教育を提供することに焦点が当たっていた。こうした大衆化により高等教育制度の普及は急速に進んだ。その一方で，カリフォルニア州のマスタープラン[9]やヨーロッパの二元制度などのモデルに示される高等教育制度では，政府主導で高等教育機関の性格に応じた差別化を行ってきた。たとえば，学問中心／訓練中心，あるいは修士・博士などの授与資格のレベル，研究大学などの特性による差別化である。しかし，時が経つとともに，こうした従来からの区分がはっきりしなくなってきた。知識構造が複雑になり知識経済で求められるものが質，量ともに増

---

[9]【訳注】「カリフォルニア高等教育マスタープラン」(California Master Plan for Higher Education)はUC大学理事会及び州教育委員会により企画され1960年に導入された。研究活動を重視するカリフォルニア大学(University of California：UC)システム，実践的教育と教員養成を担当するカリフォルニア州立大学(California State University：CSU)，そして高等教育を受ける機会の保障とUCおよびCSUへの橋渡しとしてのコミュニティ・カレッジ(California Community College：CCC)というグループ分けを行い，それぞれの使命と役割を定義した。

えているため，伝統的な学術プログラムと専門的な訓練プログラムとを分ける意味がなくなってきている（Hazelkorn 2012c）。

　以前は国内の状況に関心が向けられていたが，現在は，国外に焦点が向けられている。言い換えると，各国を突き動かしているのは，厳しい国際競争下にある知識集約的経済のもとで世界最高クラスの大学を追い求める姿勢である（Cremonini et al. 2013：104）。焦点は教員や学生の募集などの量的拡大より優れた才能の選別に移っており，最高水準の質を求めることと教育の平等とはむしろ対立すると見做されている。高等教育に対する需要が増大しつつある一方で，大学に入学する学生の数が多すぎると嘆いている国や大学もある。すなわち「理系では基礎知識が不足している学生でも受け入れなければならない」ため，もはやエリート機関とは言えず，"大学としての使命を果たせなくなる"危機にあるのではないか，という議論がなされている（RIA 2009：9）。多くの政府は，一定の規定に従うやり方から，特定の目的に沿う契約や実績ベースの資金配分に転ずるなど，決定プロセスが必ずしも明確でない手法で政策を実現しようとしている。このように高等教育大衆化のコストが増大し，世界最高クラスの大学をめざす競争が激化している今日，大学間や学生間の垂直的階層化を促すために，競争という手段が使われているのである。高等教育が国際競争力を高める重要な手段とみなされるようになったので，世界クラスの大学をもつことは「我が国が知識経済社会へ飛躍するための発射台」だと主張している人も多い（Manmohan Singh：インド首相，Rahman 2009で引用）。その一方で「特定の大学や研究所だけを突出させようとしても……それは高等教育全体の改善には繋がらない」と指摘する人もいる（Muchie 2010）。

　上に示した傾向や議論は程度の差はあってもインタビュー対象とした3ヵ国に共通して見られる。オーストラリアに比べると日本とドイツの高等教育制度は規模が大きく複雑である（日本とドイツの高等教育機関総数がそれぞれ782，428なのに対して，オーストラリアは90に過ぎない）。また，オーストラリアとドイツは国立大学中心の制度だが，日本では私立大学の数が全体の77％とその多くを占めており，高ランクの私立大学もいくつかある。オーストラリアの教

育制度は1989年のドーキンス改革[10]により一元的な制度に統一された。しかし，ドイツは依然として（大学と応用科学大学との）二元的教育制度を維持している。3国はいずれも地域的な競争圧力に直面しており，今日の厳しい財政事情や人口構成の変化，高等教育や研究に対する投資コストの上昇などの問題に晒され，これまでの国際的地位を脅かされている。また3国には，それぞれ国内ランキングが存在しているが，グローバル・ランキングの登場以来，そこから多大な影響を受け続けている（Hazelkorn 2009c）。

ドイツ

> 「国際レベルで話題となる大学は……オックスフォード，ケンブリッジ，ハーバード，スタンフォードなどですが……ドイツの大学の名前は出てきません。……数十年前にはドイツの大学に入りたがる学生はたくさんいましたが，今は皆アメリカの大学に行ってしまいます。」（学長：ドイツの国立工科大学，1900年以前に創立）

ドイツ連邦共和国は16の州から構成されているが，各州は独自の憲法と州政府を持ち，教育に対する責務も負っている。高等教育制度は通常，二元制度と称され，伝統的な学問・科学技術のプログラムを提供する「大学」と「Fachhochschulen（応用科学の大学）」とに分類される。Fachhochschulenのカテゴリーは実務指向のプログラムを提供するために1970年代の初頭に設置され，1992年からは応用面に重点を置いた研究開発が行われている。競争圧力とボローニャ・プロセスによって高等教育機関の区分が曖昧になってきたことに対応して，多くのFachhochschulenは正式名称を「応用科学大学」（University of Applied Science）と変え，学士号や修士号を授与している。2012年／2013年における高等教育機関の総数は428で，うち216はFachhochschulen，108

---

[10]【訳注】当時教育大臣だったジョン・ドーキンス（John Dawkins）により行われた高等教育改革。様々な改革が行われたが，それまでの伝統的な大学と職業教育を重視する高等教育カレッジとが併存する二元制度の廃止はそのひとつであった。

は大学，そして残りは教育，神学，芸術・音楽，そして行政学のカレッジだった（Statistisches Bundesamt Deutschland 2014）。

　1998年からCHE大学ランキング（*CHE-Hochschulranking*）という国内ランキングが開始された。これは，ベルテルスマン財団（ドイツ最大のメディア・コングロマリットのベルテルスマンを傘下に収めている）とドイツ大学学長会議が1994年に公益有限会社として創設したドイツ高等教育開発センター（CHE）が作成・運営している。*CHE*大学ランキングは大学に入学しようとしている人びとに情報を提供する目的で作成されたもので，Web対応テクノロジーを使って，専門分野別の多元的な情報管理システムを提供している。基本的には，教育から学生生活まで幅広い情報を扱う学生向け情報システムである。*ARWU*と*THE-QS*が，2003年と2004年にそれぞれ最初に公開したランキングの結果では，ドイツの大学は世界最高レベルだという一般的観念に反するものだった（表5.1参照）。ドイツ連邦教育・研究省は，その背景を次のように述べている。

> 「ドイツ全国に素晴らしい大学がたくさんあり，平均的に高い水準を保っています。しかし，我々に欠けているのは真に世界のトップと言える大学です……。最近のランキング結果は，ドイツが世界トップ水準の大学をもつ必要性をはっきりと示しています。」（Dufner 2004）

翌年の2005年の6月に，ドイツ政府は"エクセレンス・イニシアチブ"を立ち上げたが，これはドイツの大学がグローバル・ランキングのトップ20はおろかトップ50にさえ，ひとつも入っていなかった事態への対応と言ってよい。

> 「（ランキングの最上位グループにドイツの大学が入っていない）理由は2つあります。第1に，我々は少数の大学に資金を集中するようなことはしていません。むしろ，我々の政策は良い大学を多くもつことであり，突出した大学を増やすことではありません。第2に，研究の多くは大学ではなく専門の研究機関で行われています。このため，エクセレンス・イニシアチ

ブでは大学と独立研究機関との共同研究を推奨しています。」(政策担当者，ドイツ)

ドイツはドイツ版アイビーリーグの創設を臆面もなく目指している。それは，国際的に認知されるような研究の発表や研究活動に資源を集中し，研究におけるかつてのドイツの指導的地位を取り戻す努力をする中で達成される(Chambers 2007；Kehm 2013：84)。エクセレンス・イニシアチブは，従来の平等重視，あるいは"ドイツ全国にくまなく良い大学をもつ"という姿勢から，競争と階層化へ軸足を移す，非常に大きな政策転換を意味していた。2006年から2011年にかけて，大学だけを対象にした3つのプロジェクトに総額19億ユーロの資金提供がなされた。すなわち，(1) グラデュエート・コレーグ：若手研究者の振興に役立てる40の新たな大学院(年間最大100万ユーロの補助金)と(2) エクセレンス・クラスター：大学・研究機関，各地域での企業とのネットワークを築く30の先端研究施設の設立(年間最大650万ユーロの補助金)である。さらには，これら2つの競争に勝ち抜いた大学を対象に(3) 戦略的組織開発資金(年間最大1,300万ユーロの補助金)が追加的に提供された。この第1期の選抜ラウンドでは，ベルリン自由大学，ゲッチンゲン大学，アーヘン工科大学，コンスタンツ大学，カールスルーエ大学[11]，フライブルク大学，ハイデルベルク大学，ミュンヘン大学，そしてミュンヘン工科大学の9大学が"エリート大学"として選抜された。続く第2期の選抜ラウンド(2012〜2017年)では合計27億ユーロが投じられたが，ここではカールスルーエ工科大学，ゲッチンゲン大学，フライブルク大学がエリート大学のステータスを失い，"エリート"の名に相応しい厳しさが示された。その一方で，新たにフンボルト大学，ベルリン大学，ブレーメン大学，ケルン大学，テュービンゲン大学，そしてドレスデン大学が追加された(Federal Ministry of Education and Research n.d.)。

---

11)【訳注】カールスルーエ大学は2009年に名称変更を伴う改革を行い，カールスルーエ工科大学(Karlsruhe Institute of Technology：KIT)となった。

表 5.1 上位 100 位以内に入っている大学数，2003〜2014 年（国別，ランキング機関別）

	オーストラリア				ドイツ				日本			
	ARWU	THE-QS	QS	THE	ARWU	THE-QS	QS	THE	ARWU	THE-QS	QS	THE
2003	2				5				5			
2004	2	11			7	5			5	4		
2005	2	12			5	2			5	3		
2006	2	7			5	3			6	3		
2007	2	8			6	3			6	4		
2008	3	7			6	3			4	4		
2009	3	8			5	4			5	6		
2010	3			5	5			3	5			2
2011	4		7	4	6		4	4	5		5	2
2012	5		6	6	4		4	4	4		6	2
2013	5		8	5	4		3	6	3		6	2
2014	4		8	5	4		3	6	3		5	2

(出典) ARWU, THE-QS, QS, and THE websites.

　エクセレンス・イニシアチブの最も驚くべき結果は，この事業に大学が非常に敏感に反応したという点である。すなわち，さして大きくもない補助金のために，他大学を押しのけてでもエリート大学の仲間入りをしようと各大学は躍起になったのである。これまでも CHE の国内ランキングが政府の（高等教育に対する）考え方に影響を与えたことはあったが，それが補助金と結びつけられたことはなかった。しかし，こうしたランキングと政府との関係は変わってきた，というのも，新しい政策目標はたちまち支持され，エクセレンス・イニシアチブの結果は「ドイツの一流大学の知名度を世界中で高めるのに貢献した」からである（Schavan：ドイツ連邦教育研究大臣，Shin-Who 2007 で引用）。エクセレンス・イニシアチブによってドイツの大学が国際的に注目されやすくなり，「ドイツの魅力が多少増した」という点で，大学幹部たちの意見は一致している。また「以前（ブッシュ政権時代）に比べてアメリカのビザが取得しにくくなった」と思っている海外の留学生や教員からも，あるいは採用担当者や提携を組む企業パートナーからも，ドイツの大学が関心をもたれるようになってきた。また，意図していたかどうかは別にして，エクセレンス・イニシアチブは国内外で官

製ランキングだと解釈され（そして利用され）てきた。

　ランキングとエクセレンス・イニシアチブの2つは相まって，平等主義についてのドイツ社会全体の考え方を大きく変え，エリート大学が再び重視されるきっかけとなった（Kehm 2009）。それは「ドイツ高等教育の主要関係者の間から抗議を巻き起こすと同時に……エリート大学の育成を支持，促進することで長年の社会民主的なタブーを打ち破ることになった」（Kehm 2006）。また，2005年にキリスト教民主同盟が社会民主党から政権を引き継いだ際，エクセレンス・イニシアチブの原則を直ちに受け入れたのである（Kehm 2013：83）。ヨーロッパの他の国と同様，それまでのドイツでも高等教育は公共財とみなされてきた。従って，資金はすべての大学の間に公平かつ平等に分配され，大学入学に必要な条件を満たした人[12]には入学できる資格を与えてきた。そして，大学には学生を選抜したり学費を徴収したりする権限はなかった。

　研究活動に関して言えば，ドイツの状況はやや複雑である。大学教授には，その他の研究スタッフと同じく研究を行う義務があり，研究と教育とは不可分のものとなっている。しかしこれとは別に，研究だけを目的にして研究者を組織する専門の研究機関も存在する（たとえばマックス・プランク研究所やフラウンホーファー研究機構，ヘルムホルツ協会，そしてライプニッツ研究所）。通常，こうした研究機関は高等教育とは切り離されており，研究者は教育の義務をもたない。Levin（2010）によると，（専門の研究所を大学から切り離して強化してきた）この政策は，結果的に「ドイツの一流大学がかつて誇っていた世界トップレベルという地位を台無しにしてしまった」。一方，Fallon（2008：16）は，20世紀後半にドイツの大学の実績が期待されたほどではなかったのは，「高等教育機関が，その目的に応じた差別化を図らなかったのが大きな」理由だと指摘している。またKehm（2014）は，「ドイツの大学が（19世紀に確立していた）世界に誇るトップレベルの地位を事実上破壊したのは，ナチズムとヒトラーの支配」だったと主張している。以上の諸説の妥当性はさておき，グローバル・ラ

---

12)【訳注】具体的に高等学校の卒業試験（Abitur）を合格することが大学入学の前提である。

ンキングの登場によって，新たな考え方を迫られることになった。

　ランキングは大学で実施されている研究活動のみを計測しているので，マックス・プランク研究所やフラウンホーファー研究機構で行われている活動はランキングの計測対象になっていない。このため，エクセレンス・イニシアチブのもうひとつの目標は，現在の研究体制や機関を再構築，再編成することだった。具体的には，大学の知名度と研究能力をできる限り高めるために，研究機関と大学間の連携や合併を強力に押し進めた。当時の連邦教育研究大臣は *The Korea Times* とのインタビューで次のように述べている。

> 「ドイツの研究の多くは，マックス・プランク研究所やヘルムホルツ協会など，大学とは別の研究機関で行われてきました。しかし，私たちは，ドイツの科学体制における研究ポテンシャルを大学に集中させようとしています。大学をトップクラスの国際的研究センターにつくり変え，国際的な知名度を高めようとしているのです。」(Schavan, Shin-Who 2007 で引用)

これは事実上，ランキングが採用している指標に合致するように高等教育制度を編成し直していくことを意味している。

　エクセレンス・イニシアチブで大学が選抜される過程で，かつての東西ドイツの格差問題も表面化している。すなわち，旧西ドイツにあたる南部と西南部の大学は競争で勝ち残ったものの，経済的に見劣りする北部と東部の大学は，ベルリン大学を除くとぱっとしなかった。旧東ドイツに位置する大学の学生や教員は，ますます激化する競争に彼らの大学がうまく対処していけるのかという点を特に心配している。「資金は最良の教育プログラムに集中するだろうから，取り残されてしまう学部やプログラムも出てくるだろう」（学生リーダー：教育中心の国立大学，1990 年以降に創立）。政府は，東西格差があることは認識しており，「学生を西から東へ移動させようとしているが，簡単ではない」（政策担当者）。資金を「少数の大学に集中させることは，他の大学を格下げにし，それらの大学にとって死活的に重要な資金を取り上げてしまう結果になる」との批判もある（Kehm 2006）。

エクセレンス・イニシアチブとランキングは大学とFachhochschulenとの関係にも影響を与え，高等教育制度の共通化を目指すボローニャ・プロセスに逆行する可能性がある。ボローニャ・プロセスは，ヨーロッパ全体での高等教育制度の共通化を次の3つの構想を通じて確立しようとしている。すなわち，(1) 学士号，修士号，博士号の3段階制の導入，(2) 教育の質保証，そして(3) 資格や単位，学習時間の認証である。このプロセスにおけるひとつの副次的効果は，大学とFachhochschulenの間にあった従来の区分が消えていくことである。「Fachhochschulenでは，（一般大学に比べて）異なった視点での研究，あるいは，むしろより優れた研究が少なくない。……特に大学とFachhochschulenの両方が関わっている工学分野の研究の場合，協力関係を深めていく必要がある」。現在残っている「違いは今後10年程度で消えていくだろうが，政府はこの過程を加速させようとしている。そうなると，その設立趣旨やプロファイルくらいでしか，大学を区別できなくなる」（政策担当者：ドイツ）。（エクセレンス・イニシアチブのような政策を進めていくと）現在の二元制度に代わって，将来の体制は，階層的に差別化されたピラミッド構造になるように思われる。すなわち，少数の"エリート大学グループ"の下には，もう少し数の多い「堅実な研究を行っている，トップグループに進む可能性が多少はある」中堅大学グループ，さらにその下には，Fachhochschulenならびに特定専門分野で一定の研究活動はしてはいるものの，主として学部教育（学士資格）を担当する大多数の大学グループ，という構造である（Kehm 2006）。

　同時に行われた法律改正により，高等教育機関の運営には，より大きな独立性が賦与され，説明責任も強化された。これは国際的な流れを踏まえたものだが，そこには競争力を上げる目的もあった。歴史的に見ると，政治的な誘導と大学の自己規制が合わさると大学のガバナンスに一定の影響を与えるようになり，いくつかの大学は行政機関の一部と見なされてきた。組織上の問題，たとえば教員募集や学部の設立・廃止，その他の組織内の課題などは，それぞれの州が決めてきた。そして教員（特にテニュアをもった教授）の独立性が高く，学術研究に関連したほとんどのことに決定権をもっていた（De Boer et al. 2008）。

しかし今日，大学経営や戦略企画，大学の政策決定などにおいては，もっとプロフェッショナルなアプローチが求められている。これとともに資金調達の方法も変わり，たとえば学費の決定権を与えられたり，別の資金源を探したりしている。

新たな変化の影響は，大学研究者やその働き方にも及んでおり，新しい採用制度や人事管理制度が導入された。教員に対する業績給や能力給の導入は，教授会や教授たちがこれまでもっていた"権限"を脅かすものである。こうした業績給や能力給などは，以前の大学なら考えもしなかったが，今や経営上の課題となり大学内でも議論されるようになった。野心的な大学は積極的な求人方法を採用してきており，魅力的な給与や福利厚生・諸特典などを使って海外の研究者をヘッドハントしたり，"システマティックに"有望な人材を見出したりしている。既に採用活動や他機関との協定締結により多くの資源と時間を費やす大学が登場している。なかには，ランキングと非常によく似た評価指標を使っているところもある。こうした大きな変化が起きることを認めたがらない向きもあるが，影響を免れることのできる大学や学部・学科はない。

ランキングによって，大学の国際化は単なる学生交換や文化交流から，戦略的ポジショニング・人材募集に変貌してきた。学生の流動化に関する最近の報告は次のように指摘している。

> 「ここ 10 年間で，大学の国際交流プログラムは，お互いをよく知り合うという本来の目的から，ドイツ経済の国際競争力に関する熱い議論に取って代わられてしまいました。科学研究の拠点としてのドイツの役割を強化することは，国際市場でのドイツのシェアを拡大する手段と見なされるようになっています。海外から学者を惹きつける頭脳流入は，受け入れ国への贈り物だと解釈される一方，国際交流に付随する頭脳流出は競争に伴う必要悪だと考えられています。」(Federal Ministry for Education and Research 2005：4；Labi 2008c)

優秀な頭脳を海外から引き寄せることは政府政策の重要項目のひとつであり，人口構成の変化に直面している現状では特にそうである。ドイツは積極的に最優秀の教員や研究者，そして博士課程の学生を呼び込む必要性を認識しているだけではなく，2015 年以降人口が減り始め，8,250 万人から 2050 年までに 7,500 万人に縮小するという点も強く意識されている。これによって国内の学生が「不足」し，優秀な学生をめぐって競争が激化すると考えられる（Brandenburg et al. 2008：12-16）。しかし，グローバル・ランキングで大学の順位が上がることは，いくつかの問題を回避する上で助けになるかもしれない。

　ランキングが，質の認識に対して影響を与えているという証拠もある。すなわち，国内ランキングやグローバル・ランキングがどのような指標を採用するかが，基本的に大学の質（の評判）を決めているのである。このことが CHE の信頼性が増し発展する一因となっており，現在，ドイツ以外の国をカバーするものも含め，4 種類のランキングを発行するまでになっている（CHE 2010b。第 2 章も参照）。ボローニャ・プロセスに対する抵抗が消えず，正式な質保証のプロセスが未だ完全とは言えない状況下では，CHE ランキングが質保証の機能も果たしてきた。国内ランキングとグローバル・ランキングについては一般的に肯定的に評価され，ドイツの高等教育を向上させるための有益な助力者になっていると思われている。すなわち"現実的で正しい情報を提供しているというイメージ"をもたれているのである。しかしその一方で，ランキングに使用されている指標は，工学その他の技術分野におけるドイツの指導的な立場を適切に，あるいは公平には反映してはいないとして，指標の選択に対して懸念する声も聞かれる。

　EU の政策やドイツの地理的な条件のために，大学間の協力が強く推奨されてはいるが，そうした大学間協力はドイツ国内だけに制約されるものではないということも認識されている。言い換えると，大学は，最良の協力相手は（国内だけではなく）国境を越えた地域の中にあることに気付くかもしれない。従って，国境の役割が薄れてくるだろうという見方も出てくる。欧州イノベーション・技術機構（European Institute for Technology and Innovation：EIT）や欧州研究会議（European Research Council：ERC）などは，ヨーロッパ全体とし

ての協力という点を前面に出している（高等教育政策関係者，ドイツ）。こうした国境を越えた連合形成の動きは，大学が"卓越した大学のネットワーク"を形成するために，ランキングや近似した指標を使って適切な提携相手を探している場合には，より強まるかもしれない。大学はそうした動きを通して，ベンチマーキングや研究活動，教育プログラムの開発，さらには学生・教員の交流などを活発化させている。国境を越えた地域ネットワークやグローバル・ネットワークが形成されるに従い，大学と政府との関係も違った姿になっていくだろう。

　最後に，ランキングは将来ますます重要になると強く確信されているが，ランキング事業は政府が担うべきものだとは思われていない。ランキングは「完璧にはなりえないが，政府は完璧であることを期待されている。従ってランキングは民間人や民間団体によって行われるべきである」。とはいえ，ランキングは「良い影響を与えている。ただし，それを使うには注意が必要である。たとえば，ひとつのランキングだけを見るのではなく，いくつか異なるものを比較する必要がある」（政府政策担当者）。エリート大学を育成しようとすることには強い支持があるものの，同時に「ドイツ全国に良質の大学」を保証すべきだという意見も根強い。そこで，エクセレンス・イニシアチブの結果としてドイツの高等教育制度における多様性が失われた，という批判もなされてきた（Labi 2012）。こうした懸念があるにもかかわらず，エクセレンス・イニシアチブは全体としては成功したと見なされている（Gardner, Mi. 2008）。

日　本

> 「国際的な名声のために，日本政府は世界トップクラスの大学を育成したいと思っています……日本の人口が減っていく中で，ランキングは日本を魅力的に見せ，優秀な学生や優秀な働き手を確保する上で，ますます重要になってきています。これが政府の動機です。」（政府の政策研究者）

日本は「日本語をベースにした，どちらかというと自律的で，将来のリーダー

や専門家を選抜・育成するための階層的構造をもった高等教育モデルを維持してきた」(Ishikawa 2009：2)。そこでの特徴は，政府あるいは地方自治体が管理している限定された数の国公立大学と，市場に任せられている多数の私立大学とからなる二重構造である。2013年には782大学があったが，次の3つのグループに分けられる。文部科学省（MEXT）が管理している86の国立大学，地方自治体が運営している90の公立大学，そして606の私立大学である。360万人（2012年）の学生のうちの76％が私立大学に在籍している（MEXT 2013）。旧七帝大（東京大学，京都大学，東北大学，九州大学，北海道大学，大阪大学，そして名古屋大学）は，（一般的な）大学制度の中に組み込まれているが，たとえば予算面での優遇措置など，特別なステータスが残っている。多くの日本の大学幹部は，少なくとも東京大学と京都大学の地位は他の（アジアの）競合する大学から護るために，政府が「必要な措置を講ずる」と信じている。そして「新興諸国に追いつかれ追い越されてしまうのではないか」という懸念もあって，日本政府や社会全体は世界クラスの大学を確保することを支持している（Yonezawa 2013：126）。実のところ，日本というケースで興味深いのは「日本政府と大学がこうした強い願望を共有して密接に協力し合っている」という点である（Yonezawa 2013：125）。

　最もよく知られている日本のランキングは，有力全国紙のひとつである朝日新聞が発行している「大学ランキング」である。これは大学受験の準備をしている高校生に幅広い情報を提供するために，1994年から発行されている。朝日新聞は情報が集められる限り，なるべく多くの指標ごとにランキングを作成しているものの，他のランキングとは対照的に，それらの結果を集計して単一指標の総合ランキングにはまとめていない。現在，大学の活動や成果の様々な側面を示す70種類以上の指標を毎年収集している。成績優秀な学生は，自分がどの大学を選択すべきかすでにわかっているので，主な読者はそれ以外の受験生である（メディア関係者A）。また，リクルートは，雑誌『カレッジマネジメント』に加え，高校生調査を基にした大学ブランドランキング「進学ブランド力調査」を大学案内として発行し，高等教育機関の経営層向けに配布してい

る（Yonezawa et al. 2002）。更には，日本一発行部数の多い読売新聞社は，政府が教育の質保証や（国際化など）大学の新たな展開を重視していることに応える形で，2008年に新しいランキングを始めている。『大学の実力』というタイトルで，これまで学生の大学選択に最も強く影響を与えてきた入試の難易度（偏差値）とは別に，大学の様々な側面に関する情報を提供している。たとえば，教育・学習や定着率などに注目し，教育を重視している大学や短期大学に焦点が当てられている。データは4年制の（国公立ならびに私立）大学の学長を対象としたアンケート調査で収集されるが，その結果を集計したり，ウェイト付けしたりはしていない（Yonezawa 2010）。

　他の多くの国と同様，日本も競争圧力が増し，人口構成変化の圧力にも直面しているが，後者は大学受験者数の減少と高齢人口の増加を意味している（Fukue 2010）。特に隣国である中国，韓国，シンガポール，そして台湾は，世界クラスの大学を確立しようと高等教育に多額の投資を行っており，日本は厳しい競争に晒されている。このため，以前は地理的条件によって守られていた日本の大学だが，今は改革と現代化を迅速に進めるよう相当な圧力が加わっている。*ARWU*と*THE-QS*のランキングによると，上位100位に占める日本の大学の数は2004年以降変動してきたが（表5.1参照），*THE-QS*が*THE*と*QS*に分かれた2010年以降は，両ランキングの上位に占める日本の大学数は比較的安定し，近年はむしろ増加している。2014～2015年における*THE*ランキングの上位200大学のデータを使って調べてみると，そこに含まれる日本の大学数は9位でスウェーデンやロシアと同じだが，人口およびGDPの規模で割って標準化すると，それぞれ18位あるいは21位に順位が低下する（図1.2，1.3，1.4参照）。

　日本の高等教育制度の改革は，グローバル・ランキングの出現と同じ時期に進められた。また，1998年の大学審議会による答申「21世紀の大学像と今後の改革方策について—競争的環境の中で個性が輝く大学」の中では，大学の成果や質に関する早急な行動が勧告された（Oba 2008）。その後，一連の法案と政策が導入されたが，それらの目的は，大学の自立性と経営能力の向上，評価制度の充実と質の強化，更には国際的な競争力をもつ研究の促進だった（JSPS

2010 ; Oba 2007)。2004年4月，各国立大学は国立大学法人としての法人格を付与された。その趣旨は，それまでの国の機関としての統治・運営体制を見直し，民間手法の導入を図ることだった。国立大学が公的部門の一部であることに変わりはなかったが，教員は国家公務員ではなくなった。

　各国立大学は授業料も独自に設定することができるが，文部科学省と財務省が定める「標準額」+20%を越えてはならない。こうしたいくつかの変更がなされた背景には，私立大学から「不公平な競争」ではないか，と批判されてきたことがある。このため政府は2006年以降，国立大学に提供する運営交付金を毎年1%ずつ減らしてきた。政府はこうしたやり方を通して，高等教育制度に構造転換が生まれることを望んでいる。すなわち，従来の国公立／私立という区分から脱却し，市場選択による差別化への転換である。そこでは，国際，国内，地域のレベル別に，教育，研究，あるいは地域貢献などの市場評価に応じて大学が差別化される。

　以上の改革は，世界クラスの大学を擁立したいという日本の強い意志の顕われである。Obaは次のように指摘している。

　　「"世界クラスの大学"の明確な定義は日本にはありません。大学が世界クラスかどうかの判断は，広く使われている指標に基づいて行われるようですし，……また複数の大学ランキングも参考にされています。」(Oba 2008：635)

これをより明確な戦略方針として決定づけたのが，中央教育審議会が2005年に公開した答申「我が国の高等教育の将来像」である。その中では「各大学は教育・研究組織としての経営戦略を明確化していく必要性がある……各大学は，"機能別分化"を念頭に，他大学とは異なる個性・特色の明確化を目指すこと」が謳われている（Oba 2008：631）。2007年には，それまでの「21世紀COEプログラム」を継承する形で「グローバルCOEプログラム」が開始された。そこでは国際的に卓越した教育研究拠点（COE）の形成を重点的に支援し，国際競争力のある大学づくりを推進することを目的として，選抜された大学院研究

科（博士課程レベル）等に補助金を提供した。安倍政権下の教育再生実行会議は 2013 年に"スーパーグローバル大学"構想を提言し，2014 年から政策が開始された。この事業では，2023 年までに世界大学ランキングの 100 位以内を目指す大学 10 校程度と，それに加えて，日本社会のグローバル化を牽引する大学 20 校程度を選抜し，重点支援することになった。こうした特定の高等教育機関を選抜し，資金などを集中させる戦略は，人口構成変化や財政上の問題への対策として日本政府が出したもので，これにより科学技術における日本の競争力を維持・強化しようとしている（Yonezawa and Yung-chi Hou 2014）。

国際化はこの戦略の必須の一部であり，国際競争力の指標とも見なされているため，現在，政府と大学の両者にとって優先課題となっている（Yonezawa et al. 2009；Szu-yu and Kao 2010）。2008 年には「留学生 30 万人計画」を日本政府が打ち出し，留学生数を当時の 123,829 人から 2020 年までに 300,000 人に増やすことを計画したが，この計画の達成も容易ではない。翌年の 2009 年に文部科学省は，国際化の中心的な役割を担う大学を確立すべく「グローバル 30（国際化拠点整備事業）」を開始した。そこでは，留学生を受け入れ教育するための重点大学として，質の高い 30 校程度を選定するとしていた（Yonezawa 2007）。そして 2009 年には，13 大学が選定され（MEXT 2010），これらの大学が国際化戦略を立て，外国人研究者や留学生のサポート体制を強化するために補助金が提供された[13]。

> 「一見すると，グローバル 30 事業は日本の『開国』のひとつの例のように見えます。確かに少子化の現実を考えると，日本の大学が生き残るためにはより多くの留学生を惹きつける必要があります。このため"グローバル・スタンダード"である英語で教える授業が重視されることは，日本の高等教育機関を国際的な学びの拠点にするという目的に合致しています。

---

[13]【訳注】2012 年からは「グローバル 30 プラス（グローバル人材育成推進事業）」が開始され，タイプ A（全学推進型）とタイプ B（特色型）の合計 42 大学が採択された。

そして，それによって日本の高等教育機関は他国の大学と留学生募集において（同じフィールドで）競えるようになるのです。」(Burgess 2010)

しかし，日本の高等教育制度が多数の留学生の流入に備えるためには，キャンパス設備を改造したり，大学院や博士課程のプログラムを精選して改革したりする必要がある。また，留学生の92％はアジア出身（60％は中国出身，12％は韓国出身）だが，特に自然科学系のプログラムでは英語科目を導入している（JASSO 2013；Yonezawa 2013：138）。このため，この計画が成功するためには外国人教員の獲得が不可欠である。2013年5月，安倍総理は「成長戦略第2弾スピーチ」の中で次のように表明している。「国立の8大学で，今後3年間の内に，1,500人程度を，世界中の優秀な研究者に置き換えます。……今後10年で，世界大学ランキングトップ100に10校ランクインを目指します」。この外国人研究者の採用計画は，その後の3年間で1,000人の日本人教員が退職するタイミングに合わせたものだった（Rappleye 2013）。しかし，その後，この改革の実施は困難につきあたっている。

ランキングには大学の知名度を国内外で上げる力があるので，重視されるようになってきている。おそらく政府の国際化戦略は，（ランキングの）国際化指標を上げることを意図して行っているのではないだろうか。というのも，こうした指標は *THE* にも *QS* にも使用されているが，国際化は日本の大学の最大の弱点だからである（Klaphake 2010；Yonezawa et al. 2009）。学生に関する国際化指標では，受け入れ留学生数だけではなく海外に派遣される日本人留学生数も計測している。日本政府は2013年6月に閣議決定された「日本再興戦略―JAPAN is BACK―」の中で，海外で学ぶ日本人留学生を2010年の6万人から2020年までに12万人に増やす計画を発表した（Yonezawa and Yung-chi Hou 2014）。

教育を重視する有力国立大学は，通常，科学技術分野の大学院に力を入れている。2004年4月1日に開始された国立大学の法人化のもとで各大学の裁量の範囲は広がり，国際的に競争力のある研究者を惹きつけるために特別な雇用

契約や給与体系を提示できるようになった。たとえば，ある大学では非常に高い業績をあげている研究者であれば，例外的に標準の2倍まで給与を引き上げることが可能である。他でも似たような給与体系を導入している大学がある。こうした研究者は，特に日本語の能力は求められていない。彼らが教育するとしても，それは大学院レベルの留学生や国際的マインドをもった学生が対象だからである。ただし，新しい施設は必要になるし，それ以外にもハードルはある。イギリスの国境なき高等教育観測所（Observatory on Borderless Higher Education）は，日本の競争優位は低い学費だけだと示唆している。その上，学生ビザに制限が多いことや高い生活費，学期開始前の予備授業がない，などの問題もある（Jaschik 2007c）。政策担当者は英語で行われるプログラムへの移行を良い展開だと見なしているが，高等教育制度の重要な部分を英語ベースに切り替えた時の長期的な社会・文化的影響については，ほとんど顧みられていない（Ishikawa 2009：7）。Huang（2009：155）は「日本の教育・研究の質を上げるために英語圏に留学して学位を取ってくること（教育サービス輸入の拡大）」と「日本独自の教育プログラムによって海外留学生を惹きつけること（教育サービス輸出の拡大）」とは本質的に矛盾すると指摘している。

　日本の大学はより戦略的になってきている。すなわち，自らの研究上の強みと競争力をもつ分野を特定し，資源配分を見直し，国際的に名の通った研究者を採用し，カリキュラムを調整している。旧帝大と特に歴史の浅い地方大学との間には少なからぬ差がある。前者は国際的な運営や教員の国際募集においてある程度の経験があるのに対し，後者は概ね受け身的な態度が強く，地方の学生が入学してくるのをただ待っている傾向がある。しかし，国際化の影響を免れることのできる大学などないということも認識されている。ほとんどの大学幹部は現状を長くは維持できないと認識しているが，大学の教員の年齢構成も抜本的かつ急速な改革を行う上では妨げになるかもしれない。日本の大学が直面する最大の課題は，国際的な競争力を保つために必要なスピードをもって改革を行えるかどうかである。グローバル・ランキングのトップクラスに入るために，必要な投資資金を確保するのも大変なことだが，これは単に資金だけの

問題ではない。むしろ，権威主義的な，あるいは政府規制に依存した伝統的な高等教育制度・機関から，より自律した，戦略的で競争力の高い，個性のある大学に変わることができるのか，が問われているのである。Yonezawa（2007：497-498）は，「大学幹部や政策立案者，行政官の間で幅広い政策ヴィジョンを共有し作り上げていくことが必要である」としている。

　官僚たちは，グローバル・ランキングに注目することと，その正確さを信ずることとは別だと考え，その2つを注意深く区別しているが，政治家はランキングから大きな影響を受けているようである（政府の官僚）。実際，それによって政策に重要な転換が生じている。日本の文化と歴史，そして現在の国際的な立場を考えると，特に世界金融危機の後では，高いランキングに基づく国際的地位と名声が日本でも重視されるようになってきた。世界クラスの大学というステータスを追求することは，戦後続いてきた平等主義を否定し，エリート主義に回帰することを意味している。政府が30の大学を選抜して世界に通用する大学に育て上げるという計画に対して，あまり大きな批判の声があがらなかったことも，こうした社会の変化で説明できるかもしれない。しかし，それは国内学生や留学生の獲得をめぐる競争を厳しくし，研究資金をめぐる大学間競争を激化させ，そして，いくつかの地方の小規模私立大学が消えることにもつながった（Obara 2009：17-18）。

「日本の高齢化が急速に進み，大学入学年齢人口が減少し続けている一方で，大学間競争がますます激しくなっていくことを考えると，グローバル・ランキングでうまくいかないことは大学の将来にマイナスになるのではないか，という不安が高まっています。」（Ishikawa 2009：10）

結局のところ，「国際的に伍していけるように研究中心の大学に資金提供しようとすると，他の大学の資金調達に影響が出てしまう」（メディア関係者B, Kitagawa and Oba 2010：515-516）。他にも「日本の高等教育が国際的に競争力を保つようにするために，政府はいくつかの地方の私立大学を存続させずに，

資金を主要大学に振り向けるだろう」とする意見もある。いくつかの大学は教育しか行わないようになるかもしれない。このようにして「大学教育は研究成果を取り入れながら行われるものだ，とする従来の考え方は変化してきている」（政府の政策研究者）。

オーストラリア

> 「……オーストラリア政府は，その（サービス）輸出のイメージとして，高レベルの大学があることを見せようと一生懸命になっています。そして……世界に向かって，オーストラリアにはこんなに素晴らしい大学がありますよ，ここへ来て勉強しませんか，アメリカやイギリスだけが留学先ではありませんよ，と訴えているのです。」（オーストラリアの高等教育政策の関係者A）

オーストラリアの高等教育は，ここ数十年，国内的にも国際的にも競争的な環境—特にその地理的な条件を考えると—で運営されてきた。1989年のドーキンス改革によって（職業教育を重視するカレッジと伝統的な大学と）の二元制度が廃止され，一元制度が導入された。そして，その歴史と設立趣旨から高等教育機関は5つのグループに分けられた。すなわち，古い伝統をもつ砂岩大学群（6大学），戦後にできた赤レンガ大学群（3大学），1960年代以降に創立された"ユーカリ"大学群（10大学），職業訓練・産業大学群（5大学），そして新設された混合大学群（13大学）である（Marginson and Considine 2000：188-196）。2013年10月時点で，全部で90（私立大学と営利目的の高等教育機関を含む）の高等教育機関がある（WHED 2014）。その後も，さらに大きな改革が加えられた。たとえば，「より強力なリーダーシップ」，経営戦略の推進，「研究組織における学際研究の促進」，そしてより柔軟な対応能力と継続的な組織変革努力などである（Marginson and Considine 2000：234）。こうした変化は，財政的な都合や他の新自由主義的な政策と相まって，高等教育に厳しい競争的要素を持ち込むことになった。それとともに，収入のより大きな部分を，授業料収入，研究

実績に連動した資金，海外留学生などに頼ることを余儀なくさせた。政府は強い確信をもって「市場を重視する姿勢と公的資金に対しては大きな説明責任が伴うことを，1980年代の末から確たるメッセージとして伝えてきている。同時に公的な資金も拡大してきた」（労働組合員B）。本書のインタビューは2008年に行われたが，その後，政府の教育への補助金が削減された結果，オーストラリアは，高等教育に対する公的投資の対GDP比において，OECD加盟国中，4分位の最下位グループに甘んじることになった。すなわち2010年にはGDP比で0.8％となり，現在も落ちつつある。(OECD 2013：193)。こうした状況は，高等教育機関に対して市場から収入を上げるよう努力する動機づけとなり，特に海外の留学生からは授業料を全額徴収する方向に向かわせた。

　この結果，オーストラリアは主要な留学生受け入れ国になり，世界の留学生市場の6.1％を占めるようになった。また，留学生は，現在のオーストラリアの高等教育の学生全体の19.8％を占めるに至っている（OECD 2013：307, 317）。経営学部のいくつかでは，留学生が全体の半分以上を占めている。2012～2013年におけるオーストラリアの輸出品目の中で高等教育は4番目に大きな（サービス）輸出品目であり，145億ドルを記録している。これは石炭，鉄鉱石，そして金に次ぐ輸出金額で，観光や個別の農業品目の輸出金額を上回っている（AEI 2013）。こうした状況は喜ぶべきことではあるが，同時に海外からの留学生に対して過度な依存状態になっていることをも示している。今は，留学生の主要な送り手であるシンガポール，中国，マレーシア自体が高等教育制度の拡充と改善に取り組んでおり，高等教育の質に対する要求水準も上がってきている。オーストラリアが受け入れている留学生の76.6％はアジアからの留学生である。こうしたオーストラリアの弱点は，オーストラリア政府によるビザ規制の変更や，インド人留学生に対する襲撃事件などが影響してオーストラリアに対する留学希望者数が40％減という劇的な減少を示した最近の事実によっても明らかにされている（Healy 2010）。詳しく見ると，高等教育を受ける留学生数全体が若干減少する中で，大学以外のカレッジの留学生数が急減しており，これは2003年から2009年までの留学生数の急増とは対照的な動きである

(Perry 2009, Australia Bureau of Statistics 2009)。2012〜2013年における高等教育による総輸出金額（留学生からの収入）は19億オーストラリアドルだが，ピークだった2009〜2010年を下回っている（AEI 2013）。留学生に占める学部生と大学院生の比率のインバランスも懸念すべき材料となっている。なぜなら，全ての国にとって，PhDの学生は，経済発展や技術革新の指標となっているからである。現在の財政状況に鑑みて，もしも留学生からの収入がこれ以上落ち込んだ場合，政府や大学がそれ以外の収入源を見出すのは難しそうである。

オーストラリアの学部生の国内流動性は伝統的に低いものの，これまで The Good Universities Guide を使う傾向があった。このガイドは17の指標ごとに5段階のスケールで格付けを行っているが，大学全体のランク付けは行っていない。オーストラリア研究会議（Australian Research Council：ARC）の国内研究成果の比較評価報告であるオーストラリア研究評価（Excellence in Research for Australia：ERA）や，以前行われていたオーストラリア政府の業績連動型交付金（Learning and Teaching Performance Fund：LTPF）はランキングとしては作成されていなかったものの，事実上ランキングとして使われていた。更に，メルボルン大学のメルボルン応用経済社会研究所（Melbourne Institute of Applied Economics and Social Research）は，オーストラリアの大学の国際的地位を計測する独自の指標（Index of the International Standing of Australian Universities）を開発した。グローバル・ランキングは開始直後から，すぐにオーストラリア世論に浸透し，政策決定者や大学生（特に留学生），その他の関係者に対する影響力が強まってきた。その理由のひとつは，自国を世界の中で相対化して見ようとするオーストラリアの傾向である。ある政府の官僚が「オーストラリア人は，自国のことをいつも他国と比較したがる」と述べる一方で，ある労働組合員は，「オーストラリアが置かれている地理的条件を考えると，オーストラリアの大学にとって国際市場はとても大切である……（そのため）我々は非常に早い段階から国際市場を意識している」と認めている（労働組合員A）。グローバル・ランキングによって，国際競争の高まり，オーストラリアの挑戦課題，さらには，こうした環境下で生き残るための要件，などに関して注目が

集まるようになった。

　ARWU のトップ50位以内に入っているオーストラリアの大学はひとつもないものの，いくつかの大学は *ARWU* や *THE*, *QS* ランキングのトップ100の中に入り続けてきた（表5.1を参照）。これは「オーストラリア・ブランド」の知名度を上げたいと考えている人には積極的に評価されたが（オーストラリアの高等教育政策関係者B），オーストラリアに「真に傑出した大学はない」と考えている人からは批判的に受け止められた（Marginson 2008b）。ある高等教育政策の関係者によると，「グローバル・ランキングの結果は人びとに大きなショックをもたらし」，政治家をして「世界のトップ40に入っているオーストラリアの大学はひとつもないが，我々もトップクラスの大学をもたねばならない」と言わしめた。当時政権を担っていた自由党は，オーストラリア（の大学）のランキングを上げることには非常に熱心な反面，大学教育の大衆化には疑問を呈し続けてきた（Fullerton 2005）。しかし2007年に労働党が政権を執ったことで政策の重点が変わった。「我々は，大学がそれぞれの得意な分野に専念できるように資金を提供すべきである。また，大学は全ての分野に秀でることができなくても，特定の分野で卓越するように努力すべきである」（オーストラリア政府の官僚）。特に重視されたのは「それぞれが独自の明確なミッションをもちつつ，全体として高い実績をあげ世界に通用する多様な目的をもった大学群を創り出す」ことである（Gillard 2008）。2013年に自由党が政権を取り戻したことで，世界のトップ40やトップ20にオーストラリアの大学を入れることが再び話題に上るようになった。以上のような政権交代に伴う政策方針の転換を見ると，オーストラリア高等教育政策の背景にはイデオロギー的要素があることがわかる。

　こうした政策対応には高等教育政策に関わる人びとの異なる立場が反映されているが，これは，「オーストラリア高等教育レビュー（Review of Australian Higher Education）[14]」やその後の教育政策にも影響を及ぼした（Bradley et al.

---

14)【訳注】2007年に発足した労働党政権のもとで設置された専門家会議から政府に提出された報告書。専門家会議の議長 Denise Bradley の名をとって「ブラッドリー報告」とも呼ばれている。

2008)。彼らの立場は，大きく2つに区分できる。第1のグループは，エリート大学群である"Group of Eight (Go8)[15]"の関係者の中に多く，ランキングを論拠に使いながら，平等主義の教育政策は止めて，競争力の高い少数のトップ校に資金を優先的に配分すべきだという意見をもっている。それによってオーストラリアの大学のランキングを引き上げ，より多くの留学生を惹きつけ，競争力全般を向上させることができるとしている（Chubb 2008；Gallagher 2009）。第2のグループは，第1グループを除くほぼ全員の意見であるが，「世界トップ10に入るような高等教育制度」を創り出すことで，（少数のトップ校を伸ばすのではなく）高等教育制度全体を「世界クラスのシステム」にすべきだというものである（Gardner, Ma. 2008；Reid 2008）。ある学長（1970年以降に設立された教育中心の地方公立大学）は，次のように懸念を表明している。

> 「もしも政府が，グローバル・ランキングの上位に食い込もうとしている大学に資金を集中させることにしたら，社会経済的に恵まれない学生を育もうとしている大学は損害を受け，オーストラリア全体の発展を危うくするだろう。」

「オーストラリア高等教育レビュー」は，300ページ以上もあるその報告書の中で一度も"ランキング"という言葉は使わず，「傑出した国際競争力のある高等教育制度を創る」必要があるという主張を盛り込んでいる。議論のあるところだが，この背景には行政上の現実があるのかもしれない。なぜなら，政府が「地域社会で強くなってもらいたいと欲する大学の多くは，存亡の危機にある」からである（学生リーダー）。しかし，（ランキングからは距離を置こうとする，こうした姿勢にもかかわらず）逆説的ではあるが，ほぼ全ての大学は留学生からの収入に大きく依存しており，ランキング順位を上げたいという願望に取りつ

---

[15]【訳注】オーストラリア国立大学，モナシュ大学，アデレード大学，メルボルン大学，ニューサウスウェールズ大学，クィーンズランド大学，シドニー大学，西オーストラリア大学の8大学であり，その多くは，砂岩大学である。

かれていないような大学はひとつもない。

　ランキングによって大学間の競争が一段と厳しくなり，教育制度にもこれまでとは違った活力がもたらされた。同時に，高等教育の大衆化の役割やそれに対する資金提供に関しても議論が巻き起こり，ドーキンス改革の意義についても改めて注意が向けられるようになった。どのようにしたら，すべての大学に同じ基準で資金を提供しながら，同時に熾烈な国際競争で勝つのに必要な投資資金をオーストラリアは確保していけるのだろうか。類似したミッションをもつ大学の数が多過ぎないだろうか。また（研究活動をトップ校に集中させて）研究を教育から切り離してしまったら，地域に焦点を当てた研究活動はどのようになってしまうのだろうか。2007年には自由党から社会民主的な（労働党）政権に再び交代し，こうした議論にも影響を与えることになった。ある大学幹部は「ランキング順位が高過ぎる」と不利になるかもしれない，と皮肉交じりに語っている（高等教育機関の上級幹部：1900年以前に創立された研究中心の公立大学）。なぜなら政府は資金を別の大学に使おうとするかもしれないからである。それは「確かに新政権の姿勢と言えるかもしれない。……彼らの考え方は平等主義に基づいているので……」（学生リーダー）。

　オーストラリアは比較的早い段階から成果ベースの資金配分制度を採用してきた。

> 「私が思うに，……連立政権（保守連合）は，大学の実績をランキング等の成果指標で評価し，それと連動させて資金配分することができるのなら，それは客観的な評価と見なされる，という考え方に強く動かされたのではないでしょうか。そして実際に，大学に対して成果に応じた資金供与を始めたのではないでしょうか。」（労働組合員B）

グローバル・ランキングによって大学の成果の測定およびベンチマーキングの重要性が高まり，測定方法に対する関心が集まるようになった。オーストラリアの政府は「国際比較を重視し，今日までオーストラリアの教育制度は改善す

る必要があるという立場を取ってきた。おそらく，これはランキング制度に影響された見方だと思われる」(政府政策関係者)。実際，オーストリアに限らず，いくつかの指標を組み合わせ，それを使って国内外の優れた大学に対して自校の成果のベンチマーキングを行うことは，ランキングが生み出したもうひとつの現象である (Go8 2010)。

　研究評価をめぐる議論は，こうした文脈で解釈する必要がある。2005〜2007年には，研究の質評価フレームワーク (Research Quality Framework：RQF) がイギリスの研究評価事業 (Research Assessment Exercise：RAE) を基に開発された。しかし，その構造が複雑で透明性が低く，導入コストが高過ぎ，さらには高等教育界の有力団体にも支持されなかったため，労働党新政権によって中止された。代わって2010年6月1日からは，オーストラリア研究評価 (ERA) を開始した。(ERAへの) ランキングの影響は，基本的な考え方だけでなく，研究評価の具体的プロセスや目的にも顕われている。言い換えれば，ERAの評価結果は資金配分に結び付けられる可能性があり，そうなれば，インフラや研究，研究訓練のための大学運営交付金の一部あるいは全ては，(現在は実績ベースの指標を基に交付されているが) ERAの評価結果に応じて決められるようになる。さらに，影響力のある国際的ハイ・インパクト・ジャーナルへ投稿したり，その他の有力"発表媒体"に出したりするインセンティブが設けられた。また，そのプロセスを促進するために，包括的な4段階のジャーナル・ランキング指標が作成され，100専門分野にわたる17,000の学術誌がランキングされた (これはその後，労働党政権によって公式な手法としては廃止されたが，非公式な影響力は残っている)。これの効果—あるいは意図—は，研究資金や研究活動が中長期間的には"研究中心大学"に集中するのではないかという点である。これによって規模が大きく歴史があり，自然科学や医学に強い大学の立場が強まる。また教員の給与や仕事の負担などの面で，言い換えれば教育主体か研究主体かで，教員間の格差も広がるだろう (Europa 2010c：84-87)。またMoodie (2010) は，大学内の研究資源の配分についても，その選別が厳しくなるだろうと指摘している。

第5章 ランキングと政策選択

　政府は,「特定の市場に依存し過ぎるのを防ぐために, 一定程度の多様化を進めようとしている……当然のことながら, 私たちは高等教育の質の高度化……すなわち修士課程などの大学院プログラムの充実を推奨している」(オーストラリアの政策官僚)。これに伴い, 国内の学部学生, 特に流動性が高まっている優秀な学生に注目が集まるようになったが, それでも「留学生市場の価値は, これまで以上に高まっている」。国際競争が激しくなるとともに, グローバル・ランキングはその重要な原動力となった。なぜなら「各国は留学生を惹きつけるために, 国際競争力のある高等教育部門を売り込もうとしているが, そこでの最良の基準のひとつはグローバル・ランキング」だからである(高等教育機関の幹部：1945年以降に創立された研究指向の公立大学)。すべての大学が国際的な留学生市場に晒されているので, 世界クラスの教育制度の維持を, その政策の中で強調し続ける必要があるとする意見もある。一般的な見方として, オーストラリアの大学のランキング順位のどのような変化も留学生を惹きつける魅力に影響する可能性があり, しかも, 大学や政府は留学生からの大きな収入に依存している(Ross 2009；Marginson 2008a)。

　大学の多様性に関する政府の考え方とそれを達成するための手法とを巡っては, 一定の緊張関係がある。まず一方で, 政府は「高等教育制度の多様性の促進, 幅広い学生の選択, そして地域社会に貢献する大学の機能を継続させること」などに熱心である。なぜなら, こうした機能は「純粋なマーケット主導のシステムでは失われてしまう」からである(Macklin 2006：10)。これを達成するためには, 政府との間で大学が一定の目標を果たすように取り決めた契約が必要となるかもしれない。その一方で, ある政策関係者は政府の立場を次のように指摘する。

　「大学への門戸は広がっており, 政府としては多くの人に大学に入学してほしいと思っています。しかし, そこへ上海ランキングが発表され, ANU (オーストラリア国立大学) が世界40位, メルボルン大学は50位になったため, ANUとメルボルンに人びとが殺到するようになりました。

285

気の毒なことにチャールズ・スタート大学は，多様性を高め，様々なコースを用意し，そしてニューサウスウェールズ州の学生に高等教育を受ける機会を提供していますが，それはもうどうでもよくなってしまったのです。このようにランキングは，大学に対して政府が何を求めるかについての考え方を完全に歪めています。」（高等教育政策関係者 A）

結果として"研究中心大学"への支援が顕著になっている（Gallagher 2010；Slattery 2010）。また THE ランキングの変更（研究業績評価データベースの提携先を Thomson Reuters から Scopus に変更）や留学生の応募者数の変化，政府からの資金の減少などといった要因は，それぞれ，あるいはそれらが組み合わさって，グローバル・ランキングにおけるオーストラリアの地位を危うくする可能性がある（Thomson, V. 2010；Trounson 2010b；Lane 2010）。2012 年と 2013 年の教育・研究資金の予算削減がオーストラリアで広く報道されていたせいか，すでにオーストラリアの大学は順位を少し下げている（THE 2014）。ランキング順位の変化は，政府の対応の仕方に影響を与えるかもしれない。政府は，ランキングが政策決定には影響を与えていないと主張しているが，影響の跡は高等教育政策の議論全般に亘って見られる。たとえば「（労働党の元首相）ギラードは，"世界クラスの大学（world-class universities）"という言葉をキャッチフレーズとして演説や声明文の中でいつも使っているが……これはランキング機関がよく使う言い方である」（学生リーダー）。

政策オプションと戦略的選択

グローバル・ランキングの登場は，国家の競争力に高等教育がどのように貢献しうるかという問題に関して広範な議論を呼び起こした。特に 2008 年の世界金融危機後は，普遍的な高等教育を通じた人的資本の開発という社会的要請と，科学界における国家の競争力強化との間でどのようにバランスを取るかが課題となり，それに関する政策論議が盛んになった。オーストラリア政府（2008）は，次のように簡潔な質問を投げかけている。研究もしくは研究者養

成のための投資は，次のどこに焦点を当てるべきだろうか。①「一つか二つの高い実績を誇る大学の研究インフラに，もっと資金を集中させる」，あるいは②「実績をあげている研究中心の不特定の大学に対して支援する」，それとも③「大学の属性などに関係なく，優れた実績をあげているのであれば，どこの大学でも支援する」(DEEWR 2008：50)。

　国家は，それぞれがもっている知識や技術革新を基に競争するようになってきているため，高等教育の政策的重要性は高まっている。そして「基本的に人間の頭脳の中に構築される」(Castells 1996)「学術資本」に対する投資が求められている (Slaughter and Leslie 1997)。しかし，世界金融危機の前から"国際評価レース"には拍車がかかっており，それにかかる費用も加速的に増えていた。世界金融危機によって国際的な投資環境が厳しくなり政策的な混乱も生じる中，グローバル・ランキングは，才能を確保し知識を産む高等教育の能力を，国家が投資を惹きつける魅力に結び付けるようになってきた。

　金融債券における格付け機関と同じように，ランキングは特定の地域や特定の高等教育機関の価値を上げたり，下げたりできる (Blumenstyk 2009)。国や地方政府が，才能ある人材や企業投資を惹きつけるために，ランキング結果を引用して彼らの魅力を宣伝するのは，このためである。ムーディーズ社やスタンダード＆プアーズ社はランキングを高等教育機関の信用度を確認するために使っているが，こうした信用度は，国あるいは地域の成長戦略に影響してくる可能性がある。「公立大学が市場指向型の組織に変身し続け，私立大学と同じような競争戦略に頼る」要因のひとつにランキングがあると見なされている。しかしながら，ランキングと格付けの関係は，常に直接的なものとは言えないかもしれない (Kedem 2011：1；Moody's Investors Service 2009；Armstrong 2009)。ムーディーズは「学生は尺度を求めている」と論評している (Kedem 2011：4)。「もしも，ある大学が成長もせず，選抜性も向上しないのであれば，それは，10年前とは違って今では懸念材料となりうるものである」(Goodman, Hoover 2010で引用)。何故かと言えば，選抜性は経済的に豊かで授業料を喜んで払ってもらえる学生や慈善団体，投資家を惹きつけ，社会的地位や影響力のある多

くの卒業生や同窓生を輩出する能力の指標だからである。

　政府や政策担当者のコメントとは裏腹に，彼らは（個々のランキング指標についてミクロ的に調べるのではなく，）グローバル・ランキングが与えるマクロ的な影響に対処しようとしており，その証拠は世界の至る所で見られる。ただし，その程度は，政府の政治的なスタンスによっても微妙に変わってくる（第6章を参照）。ほとんどの政府は，ランキングと高等教育機関の成果や質との間の単純な（マクロ的）関連性を調べているだけだが，一部の政府は，個別の指標を政策プロセスに組み込んだり，あるいは具体的な意思決定をしたり，野心的な戦略目標を設定するのに，それらを使っている。しかし，こうした野心のために予算措置をする国は少ないようである。政策や意思決定におけるランキングの利用は，単なる基準設定や特定の指標（たとえば，研究の生産性や成果，自然科学の分野，教員や研究大学院生の採用などの指標）を取り出して使うことに留まらない。ランキングは，政府が強力に進めている政策方針を支えている。そうした方針には，より競争力をつけて市場や学生の動向に機敏に反応すること，特色のある大学のミッションを打ち出すこと，より効率的に研究成果をあげること，さらには世界クラスの大学になることなどが含まれる（St. Aubyn et al. 2009：9, 29-31, 76）。従って，重視されるようになってきたのは，選択的な資源配分であり，研究の集中化である。結果として高等教育機関の間で，垂直的階層化がよりはっきりとしてきた。ランキングは，単にグローバル競争の結果を表示しているだけではない。ランキングは，むしろ競争を促し，自由市場と自由競争が最善だという信念のもと，高等教育の市場化を加速させつつある。ランキングはまた，高等教育の構造やあるべき姿について情報を与えている。確かにランキングは研究の評価に重きを置き過ぎる一方で，教育・学習，その他の高等教育機関が行っている広範囲な努力を軽んじている傾向はあるが，それにもかかわらず，必要な情報源でもある。ある大学関係者が語ったように，これは，大学間のグローバル競争が本質的には「レピュテーションを巡る競争・ゲームと見なされているからであり，そこにおいては，研究は非常に魅力的である。なぜなら，レピュテーションは生憎，常に研究活動を中心に行われてお

り，……そして，研究は最高の頭脳を惹きつけるからである」(オーストラリアの高等教育政策関係者C)。

　オーストラリア，ドイツ，日本は，それぞれ程度は異なるものの，国際的に卓越した教育研究拠点形成のために競争的資金を提供し，それを通じて，限られた数の世界クラスの大学が研究に力を注ぐように誘導している。ドイツにおける少数エリート大学を指定する戦略は，ドイツが長年続けてきた平等主義原則，つまり教育の機会均等と高等教育機関の間の格差縮小の原則から，階層化と公開競争の原則に転換することを意味している。"エリート"という言葉は，ドイツの現代史を想起させ，ある種の緊張を惹き起こす。また，戦後から行われてきた日本のエリート主義との決別努力も，直面する国際競争のために放棄されることになった。オーストラリアは，少なくとも公式には，エリート主義からは距離を置くことが多く，垂直的（レピュテーションに基づく）階層化よりも，水平的（機能に基づく）差別化に重点を置いてきた。こうした考え方は，地方にある大学にとっては特に意味があり，どこの大学も等しい尊厳をもつという原則のもとに，大学間の多様性を認めるものである。"卓越したものを選び抜く"という戦略が，マタイ効果を生むという非難（ドイツやオーストラリア）を喚起することは避けられない。なぜなら，新たな教育予算の増額でもない限り，こうした戦略は決められた予算のゼロサム的な奪い合いになるからである。ドイツやオーストラリアにおいては，国際競争に勝てるような卓越した大学を創り出すことと，国全体に良質の大学群を育むことのバランスを巡り，イデオロギーや政治的な立場の違いが，主として政党間，場合によっては政党内でも生じてきた。オーストラリアでは，政権が2013年に労働党から自由党に代わって以来，こうした立場の違いは，（その実質的な内容が変わったかどうかは別にして）政策の重点の置き方の調整というような言われ方をしている。今までのところ，世界クラスの大学を育てようとする日本の試みは，一般から強い反対や不協和音を生んではいないが，これは日本の置かれた状況や文化的な背景を考慮して理解されるべきである。

　これら3ヵ国に共通しているのは，大学間の多様性が大きくなるほど，教育

上の需要や労働市場の需要にうまく対応できるようになるため，多様性は望ましいとする考え方である（Birnbaum 1983）。これら3ヵ国では，全ての高等教育機関がみな同じようなやり方で研究に秀でようとしていることに対して批判的である。ドイツでは，特にボローニャ・プロセスによって，従来の多様性が失われつつあり，一方，オーストラリアでは，1989年に一元制度を採用した。多くの政府は，ランキングが国際評価レースを激化させていると公に批判したり非難したりする一方で，ランキングが多様性を生み出す役割については，黙認したり，密かに賞賛したりしてきた。ドイツや日本においては，特定の大学を選んで優先的資金をつけて育成してきているのに対し，オーストラリアでは差別化をより進めるために，国の評価プロセス（たとえば，学習・教育に関する成果資金（Learning and Teaching Performance Fund）やオーストラリア研究評価（ERA））を使ってきた。もうひとつの戦略は，ランキングまたは成果指標を質保証基準や認証評価と結びつけるやり方である。これらのケースでは，ランキングは，準市場（における価格）あるいは資源配分の手段として機能している。

　ここで分析対象としている3ヵ国の例に基づき，さらには，それ以外の国の経験も踏まえて考えると，2つの主要な戦略が見えてくる。すなわち，大きな枠組みとして，①世界クラスの大学の育成か，あるいは，②世界クラスの高等教育制度の形成か，という政策選択になる（以下の第6章の議論も参照）。

(1) 新自由主義的モデル

　新自由主義的モデルが目指すのは，大学間の垂直的格差あるいはレピュテーション格差を積極的に作り出し，グローバルな競争に勝ち抜くための世界クラスの大学を形成することである。ドイツと日本（加えてフランス，ロシア，中国，韓国など）は研究実績に焦点を合わせ，国際的に卓越した教育研究拠点形成のための競争資金を通じて，限られた数のトップレベルの大学（それぞれ10大学と30大学）を選抜している。ランキングは自由市場のメカニズムとして機能し，高等教育システムに競争原理を持ち込んだ。それがなければ，日独どちらの政府も国民もエリート大学をそれ程重視していなかったかもしれない。こうした

環境では，ランキングは強力な政策手段となる。このモデルでは研究活動を少数の大学に集中させ，そうした大学であらゆる分野の先端的研究を実施しようとする。そして残りの大学は学部教育や専門職教育に集中させ，研究は地域に密着したものに特化させる。このモデルは伝統的な学問分野の知識の強化，あるいはモード1型[16]の知識生産形態である（Gibbons et al. 1994）。3ヵ国の例から2つの形態が示唆される。すなわち，ヴァージョンAは，従来の公平の価値観を捨て去るもの（ドイツ型）で，もうひとつのヴァージョンBは，従来からあった，地位と階層化の価値観の復活（日本型）である。

(Ⅱ) 社会民主的モデル

社会民主的モデルで目指すのは，世界クラスの高等教育制度を創り上げることであり，それはグローバルな視点に立った多様で高度な機能をもった高等教育機関群から構成されるものである。オーストラリア（加えてノルウェー，アイルランドなど）では，卓越した大学の育成と国全体の"良質の大学群"への支援とを両立させ，教育と研究の密接な連携を図っている（Sandelson 2013）。このモデルにおいては，教育と研究拠点は地理的に分散しており，それぞれの大学は，その関係性と機能を生かして地元に密着した主要な知識供給源として活動する。このモデルは，モード2やモード3の知識生産を意味するもので，外部の広範囲なパートナーとの共同研究や学際研究を重視している（Gibbons et al. 1994；Hazelkorn 2012c）。同様の趣旨で，ノルウェー教育相は，グローバル・ランキングにおけるノルウェーの位置が低いという批判に応えて，次のように語っている。「ノルウェーにおいては，我々は意識的にエリート大学を創らないようにしている」（Sandelson 2013の中で引用）。こうした考え方はアイ

---

16)【訳注】知識生産モードに関しては以下の通り。「モード1」とは，伝統的な知識生産モード。大学の研究者・研究者グループが専門分野における課題を研究する。時事問題には関係ないことが多い。「モード2」とは，特に90年代以降の新しいモードで，大学間および産学のネットワークを通して応用科学的な研究を行う研究者ネットワークを表す。「モード3」とは，ソーシャル・ネットワークやオンライン・ツール（オンライン百科事典，統計ツールなど）を利用して必ずしも専門家ではない「素人研究者」も，一人あるいはインターネット上の個人的なネットワークを通して研究を行うことを示す。

ルランドの教育技能大臣からも表明されているが，そこでは国の置かれた状況が政策選択に強い影響を与えるという点についても考慮されている。

「資源制約のもとで人口が伸び続けているという我が国の現況では，質の高い高等教育を提供していかなければなりません。そこでは，個別の大学の成果という狭い視野ではなく，高等教育システム全体の改善という明確な目標を維持し続ける必要があります。」(Quinn 2012；HEA 2012 も参照)

　ニューヨーク州立大学（SUNY）は，"相互連携協力（systemness）"という言葉で新しい概念を提唱した。これは，「（キャンパス群が協力し合うことで）個々のキャンパスがバラバラに活動するよりも，より強力な影響力を発揮して」(SUNY 全体の) 利益を最大化できるということを意味している（Zimpher 2013：27）。こうした状況下では，ランキングは政策に対する重要な情報提供源である。しかし，政府は様々な理由（たとえば，社会的・政治的価値観，大学の地理的分布，経済状況あるいは発展の歴史的段階など）で，意図的にランキングの使用を忌避する傾向がある。そこでは，公正さや公平性，そして，どのようなグループからであれ卓越した人材が出てくれば，それを支援することが重視されるのである。
　世界最高クラスの大学をめざす競争は国家の目標と大学の目標とを一体化させ，グローバル・ランキングを，基準を確認するためのツールから，戦略的な手段に一変させた。疑う余地もなく，国家が自然科学や知識経済の世界に参加する能力と高等教育との関係は，極めて重要であり，高等教育の強化を政策の優先順位のトップに押し上げる原動力となった。こうした課題の多くは，既に優先的な政策課題となっていたが，ランキングによって，それらの重要性が際立つことになった。Dill（2009：100）は次のように述べている。ランキングは「（ガスの危険性を知らせる）炭鉱でのカナリア」と同じ効果をもち，「先進国の政策担当者に対して明確なメッセージ」を送るだけでなく，改革のペースを速めるのである。言うまでもないことだが，政府は新世界秩序における高等教育の戦

略的な重要性については十分に理解している。しかし，ランキングは高等教育のもつ一部の属性だけを重視することで国際評価レースを誘導し，結果的に特定の国や大学だけが勝てるようにしてはいないだろうか。

第6章

高等教育の再構築

> 「病院や銀行,航空会社,その他公益を目的とする公共機関や民間機関はみな比較され,ランク付けされています。大学だけランク付けしてはいけないという理由はあるのでしょうか。」
> (Eva Egron-Polak:国際大学協会(IAU)事務局長,2007年)

> 「重要なものすべてが計測できるわけではない,そして計測できるものすべてが重要というわけでもない。」
> (アインシュタインがプリンストン大学の研究所に掲げていた金言)

学生への情報提供から商業販売へ

近年のランキング制度の興隆は,高等教育の質や実績に関する情報には簡単にアクセスすることが難しいと思われていることに起因している。一方,*USNWR*あるいはマクリーン大学ランキングのような国内ランキングは,学部生やその親に役立つ情報を売る商品のようになっている。他の国でも同様のカレッジ・ガイドやランキング表が開発され,主にメディア企業によって提供されている。そして2003年に登場したグローバル・ランキングは,革命的な影響力があった。*ARWU*やその直後に登場した*THE-QS*や*Webometrics*,その他多くのランキングは,世界経済における基本的な転換期と重なり,時代の波に乗って発展した。なぜなら,この転換期には,特に人的・知的資本の形成が国際競争力を測るバロメーターとなってきたからである。

第6章 高等教育の再構築

「高等教育は，人的資本に対する投資の重要な形態のひとつです。実際，高等教育は人的資本の高度なあるいは専門的な形態と見なすことができ，経済成長への貢献度も非常に大きなものがあります。高等教育は，まさに"新たな世界経済を発展させるためのエンジン"なのです。」(Castells 1994b：14)

世界市場のシェアをめぐる各国間の競争激化によって，高等教育は社会と経済のニーズにもっと合わせるべきだという圧力が強まってきた。国によっては少ない財源で対応しなくてはならないが，豊かな財源で対応できる国もある。これにより世界秩序および知識の分業における広範な構造変化が起き，大学間の差別化が進んでいる。たとえば，魅力的な国・大学とそうでないところ，選抜性の高い大学と幅広く募集している（あるいは入学しやすい）大学，そして研究中心の（世界クラスというブランド力のある）大学とその他の大学などである（Baty 2010d；Marginson 2008b）。この抗い難い潮流に影響されない国や大学はほとんど存在しない。

　ランキングに対する関心が世界中で高まったことで，多くの査読論文や新聞記事，社説，施政方針などが発表され，新たな法案が準備された。Thomson ReutersやElsevierのような企業がグローバル・プレイヤーになり，主要ランキング機関に計量書誌学的データを提供している。またThomson Reutersは大学のプロファイル情報を収集し，これを収益につなげるという新しいビジネス機会を見出している。すなわち，これを戦略計画の策定を目的とする大学に売り戻したり，第三者，たとえば各国政府や欧州委員会や研究機関などに対して政策形成，意思決定，分類などを助けるデータとして販売したりしている（GIPP 2009；Thomson Reuters 2010；Olds 2010a, 2010bを参照）。これはBloombergが金融データを商品化したやり口によく似ている。*Times Higher Education*（*THE*）は大学に関する情報提供者からグローバル・ランキングの推進者に生まれ変わり，現在「世界最大かつ最も包括的な大学情報データベース」を開発しようとしている（THE 2014）。

様々な組織やコンサルティング会社は，グローバル・ランキングのトップ校あるいはトップを狙っている大学のために，新しい商品やサービスを開発してきた。世界のトップ大学を国際ネットワークで結ぶ World 100 Reputation Network[i] や シミュレーション・モデルのサービス，そして iPhone のためのアプリケーションなどは，それらの例である（Baty 2010e）。また，データの質や指数算出方法の透明性に対して広く懸念が表明されていることに応える形で，新しい形式や新しいランキングが開発されている。ただし，こうした展開をシニカルに受け止める向きもある。なぜなら，確かにこうした改善は歓迎すべきことではあるが，ランキング指標の気まぐれによってキャリアを傷つけられてきた学長，教員，学生などの人びとにとっては慰めどころかむしろ不愉快になるだけだからである。高等教育機関は，QS と THE の改定ランキングに伴う手法の変更や世界金融危機などが，自分たちのランキング順位や魅力に影響を与えることを心配して，早い段階からランキング順位に変化が出るかもしれないとの説明を関係者に対して始めている（Kearns 2010；Trounson 2010b；Lane 2010）。

　時間の経過とともに，ランキングが目標とするユーザーの範囲は拡大してきた。ランキングの利用者は学生とその両親を遥かに超えて，政策決定者，雇用者，（教育関係の）基金や寄付者，協定校候補ならびに共同研究パートナー候補，卒業生，別の高等教育機関，その他の関係者などに広がってきている。またランキングは世論に大きくアピールする。ランキングが提供する簡潔かつ単純化されたメッセージは世論に強い影響を与え，一方，世論はランキングを支える最も声の大きな推進者となってきた。ランキングで使われる考え方は世界中の（高等教育政策の）決定過程や公の議論のほぼ全てのレベルに浸透してきた。学生とその両親のために始まった国内中心の小規模なガイドブックに過ぎなかったランキングは急速に拡大して，今や国家戦略に関わるようなグローバルな知識情報企業に変身している。そして，高等教育や大学内外の関連者に直接間接に影響を与え続け，さらには動機づけの源泉ともなってきた。

　前章までに示してきた分析結果に基づき，本章ではランキングが，高等教育や高等教育制度の再編，さらには知識に対する我々の理解の深化に役立ってい

るかについて議論する．そして誰が，あるいはどのような機関がこれに貢献できるかについても検討する．各国が自国の競争優位を強化する戦略に取りつかれ，グローバル・ランキングが決めた基準に合うようにどれほど政策を変更しているのか，その証拠が世界中で見出される．国家が国際競争に勝とうとすれば，高等教育の重要性にますます注目が集まるようになる．いくつかのケースでは，それによって既存の資金提供の不備が問われることがある一方，名声の向上につながるような分野に資金が配分し直されて社会的平等性を損ねてしまう場合もある．同時に，質に注目が集まることが，大学の成果を向上させることに役立ち，結果として説明責任や透明性を高めるのにも一定の貢献をしている．さらに，高等教育の社会・経済への価値や貢献は，どのようにしたらより正確かつ公正に評価・測定できるのか，またどのようにしたらそれらを目に見える形で示せるのかを巡って，ランキングは広範な議論を巻き起こしてきた．高いランキング順位とレピュテーションを追い求める努力は，個別の大学や個人のレベルでは，大学文化や研究者行動の急激な変化を伴ってきた．ランキングと大学の国際的評価との相関は高いため，学生や教員，その他の関係者は，ランキング情報・商品の積極的な消費者かつ支持者になってきた．ただし，全体的な影響には多様な側面があり，良い面も良くない面もある．

高等教育機関の再構築

　高等教育機関は，地域，国内，あるいはグローバルに，知識産業としての立場を強化するための様々な戦略立案に躍起になっており，そのための大学の構造改革や組織改編も行っている．こうした戦略企画の中でランキングは重要な位置を占めているが，大学がランキングに対応するやり方には次の3つのパターンがある．(1) ランキングにおける自分の順位やそれによる広報効果をうまく利用する，(2) ランキング順位を上げ，そのメリットを享受するために大学の組織，戦略，採用方針，あるいは教育方法などを再構築しようとする，そして (3) ランキングがもたらす騒ぎを無視しようとする．高等教育機関の幹部は，このすべてを，(3) から (1) の順番に体験していることが多い．

「グローバル・ランキングが導入された当時，ほとんどの大学管理者はそれを無視していたが……時が経つと，（まず）ロースクールがランキングの重要性に気づき，人びとがランキングを使って重要な判断をしていることを理解し，ランキング順位を高めるために多大な投資を始めるようになった。これによって，ランキングの影響力が強化され，正当性が認められるようになってきた……。」（Espeland and Sauder 2007：23-24）

　第3章および第4章では，大学が地位や名声を守りつつ自分たちのランキングを上げるために採っている「生き残り競争のあらゆる局面」（Ehrenberg 2001：4）での広範な方策を紹介した。ランキングがもたらすと思われている利益の循環のために，ランキングによって大学の意思決定や行動が誘導され動機づけされている。ある国際調査によると，回答者の74％は，いくつかの大学は自分たちのランキングを上げるために，データを操作していると信じていた（Adams and Baker 2010：7）。
　データ操作は様々な形をとる。たとえばランキング順位が高まるようにデータを修正したり，ランキング順位を高めるような活動には積極的に投資したりすること—たとえ，それらが教育の質を直接改善するものではなくても—などが含まれる。

　「ある研究中心の大学のランキングが上がった理由は，（ランキング機関への）データ提供を改善したからなのです。以前は研究者が論文を発表した際，自分の所属機関に関する正確なデータを提供していなかったこともありました。またランキング自体によって惹き起こされたわけではありませんが，大学内でブランドを統一することによるメリットもありました。さらに，ノーベル賞受賞者も所属大学を正しく明記するようになりました。これらはゲームみたいなもので，我々は大学人として頭を使い，ゲームが定めたルールの範囲内でできる限りのことをやっているのです。」（Locke et al. 2008c：40）

高等教育の再構築　第6章

高等教育機関の上級幹部は,「目標を設定したり,進捗状況を査定したり,同僚を評価したり,学生を入学させたり,教員を募集したり,奨学金の配分を決めたり,進路先調査を行ったり,新規プログラムを採用したり,そして新たな予算を決定したりする際に,ランキングを参考にしている」(Espeland and Sauder 2007：11；Goodall 2010)。

「私の大学は,教育モデルも研究モデルも変更し,国際的に重視されている指標に自分たちの大学の根幹を合わせようとしています。これがランキングに対するこの大学の対応の実態です。」(教員：メキシコの公立大学,1940年以降に設立)

また教育に比して研究に過度な比重を置かないよう,「指標間のバランス」に配慮することが必要と説く人たちもいる(Georghiou 2009a)。

　博士課程を持つ米国のある高ランキング大学の理事会に提出されたメモは,一桁のランキング順位を達成するために採るべき具体的戦略について詳述している。そこには学生一人あたりの支出を引き上げ,民間から獲得する年間資金を2倍にし,公的資金の調達を増やし,さらには大学基金を拡大するなどの措置が盛り込まれている。Levin(2002：14)によると米国の学長に対する調査では,特に次の指標を重視しているようである。すなわち,定着率(調査回答者の88％),卒業生による寄付(84％),卒業率(75％),入学時の成績(71％),教員の報酬(63％),教員/学生比率(31％),などである。また,学長の25％は次のような面で教育への支出を拡大しようとしている。すなわち,選抜を厳しくし,教員の給与を上げ,より良い新プログラムを開発し,資金集めやその使い道を改善し,採用や昇進の方式を変更し,そしてマーケティングを改善するとしている。一方,研究能力を高めたいと答えた学長は7％だけだったが,資金を,教育から研究やマーケティング,メリット型奨学金などへシフトさせると答えた学長もいる(Espeland and Sauder 2007：25-27)。さらに最近の調査によると大学の3分の2はグローバル・ランキングにおける「強固で,安定し

た，より高い」地位を獲得するための戦略を練り上げ，残りの3分の1はランキング順位を上げるための明確な目標を設定している（Anon 2010h）。RISP調査でも回答者の69％は，ランキングに対応するための戦略的行動を最低ひとつは策定したとしている（Hazelkorn and Loukkola et al. 2014：39）。

　以上のアンケート結果は，「ランキングによって，大学は効率を上げるためにではなく，恣意的なランキング指標に合わせて良く見せるためにその行動を，時には戦略でさえ，変えてきた」し，あるいは変えつつある，という見方を裏付けるものである（Adams and Baker 2010）。UNESCOの調査によると，タイでも同様の動きが見られ，またマレーシアでは政府助成金はランキング次第なので，大学は目標の優先順位を変更してきている（Chapman et al. 2014：67）。いくつかの高等教育機関では，提供するデータを"操作"したり"抜け穴を利用"したり，またはランキング順位を上げるために編集した形跡もある。通常これらは米国の大学で見られ，特に入学データやその結果に関連して行われている（第4章参照）が，より広範囲な内容，たとえば研究活動に関するデータも操作された形跡がある（Elder 2012；TEC 2012）。

　これまで本書で紹介してきた大学側の対応（概要は表6.1参照）が，通常の大学間競争や教育機関の専門職化，大学の質の改善努力によるものなのか，あるいはグローバル・ランキングに対する直接的な反応なのかは，議論のあるところである。確かに社会の新しい課題やニーズに対応するために高等教育制度を手直しし，教育・研究の質や大学の実績を向上させるような措置を採ることは評価すべきことである。いずれにしても，時代の変化を無視し，旧来のままで運営を続けられる組織や企業などは存在しないだろう。ただし，グローバル・ランキングが使っている指標と大学による様々な措置との間には強い関連性が認められるので，こうした措置がランキングに対する直接的な反応ではないかという疑問は消えない。結局のところ，大学がどんな措置を取るにしても，「彼らの念頭には常にグローバル・ランキングがある」（Espeland and Sauder 2007：11）のである。

　グローバル・ランキングに対する最も合理的な反応は，最も影響を与えやす

表6.1 主要グローバル・ランキングに対する大学の対応行動, 2014年

	大学がランキングに対して採った措置の例	おおよその比重（2014年の指標）
研　究	・研究成果, 研究の質, 被引用数の向上 ・引用頻度が高いジャーナルに論文を載せるために, そうした教員を採用あるいは奨励する ・論文を英語のジャーナルに発表する ・教員や学部の目標を設定する ・博士課程の学生の数や割合を増やす	$ARWU = 100\%$ $THE\text{-}QS = 60\%$ $NTU = 100\%$ $THE = 93.25\%$ $QS = 70\%$ $USNWR = 100\%$
大学組織	・他の大学と合併する, あるいは, 相互に補完的な学部を合併させる ・独立して運営している研究機関を親機関の大学に統合する ・センター・オブ・エクセレンスや大学院を創設する ・英語教育施設, 留学生施設, 実験室, 学生寮を発展・拡大させる ・大学に研究センターを設置する ・大学の成果指標, あるいは学長と学部との契約にランキングの指標を組み込む ・ランキングを検討し報告するタスク・グループを設置する	$ARWU = 10\%$ 研究関係の指標への影響は上記と同様
教育カリキュラム	・EUや米国のカリキュラムと整合するように調整する ・自然科学・生命科学を優遇する ・成果にネガティブな影響を与えるプログラム・活動を中止する ・学部より大学院の活動を強化する ・研究強化に貢献しないプログラムを廃止する ・教員／学生比率を向上させる ・教育の質を向上させる ・新規プログラム・学位に最新の成果を取り入れる	$THE\text{-}QS = 20\%$ $THE = 30\%$ $QS = 30\%$
学　生	・成績優秀な学生（特に博士課程）をターゲットにして募集する ・魅力的なメリット型奨学金や優遇措置を提供する ・国際的な活動や国際交流プログラムを増やす ・国際室を設置しプロフェッショナルな留学生募集を行う	$THE = 9.25$ $QS = 5\%$ $USNWR = 10\%$
教　員	・国際的に高業績, 高被引用論文の研究者を採用／ヘッドハントする ・新規雇用契約や終身在職権（テニア）を得る条件を変える ・市場原理に基づきまたは業績連動型の報酬制度に切り替える ・高業績の教員に対し報酬を与える ・業績のふるわない教員を特定する ・高業績の研究者は教育活動を免除し研究活動に専念させる	$ARWU = 80\%$ $THE\text{-}QS = 85\%$ $NTU = 100\%$ $THE = 97.5\%$ $QS = 95\%$ $USNWR = 100\%$
パブリックイメージ／マーケティング	・レピュテーション関連の指標の改善 ・入学管理, マーケティング, 広報を, 専門知識を持った担当者が実施する ・すべての刊行物に共通のブランドを使用する ・NatureやScienceなど, インパクトの高いジャーナルに広告を出す ・教職員や卒業生が取得した賞やメダルを強調する ・国際協定を拡大し, グローバルネットワークへの参加を増やす	$ARWU = 50\%$ $THE\text{-}QS = 40\%$ $QS = 50\%$ $THE = 33\%$ $USNWR = 25\%$

(出典) Hazelkorn 2011b：192-193から改編。

い指標を選び出し，組織の各部局やレベルごとにその指標に対応する目標を設定することである。また最も簡単でコストがかからない方策は高等教育機関のブランド・イメージを統一し，提供するデータを整備すること，そして論文の投稿先ジャーナルの選択や執筆言語を変更することなどである。したがって，ほとんどの大学は，教員に対して全ての学術論文や発表，公式声明などに統一された（所属）機関名や部署名を使うように指示している。その一方で，多くの非英語圏の高等教育機関では，引用頻度が高い国際ジャーナルに論文を英語で発表するよう教員に奨励している。これらは些細なことに思われるかもしれないが，大学では研究者や部局などによって異なる機関名が使われることはよくある問題である。その原因は，以前は異なる性格やロゴを持っていた部局が合併したこと，あるいは大学の統一されたブランドが存在していないことなどがあるが，結果として出版物数や被引用数が実際よりも少なく数えられることがある。正確なデータ収集は，研究成果を測定する場合にも留学生数を測定する場合にも重要である。正確なデータを収集する目的は，ランキング機関や政府機関に大学のあらゆる活動を正しく認識させ，大学の評価に反映させることにある（対象指標の例：研究成果，外国人教員数，留学生数）。こうした措置以上の方策を採るとなると，大学のランキング順位を上げるためのコストは指数関数的に上昇する（以下の議論を参照）。

　ランキングは大学ごとの成果を集計して作成するので，大規模な（歴史のある）総合大学が有利になる。このため大学の規模は非常に重要である。したがって大学の再編，特に，研究機関や大学院の新設—たいていは目的を絞った集中投資が伴う—が，高等教育機関の間で広く行われるようになった（対象指標の例：研究成果，研究の質，論文被引用数）。第2章でも検討したように，計量書誌学による測定方法ではバイオメディカル・サイエンスの分野が有利になる。なぜなら，そうした領域における研究成果は，Thomson Reuters あるいは Elsevier が提供する国際的にアクセスできる検証可能なデータベースに最もよく反映されるからである。こうした傾向を変えようとする試みもあるが，満足できるような手法はまだ開発されていない。従って，これらの学問領域は新規採用や新

たな施設，予算配分などで優先的に扱われる傾向にある（対象指標の例：研究成果，研究の質，論文被引用数）。

　多くの高等教育機関は外国人研究者や留学生を取り込むことで，英語の機能や能力を向上させている（対象指標の例：研究成果，教員の質，外国人教員数，留学生数）。また，高額かつ広範な広報活動（たとえば *Nature* や *Science* への広告掲載や上質のパンフレットの作成，マーケティング・ツアーなど）を通してマーケティング機能を改善し，それによって，国内外の高等教育機関に大学のことを知ってもらう（対象指標の例：研究者によるピア・レビュー，研究の質）。さらに，被引用数の高い学術ジャーナルに発表する教員や博士課程の大学院生に追加報酬を与え（対象指標の例：研究成果），また教員／学生比率を上げようと模索している（対象指標の例：教育の質）。各国の高等教育機関は成績優秀な学生，特に博士課程レベルでそうした学生を集めることに躍起になっているが，優秀な学生は優秀な外国人研究者と同じように国際評価レースで資産となるのである。これは，ことわざ「excellence in, excellence out」（「優れた人材を採れば，優れた結果が出る」）を地で行くものである（対象指標の例：教員の質，外国人教員数，留学生数，研究成果，研究の質や被引用数インデックス，研究者によるピア・レビュー，卒業生の雇用適性）。

　確かに，研究教育の質や成果に心を配り，国際化を進め，生産性を上げることは好ましい展開ではある。このことが，高等教育機関がランキングによる影響を全体として否定的ではなく，肯定的に見る理由なのかもしれない。あるいは，様々な調査に回答している大学は，そもそもランキングを肯定的に見る傾向を持っているのかもしれない。いずれにしても，こうした様々な活動を全体として見ると，ランキングは，高等教育制度やそれぞれの大学のあり方，政府や大学の戦略目標の優先順位，大学人の行動，そして関係者の意見や決断に絶大な影響を与えていることがわかる。

知の再構築

　上述のように，最近数十年にわたる単純知識から複合知識への発展は，新し

い学問分野や方法論,そして発想方法に反映され,経済構造ならびに知識を生み出す方法を一変させてきた。モード1型と呼ばれる伝統的な知識生産の営みは,専門分野に分かれ"好奇心主導"で,"象牙の塔"と揶揄される環境に完全に(あるいは半分)閉じこもった状態で,通常,個人ベースで実施されてきた。一方,"社会的な基盤を持つ"知識生産,別言すればモード2型やモード3型知識生産(著者による用語)では,知識は(社会に)役立つかどうかを基準に生産される(表6.2参照)。これらのモードでは,知識生産はもはや大学の枠に限定されているわけではなく,個別の専門分野の垣根を超え,社会全体(幅広いコミュニティや市民社会,産業,そして地域を含む)と積極的に関わり協力しながら実施される(Gibbons et al. 1994;Nowotny et al. 2001)。この議論で重要なのは知識生産の責任のあり方の問題であるが,モード1型の研究では研究者によるピア・レビューを通して説明責任および質の管理が保証され,モード2型では社会的責任および社会的な反応を通して説明責任が担保される。またモード3型では説明責任は社会的責任と市民参加による責任を通して実行される。

モード1では伝統的なエリート型知識生産モデルに頼るが,モード2やモー

表6.2 モード1〜3の知識生産

モード1(学界の同僚に対する説明責任)	モード2(学界の同僚および社会に対する説明責任)	モード3(社会および公共に対する説明責任)
・基本原理の理解の追求 ・「純粋な専門分野」が中心 ・知的好奇心が原動力 ・直接・間接の商業利益を目的としない ・限定された数の学者により閉鎖的あるいは準閉鎖的な環境の中で進められる ・学界の同僚による相互審査によって説明責任を果たす (Gibbons et al. 1994)	・知識のための知識の獲得ではなく,基本原理の理解は現代社会の現実的な問題の解決のために追求される ・研究対象に関連する専門分野・研究分野にまたがる幅広い研究者によって実施 ・研究者の同僚および社会による審査によって説明責任を果たす	・研究の焦点は,国境や専門分野には拘束されずに,二国間・地域間・グローバルネットワークを通して複雑な問題を解決することにある ・「大学外」の研究者が多く参加することによって,知識の生産は民主化される ・「熟考された」知識が重視される ・知識は社会とともに生産され,社会的ニーズに対応し,社会への貢献と利益が強調される ・社会及び公共の中で評価されることで説明責任を果たす

(出典)Hazelkorn 2014f.

ド3では知識生産，知識の応用，さらには知識の交換が民主化される（Hazelkorn 2012c：844）。こうした流れを背景として，世界の"グランド・チャレンジ（重大な挑戦課題）"では学際的チーム，問題解決における協力，そして相互連携したオープン・イノベーションシステムを必要とするという認識が徐々に深まりつつある（CFIR 2004：2, 188）。これは第二次世界大戦後に広まってきた科学主導による一次元的なイノベーション・モデルをはるかに超えるものである。これに対して，グローバル・ランキングは，伝統的な階層型の知識生産モデルを改めて主張するものである。このことは，次の2つの例によく表れている（Hazelkorn 2009a）。

【狭い意味での知識および科学分野の重視】

　グローバル・ランキングおよび類似の国際比較システムは，主に計量書誌学的データベースに依拠している。第2章で説明したように，これによってバイオ・サイエンスならびに伝統的な学術成果（たとえば査読付きの学術論文）が過度に重視されてきた。なぜなら，これらは収集とアクセスが一番容易なデータだからである。オープンソースでウェブアクセスが可能な機関レポジトリは，この従来型の権威に挑戦し，知識を民主化していく潜在力を秘めている。しかし，今のところ計量書誌学的なデータ収集プロセスの範疇の外に置かれている。ランキング機関によっては，大学の規模や創立後の年数，そして科学分野ごとの慣行等を補正したランキング表を作成しようとしている。（定性的評価などの）他の評価基準を無視して数量化を重視し過ぎることは，特定の科学分野や研究を有利に評価する（反面，人文社会科学を含む他の科学分野を軽視する）ことになり，歪みと「科学に対する間違った尺度」を生むことになる（Lawrence 2007）。さらに計量書誌学と論文被引用における慣行は，論文を英語で出す先進国の研究者，ならびにそうした国で出版されるジャーナルに有利に働いている。国際的な影響力のある研究を重視することは，国内レベルで影響力のある優れた知識を軽視することに繋がり，問題解決における学際的な共同研究の重要性を無視することになる。このようにグローバ

ル・ランキングは研究の範囲を狭く捉えており，芸術，人文学，そして社会科学の価値をないがしろにし，幅広い知識がもたらす社会および経済への貢献を十分に評価してない。グローバル・ランキングは，知識の序列化，階層化を（たとえばジャーナルをランク付けする慣行を通して）進めることで，主要な知識生産者や知的財産を生み出す機関としてのエリート大学や特定の国の地位を強固なものにしている。

【伝統的な成果や影響力の重視】

　グローバル・ランキングと使用されているデータベースの主要な欠陥は，科学分野による知識生産や伝達方法の違いや一般社会に与える影響を，正確かつ十分には反映できていないことにある。研究活動やその影響を査読付き論文数と被引用数のみで数量化することで，グローバル・ランキングは研究活動の影響を学者間のみに狭く限定している。だが，近年，政策の焦点は「教育から経済的影響まで，すべてのイノベーション・チェーン」（Schuurmans 2009）を包含する方向にシフトしている。これを欧州委員会は教育・研究・イノベーションの「知の三角形」と呼び（Europa 2010d），アイルランド政府は「研究・イノベーション・商業化のエコシステム」と呼んでいる（Government of Ireland 2008）。従来の橋渡し研究は，バイオメディカル研究における"研究室から病室へ"（研究の実用化）のようなことを意味していたが，今や"科学と政策の間の差"を埋めること（WHO 2009：12-13）や"アイディアを収入"に結びつけること（NDRC）を含むより広い概念を意味するようになってきている。

　社会一般では，高等教育が広範な社会的・文化的・経済的なニーズを満たすことを期待しているが，政府は（たいていは知らず知らずのうちに）それとは逆の目標を計測するような指標に頼ってきた。そこで政府は本来の方向，別の言い方をすると，（知識生産の）モード２やさらにはモード３の状況を反映する方向へ舵を切りつつある。すなわち，単にインプット（たとえば人的，物理的，そ

して財政的な資源）を計測することから，成果（研究による科学の進歩や学術的知識の拡大への貢献を含む研究成果と目標達成のレベル）に着目すること，そしてその影響やメリット（たとえば，研究成果の社会，文化，環境ならびに経済への貢献）を重視することに焦点が移りつつある（Europa 2010c：36-37）。しかし，ランキングはこうした流れに逆行している。

ランキングは，研究のインプットおよび成果を計測することに執着し，それを知識に対する唯一の"妥当な"計測法として，幅広い研究の一面だけに着目している。このように，ランキングはイノベーションに関して科学主導型の単純な見方を強調することで，研究やイノベーションの過程を歪めて伝えている（Rothwell 1994）。同じように問題なのは，研究において国際的に高い評価を受けている高ランキング大学が，必ずしもこの「優位性」を国家経済に役に立つようなイノベーションに転換できていないことである。

> 「研究が経済開発を促すとしたら，戦略的重要分野の特定プログラムで優れた実績を持つ大学を重点的にサポートすることは，総合ランキングで順位が高い大学を援助するのと同じもしくはそれ以上に効果的だと言えるでしょう。」（Chapman et al. 2014：69）

このようにグローバル・ランキングや政府の政策は，世界クラスの大学（WCU）に対して，「世界中の"最優秀"の研究者と協力できる"白紙委任状"」を，国や地域への影響や利益とは関係なく，実質的に与えていることになる（Goddard 2013b）。しかもランキングで使う指標ではバイオ・サイエンスが圧倒的に有利になるので，社会にとっての重要な貢献が見落とされがちになる。たとえば，クリエイティブ産業や文化産業などのイノベーションへの貢献などは無視される。さらには，新しい共同行為の形態や新しい経済管理手法，新しい消費の形，そして政府による新しい組織や財政支援などを通じた社会経済に根本的な変革をもたらすソーシャル・イノベーション（社会問題に対する革新的な解決策）も対象外になる（Hazelkorn 2010a）。結局のところ，知識生産におけるエリート

主導型のモデルが，社会に役立ち特許の対象となるような知識を十分に生み出せるかどうかは不明である。特に発展途上国や小国の場合，その国の大学のグローバル・ランキングの順位から当該大学の科学の実力を推し量ってはいけない。

高等教育制度の再構築

2003年のグローバル・ランキングの出現以降，それに対する反応は迅速だった。爾来，多くの人々がグローバル・ランキングには懐疑的である。その一方で，ランキングが改革を促進し教育システムのレベルでも競争を促している状況に満足している人びともいる。さらには第3のグループとして，ランキングの結果を政策決定過程にそのまま組み込んでいる人びともいる。公的な立場がどのようなものであっても，世界のほとんどの国では，ランキングの考え方が（ランキング指標自体を使うのではないにしても）政策の議論に公然とあるいは目立たないように組み込まれていることは疑いがない（Europa 2010e）。多くの教育制度の変化は遅かれ早かれ起こっただろうが，グローバル・ランキングは議論の緊急性を高め，変化のスピードを加速させたと言えるだろう。確かに高等教育は，構造改革や規制を経験せずに最後まで残っていた経済部門のひとつかもしれない（Duderstadt, Fischer and Wilhelm 2010 の中で引用）。以下では，重要なテーマである(1)説明責任と透明性，(2)グローバル化と優れた人材の獲得競争，(3)世界クラスの大学 vs 世界クラスの教育制度，の3点についてランキングとの関係を論じてみたい。

(1) **説明責任と透明性**

ランキングは，大学のレベルでも教員個人のレベルでも，高等教育の実績の評価や計測をめぐる議論をより具体的にした。これにより，大学の質と生産性の問題をめぐって，一般の関心と検証を求める声が一段と強まった。たとえばサルコジ大統領は，グローバル・ランキングにおけるフランスの不振は，「何よりも継続的な評価が行われてこなかった結果で，それが怠慢を生むのだ」と

言明している（Cousin and Lamont 2009：34）。（高等教育機関の）国際比較をすることは別に新しい現象ではないが，その急速な普及はグローバル化と人の国際的移動の進展による不可避的な結果である（Robertson 2009a；Henry et al. 2001：83-105）。ランキングは本来，学生やその親のための便利なツールに過ぎなかった。しかし，グローバル・ランキングは，ベンチマークのためや国際的な地位を知るための今やなくてはならない手段であり，したがって，近い将来に消えてしまうことはないだろう。大学ならびに研究者個人のレベルで，グローバル・ランキングは，資金配分や資金調達を研究業績に連動させて行うために日常的に使われている。特に世界金融危機の後では，ランキングの存在が，説明責任や透明性を高める戦略，さらには投資収益や資金の効果を測る手法を急速に普及させる原動力となった。

　ランキングは，政策形成に数値目標を使う傾向を助長するとともに，それを支えてもいる（Hazelkorn 2010c）。多くの場合，政府は，独自の業績評価をするのに，ランキングを直接使用したり，あるいはランキングに使われている指標を"組み込んだり"，さらには教育制度再編の目標を設定するためにランキングを使ったりしている。Foucault の表現を使うとランキングは事実上の規律として定着し，高等教育の狭い意味での成果と質を賞賛するような規範が押し付けられることになる。大学の実績の定量化は，「科学的客観性を示しているように見える」（Ehrenberg 2001：1）ため，否定するのが困難な強力ツールとなっており，結果として，実態以上の影響力を持つようになってきている。Sellar and Lingard（2013）によれば，（ランキングで）良い成果をあげている国は，「グローバルに比較する場合の基準」として評価される。さらに，ランキング指標の選定と決定が方法論上の欠点やデータの限界を十分に理解することなく，行われることがよくある。ランキングは他の業績評価ツールと同様，インセンティブ構造を変えることで人びとの行動に強い影響を及ぼすので，ランキング機関が恣意的に設定した基準を満たすために公共政策が歪められてしまうおそれがある。

(2) グローバル化と優れた人材の獲得競争

　人的資本がグローバル経済の中で成功する条件だとの認識が広がっている今の時代は，多くの国の人口構成に大きな変化が生じている時代でもある。優秀な人材を獲得する競争は，天然資源をめぐる地政学的な争奪戦と同じぐらい重要である。国際化は，もはや文化交流の手段というだけでなく，国や大学の魅力を表す主要な指標のひとつとなってきている。また，中国，韓国，シンガポール，インドなどの国は，拡大する国内需要に対応するために高等教育制度の拡充に大きな投資を行っており，投資や有能な人材を世界中から惹きつける灯にするために，世界クラスの大学を自国に建設しようとしている。有能な人材に焦点が当たることで，計量書誌学／被引用数データベースで収集・測定が容易な特定領域の研究成果が持て囃されるようになった。「大学のステータスを上げたいという需要が増すにつれ，ランキングは新たなエリート大学を生み出すのに貢献する」(Samuelson 2004) 一方で，「ランキング入りの条件を満たさない他の多くの大学（そしてその教員）の評価を下げる」(Lovett 2005) 結果にもなっている。

　大学教員はこうした政策の影響を受けているが，彼らも無垢な犠牲者というわけではない。教員が「大学レベルや自分たちの学問領域で，専門家としての特権を維持し強化するために，新たな戦略を開発している」ことについては関連文献にも示されている (Slaughter and Leslie 1997)。一方，Becher and Trowler (2001) によると，学会での"序列"を決めたり，専門分野の"ゲートキーパー"役を務めて研究の指針や価値を決めたりすることによって，研究者は"権威と自負心"を築こうとする。「高等教育機関のほとんどの教員は教育を行い公的サービスにも従事しているため，大学（そして研究者）を区別できる活動は研究活動となる。そして，これにより高い社会的地位と名声が与えられている」(Slaughter and Leslie 1997：117)。ランキングは「採用や昇進の段階で研究者のキャリア形成に影響を与えることができる」(Marginson 2008b：17)。Calhoun (2006：31) も同様に「研究成果で得られるものには，研究分野での序列や……大学の相対的地位の向上などが含まれている」と述べている。言葉の使い方さ

え変わり，（以前は一般的だった）より広い概念の"scholarship"という言葉は"research"という言葉に置き換えられた。

> 「scholarshipに対する現在の捉え方は以前より狭くなり，学術活動の機能の一階層に限定した解釈をされています。なかでも基礎研究は一番重要かつ本源的な学術活動の形態で，他の学術的機能はそこから生まれてくるのです。」(Boyer 1990：15)

大学ランキング表のトップに立つ大学にとって，その"研究力"を維持し，それに伴う恩恵を享受し続けることには大きな利害が絡んでいる。ある特定のランキングが他の競合するランキング機関に比べてより"妥当"な指標を使っているか，という議論もこの文脈で行われていることを忘れてはならない。すなわち，ランキング指標の選択やウェイト付けをめぐる議論も，世界の科学界での覇を競う戦いの一環なのである。

(3) 「世界クラスの大学」vs「世界クラスの教育制度」

ランキングは，研究中心の米国私立大学のような形態が，優れた大学の唯一の形だとして広めることで，高等教育を画一化してしまうと批判を浴びている（Tierney 2009）。たとえば，フランスの大統領ニコラ・サルコジがニューヨークにあるコロンビア大学を訪問したとき，「フランスの大学をここ（コロンビア大学）を模範に改革したい」という意図を表明している（Anon 2010f）。以下に示すように，世界に通用する高等教育を目指す政策モデルとして，大きく2つの方向性が生まれてきている。それは「世界クラスの大学」（新自由主義的モデル）か，「世界クラスの教育制度」（社会民主的モデル）か，という対立である。

多くの政府や大学に支持されている**新自由主義的なモデル**は，トップ20，50，あるいは100の大学の特徴を取り入れ，時には真似しながら，世界クラスの大学（World-Class Universities：WCU）の確立を目指している。Mohrman et al.（2008：21）によると，世界中で採用されているこのモデル（EGM）の特徴

は次のようなものである。(i)国民国家の枠を超えたミッションを持つこと，(ii)知識生産を強化していくこと，(iii)大学の役割，生産性，そして成果体系を変化させていくこと，(iv)政府助成金や学費以外に財源の多様化を図ること，(v)政府が，高等教育機関と民間企業の協力を促すこと，(vi)世界中から教員や学生を募集すること，(vii)一定の独立性を持った学部や研究所を多く擁する複合組織モデル，そして(viii)組織化された結節点を通してのグローバルな協調体制，である。Salmi（2009：8）によると"世界クラスの大学"とは，それに相応しい人材の集積（たとえば学生，教員，研究者，そして国際的多様性），適切なガバナンス構造（たとえば大学の活動を維持する規則類，自治権，学問の自由，効率的な大学運営チーム，戦略的なビジョン，最高レベルを追求する大学文化），そして豊かな財源（たとえば政府予算からの資金，寄付金収入，学費，研究助成）を兼ね備えた大学だとしている。

　多くの政府にとって世界クラスの大学は世界経済での成功を保証する万能薬であり，一方，大学は"世界クラスの大学"のステータスを不可欠なブランドだと見なしている（Birnbaum 2007；Huisman 2008；Mok and Wei 2008；Deem et al. 2009；Salmi 2009；Altbach and Salmi 2011；Lao 2010；Smolentseva 2010；Aula and Tienari 2011；Liu et al. 2011；Shin and Kehm 2013；Turner 2014）。彼らの目指すところは，少数のエリート大学が階層化された高等教育制度の最上位にそびえる，言わば"わが国にもハーバードを（Harvard here）"モデル（Moodie 2009，図6.1を参照）である。世界クラスの大学の確立戦略は限定されたエリート大学への投資を条件とするので，政府は「選択と集中」の戦略を採用することになる（Shin and Kehm 2013：11）。

　財政制約と国際競争が厳しさを増す今の時代に，より多くの人に教育を提供すると同時に最高レベルの大学に資金提供するという課題に対応するために，多くの政府は異なるニーズや対象者に応じた大学の差別化と階層化を進めている。しかし，社会経済全体の階層化の進展，ならびにエリート大学と大衆教育大学（およびそれらの学生）の間で格差が広がってきているために，大学をその目的や種類で分ける意味があまりなくなってきている。そして，それが社会

	研究領域1	研究領域2	研究領域3	研究領域4
博士課程・研究中心	Aクラスの大学1			
修士課程・ある程度の研究	Bクラスの大学1			
	Bクラスの大学2			
学士課程ならびに学識の普及	Cクラスの大学1			
	Cクラスの大学2			
	Cクラスの大学3			
	Cクラスの大学4			
大学卒業資格の授与，正規の学生でない人びとへの教育機会等の提供	Dクラスの大学1			
	Dクラスの大学2			
	Dクラスの大学3			
	Dクラスの大学4			

図 6.1 "わが国にもハーバードを（Harvard here）"モデル，ないしは世界クラスの大学モデル
(出典) G. Moodie 2009. 著者の了解を得て掲載.

の連帯と発展にどのような意味を持つようになるのかは不明である。なぜなら，傑出した大学を選別する戦略は，政府による長期にわたる高水準の投資という一貫した政策を必要とし，それによって他の政策目標のための予算が削減される可能性が高いからである。ほとんどの国にとって予算配分はゼロサム・ゲームなのである。

　皮肉なことに，社会が以前にも増して高等教育に依存しつつある時代に，多国籍化した世界クラスの大学は国家の制約から次第に逃れ，社会的要請にも反応しなくなりつつある。そのようになったのは，世界クラスの大学が財政基盤を多様化し民間依存を高めるのと同時に，人材の国際募集や活動の国際化を進めたためだが，これは政府が高等教育機関の自立を促した（意図せざる）結果でもある。世界クラスの大学は国際的な認知を得るために「地域的な特性を薄め，さらに教育や研究，地域貢献というミッションのための地元や地域からの公的支援を減らしていく」ように促された（Christopherson et al. 2014：4）。以前は，地元，地域，全国，国際の活動は，すべてバランスのとれた相互補完的かつ相乗的なものと見なされていたが，現在は「質という意味では国際レベル

がより重視されるようになった」ため，むしろ相互に相反する側面だと解釈されるようになってきた（Marginson 2013：59）。

こうした世界クラスの大学に集中する改革は「次のシリコンバレー」（「Silicon somewheres」, Florida 2002）を創るために望ましいと考えられていたが，現在は多くの問題点が明らかになり，小国（とくに所得の低い国）にとっては，実現可能でもないし，望ましくもないだろう（Moodie 2009）。多くの論者は，研究資源ならびに研究活動を限られた場所に集中させることは，良くても非効率的，下手をすると国家経済の生産力を損なうと，これまでずっと言い続けてきた（Evidence Ltd. 2003：28, 31；Lambert 2003；Adams and Smith 2004；Adams and Gurney 2010）。研究に重点が置かれ過ぎると名声の格差がさらに広がり，他の高等教育機関とその学生に良くない影響を与えるだけではなく，そうした高等教育機関が所在する都市や地域にもマイナスとなり，長年の不平等問題をさらに悪化させてしまうかもしれない。

> 「一部の大学は研究分野で国際的に勝ち残るかもしれませんが，教員や国内外の学生の流動性を考慮すると，それは強者が弱者を犠牲にしてさらに強くなる"マタイ効果"を生むことになります。その結果として，地元経済の成長を促すのに重要な役割を果たしている大学は脆弱になってしまうかもしれません。市場は勝者と敗者を生み，高等教育の場合，これが地域的な格差を広げることは避けられません。」（Goddard 2013a, また Goddard et al. 2014）

UNESCO の報告書も同様に次のような警鐘を鳴らしている。

> 「一流の世界クラスの大学を支援するための資金を強化すると，……もっと多様性に富んだ高等教育機関による質の高い研究（特にニッチ分野ではこうした研究は大切）に対するあまり目立たない，しかし重要な資金提供を（政府は）止めてしまう恐れがあります。」（Chapman et al. 2014：13）

第 6 章 高等教育の再構築

さらに特定分野に資源を集中させるような制度を持つ国の方が，各分野でより均等に結果を発表している国に比べて，より高い被引用インパクトを示しているという証拠はない。なぜなら，集中しているのは，生物科学，臨床医学，分子生物学／分子生物化学，そして物理学の僅か 4 つの "ビッグサイエンス" 分野に関連した分野だけだからである（Moed 2006）。

　Currie は，財源を少数のエリート大学に集中させる戦略を「ノッティンガムの代官」モデルと呼んでいる。それは，このモデルでは "限られた" 財源を少数の大学に振り向けなければならないため，結果的に「貧乏人から金を召し上げ，金持ちに与える」ことになるからである（Currie 2009a：1198；Currie 2009b）。というのも，ひとつの世界クラスの大学のためには，かなりの額の寄付金に加えて年間 15～20 億ドルの財政支援が必要とされ（Usher 2006；Sadlak and Liu 2007b，また CAE 2009, 2013），これは多くの国で，その予算で賄える額をはるかに超えるものだからである。Usher（2012b）も同様に「過去 60 年にわたり高等教育を支えてきた研究に投資するモデルは，時代に合わなくなってきているのかもしれない」と指摘している。

　必要とされる財源がいかに大きいかを認識するもうひとつの方法は，個々のランキング指標を改善するのにどれほどコストがかかるかを調べてみることである[ii]。いくつかのランキングで共通して使われている指標での順位を上げるために，高等教育機関が実施している広範な活動を，これまでの議論の中でも紹介してきた。これらに基づき，Gnolek et al.（2014）はランキング順位を上げるには，高いコストがかかり，長い過程が必要だとして，次のように指摘している。

「ロチェスター大学では（入学条件を変更し奨学金制度をニードベース（支払能力基準）からメリットベース（能力基準）に変更するほかに，）ランキング順位をひとつ上げるために，教員報酬の項目で平均給与を 10,000 ドル程度上げる必要がありました。また，学生に提供する（設備等の）資源でのランクをひとつ上げるためには学生 1 人あたりの支出を 12,000 ドル増

315

額する必要がありました。この2つの措置だけで，年間1億1,200万ドルの費用負担となっています。」(Gnolek et al. 2014)

これほどの額の投資を行ったにもかかわらず，統計的に有意な順位変化は生じていない（Rivard 2014b）。また，Turner（2014）も同様に次のように指摘している。政府が増大する歳出需要に備えねばならず，高等教育機会を拡大させる社会的要請が高まっているこの時期に，ハーバード大学やオクスフォード大学のような大学ばかりに注目が集まると，高等教育制度を維持できなくなるのではないかという懸念を強めてしまう。このため，こうしたエリート大学に集中するより，もっと適切なモデルを探す必要があるとしている。

たとえば，ケンタッキー大学は2020年までに *USNWR* の大学ランキングでトップ20に入るという（もともとは州議会で決定された）目標を目指そうとしたときに苦境に陥った。すなわち，目標達成の戦略の一部として「大学は追加的に6,200人の学部生，750人の大学院生や医学・法学などの専門職大学院生，374人のポスドク研究員を増やし，さらに625人の教員を募集し，3,065の学士号と189の博士号を授与し，4億7,000万ドルの研究費の増額が必要だった」(DeYoung and Baas 2012：98；University of Kentucky 2005)。しかし，州と大学は，経済・予算面で厳しい状況に直面した。2009〜2010年には，2006年のペースでの数字を維持することができず，資金は4億2,000万ドル以上不足した。その後，この戦略は事実上放棄された。

ケンタッキー大学と同じような状況は，他国，特にフランスやマレーシア，フィンランド，ドイツでも見られる。これらの国では野心的なランキングの目標を達成しようとして困難に直面している。確かに問題のいくつかは，すぐに結果を出せるという全く非現実的な期待に由来しているが（Sondermann et al. 2008：112；Kehm and Pasternack 2008），そうした野心の財務的，社会的コストが適切に見積もられていないことに由来する問題もある。

ケンタッキー大学のケースは，別の面でも興味深い。目標を達成するために大学は入学条件を変える必要があり，卒業率や就職率，卒業後の給与のレベル

をUSNWRの評価基準に合わせるために，入学条件をより厳しくすることが必要だった。これはランドグラント大学として創立したケンタッキー大学が，再度そのミッションに立ち返り，より名声を重視し，より選別的になることを意味しているのかもしれない（DeYoung and Baas 2012：102-109）。第3章でも似たような話として，大学が優先順位を変更したり，研究中心大学の中核機能にそぐわないとして，優先順位の低い項目からは撤退したりしているケースを紹介した。大学がこうした行動を採るのは，選別を強めることで名声を高めようとランキングによって駆り立てられているからである。すなわち，成績優秀者（収益をもたらし成果指標を上げるのに役立つ）の重視，クラスサイズや学年人数の制限，ニードベースの奨学金からメリットベースの奨学金への変更，教育よりも研究，学部生よりも大学院生の重視，などが促進されることになる。こうした動きが始まると教育制度の階層化が進み，「どこの大学が何を手に入れるか」という競争になる。

　多くの政府は，必要な財源の不足や社会への影響には配慮せず，世界クラスというステータスを獲得しようと，ランキングで使っているような指標に基づく資金配分方法を採用し続けている。そうした努力の結果，（大学間の）階層化が促されている。知識源に富んでいる国と乏しい国との間にある教育投資や研究開発投資の格差は，世界金融危機によって，さらに悪化し加速された。OECD（2013：196-220, 2014）によると，先進国でさえ隣国や新興国による極めて顕著な投資拡大を前にして，世界の中で競争力を保ち続けることは容易ではないのである（Cookson 2010）。

　もうひとつのモデルは**社会民主的なモデル**で世界クラスの教育制度（World-Class System：WCS）の確立を目指している。Moodie（2009）とHazelkorn（2009b）によれば，世界クラスの教育制度では，分野別に特化した水平的な差別化を重視し，各大学は地元に密着した知識の供給源として，彼らの専門的知識と国・地域の特徴や強みとを連携させている（図6.2参照）。それぞれ異なる目標を持つ高等教育機関が相互に補完し合って，個々の能力を超えた全体としての力を最大化させている。

これまで高等教育機関のタイプ区分は明確で，従来型の大学は哲学，語学，神学，あるいは基礎教養という古典的科目を教える一方，新設の大学や工科大学は自然科学や工学，応用科学を教えていた。高等教育が支配階層の形成のためだった「エリートの時代」には，研究はほとんど世間から隔絶された環境の中で進められていた（Neave 2000；Clark 1983）。経済構造が変わり，グローバル化と知識集約型社会が到来すると，知識と優秀な人材に関する世界単一市場が形成されるようになった。今日の教育の焦点は，急速な社会的，技術的変化に対応できる知識とスキルを，大半の人びとが持てるようにすることに変わってきた（Trow 1974）。現代世界に何が起きているかの理解と現実問題の解決とを目指して，専門領域や研究分野の幅が広がると同時に，教育を提供する機関の数も増えてきた。したがって，研究は共同に進められたり成果を交換し合ったりするようになり，その焦点は国家や組織，学問の境界にとらわれずに2国間や地域内，あるいはグローバルなネットワークを介して複雑な問題を解決することに移ってきている（Gibbons et al. 1994）。かつて"ミッション・クリープ[1]"として非難されていた現象は，より正確には"ミッションの進化"と形容されるべきかもしれない（Guri-Rosenblit et al. 2007）。

	専門領域1	専門領域2	専門領域3	専門領域4	専門領域5	専門領域6	専門領域7	専門領域8	専門領域9	専門領域10
博士課程・研究中心										
修士課程・ある程度の研究	大学1		大学2		大学3		大学4		大学5	
学士課程ならびに学識の普及										
大学卒業資格の授与，正規の学生でない人びとへの教育機会等の提供										

図6.2　世界クラスの教育制度モデル（専門領域による区分）

（出典）G. Moodie 2009. 著者の了解を得て掲載。

1）【訳注】mission creep。最初の成功の後に当初の目標を超えてプロジェクトやミッションを拡大すること。あるいは，いつ終わるか見通しが立たないまま人や物の投入を続けていくこと。この用語はもともと軍事にのみ適用されていたが，最近はさまざまな分野で使われている。

本質的な変化として，啓蒙主義の特徴が「知識は，知識それ自身を得る目的のために，大学という孤高の中で創り出されるというモデル」(Delanty 2001：154) だったのに対して，最近数十年の傾向は，高等教育と社会がより密着な関係を築いてきたことである。市民活動・公共活動で活躍する学者の登場は，そうした本質的変化を示すひとつの姿である。これによって，知識の最終利用者である一般市民が，研究課題を決めるのを助ける積極的な参加者として，あるいは研究の価値や影響，社会的便益の評価者として，研究過程に組み込まれるようになった (Hazelkorn 2012c：842-846)。こうした変化は，研究活動や専門領域・専門分野，あるいは大学自体をも変えつつあるだけではない。それは，高等教育が「公共財」であることを再確認させ，さらには大学の説明責任，影響力や社会的便益などに関する今日の議論を下支えすることで，高等教育と社会との係わりの重要性を改めて認識させているのである。そして究極的には公立大学が何のために存在しているのか，といった議論にも繋がっている (Calhoun 2006)。こうした流れの中で，米国のランドグラント大学の（実学を重視する）価値と目的が再評価されてきた。同時に，「起業家を養う大学」や「社会に貢献する大学」，そして「旗艦的大学」を扱うような文献―すなわち地元，地域，国家，国際の間のバランスを保ちながら，教育と研究の全体的な統合を図ろうとする高等教育機関に関する文献が増えてきた (Clark 1998；Goddard 2009；Douglass 2014，など)。

　世界クラスの教育制度を目指す戦略は，成功したグローバル・シティや広域経済圏（たとえば Florida 2002；Sassen 2001）から得た教訓から学んでいる。すなわち，高等教育機関や企業，市民社会，そして政府から成るクラスターに依拠することで，全体としての生産性を最大化させている。そこでの原則は，専門領域を明確に規定することによって，社会，文化，そして経済の進歩を支えることができるというものである (Porter 2003)。同様に，モード2の研究ネットワークの認識によれば，知識生産の大衆化が意味しているのは伝統的な大学が，最早新しいアイディアやイノベーションの唯一の提供者ではないという点である。実際，大学院修了生が増加するとともに知識生産の場も大学以外に

拡がっている（Gibbons et al. 1994）。モード3の段階になると，研究が「政府関係者や一般の人を含む多くの人びとの注目を集めるようになってくる。そして，この人たちは公的資金の提供先や，特にそれらが高等教育に提供される場合，資金がどのように使われるかに関して，今までとは異なる，しかも多くの場合非常に合理的な考え方を持っている」（Trow 1974：91）。オープン・イノベーションの場合，組織内外の多くの関係者が関与しているが，境界の敷居が低いためイノベーションが簡単に組織の内外に移転される。さらには，生態学の概念である生態系の考え方—すなわち，それぞれの種が重要な役割を果たしながら相互に支え合い，どれかひとつの種が欠けても生態系全体が崩壊するかもしれないという考え方—が高等教育に関する議論にも援用されるようになってきた（Lane and Johnstone 2013；Hazelkorn 2011a；Goddard et al. 2015 等を参照）。そこでの主なメッセージは，高等教育，産業・ビジネス，公共部門・民間部門，市民社会が連携して"四重の螺旋構造"をなしているような社会経済生態系において，高等教育は非常に重要な構成要素となっている，という点である。

ここからどこへ向かうのか—高等教育と政策の挑戦

　ランキングが起こした嵐は世界を吹きわたり，影響を免れた地域や高等教育機関はほとんど存在しないということが，本書全体を通じた事実で示されている。グローバル化の進展と軌を一にするように，ランキングは高等教育問題を最重要の政策課題に押し上げ，高等教育機関や高等教育制度の長所や短所が多くの関心を惹きつけるようになった。そのようななかでランキングは，世界の知識や知識生産者を序列化したり，国際競争力を測ったり，新しい世界秩序の中での各国の成功度合いを評価したりするために使われている。世界金融危機後の世界においては，ランキングは，説明責任と透明性への圧力を象徴し，現代化の課題設定やニュー・パブリック・マネージメント手法の採用の根拠となる科学的証拠を提供し，さらには費用対価値や投資収益率を求める声をサポートしてきた。競争を促すことによって，ランキングは大学が独善に陥らないよう啓発している。指標の妥当性が問われることもあるが，ランキングはせいぜ

い「大学関係者の視点で大学のレピュテーションに強い影響を与える」いくつかの重要な要因を明らかにしているに過ぎない（Cyrenne and Grant 2009：247）のである。

　これに対応して，高等教育機関はより専門的，戦略的に経営され組織化されるようになってきた。また，研究教育の質と実績が重視され，卓越性を主張できる根拠を示すことに焦点が当たるようになっている。そして，これらは自己申告ではなく，外部の検証を通して確認される。高等教育機関および政策決定者，学生，そしてその他ほとんどの大学関係者は，ランキングによる名声がもたらすと思われる便益に―合理的に，時には非合理的に―反応している。これらを通じてランキングは，高等教育に対する我々の考え方を変え，何を持って卓越した大学とするのか，についても我々の見方を変えてきた。一方，指標やその他の測定方法の問題点を指摘し，既存のランキングを改善したり，取って代わろうとする団体や構想が全世界で爆発的に拡がった。そして（ランキングの活用に関しては）3つの側面が注目されるようになってきた。すなわち (1) ベンチマーキングや質保証のひとつの手段としてのランキング，(2) 経営管理ツールとしてのランキング，そして (3) 政策手段としてのランキングである。

　こうした展開は多くの議論を呼んでいる。たとえば，ランキングとそれに使用されている指標が言わば神格化されることで，ランキングとその多くの支持者たちは，高等教育がもたらす社会や経済への幅広い貢献や利益を損なおうとしている。困ったことに，どの高等教育機関が良いのかはよく問われるが，誰のために良いのか，あるいは何ために良いのかはあまり問われない。ランキング，より正確にいうとランキングに成功すること，あるいは成功していると見えるようにすることが，大学や政府の政策をしてランキング指標に合うように資源の配分や優先順位を決めるように駆り立てている重要な要因だということを示唆する多くの証拠がある。高等教育機関は，統計上の数値を良く見せかけるために，抜け穴を利用して提出データを意図的に操作したり，あるいは基礎的な事項（たとえば学生の応募状況など）を修正しているではないかと批判されている。教育と研究の相互強化的関係の重要性が認識されるどころか，「研究

は今や，高等教育を補完するというより対立する存在となってしまったのかもしれない」(Boulton 2010：6)。結果として高等教育では，研究成果を教育面に生かす姿勢から，狭い意味での研究重視の姿勢に再び戻ってきている。グローバルな課題に対して，社会が多分野にまたがる解決を必要としている，今まさにこの時に，ランキングは，象牙の塔によるモード1型の知識生産を奨励しているのである。そして，国際的なレピュテーションを得る競争で勝ち残るには多額の費用がかかるので，多くの政府は高等教育制度を積極的に改編しようとしている。こうした政策の一部は世界金融危機の前から開始されているが，ランキングは政策論議にある種のモラル・パニックを惹き起こし，ランキングを高めることが即ちグローバル競争力を高めることに繋がるのだ，という安直かつ短絡的な見方を広めることになった。研究中心のエリート大学の方が，社会

表6.3 高等教育の再構築—政策選択と教育制度，知識生産，ならびに大学構造

政策の選択	政策の背景にあるイデオロギー	教育制度の特徴	知識生産の特徴	大学の特徴
世界クラスの大学	新自由主義的モデル：(A) 伝統的な平等主義的価値観の放棄 (B) エリートによる知識生産を支えるため，従来型の地位と階層化の価値観を再度強調	・グローバルに活躍する研究中心の大学と地元向けの大衆教育中心の大学とに垂直的（あるいはレピュテーションによる）差別化を促進 ・研究業務を選抜された少数のエリート大学に集中 ・競争，市場化，ならびに業績基準の資金供給を通じて卓越性の追求 ・世界クラスの大学としての成功を重視	・知識生産の強化 ・モード1型研究あるいは基礎研究の重視 ・研究成果の価値は，計量書誌学的手法，あるいは被引用指標を通じて測定 ・説明責任は研究者間の相互評価を通して果たす	・教育と研究との弱い連携 ・国際的認知ならびに国際的な連携の重視 ・入学時の選抜性の重視 ・優秀な人材を国際的に調達
世界クラスの教育制度	社会民主的モデル：バランスのとれた国家開発を支えるため，それがどこであろうと，優れたものは支援	・その専門分野に従った特徴に応じて大学の水平的な差別化を促進 ・最高レベルの追求と国全体に「良質の大学」を普及することとをバランスさせる ・資金配分と契約により差別化を促進 ・教育制度を生態系に見立て，(個々の機関の効率よりも) システム全体としての能力の最大化を重視	・実用や応用中心の研究を重視し，知識イノベーションのあらゆる面を含むような研究に重点 ・モード2やモード3の研究を重視し，複雑な問題の解決に焦点 ・研究の価値は（社会への）影響力や貢献の度合いで評価 ・説明責任は，社会及び公共の中で評価されることで果たす	・多種多様な高等教育機関が相互補完的に機能 ・教育と研究との間の強い相互連携 ・大学は地元の"中核的"な柱であるとともにグローバルな連携を重視 ・学生は地元，国内，そして世界中から募集

経済的に影響が大きく質も高めるという（自己中心的な）信念によって，公共政策としての使命が失われてきている。

表6.3は，2つの主要な政策パラダイム（新自由主義的モデルと社会民主的モデル）の課題と特徴，ならびに教育制度，知識，大学に対するそれらの影響をまとめたものである。世界クラスの教育制度モデルは前記した労働党政権下のオーストラリアの教育政策が最も近く，一方，世界クラスの大学モデルはドイツと日本が行っている政策である（第5章を参照）。

これまでの経験は，大学と政府の双方，さらには，その他の関係者に重要な教訓を与えている。一部の人びとは，ランキングやその類のものを無視したり，あるいは，あたかも存在しないかのような対応をしてきた。しかし，たとえランキングそのものが一時的な現象で終わったとしても，国家間の比較は高等教育だけでなく，これからもあらゆる分野で続いていくだろう。世界はフラット化しつつあり，コミュニケーションの流れは加速している。ソーシャル・ネットワーキング等の情報ツールが瞬間的な比較と情報共有とを可能にしている。こうした情報ツールは衰えるどころか，今後ますます増え続けるだろう。

近年，ランキングは順応性と柔軟性の両方を示すようになってきた。また，ベルリン原則（IREG 2006）によってランキング業界のガイドラインとベスト・プラクティスも築かれつつある（Stolz et al. 2010）。新しいランキングやランキング機関との新たな提携が生まれる一方，しばしば高等教育コミュニティと連携しながらランキング手法に大きな変更を加えたりもしている。*AHELO* ならびに *U-Multirank* は，ともに高等教育を比較する範囲を（より広範なものに）再定義しようとしている。「将来のニーズに適応できる多様性」を社会に確保するために「焦点を個別大学から高等教育制度全体に」シフトさせた取り組みもある（Gardner, Ma. 2008）。ランキングに対してさまざまな意見や批判が渦巻くなか，（高等教育機関ではなく）高等教育制度自体を重視するランキング，さらには研究以外の分野（環境配慮や社会活動など）を強調するランキングの登場は歓迎すべき動きである。高等教育とは何か，あるいは，どんな役割を果たすことが期待されているのか，という問いに対する基本的な答えは，「大学制度は，

多数のノーベル賞受賞者や年功だけのテニュア教授，特許を生み出す教授等を輩出することよりも，遥かに広範な使命を負っている」(Ederer et al. 2008：6)というものである。

　こうした展開のひとつひとつは，既存ランキング制度の最悪の側面を幾分改善するという意味では有益だろう。しかし，国際的に比較可能な意味のある情報が存在しない以上，どんな新しいランキング制度でも問題を完全に消し去ることはできない。そして，大学間の適切な比較のためにデータの作成が促されているのではなく，むしろ逆に既存のデータによって大学間の国際的，国内的な比較が促されているのだ，という批判はなくならないだろう (Hazelkorn 2014f)。こうしたことは避けられないが，時間の経過とともに問題は解消されていくと考える人もいる。しかし，これはランキングによる全体状況への影響が中立的だということを前提としている。これまで，大学のインプットやアウトプットに関する大まかな指標をもとに，あまりにも多くの意思決定や意見表明がなされてきているが，こうした指標は不十分かつ非常に不完全なデータであることは，多くの証拠によって示されている。指標と目標の選択は非常に重要で，それらを事後評価の時ではなく企画段階でよく考える必要がある。そこでは意図しているものだけでなく，意図せざる結果の可能性も考慮しなければならない。これはリンゴとオレンジを計測したり比較したりするような単純な話ではないからである。第2章で示したように，何を測るべきなのか，そしてその理由は何か，という遥かに難しい課題なのである。

　ランキングの最高位を競う現在の状況は，こうした深刻な問題を覆い隠してしまっている。異なる社会，経済，国内事情に置かれている多種多様な公立・私立大学に対して，その質や実績を評価，計測するための単純明快な手法など存在しないということは，ランキングの歴史を見れば明らかである。ランキングやその他の不完全な指標を政策決定の基礎として使うことは，多くのリスクを伴う。こうした問題が解決されない限り，たとえ新しいランキングを考案しても，(現状のデータ以上のものが手に入らないため) 最終的に極めて狭い範囲の特性だけが計測されることになり，これまで明らかになっている問題が繰り返

されるだけである。この章の冒頭に示したアインシュタインの引用は，今日こそ留意すべきものなのである。

　ランキングに取って代わる手法があるとすれば，それは高等教育制度そのものに焦点を当てた方法論であるべきである。そして説明責任ならびに透明性を確保できるよう，広く認められた洗練された手法を用いるべきである。より具体的には，次の3つの特性を持つ必要がある。(1) 多様な大学のプロファイルに配慮して平等に評価すること。これは，誰でも大学を比較できるようにすることと，民主的な政策決定，そして大学のベンチマーキングを容易にするために必要である。(2) 高等教育において何が重要かを特定して，そうした側面を評価すること。同時に実績の絶対水準だけでなく実績の改善度合いも評価すること (Grillo et al. 2010：19)。そして (3) 多様な利用者や関係者が，彼らの目的に合わせた指標，あるいは個別の要望に合わせてカスタマイズした設定を，自分でデザインできるようにすること——ただし，階層的な順位を示すランキングを自分で計算できるようにする必要はない。なぜなら，比較できるようにすることと順位づけとは異なるものだし，ランキングは現在人気があるが，それが最適な方法とは言えないからである。高等教育機関の年ごとの変化はそれほど劇的ではないため，ランキングを毎年公表するのは商業的な動機に基づくものである。比較して意味のあるような変化を見るためには，たとえば5年程度の間隔で公表するのが妥当だろう。さらに，査定・評価の過程で使う手法は，教育，研究，そして社会への貢献という高等教育の全ての活動範囲を認識し，それらにインセンティブと報酬を与えるようなものでなければならない。この点は重要である。政治家や大学の幹部たちもグローバルな課題の解決や第三の使命[2]，地域貢献などを目的とする学際的な研究を指向している一方で，現在のテニュア（終身在職資格）の付与や昇進制度，大学や研究者の名声においては，依然として従来型の学術的な成果が重視されている。こうした考え方は，学長の成功報酬にも反映される。彼らは，しばしばエリート大学としての名声を高

---

[2]【訳注】第2章の訳注16を参照。

めるために採用され，その成功の度合いに応じて報酬も変わってくる。

　最後に，これまでの経験が示しているのは，データの収集と管理，ランキングの算出プロセスの確認などは，民間営利企業や自称監査組織だけに任せておいてはいけない，という点である。2006年に我々が行った国際調査では，高等教育機関の回答者の多くがこの役割を民間企業ではなく，独立の研究機関か認証評価機構，非政府組織，あるいは国際機関などが果たすべきだとしている。高等教育機関自身がこの役割を果たすべきだとする回答者もいた（Hazelkorn 2007）。オープン・アクセスのデータ・レポジトリ，双方向のピア・レビュー，オンラインの検索サイト等の急速な発展は，ランキングに挑戦する最も賢明なやり方のひとつである。同時にこれらによって大学の情報や研究成果に誰でもアクセスできるようになり，関係者や公共政策にとって，そして大学や学術面でのプロファイリングの上でも大きなメリットがある。

　高等教育の関係者は大学の質や実績に関する議論に建設的に応えて，高等教育の影響力や社会的便益を正しく評価し表明することのできる賢明な手法を見極めなければならない。教育や研究に関する比較可能な情報があれば，学生がどこで何を学ぶべきか，あるいは教員がどこで働くべきかの選択が容易になる。より洗練されたデータの収集は，自立した戦略的リーダーシップや実証に基づく意思決定の基礎となるものであり，教育の質保証や大学の成功要因の分析に関する議論の基盤となるものである。ベンチマーキングを使って高等教育機関は同類型の他の高等教育機関やプログラムを互いに見出し，優れた取り組みを共有することができる。結局のところ，高等教育（など，公的資金や学費に頼る制度）に対する政治的，社会的支持を今後も維持していくためには，魅力的なプロファイリング，優れた実績，そして（公的）資金提供者の納得を得られるような費用対価値が必要である（Sponsler 2009；Callan et al. 2007；Brink 2009；Carey 2006b）。

　国家のレベルでは利害関係はさらに重大になる。営利等を目的とする組織が定めた指標に国の制度を合わせることは，国家主権や社会基盤を危険に晒すことになる。平等と卓越性との選択に関して言えば，世界クラスの高等教育制度

よりもエリート大学の方が重視されているようである。社会的価値と政策選択との間には直接的な関係があるので，政府は，熟練労働力の養成，平等性の確保，地域の成長，善良な市民社会の形成，将来のアインシュタインの育成，グローバル競争力の強化等の目標の優先順位をどのようにつけ，そしてそれらをどのように政策に移していくかは極めて重要である。すなわち，良い教育制度とは，次のような特徴を持っている。オープンで競争的な教育環境，できるだけ多くの学生にできるだけ広範なチャンスを与えること。優れた業績をあげ社会に貢献している大学から構成される水平的に差別化され一貫性のある高等教育機関群を持つこと—それによって教育，研究，学生体験において（特定分野に偏らず）一定の広がりを確保すること。国際的な才能を惹きつける魅力を確保しつつ，地元の市民に対しても生涯を通じて社会に貢献するに必要な知識とスキルを供与し続けること。さらに，労働市場で成功し，個人，社会，経済の維持・発展に貢献でき，健全な市民社会を支えることのできる人材を卒業生として送り出せること。そしてグローバル市場で成功し，国際的な視野を持ちつつ状況の変化に対応できること，などである。政府は大学をランク付けするよりも，適切なベンチマーク制度の確立に焦点をおくべきではないだろうか（Salmi 2013）。すなわち，定性的，定量的な手法をうまく組み合わせ，教育／学習，研究／発見，さらには技術革新／社会貢献，等の広範な側面を測れるようにしたベンチマーク制度である。我々が最終的に目指すべきなのは，世界クラスの大学ではなく，世界クラスの高等教育制度である。そして，これこそがすべての市民と将来世代に最大の機会と社会的便益を与える（高等）教育制度を会得し発展させていくための最良の戦略なのである。

注
ⅰ）World 100 Reputation Network は，世界トップ 100 大学でレピュテーション管理の責任を担っている上級管理者用に作られたものである。これらの管理者は，協定している高等教育機関，政府，NGO，卒業生，教員，学界，メディアといった国際的な利害関係者と連絡を取り，良い関係を築くことで自大学のレピュテーション管理を行っている。メンバーシップは最近 3 年間のいずれかの年に *ARWU* あ

るいは *THE* のトップ 100 に含まれていた大学に限られる。この組織の目標は，ヨーロッパ，米国，アジアならびにそれ以外地域のメンバーシップを積極的に広げることである。

（データは 2010 年 7 月 2 日に http://www.theworld100.com/join/ より取得。http://www.timeshighereducation.co.uk/story.asp?sectioncode=26&storycode=411697&c=1 も参照。）

ⅱ）*THE* 世界大学ランキング（THE 2014）によると，トップ 200 の平均的な大学の特徴は以下の通りである。

・教員 1 人あたりの年間平均収入は 751,139 ドル（トップ 400 の大学の年間平均収入は 606,345 ドル）
・学生と教員の比率は 11.7 対 1（トップ 400 の大学は 12.5 対 1）
・教員の 20％は外国から採用されている（トップ 400 の大学は 18％）
・教員 1 人あたりの研究費受入額は 229,109 ドルである（トップ 400 の大学は 168,739 ドル）
・発表された研究論文の 43％では少なくとも一人の海外共著者がいる（トップ 400 の大学は 42％）
・学生の 19％は海外からの留学生である（トップ 400 大学は 16％）

補　論

調査手法について

　ここではランキング現象を分析するために，インタビューから得たデータに依拠したグラウンデッド・セオリー・アプローチを用いている。またアンケートを通して取得した情報に，広範囲のインタビュー，フォーカスグループからの聞き取り，国際的な文献やデータを加えるトライアンギュレーションの手法を使っている。こうした手法は，高等教育に対する意識を現実と対比して解明し理解するために必要だった。本研究は研究倫理のベスト・プラクティスに従い，ダブリン工科大学の研究倫理審査会により承認された。参加者からは説明に基づく同意を得ており，匿名性も確保されている。またデータ・セキュリティは適切に管理されている。

　調査は次の4段階で行われた：
第1期：国際アンケートの実施（2006年）
第2期：ドイツ，オーストラリア，日本における大学ならびにその他の関係者
　　　　とのインタビュー（2008年）
第3期：フォローアップ・アンケートの実施（2009年）
第4期：改定版アンケートの実施

第1期：国際アンケートの実施（2006年）

　第1期のアンケートは，OECDの高等教育機関の制度的管理（Institutional Management of Higher Education：IMHE）に関するプログラムならびに国際大学協会（International Association of Universities：IAU）と共同して実施された。Webベースのアンケート調査ソフトSurvey Monkeyを利用してオンライン

質問票を開発し，2006年6月～9月に639人の対象者に配布した。調査対象者の氏名は各機関のメンバーリストから抽出した。41ヵ国の202機関より回答があり，これは31.6％の回答率に当たる。回答者の67％はヨーロッパからだが，ドイツからの回答が32％を占めた。これは，ドイツで参加した機関が熱心に他大学を調査に巻き込み，回答者が雪だるま式に増えたためと考えられる（以下を参照）。残りの回答者のうち，アジアからは10％，オーストラリアからは7％，中南米と中近東からはそれぞれ5％，北米からは4％，そしてアフリカからは2％だった。結果の分析には統計ソフトSPSSを使用した。

それぞれの質問の回答者数が異なるのは，質問によっては特定の回答者に該当しないものがあるためである（たとえば，回答者の国に国内ランキング表やランキング制度が存在していないなど）。全ての結果は，質問に該当する回答者数をもとに計算した。欠損値は全ての計算から除外している。回答率の算出に当たっては，回答者数を表示している。

ドイツからの回答数が多かった点について検討したが，結論的には分析結果に大きな歪みは与えていないと考えられる。ドイツからの回答と，それ以外の地域からの回答の仕方との間に違いがあったかどうかを調べるために，ピアソンのカイ二乗検定ならびにフィッシャーの正確確率検定を用いて検討した。その結果，大学の分類に関する質問やランキングの資金配分機関への影響に関する質問を除けば，両グループの間に有意な差は見出せなかった。

アンケートの質問項目は以下の4つの部門から構成される。これらの質問によって，自校ならびに自国の高等教育の広範な課題に対するランキングの役割と影響に関して，高等教育の幹部がどのような見解を持っているかを探っている。

・各国のランキングの概要
・大学の意思決定過程におけるランキングの重要性
・ランキングが大学の主要な利害関係者に与える影響
・ランキングが高等教育に与える影響

調査手法について　補論

　大学の創立年，規模や目的と，ランキングに対する態度および回答との間に一定の相関関係がある可能性があるため，高等教育機関のプロファイリング情報も集めた。創立年との関係で見ると，回答があった大学は大きく3つのグループに分けることができた。1970年以降に創立の大学は36%を占め，1945年〜1969年の間に創立の大学は24%，そして1945年以前に創立の大学は40%を占めている。回答があった機関の83%は公的資金を受け，残りの機関はその資金を全てあるいは主として私的資金で賄っている。また回答があった機関の30.4%は教育中心，29.2%は研究中心，19.3%は研究指向と自己申告しており，残りの機関は研究のみ，専門目的，あるいはその他という回答だった。

第2期：大学ならびにその他の利害関係者とのインタビュー（2008年）

　第2期では，米国のルミナ教育財団（Lumina Foundation）から資金援助を得て，高等教育政策研究所（Institute for Higher Education Policy：IHEP）との共同で実施された。目的はオーストラリア，ドイツ，そして日本の大学や大学院での実態を調査することを通して，ランキングが高等教育の日常にどのような影響を及ぼしているかを調べることであった。2008年には大学幹部や上級管理者，学生，教員，業界や労働組合の代表者，そして教育政策立案者にインタビューを行った。この研究活動もIMHEおよびIAUによりサポートされ，IHEPの報告書「Impact of College Rankings on Institutional Decision Making: Four Country Case Studies」（「大学の意思決定過程へのランキングの影響—4ヵ国の事例研究」）として2008年5月に発表された（http://www.ihep.org/research/publications/impact-college-rankings-institutional-decision-making-four-country-case）。

　ドイツ，オーストラリア，そして日本には以下のようないくつかの共通した特徴と共通の経験があるので，さらに詳細な調査を行った。(i) 国内ランキングの存在—ドイツにはCHE大学ランキング（*CHE-Hochschulranking*），オーストラリアにはメルボルン研究所の*International Standing of Australian Universities*や*Good Universities Guide*，そして日本には朝日新聞やリクルート，ダイヤモンド社，河合塾のランキングが存在する（Yonezawa et al. 2002）。

(ii)教育制度の国際的水準は，これまで高いとされてきたが，現在国際競争の挑戦をうけている。(iii)政府は激化する競争への対応として高等教育制度を改革・編成する政策を行おうとしている。たとえば，全国的な競争，ベンチマーキング，優れた大学への集中的支援，国際化の推進などである。(iv)国際化が極めて重要な目標のひとつとされている。

　ここでは異なる設置目的と地理的な多様性を代表するために各国から4大学を選び，合計29組織（高等教育機関と関連組織）を訪問し，75回の聞き取り調査（フォーカスグループを含む）を行った。加えて南アフリカとデンマークの2大学が，聞き取り調査のフォーマットに忠実に従いながら自ら質問に回答した。聞き取りの結果は録音され，コーディングおよび分析のために全て文書化された。分析は工業標準の定性データ分析パッケージ NVivo 7 で行った。

第3期：フォローアップ・アンケートの実施（2009年）

　第3期では第1・2期の調査対象者に対して短いアンケートが実施された。その目的は，前回のアンケート後に新たな課題が表面化したか，あるいは大きな変化が生じたか，を確認することにあった。第1・2期の調査に参加した人びとに対して質問表を送付した。これは，厳密な科学的な調査というよりも，データを最新のものに更新することが目的だった。約770通のEメール・アンケートが送付され，49人から回答があった。低い回答率（6.3％）の原因は，おそらく質問の中身が新しい情報や追加的な情報に焦点が置かれていたことによる。

第4期：改定版アンケートの実施

　第4期では第1期で使われたオンライン・アンケートの短縮版を，IMHEおよびIAUのメンバーリストから非確率抽出法で選ばれた対象者に対して送付した。この改定版アンケートの目的は，2006年と比較して，高等教育機関の戦略に与えるランキングの影響が増大したか，あるいは減少したかを検証することにあった。511人の高等教育機関の幹部に対してアンケートを依頼したが，

回答があったのは 109 人，うち 63 人（12.3%）が全項目に対して回答している。2006 年に比べて回答率が低かった理由としていくつかの複合要因が考えられるが，たとえば 2006 年や 2009 年のメーリングリストに登録されていた人の所属機関や担当部署が変わった，あるいは多くのメールアドレスが古かったことなどがあるかもしれない。

　2014 年のアンケートに含まれる項目と測定方法は 2006 年のアンケートと同様であり，それぞれの年の回答結果は対比してグラフに示した。各変数の回答頻度の分布はアンケート調査ソフト Survey Monkey から得，Excel を使って 2006 年の回答との比較を図示した。それぞれの質問に対する回答率は，第 3 章の各図に示した。これらは調査結果の概要を報告するために使っており，全高等教育機関を代表したり，その特性を一般化したりするものではない。

References（参考文献）

AACSB (2005) *The Business School Rankings Dilemma*, Report from Task Force of AACSB International's Committee on Issues in Management Education, Accessed 8 October 2010, from http://www.aacsb.edu/publications/thoughtleadership/rankings.pdf

Aarrevaara, T., I.R. Dobson and C. Elander (2009) "Brave New World: Higher Education Reform in Finland", *Higher Education Management and Policy*, 21(2): 98–99.

Abeyratne, D.S. (2007) "Lankan Universities Below Par, says Minister", *Daily News*, 10 July, Accessed 27 May 2010, from http://www.dailynews.lk/2007/07/10/news19.asp

Adams, J. and K. Baker (2010) *Global Opinion Survey – New Outlooks on Institutional Profiles*, Thomson Reuters, Accessed 27 March 2010, from http://science.thomsonreuters.com/m/pdfs/Global_Opinion_Survey.pdf

Adams, J. and K. Gurney (2010) *Funding Selectivity, Concentration and Excellence – How Good is the UK's Research?* London: Higher Education Policy Institute, Accessed 7 June 2010, from http://www.hepi.ac.uk/455-1793/Funding-selectivity,-concentration-and-excellence—how-good-is-the-UK's-research.html

Adams, J. and D. Smith (2004) *Research and Regions: An Overview of the Distribution of Research in UK Regions, Regional Research Capacity and Links Between Strategic Research Partners*, Oxford: Higher Education Policy Institute, Accessed 1 July 2010, from http://www.hepi.ac.uk/466-1094/Research-and-regions–An-overview-of-the-distribution-of-research-in-UK-regions,-regional-research-capacity-and-links-between-strategic-research-partners.html

Adelman, C. (2009) *The Spaces Between Numbers: Getting International Data on Higher Education Straight*, New York: Institute of Higher Education Policy, Accessed 9 June 2014, from http://www.ihep.org/assets/files/publications/s-z/(Report)_The_Spaces_Between_Numbers-Getting_International_Data_on_Higher_Education_Straight.pdf

Adler, R., J. Ewing and P. Taylor (2008) *Citation Statistics: A Report from the International Mathematical Union (IMU) in Co-operation with the International Council of Industrial and Applied Mathematics (ICIAM) and the Institute of Mathematical Statistics (IMS)*, Accessed 27 March 2010, from http://www.mathunion.org/fileadmin/IMU/Report/CitationStatistics.pdf

Adler, R. and A.W. Harzing (2009) "When Knowledge Wins: Transcending the Sense and Nonsense of Academic Rankings", *Academy of Management Learning and Education*, 8(1): 72–95.

AEI – Australian Education International (2013) *Export Income to Australia from International Education Activity in 2012–13*, December 2013, Accessed 18 May 2014, from https://aei.gov.au/research/Research-Snapshots/Documents/Enrolments%20by%20Nationality%202013.pdf

AEPL, Access Economics Pty Limited (2009) *The Australian Education Sector and the Economic Contribution of International Students*, Australian Council for Private Education and Training, Accessed 30 April 2010, from http://www.pieronline.org/_Upload/Files/TheAustralianEducationSectorandtheEconomicContributionofInternationalStudents-246.pdf

Aghion, P., M. Dewatripont, C. Hoxby, A. Mas-Colell and A. Sapir (2007) "Why Reform Europe's Universities?" *Bruegel Policy Brief*, 4 September, Accessed 30 April 2010, from http://www.bruegel.org/uploads/tx_btbbreugel/pbf_040907_universities.pdf

Ahlstrom, D. (2014) "Irish Universities Fail to Make List of Top 100 Institutions", *The Irish Times*, 6 March, Accessed 3 July 2014, from http://www.irishtimes.com/news/education/irish-universities-fail-to-make-list-of-top-100-institutions-1.1713884

Ahola, S., T. Hedmo, J-P., Thomsen and A. Vabø (2014) *Organisational Features of Higher Education: Denmark, Finland, Norway & Sweden*, Working Paper, NIFU – Nordic Institute for Studies in Innovation, Research and Education, Oslo, Accessed 30 November 2014, from http://www.nifu.no/files/2014/10/NIFUworkingpaper2014-14.pdf

Androushchak, G. (2014) "Evolution of Higher Education Policy: From National Renovation towards Global Competitiveness of Russian Universities", *HERB: Higher Education in Russia and Beyond*, 1: 10–11.

Alberts, H.R., M. Noer and D.M. Ewalt (2008) "America's Best Colleges", 13 August, Accessed 20 June 2010, from http://www.forbes.com/2008/08/13/best-colleges-ratings-oped-college08-cx_ha_mn_de_0813best_land.html

Alderman, G. (2008) "A Climate of Trepidation", *Times Higher Education*, 21 February, Accessed 2 April 2010, from http://www.timeshighereducation.co.uk/story.asp?sectioncode=26&storycode=400670

Alekseev, O. (2014) "Climbing the Global University Rankings", *University World News*, 4 July, Accessed 16 July 2014, from http://www.universityworldnews.com/article.php?story=20140702115809236

Alexander, H. and G. Noonan (2007) "Macquarie Uni Falls in List", *Sydney Morning Herald*, 9 November, Accessed 9 June 2014, from http://www.smh.com.au/news/national/macquarie-uni-falls-in-list/2007/11/08/1194329413250.html

Alperin, J.P. (2013a) "Impact of Social Sciences – Altmetrics Could Enable Scholarship from Developing Countries to Receive Due Recognition", *LSE Maximising the Impact of Academic Research*, Accessed 15 April 2014, from http://blogs.lse.ac.uk/impactofsocialsciences/2014/03/10/altmetrics-for-developing-regions/

Alperin, J.P. (2013b) "Ask Not What Altmetrics Can Do for You, But What Altmetrics Can Do for Developing Countries", *ASIS&T Bulletin*, May/June, Accessed 15 April 2014, from http://www.asis.org/Bulletin/Apr-13/AprMay13_Alperin.html

Altbach, P.G. (2000a) "The Deterioration of the Academic Estate: International Patterns of Academic Work", in P.G. Altbach (ed.) *The Changing Academic Workplace: Comparative Perspectives*, Chestnut Hill, Massachusetts: Centre for International Higher Education, Lynch School of Education.

Altbach, P.G. (ed.) (2000b) *The Changing Academic Workplace: Comparative Perspectives*, Chestnut Hill, Massachusetts: Centre for International Higher Education, Lynch School of Education.

Altbach, P.G. (2003) "The Costs and Benefits of World-Class Universities", *International Higher Education*, 33: 5–8, Accessed 30 November 2014, from https://htmldbprod.bc.edu/prd/f?p=2290:4:0::NO:RP,4:P0_CONTENT_ID:100190.

Altbach, P.G. (2006) "The Dilemmas of Ranking", *International Higher Education*, 42: 2–3, Accessed 4 April 2010, from http://www.bc.edu/bc_org/avp/soe/cihe/newsletter/Number42/p2_Altbach.htm

Altbach, P.G. (2008) "The Complex Roles of Universities in the Period of Globalization", in Global University Network for Innovation (GUNI) (ed.) *Higher*

Education in the World. Vol. 3: Higher Education: New Challenges and Emerging Roles for Human and Social Development, London: Palgrave Macmillan, 5–14.

Altbach, P.G. (2012) "The Globalization of College and University Rankings", *Change: The Magazine of Higher Learning*, 44(1): 26–31.

Altbach, P.G. and L.S. Lewis (1996) "The Academic Profession in International Perspective", in P.G. Altbach (ed.) *The International Academic Profession. Portraits of Fourteen Countries*, Princeton: Carnegie Foundation for the Advancement of Teaching.

Altbach, P.G., L. Reisberg and L.E. Rumbley (2009) *Trends in Global Higher Education: Tracking an Academic Revolution. A Report Prepared for the UNESCO 2009 World Conference on Higher Education*, Paris: UNESCO.

Altbach, P.G., L. Reisberg and L.E. Rumbley (2010) "Tracking a Global Academic Revolution", *Change: The Magazine of Higher Learning*, 42(2): 30–39.

Altbach, P.G. and J. Salmi (2011) "Introduction", in P.G. Altbach and J. Salmi (eds) *The Road to Academic Excellence. The Making of World-Class Research Universities*, Washington, D.C.: World Bank.

Altbach, P.G. and Q. Wang (2012) "Can China Keep Rising? World-Class Status for Research Excellence Comes with a New Set of Challenges", *Scientific American*, October, 46–47.

Alter, M. and R. Reback (2014) "True for Your School? How Changing Reputations Alter Demand for Selective U.S. Colleges", *Educational Evaluation and Policy Analysis*, 36(1): 1–25.

Alwis, D. de (2011) "SRI LANKA: Six Universities to be Upgraded", *World University News*, 4 September, Accessed on 22 May 2014, from http://www.universityworld-news.com/article.php?story=20110902145241746

Anon (2008) "V-C: Great Birthday Gift for University", *The Star-online*, 4 September, Accessed 13 June 2010, from http://www.thestar.com.my/news/story.asp?file=/2008/9/4/nation/22237641&sec=nation

Anon (2009a) "12 Russian Universities Will Receive a Status of National Research Universities", *Ministry of Education and Science*, 7 October, Accessed 28 May 2010, from http://eng.mon.gov.ru/press/news/4183/

Anon (2009b) "China: Spending on Universities Rises during Recession", *University World News*, 11 October, Accessed 13 June 2010, from http://www.university-worldnews.com/article.php?story=20091009222457749

Anon (2010a) "Beijing to Recruit 10,000 More International Students in 2010", *Global Times*, 2 May, Accessed 2 May 2010, from http://www.globaltimes.cn/www/english/metro-beijing/update/society/2010-04/523990.html

Anon (2010b) "Graduate Salaries Plummet to a Dismal 400 a Week", *Irish Independent*, 3 April, Accessed 5 April 2010, from http://www.independent.ie/national-news/graduate-salaries-plummet-to-a-dismal-euro400-a-week-2124158.html

Anon (2010c) "Tunisia: Round Table Examines Ways of Promoting Quality in Higher Education", *Tunisia Online News*, 6 April, Accessed 28 May 2010, from http://www.tunisiaonlinenews.com/?p=36578

Anon (2010d) "France to Build £3.8bn Super University", *The Daily Telegraph*, 4 May, Accessed 28 May 2010, from http://www.telegraph.co.uk/news/worldnews/europe/france/7677337/France-to-build-3.8bn-super-university.html

Anon (2010e) "2020 Vision for Denmark's Future", *The Copenhagen Post*, 4 March, Accessed 13 June 2010, from http://www.cphpost.dk/component/content/48417.html?task=view

Anon (2010f) "French Super-University Wants to be Among the Top 10", *Agence France Press*, 4 May, Accessed 6 June 2010, from http://www.fecalincontinenceinfo.com/article/French%20super-university%20wants%20to%20be%20among%20the%20top%2010/?k=j83s12y12h94s27k02

Anon (2010g) Comment: "Education, Education, Education", *Impact*, 6 March, University of Nottingham, Accessed 9 March 2010, from http://www.impact nottingham.com/2010/03/education-education-education/

Anon (2010h) "Higher and Higher: Lofty Positions, Beneficial Outcomes", *Times Higher Education*, 1 July, Accessed 1 July 2010, from http://www.timeshigher education.co.uk/story.asp?sectioncode=26&storycode=412246&c=1

Anon (2010i) "Bulgarian University Financing Will Be Pegged to New Ranking System", *The Chronicle of Higher Education*, 4 November, Accessed 5 November 2010, from http://chronicle.com/blogs/global/bulgarian-university-financing-will-be-pegged-to-new-ranking-system/27902

Anon (2012) "Claremont McKenna Inflated SAT Scores for Rankings", *Inside Higher Ed*, 31 January, Accessed 3 June 2014, from http://www.insidehighered.com/quicktakes/2012/01/31/claremont-mckenna-inflated-sat-scores-rankings

Archibald, R.B. and D.H. Feldman (2012) *The Anatomy of College Tuition*, Washington, D.C.: American Council on Education, Accessed 5 October 2014, from http://www.acenet.edu/news-room/Documents/Anatomy-of-College-Tuition.pdf

Arimoto, A. (2011) "Reaction to Academic Ranking: Knowledge Production, Faculty Productivity from an International Perspective", in J.C. Shin, R.K. Toutkoushian and U. Teichler (eds) *University Rankings. Theoretical Basis, Methodology and Impacts on Global Higher Education*, Dordrecht, Springer, 229–258.

Armstrong, L. (2009) "What Moody's Doesn't Say in Its Recent Report on Higher Education", *Changing Higher Education*, 15 July, Accessed 3 June 2014, from http://www.changinghighereducation.com/2009/07/what-moodys-doesnt-say-in-its-recent-report-on-higher-education.html

Arnoldy, B. (2007) "College Presidents Plan 'U.S. News' Rankings Boycott'", *The Christian Science Monitor*, 12 April, Accessed 3 June 2014, from http://www.cs monitor.com/2007/0412/p01s02-legn.html

Arnone, M. (2003) "The Wannabes", *The Chronicle of Higher Education*, 3 January, A18–20.

ARWU (2010) "About *ARWU*", Shanghai Jiao Tong University, Accessed 4 April 2010, from http://www.arwu.org/aboutARWU.jsp

ARWU, Academic Ranking of World Universities (2013) Shanghai Jiao Tong University, Accessed 31 May 2010, from http://www.arwu.org/

ASG – Art and Science Group (2013) *Influence of the Rankings on College Choice. Student Poll*, Accessed 17 March 2014, from http://www.artsci.com/studentpoll/october/index.aspx

Asmar, C. (2005) "Internationalising Students: Reassessing Diasporic and Local Student Difference", *Studies in Higher Education*, 30(3): 291–309.

Aula, H.-M. and J. Tienari (2011) "Becoming 'World-Class'? Reputation-Building in a University Merger", *Critical Perspectives on International Business*, 7(1): 7–29. doi:10.1108/17422041111103813

Australia Bureau of Statistics (2009) "Expanding Links with China and India", Accessed 3 June 2010, from http://www.ausstats.abs.gov.au/ausstats/subscriber.nsf/LookupAttach/4102.0Publication24.09.092/$File/41020_ChinaIndia.pdf

Avery, C., M. Glickman, C. Hoxby and A. Metrick (2005) "A Revealed Preference Ranking of U.S. Colleges and Universities", *NBER Working Paper No. 10803*, December, Cambridge, MA: National Bureau for Economic Research.

B., L. (2014) "Student Survey Reflects Gender Differences Among Indian Applicants", *QS Top Universities Blog*, 23 June, Accessed 3 July 2014, from http://www.topuniversities.com/blog/student-survey-reflects-gender-differences-among-indian-applicants

Badescu, M. (2010) *Measuring Investment Efficiency in Education*, EUR 22304 EN, EU Directorate-General Joint Research Centre, Institute for the Protection and Security of the Citizen, Luxembourg: European Commission, Accessed 10 April 2010, from http://crell.jrc.ec.europa.eu/Publications/CRELL%20Research%20Papers/EUR%2022304_Measuring%20Investment%20Efficiency%20in%20Education.pdf

Barber, M. and M. Mourshed (2007) *How the World's Best-Performing Schools Systems Come Out on Top*, Accessed 21 July 2014, from http://www.smhc-cpre.org/wp-content/uploads/2008/07/how-the-worlds-best-performing-school-systems-come-out-on-top-sept-072.pdf

Bareebe, G. (2010) "How Makerere Captured Lofty Place in Rankings", *Daily Monitor*, 22 February, Accessed 12 March 2010, from http://www.monitor.co.ug/News/-/688324/866008/-/c85riu/-/

Barham, R. (2010) Comment, *Impact*, University of Nottingham, Accessed 9 March 2010, from http://www.impactnottingham.com/2010/03/education-education-education/

Barker, J.R. and G. Cheney (1994) "The Concept and the Practices of Discipline in Contemporary Organizational Life", *Communication Monographs*, 61, March.

Barrow, C.W. (1996) "The Strategy of Selective Excellence: Redesigning Higher Education for Global Competition in a Postindustrial Society", *Higher Education*, 41: 447–469.

Baskin, P. (2008) "Boeing to Rank Colleges by Measuring Graduates' Job Success", *The Chronicle of Higher Education*, 19 September, Accessed 22 June 2010, from http://chronicle.com/article/Boeing-to-Rank-Colleges-by/9954

Bastedo, M.N. and N.A. Bowman (2010) "The U.S. News and World Report College Rankings: Modeling Institutional Effects on Organizational Reputation", *American Journal of Education*, 116(2): 163–183.

Bastedo, M.N. and N.A. Bowman (2011) "College Rankings as an Interorganizational Dependency: Establishing the Foundation for Strategic and Institutional Accounts", *Research in Higher Education*, 52: 3–23.

Bastedo, M.N. and P.J. Gumport (2003) "Access to What? Mission Differentiation and Academic Stratification in U.S. Public Higher Education", *Higher Education*, 46(3): 341–359.

Baty, P. (2006) "Uplift 'Cheapens Degrees' Claim", *Times Higher Education*, 22 December, Accessed 11 April 2010, from http://www.timeshighereducation.co.uk/story.asp?storyCode=207234&sectioncode=26

Baty, P. (2009a) "The 'Giant of Africa' Awakens from Its Slumber", *Times Higher Education*, 7 May, Accessed 28 May 2010, from http://www.timeshighereducation.co.uk/story.asp?storycode=406413

Baty, P. (2009b) "Rankings '09 Talking Points", *Times Higher Education*, 8 October, Accessed 20 July 2010, from http://www.timeshighereducation.co.uk/story.asp?storycode=408562

Baty, P. (2009c) "Restructure or Die, Funding Chief Tells Cash-Hit Universities", *Times Higher Education*, 19 July.

Baty, P. (2010a) "Crouching Tigers Ready to Pounce", *Times Higher Education*, 4 February, Accessed 5 May 2010, from http://www.timeshighereducation.co.uk/story.asp?sectioncode=26&storycode=410266&c=1

Baty, P. (2010b) "Back to Square One on the Rankings Front", *The Australian*, 17 February, Accessed 9 July 2010, from http://www.theaustralian.com.au/higher-education/opinion-analysis/back-to-square-one-on-the-rankings-front/story-e6frgcko-1225831101658

Baty, P. (2010c) "Rankings Partner Focuses on Matters of Reputation", *Times Higher Education*, 11 March, Accessed 10 April 2010, from http://www.timeshighereducation.co.uk/story.asp?sectioncode=26&storycode=410709&c=1

Baty, P. (2010d) "Global Reputations at the Tipping Point", *Times Higher Education*, 1 July, Accessed 1 July 2010, from http://www.timeshighereducation.co.uk/story.asp?sectioncode=26&storycode=412245&c=1

Baty, P. (2010e) "Simulation Software Claimed to Predict Effect of Management Choices on Ranking Position", *Times Higher Education*, 7 November, Accessed 7 November 2010, from http://www.timeshighereducation.co.uk/story.asp?sectioncode=26&storycode=414131&c=1

Baty, P. (2010f) "New Weights and Measures Throw Up a Few Surprises", *Times Higher Education*, 16 September, Accessed 30 December 2010, from http://www.timeshighereducation.co.uk/story.asp?storycode=413528

Baylor University (2009) "Baylor and Vision 2012: An Introduction to the January 2009 Assessment of the Twelve Imperatives", Accessed 11 June 2010, from http://www.baylor.edu/ie/index.php?id=48257

Bearer-Friend, J. (2009) "Measuring Student Achievement at Postsecondary Institutions", *Issue Brief*, National Governors Association Centre for Best Practice, Accessed 14 April 2014, from http://www.nga.org/Files/pdf/0911measuringachievement.pdf

Beatty, A., M.R.C. Greenwood and R.L. Linn (eds) (1999) *Myths and Tradeoffs: The Role of Tests in Undergraduate Admissions*, Washington, D.C.: National Academies Press.

Becher, T. and P.R. Trowler (2001) *Academic Tribes and Territories* (2nd edition), Buckingham: SRHE/Open University Press.

Becker, G.S. (1993) "Nobel Lecture: The Economic Way of Looking at Behaviour", *Journal of Political Economy*, 101(3): 402, Accessed 1 May 2010, from http://faculty.smu.edu/millimet/classes/eco4361/readings/quantity%20section/becker.pdf

Beerkens, E. (2007) "*THES* Ranking 2007 by Country", *Beerkens' Blog: Higher Education, Science and Innovation from a Global Perspective*, Accessed 4 June 2010, from http://blog.beerkens.info/index.php/2007/11/thes-ranking-2007-by-country/#more-273

Beerkens, E. (2008) "*THE* Ranking 2008 by Country (Again)", *Beerkens' Blog: Higher Education, Science and Innovation from a Global Perspective*, 9 October, Accessed 2 May 2010, from http://blog.beerkens.info/index.php/tags/topic/ranking/

Beerkens, E. (2009) "What if I Graduated from Amherst or ENS de Lyon ...", *Beerkens' Blog: Higher Education, Science and Innovation from a Global Perspective*, 6 January, Accessed 4 June 2010, from http://blog.beerkens.info/index.php/2009/01/what-if-i-graduated-from-amherst-or-ens-de-lyon/

Beerkens, E. (2014) Correspondence, 2 April.

Berger, M. (2001) "Why the USNWR Law School Rankings are Both Useful and Important", *Journal of Legal Education*, 51(4): 487–502.

Berger, N. (2009) "Are Too Many Students Going to College?", *The Chronicle of Higher Education*, 8 November, Accessed 30 April 2010, from http://chronicle.com/article/Are-Too-Many-Students-Going-to/49039/

Bergerson, A.A. (2010) "College Choice and Access to College: Moving Policy, Research and Practice to the 21st Century", *ASHE Higher Education Report*, 35(4).

Berghoff, S. and G. Federkeil (2006) "Reputation Indicators and Research Performance", Presentation to International Ranking Expert Group (IREG) 2 Conference, Berlin.

Bergstrom, C. (2007) "Measuring the Value and Prestige of Scholarly Journals", *College & Research Libraries News*, 314–316, Accessed 15 April 2014, from http://octavia.zoology.washington.edu/publications/Bergstrom07.pdf

Billal, F. (2007) "Elevating 20 Universities from the Islamic World to the Rank of the Top 500 World Universities", *IAU Horizons*, May, 13(2–3): 13.

Billal, F. (2011) "Academic Ranking of Universities – Healthy Competition, Setting Hierarchy or Intelligent Marketing?", Presentation to Global Forum on University Rankings: Their Uses and Misuses, 16–17 May, UNESCO, Paris, Accessed 2 July 2014, from http://www.unesco.org/new/fileadmin/MULTIMEDIA/HQ/ED/pdf/RANKINGS/Ranking%20of%20universities_%20Paris2011.pdf

Billaut, J.-C., D. Bouyssou and P. Vincke (2009) "Should You Believe in the Shanghai Ranking? An MCDM View", *Cahier du LAMSADE*, 283, Accessed 1 July 2010, from http://hal.archives-ouvertes.fr/hal-00388319/en/

Birnbaum, R. (1983) *Maintaining Diversity in Higher Education*, San Francisco: Jossey-Bass Publishers.

Birnbaum, R. (2007) "No World-Class University Left Behind", *International Higher Education*, 47: 7–9.

Bishop, J., Federal Minister for Education, Science and Training (2007) Speech at L.H. Martin Institute for Higher Education Management and Leadership, University of Melbourne, 30 August, Accessed 27 May 2010, from http://www.mihelm.unimelb.edu.au/news/mihelm_speech_30_august_07.pdf

Blair, J. (2000) "Study: College Rankings Affect Aid Packages", *Education Week*, 19(19): 6–7.

Blumenstyk, G. (2009) "Moody's Outlines Factors for Ratings Downgrades", 15 May, *Chronicle of Higher Education*, Accessed 31 December 2010, from http://chronicle.com/article/Moodys-Outlines-Factors-fo/44338/

Blumer, H. (1948) "Public Opinion and Public Opinion Polling", *American Sociological Review*, 13: 542–549, Accessed 23 June 2010, from http://www.brocku.ca/MeadProject/Blumer/Blumer_1948.html

Böhm, A., M. Follari, A. Hewett, S. Jones, N. Kemp, D. Meares, D. Pearce and K. van Cauter (2004) *Vision 2020. Forecasting International Student Mobility. A UK Perspective*, London and Sydney: British Council, Universities UK and IDP, Accessed 22 January 2010, from http://www.britishcouncil.org/eumd_-_vision_2020.pdf

Bok, D. (2003) *Universities in the Marketplace. The Commercialization of Higher Education*, Princeton: Princeton University Press.

Bologna Process (2007) "Towards the European Higher Education Area: Responding to Challenges in a Globalised World", Accessed 4 July 2010, from http://www.ond.vlaanderen.be/hogeronderwijs/bologna/documents/MDC/London_Communique18May2007.pdf

Bonaccorsi, A., T. Brandt, D. De Filippo, B. Lepori, F. Molinari, A. Niederl, U. Schmoch, T. Schubert and S. Slipersaeter (2010) "Feasibility Study for Creating a European University Data. Final Study Report", Brussels: European Commission, Research Directorate-General Directorate C, Brussels, Accessed 5 July 2014, from http://ec.europa.eu/research/era/docs/en/eumida-final-report.pdf

Boulton, G. (2010) *University Rankings: Diversity, Excellence and the European Initiative*. Advice Paper, 3, Leuven: League of European Research Universities (LERU), Accessed 16 June 2010, from http://www.leru.org/files/publications/LERU_AP3_2010_Ranking.pdf

Boulton, G. and C. Lucas (2008) *What Are Universities For?*, Leuven: League of European Research Universities (LERU), Accessed 5 May 2010, from http://www.leru.org/?cGFnZT00

Bourdieu, P. (1986) "The Forms of Capital", in J. Richardson (ed.) *Handbook of Theory and Research for the Sociology of Education*, New York: Greenwood, 241–258, Accessed 1 May 2010, from http://www.marxists.org/reference/subject/philosophy/works/fr/bourdieu-forms-capital.htm

Bourdin, J. (2007–2008) Enseignement Supérieur le Défi des Classements, *Les Rapports du Sénat*, 442, France.

Bowden, R. (2000) "Fantasy Education: University and College League Tables", *Quality in Higher Education*, 6(1): 41–60.

Bowman, N.A. and M.N. Bastedo (2009) "Getting on the Front Page: Organisational Reputation, Status Signals and the Impact of U.S. News and World Report on Student Decisions", *Research in Higher Education*, 50(5): 415–436.

Bowman, N.A. and M.N. Bastedo (2011) "Anchoring Effects in World University Rankings: Exploring Biases in Reputation Scores", *Higher Education*, 61(734): 431–444.

Boyer, E.L. (1990) *Scholarship Reconsidered. Priorities of the Professoriate*, Princeton: Carnegie Foundation for the Advancement of Teaching.

Bradley, D., P. Noonan, H. Nugent and B. Scales (2008) *Review of Australian Higher Education. Final Report*, Department of Education, Employment and Workplace Relations, Australia, Accessed 30 May 2010, from http://www.deewr.gov.au/he_review_finalreport

Brandenburg, U., D. Carr, S. Donauer and C. Berthold (2008) *Analysing the Future Market: Target Countries for German HEIs*, Gütersloh: Centre for Higher Education.

Brandenburg, U. and J. Zhu (2007) "Higher Education in China: In the Light of Massification and Demographic Change", Arbeitspapier Nr. 97, Gütersloh: Centre for Higher Education, Accessed 28 May 2010, from http://www.che.de/downloads/Higher_ Education_in_China_AP97.pdf

Bremner, J., C. Haub, M. Lee, M. Mather and E. Zuehlke (2009) *World Population Prospects: Key Findings from PRB's 2009 World Population Data Sheet*, Population Reference Bureau, United Nations Washington, DC, Accessed 26 April 2010, from http://www.prb.org/pdf09/64.3highlights.pdf

Brewer, D.J., C.A. Gates and S.M. Goldman (2001) *In Pursuit of Prestige: Strategy and Competition in U.S. Higher Education*, New Brunswick, N.J.: Transaction Publishers.

Brink, C. (2009) "On Quality and Standards", Keynote Address at the Australian Universities Quality Forum, Alice Springs.

Brink, C. (2014) "Defining the Civic University", Presentation to Leading and Managing the Civic University Roundtable, Newcastle University, 21–22 May, 2014.

Brinkley, I. (2008) *The Knowledge Economy: How Knowledge is Reshaping the Economic Life of Nations*, The Work Foundation, London, Accessed 3 January 2009, from http://www.workfoundation.com/assets/docs/publications/41_KE_ life_of_nations.pdf

Brooks, R. and J. Waters (2013) *Student Mobilities, Migration and the Internationalization of Higher Education* (2nd edition), Basingstoke: Palgrave Macmillan.

Brooks, R.L. (2005) "Measuring University Quality", *The Review of Higher Education*, 29(1): 1–21, Fall.

Burgess, C. (2010) "Higher Education: Opening Up or Closing In?", *The Japan Times*, 23 March, Accessed 3 June 2010, from http://search.japantimes.co.jp/cgi-bin/fl20100323zg.html

Butler, D. (2007) "Academics Strike Back at Spurious Rankings", *Nature*, 447: 514–515.
Butler, N. (2007) "Europe's Universities – Time for Reform", *Centrepiece*, Autumn 10–11, Accessed 12 July 2014, from: http://cep.lse.ac.uk/pubs/download/cp233.pdf
Butler, K. and C. Murphy (2009) "The Top 400 Secondary Schools in Ireland", *The Sunday Times*, Accessed 29 June 2010, from http://extras.timesonline.co.uk/mainppireland.pdf
Byrne, D. (2013) "QS University Rankings: An Explainer", *Higher Education Network, Guardian Professional*, 10 September, Accessed 9 April 2014, from http://www.theguardian.com/higher-education-network/blog/2013/sep/10/qs-university-rankings-methodology-criteria
Byrne, L. (2014) "Controversy over TCD Name Change. Decision to be Made on Wednesday", *The Sunday Business Post*, 23 March, 5.
Calderona, V.J. and P. Sidhu (2014) "Business Leaders Say Knowledge Trumps College Pedigree", *Gallup Economy*, 25 February, Accessed 29 March 2014, http://www.gallup.com/poll/167546/business-leaders-say-knowledge-trumps-college-pedigree.aspx
Calhoun, C. (2006) "The University and the Public Good", *Theses Eleven*, 87: 7–43.
Callan, P., P.T. Ewell, J.E. Finney and D.P. Jones (2007) *Good Policy, Good Practice. Improving Outcomes and Productivity in Higher Education: A Guide for Policymakers*, Boulder, Colorado: National Center for Public Policy and Higher Education and the National Center for Higher Education Management Systems (NCHEMS), Accessed 2 July 2010, from http://www.highereducation.org/reports/Policy_Practice/GPGP.pdf
Cao, C. (2009) "Are Chinese Universities on Par with the World?", *UPI Asia.com*, 6 October, Accessed 13 June 2010, from http://www.upiasia.com/Society_Culture/2009/10/06/are_chinese_universities_on_par_with_the_world/7400
Carey, K. (2006a) "Is Our Students Learning?", *Washington Monthly*, September, Accessed 27 March 2010, from http://www.washingtonmonthly.com/features/2006/0609.carey.html
Carey, K. (2006b) *College Rankings Reformed: The Case for a New Order in Higher Education*, Washington, D.C.: Education Sector, September, Accessed 30 November 2014, from http://www.educationsector.org/usr_doc/CollegeRankingsReformed.pdf
Carey, K. (2010) "Race to the Top", 7 March, *The Chronicle of Higher Education*, Accessed 1 July 2010, from http://chronicle.com/article/A-Race-to-the-Top-/64520/
Carr, K. (2009) "Speech by Federal Minister for Innovation, Industry, Science and Research to Universities Australia Higher Education Conference", Australia, Accessed 30 March 2009, from http://minister.innovation.gov.au/Carr/Pages/UNIVERSITIESAUSTRALIAHIGHEREDUCATIONCONFERENCE2009.aspx
Carroll, D. and P. Chetwynd (2006) *Predictive Effectiveness of Metrics in Admission to the University of Cambridge*, Cambridge, UK: Admissions & Data Services, University of Cambridge, Accessed 13 April 2014, from http://www.admin.cam.ac.uk/offices/admissions/research/docs/prefective_effectiveness_of_metrics_in_admission.pdf
Caruso, P., B. Chamberlin, R.S. Figueroa, P. Horne, I. Logan, L. Melvin, J. Prieto, K.G. Roach and M. Sexton (2011a) *A View of U.S. News & World Report Rankings of Undergraduate Institutions from the College Admission Counseling Perspective*, Accessed 7 April 2014, from http://www.nacacnet.org/about/Governance/Comm/Documents/USNewRankingsReport.pdf
Caruso, P., B. Chamberlin, R.S. Figueroa, P. Horne, I. Logan, L. Melvin, J. Prieto, K.G. Roach and M. Sexton (2011b) *Report of the NACAC Ad Hoc Committee on U.S.*

News & World Report Rankings, Accessed 7 April 2014, from http://www.nacacnet. org/about/Governance/Comm/Documents/usnwr_ConfusingImpressions.pdf
Casper, G. President of Stanford University (1996) "Letter to James Fallows, editor of *U.S. News and World Report*", 23 September.
Castells, M. (1994a) *Technopoles of the World: The Making of 21st Century Industrial Complexes*, London: Routledge.
Castells, M. (1994b) "The University System: Engine of Development in the New World Economy", in J. Salmi and A.M. Vespoor (eds) *Revitalizing Higher Education*, Oxford: Pergamon, 14–40.
Castells, M. (1996) *Rise of the Network Society, the Information Age: Economy, Society and Culture*, Malden, Massachusetts: Blackwell Publishers.
Cemmell, J. and B. Bekhradnia (2008) *The Bologna Process and the UK's International Student Market*, Oxford: Higher Education Policy Institute, Accessed 30 April 2010, from http://www.hepi.ac.uk/2008/05/22/the-bologna-process-and-the-uks-international-student-market/
CERI (2009) *Higher Education to 2030, v. 2. Globalisation*, Paris: OECD.
CFHE (2006) *A Test of Leadership. Charting the Future of U.S. Higher Education*, Report of the Commission appointed by Margaret Spellings, Washington, D.C.: US Department of Education, Accessed 6 June 2010, from http://www2.ed.gov/about/bdscomm/list/hiedfuture/reports/final-report.pdf
Chambers, M. (2007) "Germany Aims to Rebuild Research Strength", *International Herald Tribune*, 22 November, Accessed 19 April 2008, from http://www.iht.com/articles/2007/11/22/business/gbrain.php
Chang, G.C. and J.R. Osborn (2005) "Spectacular Colleges and Spectacular Rankings: The *U.S. News* Rankings of 'Best Colleges'", *Journal of Consumer Culture*, 5(3): 338–364.
Chapman, D.W. (1981) "A Model of Student College Choice", *Journal of Higher Education*, 51(5): 490–505.
Chapman, D.W. (2008) "Hitting the Rankings Jackpot", *Change: The Magazine of Higher Learning*, 40(6): 14–16.
Chapman, D.W., C.-L. Chien, P. Haddawy, G. Halevi, S. Hassan, I.B. Lee, H.F. Moed, P. Montjourides, M. Schaaper, S. Sigdel and N.V. Vafghese (2014) *Higher Education in Asia: Expanding Out, Expanding Up. The Rise of Graduate Education and University Research*, Montreal: UNESCO Institute of Statistics.
Chapman, K. (2007) "A Closer Look at Rankings", *The Malaysia Star Online*, 22 July, Accessed 27 May 2010, from http://thestar.com.my/education/story.asp?file=/2007/7/22/education/18346507&sec=education
Chapman, K. (2014) "Malaysia's Oldest Universities Listed for Third Consecutive Year", *The Star Online*, 13 May, Accessed 2 July 2014, from http://www.thestar.com.my/News/Nation/2014/05/13/Five-varsities-among-top-100-Malaysias-oldest-universities-listed-for-third-consecutive-year/
Chapman, K. and S. Kaur (2008) "USM Gets Apex Status", *The Malaysia Star Online*, 4 September, Accessed 28 May 2010, from http://thestar.com.my/news/story.asp?file=/2008/9/4/nation/22236521&sec=nation
Cheese, P., R.J. Thomas and E. Craig (2007) *The Talent Powered Organization. Strategies for Globalization, Talent Management and High Performance*, London: Kogan Page, Accessed 5 January 2009, from http://www.accenture.com/NR/rdonlyres/9ADBFE69-938C-4388-833C-CC8502305C85/0/TPOChapterOne.pdf
Chellaraj, G., K.E. Maskus and A. Mattoo (2005) "The Contribution of Skilled Immigration and International Graduate Students to U.S. Innovation", *World Bank*

Policy Research Working Paper 3588, Accessed 30 April 2010, from http://www-wds.worldbank.org/servlet/WDSContentServer/WDSP/IB/2005/05/15/000090341_20050515125129/Rendered/PDF/wps3588.pdf

Chen, L.H. (2007) "Choosing Canadian Graduate Schools from Afar: East Asian Students' Perspectives", *Higher Education*, 54(5): 759–780.

CHERPA Network (2010a) *U-Multirank Interim Progress Report. Design Phase of the Project: Design and Testing the Feasibility of a Multi-dimensional Global University Ranking*, Accessed 13 July 2010, from http://www.u-multirank.eu/UMR_IR_0110.pdf

CHERPA Network (2010b) *U-Multirank Interim Progress Report: Testing Phase*, Unpublished.

Chopra, R. (2013) "Govt Seeks External Push for Varsities' Global Ranking", *DNA*, New Delhi, Accessed 25 May 2014, from http://www.dnaindia.com/india/1834286/report-dna-exclusive-govt-seeks-external-push-for-varsities-global-ranking

Christopherson, S., M. Gertler and M. Gray (2014) "Universities in Crisis", *Cambridge Journal of Regions, Economy and Society*, 7(2): 209–215.

Chubb, I. (2008) "Investing Wisely for Australia's Future", speech at the National Press Club of Australia, Accessed 31 May 2010, from http://www.go8.edu.au/storage/news/speeches/Go8/2008/investing_wisely_for_australia.pdf

Clancy, P. (2001) "College Entry in Focus. A Fourth National Survey of Access to Higher Education", Dublin: *Higher Education Authority*, 56–57, Table 17.

Clark, B.R. (1983) *The Higher Education System: Academic Organization in Cross-National Perspective*, Berkeley, California: University of California Press.

Clark, B.R. (1998) "Creating Entrepreneurial Universities: Organizational Pathways of Transformation", *Issues in Higher Education*, Paris and Oxford: IAU Press/Pergamon/Elsevier.

Clarke, M. (2004) "Weighing Things Up: A Closer Look at U.S. News and World Report's Ranking Formulas", *College and University*, 79(3): 3–9.

Clarke, M. (2005) "Quality Assessment Lessons from Australia and New Zealand", *Higher Education in Europe*, 30(2): 183–197.

Clarke, M. (2007) "The Impact of Higher Education Rankings on Student Access, Choice, and Opportunity", *College and University Ranking Systems – Global Perspectives American Challenges*, Washington D.C.: Institute of Higher Education Policy, 35–49.

Cloete, N., T. Bailey, P. Pillay, I. Bunting and P. Maassen (2011) *Economic Development in Africa*, Wynberg, South Africa: Centre for Higher Education Transformation (CHET), Accessed 5 October 2014, from file:///C:/Users/Ellenh/Downloads/CHETHERANAUniversitiesandEconomicDevelopmentWEB.pdf

Coates, H., D. Edwards, L. Goedegebuure, M. Thakur, E. van der Brugge and F. van Vught (2013) *Research Briefing. Profiling Diversity of Australian Universities*, Melbourne: Australian Centre for Educational Research (ACER) and LH Martin Institute, Accessed 10 April 2014, from http://research.acer.edu.au/cgi/viewcontent.cgi?article=1035&context=higher_education

Coates, H. and A. McCormick (eds) (2014) *Engaging University Students International Insights from System-Wide Studies*, Dordrecht: Springer.

Committee on Facilitating Interdisciplinary Research (CFIR) (2004) *Facilitating Interdisciplinary Research*, National Academy of Sciences, National Academy of Engineering, Institute of Medicine, Accessed 2 February 2009, from http://www.nap.edu/catalog/11153.html

Connelly, S. and A. Olsen (2013) "Education as an Export for Australia: Green Shoots, First Swallows, but Not Quite Out of the Woods Yet", Paper to Australian International Education Conference, Canberra, Australia, Accessed 11 March 2014, from http://www.spre.com.au/download/AIEC2013ModelingPaper.pdf

Contreras, A. (2007) "The Cult of Speed", *Inside Higher Ed.*, 31 July, Accessed 8 October 2014, from http://www.insidehighered.com/views/2007/07/31/contreras

Cookson, C. (2010) "China Set for Global Lead in Scientific Research", *The Financial Times*, 26 January, Accessed 5 May 2010, from http://www.ft.com/cms/s/0/3d0c1606-0a19-11df-8b23-00144feabdc0.html

Corbyn, Z. (2010) "Nervous Hefce 'Edging Out' of REF Citations", *Times Higher Education*, 1 April, Accessed 4 April 2010, from http://www.timeshighereducation.co.uk/story.asp?storycode=411056

Corley, K.G. and D.A. Gioia (2000) "The Rankings Game: Managing Business School Reputation", *Corporate Reputation Review*, 3(4): 319–333.

Costello, B. (2010) "The Fall of American Universities", *The Korea Times*, 23 February, Accessed 5 May 2010, from http://news.xinhuanet.com/english2010/culture/2010-02/26/c_13188783.htm

Cougar Editorial Board (2011) "Flagship Status Awaits, But We Have to Work For It", *The Daily Cougar*, Accessed 9 July 2014, from http://thedailycougar.com/2011/01/20/flagship-status-awaits-work/

Coughlan, S. (2008a) "University Staff Faking Survey", *BBC News Online*, 13 May, Accessed 1 June 2010, from http://news.bbc.co.uk/2/hi/uk_news/education/7397979.stm

Coughlan, S. (2008b) "Faculty in League Table Expulsion", *BBC News Online*, 25 July, Accessed 5 January 2009, from http://news.bbc.co.uk/2/hi/uk_news/education/7526061.stm?TB_iframe=true&height=650&width=850

Council of the European Union (2007) *Council Resolution on Modernising Universities for Europe's Competitiveness in a Global Knowledge Economy*, 16096/1/07 REV 1, Brussels, Accessed 26 July 2009, from http://www.consilium.europa.eu/ueDocs/cms_Data/docs/pressData/en/intm/97237.pdf

Cousin, B. and M. Lamont (2009) "The French Disconnection", *Times Higher Education*, 3 December.

Creative Dublin Alliance (2009) *Economic Development Action Plan for the Dublin City Region*, Accessed 6 June 2010, from http://www.dublincity.ie/YourCouncil/CouncilPublications/Documents/Dublin_Region_Economic_Action_Plan_-_Lo_Res.pdf

Cremonini, L., P. Benneworth, H. Dauncey and D.F. Westerheijden (2013) "Reconciling Republican 'Egalité' and Global Excellence Values in French Higher Education", in J.C. Shin and B.M. Kehm (eds) (2013) *Institutionalization of World-Class University in Global Competition*, Dordrecht: Springer, 99–124.

CREST (2009) "Mutual Learning on Approaches to Improve the Excellence of Research in Universities", OMC Working Group, Executive Summary, EUR 24026 EN, Brussels: DG Research, Accessed 21 July 2014, from http://ec.europa.eu/research/era/docs/en/areas-of-action-research-institutions-crest-omc-working-group.pdf

Cronin, M. (2006) "Research in Ireland: The Way Forward", Advancing Research in Ireland Conference, Dublin City University, 5 May, Accessed 12 June 2008, from http://www.dcu.ie/qpu/iuqb/presentations.shtml

Curaj, A., P. Scott, L. Vlăsceanu and L. Wilson (eds) (2012) *European Higher Education at the Crossroads: Between the Bologna Process and National Reforms*, Vols. 1 and 2, Dordrecht: Springer.

Currie, D. (2009a) "Funding on 'Sheriff of Nottingham' Model Would Cut Productivity", Correspondence, *Nature*, 461, 1198, 29 October, Accessed 6 June 2010, from http://www.nature.com/nature/journal/v461/n7268/full/4611198b.html

Currie, D. (2009b) "The Wrong Way to Fund University Research", *University Affairs*, 7 December, Accessed 7 June 2010, from http://www.universityaffairs.ca/the-wrong-way-to-fund-university-research.aspx

Cyrenne, P. and H. Grant (2009) "University Decision Making and Prestige: An Empirical Study", *Economics of Education Review*, 28: 237–248.

Dale, S.B. and A.B. Krueger (2002) "Estimating the Payoff to Attending a More Selective College: An Application of Selection on Observables and Unobservables", *The Quarterly Journal of Economics*, 117(4): 1491–1527.

Dale, S. and A.B. Krueger (2011) "Estimating the Return to College Selectivity over the Career Using Administrative Earning Data", Working Paper 17159, Cambridge, MA: National Bureau of Economic Research.

Daly, M. and B. Laffan (2010) "UCD Reforms Meet Needs of Students and Society", *The Irish Times*, 6 May, Accessed 30 December 2010, from http://www.irishtimes.com/newspaper/opinion/2010/0506/1224269791606.html#

Davenport, E. and H. Snyder (1995) "Who Cites Women? Whom Do Women Cite?: An Exploration of Gender and Scholarly Citation in Sociology", *Journal of Documentation*, 51(4): 407–408.

Davie, L. (2007) "Wits Strives for Top 100 by 2022", *Joberg*, 20 December, Accessed 14 July 2010, from http://www.joburg.org.za/content/view/2017/199/

Davies, L. (2009) "Sarkozy Unveils 35bn 'Big Loan' Boost for French Universities and Museums", *The Guardian*, 14 December, Accessed 28 May 2010, from http://www.guardian.co.uk/world/2009/dec/14/spending-boost-for-french-universities

Dean, S. (2000) "The Rankings Game", *Continuum: The Magazine of the University of Utah*, 10(3), Winter.

De Boer, H.F., J. Enders and U. Schimank (2008) "On the Way towards New Public Management? The Governance of University Systems in England, the Netherlands, Austria, and Germany", in D. Jansen (ed.) *New Forms of Governance in Research Organizations*, Dordrecht: Springer, 137–152.

Deem, R. (2001) "Globalisation, New Managerialism, Academic Capitalism and Entrepreneurialism in Universities: Is the Local Dimension Still Important?", *Comparative Education*, 37(1): 7–20.

Deem, R., L. Lucas and K.H. Mok (2009) "The 'World-Class' University in Europe and East Asia: Dynamics and Consequences of Global Higher Education Reform", in B.M. Kehm and B. Stensaker (eds) *University Rankings, Diversity, and the New Landscape of Higher Education*, Rotterdam: Sense Publishers, 117–134.

DEEWR (2008) *Review of Australian Higher Education Discussion Paper*, Canberra: Department of Education, Employment and Workplace Relations, Accessed 6 June 2010, from http://www.dest.gov.au/NR/rdonlyres/06C65431-8791-4816-ACB96F1FF9CA3042/22465/08_222_Review_AusHEd_Internals_100pp_FINAL_WEB.pdf

Delanty, G. (2001) *Challenging Knowledge. The University in the Knowledge Society*, Buckingham: SRHE/Open University Press.

Dempsey, N., Minister for Education and Science (2004) Address at the Europe of Knowledge 2020 Conference, 24 April, Liege, Belgium.

Denny, K. (2010) "What Did Abolishing University Fees in Ireland Do?", Geary Institute Discussion Paper Series, Dublin: University College Dublin, Accessed 12 June 2010, from http://www.ucd.ie/geary/static/publications/workingpapers/gearywp201026.pdf

DESA, Department of Economic and Social Affairs (2013) "World Population Prospects: The 2012 Revision", Accessed 9 June 2014, from http://esa.un.org/unpd/wpp/Documentation/pdf/WPP2012_HIGHLIGHTS.pdf

de Vise, D. (2010) "Some Colleges are Opting Out of Magazine's Annual Survey", *The Washington Post*, 3 May, Accessed 24 June 2010, from http://www.washingtonpost.com/wp-dyn/content/article/2010/05/02/AR2010050203229.html

Dewatripont, M. (2008) "Reforming Europe's Universities", *BEPA [Bureau of European Policy Advisers] Monthly Brief*, 14.

DeYoung, A.J. and T.K. Baas (2012) "Making the Case for a Strong Public Research University: The University of Kentucky Top-20 Business Plan", in W. Bienkowski, J.C. Brada and G. Stanley (eds) *The University in the Age of Globalization. Rankings, Resources and Reform*, Basingstoke: Palgrave Macmillan, 82–112.

Dichev, I. (2001) "News or Noise? Estimating the Noise in the U.S. News University Rankings", *Research in Higher Education*, 42(3): 237–266.

Dill, D.D. (2009) "Convergence and Diversity: The Role and Influence of University Rankings", in B.M. Kehm and B. Stensaker (eds) *University Rankings, Diversity, and the New Landscape of Higher Education*, Rotterdam: Sense Publishers, 97–116.

Dill, D.D. and M. Beerkens (2010) "Introduction", in D.D. Dill and M. Beerkens (eds) *Public Policy for Academic Quality*, Dordrecht: Springer, 1–13.

Dill, D.D. and M. Soo (2005) "Academic Quality, League Tables and Public Policy: A Cross-National Analysis of University Ranking Systems", *Higher Education*, 49(4): 495–537.

Dobelle, E.S. (2009) *Saviors of Our Cities: 2009 Survey of College and University Civic Partnerships*, Accessed 26 March 2010, from http://www.wsc.ma.edu/Announcements/SOOC%20Survey%20Overview.pdf and http://www.wsc.mass.edu/Announcements/PRtop25.pdf

Dobelle, E.S. (2012) "Metroversities: A 2012 Ranking of Metroversity-Impacted Urban Areas", Washington, D.C. and Boston: New England Council, Accessed 8 April 2014, from http://www.newenglandcouncil.com/assets/HE-Committee-Update-02-13-12.pdf

Dong, L. (2010) "Universities to Rival West's in 25 Years", *Global Times*, 4 February, Accessed 13 June 2013, from http://english.people.com.cn/90001/90776/90882/6888554.html

Donnelly, K. (2009) "Irish Universities Lagging Behind in Global Rankings", *The Independent*, 7 November, Accessed 5 May 2010, from http://www.independent.ie/education/latest-news/irish-universities-lagging-behind-in-global-rankings-1936573.html

Douglass, J.A. (2010) *Higher Education Budgets and the Global Recession: Tracking Varied National Responses and Their Consequences* (CSHE 4.10), University of California: Center for Studies in Higher Education, CA.

Douglass, J.A. (2014) *Profiling the Flagship University Model: An Exploratory Proposal for Changing the Paradigm From Ranking to Relevancy* (CSHE 5.14), Berkeley, CA: Center for Studies in Higher Education, University of California.

Downie, A. (2011) "University Rankings Take Root in Latin America", *Chronicle of Higher Education*, 28 March, Accessed 9 July 2014, from http://www.chroniclecareers.com/article/University-Rankings-Take-Root/126919/

Drewes, T. and M. Michael (2006) "How Do Students Choose a University? An Analysis of Applications to Universities in Ontario", *Canada Research in Higher Education*, 47(7).

Dufner, B. (2004) "Educating the Elite", Ministry of Education and Research, *DW-World*. Bonn, 12 November, Accessed 29 May 2010, from http://www.dw-world.de/dw/article/0,,1393321,00.html

Dunleavy, P. (ed) (2013) *Open Access Perspectives in the Humanities and Social Sciences*, London: Sage.

Eagan, K., J.B. Lozano, S. Hurtado and M.H. Case (2013) *The American Freshman: National Norms Fall 2013*, Los Angeles, CA: Higher Education Research Institute (HERI), UCLA, Accessed 17 March 2014, from http://www.heri.ucla.edu/monographs/TheAmericanFreshman2013.pdf

Ederer, P., P. Schuller and S. Willms (2008) *University Systems Ranking: Citizens and Society in the Age of the Knowledge*, Brussels: The Lisbon Council, Accessed 27 March 2010, from http://www.lisboncouncil.net/publication/publication/38-university-systems-ranking-citizens-and-society-in-the-age-of-knowledge.html

Editorial (2010) "Save Our Cities", *Nature*, 467(883–884), Accessed 6 July 2014, from http://www.nature.com/nature/journal/v467/n7318/full/467883b.html?message-global=remove

Editorial (2012) "Cheating by Claremont McKenna College: What's Gone Wrong?", *Los Angeles Times*, 1 February, Accessed 17 March 2014, from http://articles.latimes.com/2012/feb/01/opinion/la-ed-sat-20120201

Editors WM (2009) "Introduction: A Different Kind of College Ranking", *Washington Monthly*, September/October, Access 26 March 2010, from http://www.washingtonmonthly.com/college_guide/feature/introduction_a_different_kind_1.php

EdMal (2005) *Education in Malaysia*, 30 October, Accessed 26 April 2010, from http://educationmalaysia.blogspot.com/2005/10/ums-fall-denial-ignorance-and.html

Education International (2009) "Investment in Education is Key to Solving Economic Crisis in Europe", Accessed 23 May 2010, from http://www.ei-ie.org/en/news/show.php?id=1135&theme=policy&country=global

Edukugho, E. (2010a) "Okebukola Seeks Accountability, Transparency for Nigerian Varsities", *Vanguard*, 10 March, Accessed 14 March 2010, from http://www.vanguardngr.com/2010/03/10/okebukola-seeks-accountability-transparency-for-nigerian-varsities

Edukugho, E. (2010b) "Odugbemi – How Varsities Can Make Top Global Ranking", *All Africa*, 17 March, Accessed 5 May 2010, from http://allafrica.com/stories/201003171217.html

Egron-Polak, E. (2007) "Editorial", *IAU Horizons*, May.

Ehrenberg, R. G. (2001) "Reaching for the Brass Ring: How the *U.S. News & World Report* Rankings Shape the Competitive Environment in U.S. Higher Education", (CHERI Working Paper #17).

Ehrenberg, R.G. (2004) "Econometric Studies of Higher Education", *Journal of Econometrics*, 121: 19–37.

Ehrenberg, R.G. (2005) "Method or Madness? Inside the *U.S. News & World Report* College Rankings", *Journal of College Admission*, Fall.

Ehrenberg, R.G. and P.J. Hurst (1996) "A Hedonic Model", *Change: The Magazine of Higher Learning*, 28(3): 46–51.

Elder, V. (2012) "Universities Doctoring League Tables: TEU", *Otago Daily News*, 14 April, Accessed 11 July 2014, from http://www.odt.co.nz/campus/university-otago/205396/universities-doctoring-league-tables-teu

Ellingsrud, G., Rector of the University of Oslo (2007) "Focus on Quality. Better Research Leads to Better Ranking Results", Presentation, EUA conference, November, Wroc_aw, Poland.

Elsbach, K.D. and R.M. Kramer (1996) "Members' Responses to Organizational Identity Threats: Encountering and Countering the Business Week Rankings", *Administrative Science Quarterly*, 41: 442–476.

Enserink, M. (2009a) "Research Set to Win Big in France's Stimulus Plan", *Science Insider*, 20 November, Accessed 28 May 2010, from http://news.sciencemag.org/scienceinsider/2009/11/research-set-to.html

Enserink, M. (2009b) "Sarkozy to French Universities: 'We're Going to Invest Massively'", *Science Insider*, 9 December, Accessed 28 May 2010, from http://news.sciencemag.org/scienceinsider/2009/12/sarkozy-to-fren.html

Erkkilä, T. and B. Kehm (eds) (2014) *European Journal of Higher Education. Special Issue: Global University Rankings. A Critical Assessment*, 49(1): 1–58.

Espeland, W.N. and M. Sauder (2007) "Rankings and Reactivity: How Public Measures Recreate Social Worlds", *American Journal of Sociology*, 113(1): 1–40.

Espinosa, L.L., J.R. Crandall and M. Tukibayeva (2014) *Rankings, Institutional Behavior, and College and University Choice. Framing the National Dialogue on Obama's Ratings Plan*, Washington D.C., American Council on Education and Centre for Policy Research and Strategy, Accessed 12 April 2014, from http://www.acenet.edu/news-room/Documents/Rankings-Institutional-Behavior-and-College-and-University-Choice.pdf

Estermann, T., E.B. Pruvot and A.-L. Claeys-Kulik (2013) *Designing Strategies for Efficient Funding of Higher Education in Europe*, Brussels: European University Association (EUA), Accessed 14 April 2014, from http://www.eua.be/Libraries/Publication/DEFINE_final.sflb.ashx

EU Presidency, European Union (2008) "International Comparison of Education Systems: A European Model?", Conference of Paris: 13–14 November.

EUA (2004) *10 Year Anniversary. Institutional Evaluation Programme*, Brussels: European University Association, Accessed 2 November 2010, from http://www.eua.be/eua/jsp/en/upload/IEP_anniversary_brochure.1086687063630.pdf

EUA (2013) "EUA's Public Funding Observatory", Brussels: European University Association, Accessed 4 July 2014, from http://www.eua.be/Libraries/Governance_Autonomy_Funding/EUA_PFO_report_2013.sflb.ashx

Europa (2000) "Presidency Conclusions", Lisbon European Council, 23–24 March, Brussels, Accessed 3 May 2010, from http://www.europarl.europa.eu/summits/lis1_en.htm or http://europa.eu/scadplus/glossary/research_and_development_en.htm

Europa (2004) "European Universities. Enhancing Europe's Research Base, European Commission", 2004 Forum on University-based Research, Brussels: DG Research, Accessed 26 May 2010, from http://ec.europa.eu/research/conferences/2004/univ/pdf/enhancing_europeresearchbase_en.pdf

Europa (2005a) *European Universities. Enhancing Europe's Research Base*, Report by the Forum on University-based Research, DG Research, Brussels: European Commission, Accessed 26 July 2009, from http://ec.europa.eu/research/conferences/2004/univ/pdf/enhancing_europeresearchbase_en.pdf

Europa (2005b) *Implementing the Community Lisbon Programme. More Research and Innovation: Investing for Growth and Employment; A Common Approach*, COM (2005) 488 final, Brussels: European Commission, Accessed 30 December 2010, from http://eur-lex.europa.eu/LexUriServ/site/en/com/2005/com2005_0488en01.pdf

Europa (2005c) *Working Together for Growth and Jobs: A New Start for the Lisbon Strategy*, Communication from President Barroso, COM(2005) 24 final, Brussels: European Commission, Accessed 26 July 2009, from http://www.clubofrome.at/events/2006/brussels/files/lisbon-strategy-2005-cc.pdf

Europa (2006a) *Eurobarometer: Europeans and Mobility. First Results of a EU-wide Survey on Geographic and Labour Market Mobility*, Brussels: European Commission, Accessed 3 January 2009, from http://ec.europa.eu/employment_social/workersmobility_2006/uploaded_files/documents/FIRST%20RESULTS_Web%20version_06.02.06.pdf

Europa (2006b) *Delivering on the Modernisation Agenda for Universities: Education, Research and Innovation*, Communication to the Council and the European Parliament, (COM) 2006 208 final, Brussels: European Commission, Accessed 11 August 2009, from http://www.madrimasd.org/proyectoseuropeos/documentos/doc/education_research_and_innovation.pdf

Europa (2007a) "Council Resolution on Modernising Universities for Europe's Competitiveness in a Global Knowledge Economy", 2007/C XXX/YY, Brussels: Council of the European Union, Accessed 26 April 2010, from www.consilium.europa.eu/ueDocs/newsWord/en/intm/97237.doc

Europa (2007b) *Perceptions of Higher Education Reform. Survey among Teaching Professionals in Higher Education Institutions, in the 27 Member States, and Croatia, Iceland, Norway and Turkey*, Flash Eurobarometer 192, Brussels: European Commission, Accessed 23 May 2010, from http://ec.europa.eu/public_opinion/flash/fl198_sum_en.pdf;http://ec.europa.eu/education/policies/educ/bologna/bologna.pdf

Europa (2008a) "Ranking Europe's Universities", Brussels: European Commission Press Release, 11, Accessed 23 June 2010, from http://europa.eu/rapid/pressReleasesAction.do?reference=IP/08/1942&format=HTML&aged=0&language=EN&guiLanguage=en

Europa (2008b) "Explaining the European Qualifications. Framework for Lifelong Learning", Brussels: European Commission, Accessed 15 February 2012, from http://ec.europa.eu/education/lifelong-learning-policy/doc/eqf/brochexp_en.pdf

Europa (2008c) *Opening to the World: International Cooperation in Science and Technology Report of the ERA Expert Group*. Luxembourg: European Communities, Accessed 30 September 2014, from http://ec.europa.eu/research/era/pdf/eg6-international-cooperation_en.pdf

Europa (2010a) *EUROPE 2020 A Strategy for Smart, Sustainable and Inclusive Growth*, COM (2010) 2020, Brussels: European Commission, Accessed 3 May 2010, from http://ec.europa.eu/eu2020/pdf/COMPLET%20EN%20BARROSO%20%20%20007%20-%20Europe%202020%20-%20EN%20version.pdf

Europa (2010b) "Open Method of Coordination", Brussels: European Commission, Accessed 14 June 2010, from http://ec.europa.eu/invest-in-research/coordination/coordination01_en.htm

Europa (2010c) *Assessing Europe's University Based Research*, Expert Group on the Assessment of University-based Research, Brussels: European Commission, Accessed 4 April 2010, from http://ec.europa.eu/research/science-society/document_library/pdf_06/assessing-europe-university-based-research_en.pdf

Europa (2010d) "ERA in the Knowledge Triangle", European Commission, Brussels, Accessed 14 July 2010, from http://ec.europa.eu/research/era/understanding/what/era_in_the_knowledge_triangle_en.htm

Europa (2010e) "Multidimensional Transparency Tools", Presented at a meeting of the Directors General for Higher Education organized under the auspices of the Belgian Presidency, Namur, Belgium, 13 September.

Europa (2011) "Supporting Growth and Jobs – An Agenda for the Modernisation of Europe's Higher Education System", COM(2011)567/2, Brussels: European Commission, Accessed 25 September 2011, from http://ec.europa.eu/education/higher-education/doc/com0911_en.pdf

Evidence Ltd (2003) *Funding Research Diversity*, London: Universities UK.

Ewell, P. (2010) "The US National Survey of Student Engagement (NSSE)", in D.D. Dill and M. Beerkens (eds) *Public Policy for Academic Quality*, Dordrecht: Springer, 83–98.

Fallon, D. (2008) "Germany's 'Excellence Initiative'", *International Higher Education*, 52: 16–18, Summer, Accessed 30 May 2010, from http://www.bc.edu/bc_org/avp/soe/cihe/newsletter/ihe_pdf/ihe52.pdf

Farnham, D. (1999) "Managing Universities and Regulating Academic Labor Markets", in D. Farnham (ed.) *Managing Academic Staff in Changing University Systems: International Trends and Comparisons*, Buckingham: Society for Research into Higher Education, 15–43.

Farrell, E. and M. van der Werf (2007) "Playing the Rankings Game", *Chronicle of Higher Education*, 25 May, Accessed 1 June 2010, from http://chronicle.com/article/Playing-the-Rankings-Game/4451

Farrington, D., President, Foundation Board, South East Europe University (SEE) Macedonia (2008) Correspondence, 1 September.

Federal Ministry of Education and Research (2005) *Internationalization of Higher Education. Foreign Students in Germany. German Students Abroad*, Bonn, Accessed 19 April 2010, from http://www.bmbf.de/pub/internationalization_of_higher_education_2005.pdf

Federal Ministry of Education and Research (2010) "Die wirtschaftliche und soziale Lage der Studierenden in der Bundesrepublik Deutschland 2009", no. 19. Sozalerhebung des Deutschen Studentenwerks durchgefuhrt durch HIS Hoschschul-Informations-System", Bonn and Berlin.

Federal Ministry of Education and Research (n.d.) "Initiative for Excellence", Bonn and Berlin, Accessed 19 June 2010, from http://www.bmbf.de/en/1321.php

Federkeil, G. (2007) "Rankings and Quality Assurance in Higher Education", Proceedings of 3rd Meeting of the International Ranking Expert Group (IREG 3), Shanghai.

Federkeil, G. (2009) "Reputation Indicators in Rankings of Higher Education Institutions", in B.M. Kehm and B. Stensaker (eds) *University Rankings, Diversity, and the New Landscape of Higher Education*, Rotterdam: Sense Publishers, 19–34.

Finder, A. (2007a) "Ivy League Crunch Brings New Cachet to Next Tier", *New York Times*, 16 May, Accessed 1 July 2010, from http://www.nytimes.com/2007/05/16education/16admissions.html?th&emc=th

Finder, A. (2007b) "College Ratings Race Roars on Despite Concerns", *New York Times*, 17 August, Accessed 1 June 2010, from http://www.nytimes.com/2007/08/17/education/17rankings.html?_r=2&oref=slogin

Findlay, A.M. and R. King (2010) *Motivations and Experiences of UK Students Studying Abroad*, BIS Research Paper No.8., University of Dundee, Scotland.

Fischer, K. and I. Wilhelm (2010) "Experts Ponder the Future of the American University", *The Chronicle of Higher Education*, 21 June, Accessed 1 July 2010, from http://chronicle.com/article/Experts-Ponder-the-Future-of/66011/

FitzGerald, G. (2006) "ITs Suffer from Change in Student Social Base", *The Irish Times*, 11 March, Accessed 15 April 2010, from http://0-www.irishtimes.com.ditlib.dit.ie/newspaper/opinion/2006/0311/1141298106181.html

Fitzsimons, B. (2009) "Top 100 – At What Cost?", *The University Observer*, 13 October, Accessed 10 January 2010, from http://www.universityobserver.ie/2009/10/13/top-100-%e2%80%93-at-what-cost/

Flick, C.M. and Convoco Foundation (2011) *Geographies of the World's Knowledge*, Oxford: Oxford Internet Institute, University of Oxford.

Florida, R. (2002) *The Rise of the Creative Class: And How It's Transforming Work, Leisure, Community and Everyday Life*, New York: Basic Books.

Flynn, S. (2008) "Trinity and UCD Rise in Top University Rankings", *The Irish Times*, 9 October, Accessed 6 April 2010, from http://www.irishtimes.com/newspaper/ireland/2008/1009/1223445617983.html

Flynn, S. (2010a) "Sutherland says Number of Universities Must Be Cut", *The Irish Times*, 23 January, Accessed 30 April 2010, from http://www.irishtimes.com/newspaper/ireland/2010/0123/1224262926822.html

Flynn, S. (2010b) "Why Irish Universities Should Take World Rankings Seriously", *The Irish Times*, 11 September, Accessed 28 December 2010, from http://www.irishtimes.com/newspaper/weekend/2010/0911/1224278612951.html

Fogarty, J. (2011) *The Types of Information at Prospective Students Require on University and Other Websites. Summary Report*, Dublin: Irish Universities Quality Board.

Fortin, J-M. and D. Currie (2013) "Big Science vs. Little Science: How Scientific Impact Scales with Funding", *PLOS ONE* , 19 June, Accessed 6 July 2014, from http://www.plosone.org/article/info%3Adoi%2F10.1371%2Fjournal.pone.0065263

Foucault, M. (1977) *Discipline and Punish. The Birth of the Prison*, London: Penguin Books.

Fowler, R.J.H. and D.W. Aksnes (2007) "Does Self-Citation Pay?", *Scientometrics*, 3(3): 427–437.

Frank, R.H. (2001) "Higher Education: The Ultimate Winner-Take-All Market?", in M. Devlin and J. Meyerson (eds) *Forum Futures. Exploring the Future of Higher Education. 2000 Papers*, Forum Strategy Series, 3, San Francisco: Jossey-Bass, 3–12.

Frank, R.H. and P.J. Cook (2003) "Winner-Take-All Markets", in D. Conley (ed.) *Wealth and Poverty in America. A Reader*, Malden, MA and Oxford: Blackwell Publishers.

Freid, L. (2005) *Reputation and Prestige in American Research Universities: An Exploration of the History of Rankings and the Increasing Importance of Student Selectivity in Perceptions of Quality in Higher Education*, Dissertation in Higher Education Management, University of Pennsylvania.

Friedman, J. (1995) "Where We Stand: A Decade of World City Research", in P.L. Knox and P.J. Taylor (eds) *World Cities in a World-System*, Cambridge: Cambridge University Press.

Friedman, T.L. (2007) *The World is Flat. A Brief History of the Twenty-First Century* (2nd revised edition), London: Penguin.

Froumin, I. and A. Povalko (2013) "Lessons from the national excellence initiatives in Russia", Presentation to International Conference on World-Class Universities, Shanghai, Accessed 16 July 2014, from http://www.shanghairanking.com/wcu/1.pdf

Fukue, N. (2010) "Looming Challenges – Universities Must Look Abroad to Reverse Japan's Brain Drain", *The Japan Times*, 4 January, Accessed 5 May 2010, from http://search.japantimes.co.jp/cgi-bin/nn20100104f1.html

Fullerton, T. (2005) "The Degree Factories", Four Corner, Broadcast, 27 June, Accessed 3 June 2010, from http://www.abc.net.au/4corners/content/2005/s1399343.htm

Gabrielson, R. (2007) "Magazine Ranking Key Item in ASU Chief's Bonus", *East Valley Tribune*, 18 March.

Gadher, D. (2010) "Education, Education, Education!", *Impact*, University of Nottingham, 6 March, Accessed 9 March 2010, from http://www.impactnottingham.com/2010/03/education-education-education/

Gallagher, M. (2009) "Australia's Research Universities and Their Position in the World", Address to the *Financial Review* Higher Education Conference, Sydney, Accessed 31 May 2010, from http://www.go8.edu.au/storage/go8statements/2009/AFR_HE_Conference_2009.pdf

Gallagher, M. (2010) "Concentrate on High-End Research", *The Australian*, 17 March, Accessed 3 June 2010, from http://www.theaustralian.com.au/higher-education/opinion-analysis/concentrate-on-high-end-research/story-e6frgcko-1225841552758

Gallifa, J. (2009) "An Approach to Find Out Students' Motives and Influences on Their Selection of Studies and Universities: Results from Six Years of Continuous Institutional Research in a Multi-Campus System in Spain", *Tertiary Education and Management*, 15(2): 173–191.

Gallup (2010) "Employers' Perception of Graduate Employability. Summary", Flash Eurobarometer 304 upon the request of Directorate-General for Education and Culture, Brussels, Belgium.

Galotti, K.M. and M.C. Mark (1994) "How do High-School Students Structure an Important Life Decision? A Short-Term Longitudinal Study of the College Decision-Making Process", *Research in Higher Education*, 35(5): 589–607.

Gamoran, A., J. Betts and J. Gollub (2011) *Successful K–12 STEM Education: Identifying Effective Approaches in Science, Technology, Engineering and Mathematics*, Washington D.C.: National Academies Press.

Gardner, E. (2011) "Brazil Promises 75,000 Scholarships in Science and Technology", *Nature*, 4 August, Nature Publishing Group, Accessed 17 March 2014, from http://www.nature.com/news/2011/110804/full/news.2011.458.html

Gardner, Ma. (2008) "A Top 10 University System for Australia", Accessed 3 July 2014, from http://w3.unisa.edu.au/cha/staffinfo/Submissions/Appendix%201.pdf

Gardner, Mi. (2008) "Germany: Excellence Initiative Gets Strong Backing", *University World News*, 3 August, Accessed 30 May 2010, from http://www.universityworldnews.com/article.php?story=20080731153656990

Garfield, E. (1955) "Citation Indexes to Science: A New Dimension in Documentation through Association of Ideas", *Science*, 122(3159): 108–111.

Garfield, E. (2005) "The Agony and the Ecstasy: The History and Meaning of the Journal Impact Factors", *Paper to International Congress on Peer Review and Biomedical Publication*, Chicago.

Gargouri, Y., C. Hajjem, V. Larivière, Y. Gingras, L. Carr, T. Brody and S. Harnad (2010) "Self-Selected or Mandated, Open Access Increases Citation Impact for Higher Quality Research", PLoS ONE 5(10): e13636. doi:10.1371/journal.pone.0013636, Accessed 8 October 2014, from http://arxiv.org/PS_cache/arxiv/pdf/1001/1001.0361v2.pdf

Garner, R. (2008) "Lecturers Pressed to Boost Degree Results", *The Independent*, 17 June, Accessed 1 July 2010, from http://www.independent.co.uk/news/education/education-news/lecturers-pressed-to-boost-degree-results-848481.html

Gater, D.S. (2002) "A Review of Measured Used in *U.S. News & World Report*'s 'America's Best Colleges'", *Occasional Paper*, Lombardi Program on Measuring University Performance, Summer.

Georghiou, L. (2009a) "Responding to Rankings and Evaluations", Presentation to 3rd International Symposium on University Rankings, University of Leiden, Accessed 11 June 2010, from http://www.mediabank.leidenuniv.nl/ppt/ics/2009/responding-to-rankings-and-evaluations-georghiou-university-strategy.ppt

Georghiou, L. (2009b) "Strategy to Join the Elite: Merger and the 2015 Agenda at the University of Manchester", in M. McKelvey and M. Holmén (eds) *Learning to Compete in European Universities. From Social Institution to Knowledge Business*, Cheltenham: Edward Elgar, 48–64.

Georghiou, L. (2015) "Strategy to Join the Elite: Merger and the 2015 Agenda at the University of Manchester – an Update" in A. Curaj, L. Georghiou, J.C. Harper and E. Egron-Polak (eds) *Mergers and Alliances in Higher Education: International Practice and Emerging Opportunities*, Dordrecht: Springer, 233–250.

Gibbons, M. (1998) "Higher Education Relevance in the 21st Century", Contribution to *UNESCO World Conference on Higher Education*, World Bank, Paris.

Gibbons, M., C. Limoges, H. Nowotny, S. Schwartzman, P. Scott and M. Trow (1994) *The New Production of Knowledge. The Dynamics of Science and Research in Contemporary Societies*, London: Sage.

Gill, J. (2008) "Buckle Up for a Rough Ride, UUK Tells Sector", *Times Higher Education*, 10 July.

Gillard, J., Deputy Prime Minister and Minister for Education, Employment and Workplace Relations and Social Inclusion (2008) Speech to *Australian Financial Review* Higher Education Conference, Sydney, Accessed 31 May 2010, from http://mediacentre.dewr.gov.au/mediacentre/gillard/releases/ahighereducationrevolutioncreatingaproductiveprosperousmodernaustralia.htm

Gillen, A., M. Denhart and J. Robe (2011) *Who Subsidizes Whom? An Analysis of Educational Costs and Revenues*, Washington D.C.: Center for College Affordability and Productivity.

Gioia, D.A. and K.G. Corley (2002) "Being Good Versus Looking Good: Business School Rankings and the Circean Transformation From Substance to Image", *Academy of Management Learning & Education*, 1(1): 107–120.

Gless, E. (2014) "Ipag les secrets d'une progression fulgurante en recherché", Educpros. 9 October, Accessed 10 October 2014, from http://www.letudiant.fr/educpros/enquetes/ipag-les-secrets-d-une-progression-fulgurante-en-recherche.html

Gnolek, S.L., V.T. Falciano and R.W. Kuncl (2014) "Modeling Change and Variation in U.S. News & World Report College Rankings: What Would It Really Take to Be in the Top 20?" *Research in Higher Education*, Published online, 18 May.

Goddard, J. (2009) *Reinventing the Civic University*, London: NESTA.

Goddard, J. (2013a) "Keep Universities Anchored", *Research Fortnight*, 20 October.

Goddard, J. (2013b) "Will Arrows Hit Their Target?", *Research Blogs, Research Fortnight*, 30 October, Accessed 6 July 2014, from http://exquisitelife.researchresearch.com/exquisite_life/2013/10/will-arrows-hit-their-target.html

Goddard, J., M. Coombes, L. Kempton and P. Vallance (2014) "Universities as Anchor Institutions in Cities in a Turbulent Funding Environment: Vulnerable Institutions and Vulnerable Places in England", *Cambridge Journal of Regions, Economy and Society*, 7(2): 307–325.

Goddard, J., E. Hazelkorn, L. Kempton and P. Vallance (2015 forthcoming) *The Civic University: Meeting the Leadership and Management Challenges*, UK: Edward Elgar.

Gomez, J. (2014) "Malaysian Public Varsities Fail to Make Top 100 Asian Universities Ranking", *The Malaysian Insider*, 19 June, Accessed 2 July 2014, from http://www.themalaysianinsider.com/malaysia/article/malaysian-public-varsities-fail-to-make-top-100-asian-universities-ranking

Gómez-Sancho, J.M. and C. Pérez-Esparrells (2011) "International Higher Education Rankings at a Glance: How to Valorise the Research in Social Sciences and Humanities?" in A. Lopez-Varela (ed.) *Social Sciences and Humanities. Applications and Theories* (Vol. 1), Rijeka, Croatia: InTech Publications, 357–374.

González-Pereiraa, B., V.P. Guerrero-Boteb and F. Moya-Anegónc (2009) "The SJR Indicator: A New Indicator of Journals' Scientific Prestige", SCImago Research Group, Spain, Accessed 27 March 2010, from http://arxiv.org/ftp/arxiv/papers/0912/0912.4141.pdf

Goodall, A. (2010) "Raise Your Game", *Times Higher Education*, 18 February, Accessed 2 July 2010, from http://www.timeshighereducation.co.uk/story.asp?storycode=410392

Gordon, B.L. and E. Brown (2013) "USC Steals Two Star Brain Researchers from UCLA", *Los Angeles Times*, 10 May, Accessed 14 July 2014, from http://www.president.usc.edu/files/2013/05/LA-Times_LONI.pdf

Goswami, U.A. (2014) "Times higher education to add India-specific parameters to ranking", *The Economic Times*, 6 January, Accessed 16 March 2014, from http://articles.economictimes.indiatimes.com/2014-01-06/news/45918772_1_world-university-rankings-foreign-students-times-higher-education

Government of Australia and Government of New Zealand (2009) *Surviving the Global Recession: Strengthening Economic Growth and Resilience in the Pacific*, Commonwealth of Australia and the New Zealand Government, Accessed 23 May 2010, from http://www.nzaid.govt.nz/library/docs/gec-report-09009-aust-nz-gr-aug09.pdf

Government of Ireland (2008) *Building Ireland's Smart Economy. A Framework for Sustainable Economic Renewal*, Dublin: Department of the Taoiseach, Accessed 19 July 2014, from http://www.taoiseach.gov.ie/attached_files/BuildingIrelands SmartEconomy.pdf

Government of Korea (2002) *Brain Korea 21: A Project for Nurturing Highly Qualified Human Resources for the 21 Century Knowledge-Based Society*, Seoul: Ministry of Education and Human Resources Development, Accessed 14 June from, http://unpan1.un.org/intradoc/groups/public/documents/apcity/unpan015416.pdf

Government of Korea (2008) *National Project Towards Building World Class Universities 2008–2012*, Seoul: Ministry for Education, Science and Technology, Accessed 13 June 2010, from http://www.kosef.re.kr/english_new/image/WCU%20full%20text%20 version.pdf

Government of Malaysia (2007) *National Higher Education Action Plan 2007–2010*, Putrajaya: Ministry of Higher Education (MOHE), Accessed 28 May 2010, from http://planipolis.iiep.unesco.org/upload/Malaysia/Malaysia%20Higher %20 education%20action%20plan%202007-2010.pdf

GradIreland (2009) *Graduate Salary and Graduate Recruitment Trends Survey 2009*, Accessed 14 March 2010, from http://www.wit.ie/CareersCentre/FindingAJob-Resources/EmployerInformation/SalaryInformation/WS%20gradireland%20Salary %20Survey%20094.pdf

Graham, A. and N. Thompson (2001) "Broken Ranks", *Washington Monthly*, September, Accessed 2 April 2010, from http://www.washingtonmonthly.com/features/2001/0109.graham.thompson.html

Gramsci, A. (1971) *Selections from the Prison Notebooks of Antonio Gramsci*, Q. Hoare and G.N. Smith (eds. and trans.), London: Lawrence and Wishart.

Green, K.C., S. Jashik and D. Lederman (2012) *Survey of College & University Presidents*, Washington D.C.: InsideHigherEd.

Green, M.F. and K. Koch (2010) "The Future of International Postsecondary Student Enrolments", *International Higher Education*, 58: 9–10, Winter.

Grewal, R., J.A. Dearden and G.L. Lilien (2008) "The University Rankings Game: Modeling the Competition among Universities for Ranking", *The American Statistician*, 62(3): 232–237.

Gribble, C. and J. Blackmore (2012) "Re-positioning Australia's International Education in Global Knowledge Economies: Implications of Shifts in Skilled Migration Policies for Universities", *Higher Education Policy and Management*, 34(4), 341–354.

Griffith, A. and K. Rask (2007) "The Influence of the *US News and World Report* Collegiate Rankings on the Matriculation Decision of High-Ability Students: 1995–2004", *Economics of Education Review*, 26: 244–255.

Grillo, F., O. Pasquali, G. Emma, P. Garibaldi, A. Vercellino and J. Hickey (2010) *Universities within the Innovation Global Market. Rankings and Internationalization as Triggers of Change*, Turin: Vision Think-Tank.

Grimston, J. (2011) "Universities Cut Fees for Top Students", *The Sunday Times*, 31 July, 22.

Grove, J. (2013) "Leru Pulls Out of EU's U-Multirank Scheme", *Times Higher Education*, 7 February, Accessed 21 July 2014, from http://www.timeshighereducation.co.uk/news/leru-pulls-out-of-eus-u-multirank-scheme/2001361.article

Gulbrandsen, M. (1997) "Universities and Industrial Competitive Advantage", in H. Etzkowitz and L. Leydesdorff (eds) *Universities and Global Knowledge Economy*, London and New York: Continuum Studies in Higher Education, 124–131.

Gumport, P.J. (2000) "Learning Academic Labor", in R. Kalleberg, F. Engelstad, G. Brochmann, A. Leira and L. Mjøset (eds) *Comparative Perspectives on Universities*, Stanford: JAI Press Inc.

Gunn, R. and S. Hill (2008) "The Impact of League Tables on Application Rates", *Higher Education Quarterly*, 62(3): 273–296.

Guri-Rosenblit, S., H. Sebkova and U. Teichler (2007) "Massification and Diversity of Higher Education Systems: Interplay of Complex Dimensions", *Higher Education Policy*, 20: 373–389.

Gurria, A. (2008) "Quality Education for All: Much More than a Financial Challenge", Paris: OECD, Accessed 14 July 2010, from http://www.oecd.org/document/15/0,3343,en_2649_34487_41280002_1_1_1_1,00.html

Gurria, A. (2009) "Invest in Education to Beat Recession, Boost Earnings", Paris: OECD, Accessed 4 June 2010, from http://www.oecd.org/document/43/0,3343, en_2649_37455_43626864_1_1_1_1,00.html

Guruz, K. (2008) *Higher Education and International Student Mobility in the Global Knowledge Economy*, Albany: SUNY Press.

Guttenplan, D.D. (2010) "Questionable Science Behind Academic Rankings", *The New York Times*, 4 November, Accessed 5 October 2014, from http://www.nytimes.com/2010/11/15/education/15ihteducLede15.html?pagewanted=all&_r=0

Guttenplan, D.D. (2012) "Ratings at a Price for Smaller Universities", *New York Times*, 30 December, Accessed 8 July 2014, from http://www.nytimes.com/2012/12/31/world/europe/31iht-educlede31.html?pagewanted=all&_r=0

Guttenplan, D.D. (2014) "Re-Evaluating the College Rankings Game", *The New York Times*, 1 June, Accessed 8 July 2014, from http://www.nytimes.com/2014/06/02/world/europe/re-evaluating-the-college-rankings-game.html?_r=1

Habermas, J. (1991) *Structural Transformation of the Public Sphere*, trans. Thomas Burger, Cambridge: MIT Press.
Hacettepe University (2007) *Hacettepe University Strategic Plan (2007–2011)*, Accessed 2 June 2010, from http://www.hacettepe.edu.tr/english/duyuru/rekduy/HU_Strategic_310507.pdf
Hall, P. (2006) "The Metropolitan Explosion", in N. Brenner and R. Keil (eds) *The Global Cities Reader*, London and New York: Routledge.
Hall, S., C. Critcher, T. Jefferson, J.N. Clarke and B. Roberts (1978) *Policing the Crisis: Mugging, the State and Law and Order*, London: Macmillan Press.
Hannibalsson, I. (2008) "From Top 1000 to Top 100. A New Strategy for the University of Iceland", Presentation to OECD conference: *Does Size Matter? Marketing Strategies Higher Education in a Small Country*, June, Accessed 14 July 2010, from http://www.oecd.org/dataoecd/52/49/41058074.pdf
Hanushek, E.A. (1999) "The Evidence on Class Size", in S.E. Mayer and P.E. Peterson (eds) *Earning and Learning. Why Schools Matter*, Washington, DC and New York: Brookings Institution Press and Russell Sage Foundation, 131–168.
Harman, G. (2011) "Competitors of Rankings: New Directions in Quality Assurance and Accountability", in J.C. Shin, R.K. Toutkoushian and U. Teichler (eds) *University Rankings. Theoretical Basis, Methodology and Impacts on Global Higher Education*, Dordrecht: Springer, 35–54.
Harman, G., M. Hayden and T.N. Pham (2010) "Higher Education in Vietnam: Reform, Challenges and Priorities," in G. Harman, M. Hayden and T.N. Pham (eds) *Reforming Higher Education in Vietnam: Challenges and Priorities*, Dordrecht: Springer, 1–13.
Hart Research Associates (2013) *College Is Worth It*, Washington, D.C.: Hart Research Associates.
Hattie, J. and H.W. Marsh (1996) "The Relationship between Research and Teaching: A Meta-Analysis", *Review of Educational Research*, 66(4): 507–542.
Hauptman, A.M. (2009) "Taking a Closer Look at the OECD Tertiary Statistics", *International Higher Education*, 55: 19–21, Accessed 2 July 2010, from http://www.bc.edu/bc_org/avp/soe/cihe/newsletter/Number55/p19_Hauptman.htm
Hawkins, D. (2008) "Commentary: Don't Use SATs to Rank College Quality", CNN, Accessed 27 March 2010, from http://edition.cnn.com/2008/US/10/17/hawkins.tests/index.html
Hazelkorn, E. (2007) "The Impact of League Tables and Rankings Systems on Higher Education Decision-Making", *Higher Education Management and Policy*, 19(2): 87–110.
Hazelkorn, E. (2008a) "Learning to Live with League Tables and Ranking: The Experience of Institutional Leaders", *Higher Education Policy*, 21(2): 195–215.
Hazelkorn, E. (2008b) "Rankings and the Global 'Battle for Talent'", in R. Bhandari and S. Laughlin (eds) *Higher Education on the Move: New Developments in Global Mobility*, New York: Institute of International Education, 79–94.
Hazelkorn, E. (2009a) "The Impact of Global Rankings on Higher Education Research and the Production of Knowledge", *UNESCO Forum on Higher Education, Research and Knowledge Occasional Paper N°16*, Paris, Accessed 3 May 2010, from http://unesdoc.unesco.org/images/0018/001816/181653e.pdf
Hazelkorn, E. (2009b) "Global Positioning of Irish Higher Education: The Way Forward", Presentation to National Strategy for Higher Education, Department of Education and Science/Higher Education Authority, Dublin.
Hazelkorn, E. (2009c) "Rankings and the Battle for World Class Excellence: Institutional Strategies and Policy Choices", *Higher Education Management and Policy*, 21(1): 55–76.

Hazelkorn, E. (2010a) "Community Engagement as Social Innovation", in L. Weber and J. Duderstadt (eds) *The Role of the Research University in an Innovation-Driven Global Society*, London and Genève: Economica, 63–76.

Hazelkorn, E. (2010b) "Pros and Cons of Research Assessment: Lessons from Rankings", *World Social Science Report, 2010. Knowledge Divides*, 255–258, Accessed 14 July 2010, from http://www.unesco.org/new/en/social-and-human-sciences/resources/reports/world-social-science-report

Hazelkorn, E. (2010c) "Policymaking by Numbers?", *Education Today*, Paris: OECD, Accessed 8 September 2010, from https://community.oecd.org/community/educationtoday/blog/2010/09/08/policymaking-by-numbers

Hazelkorn, E. (2011a) "World Class University or World Class Higher Education System Driving Regional Growth?", unpublished.

Hazelkorn, E. (2011b) *Rankings and the Reshaping of Higher Education: The Battle for World Class Excellence*, Basingstoke, UK: Palgrave Macmillan.

Hazelkorn, E. (2011c) "Do Rankings Promote 'Trickle Down' Knowledge?", *University World News*, 2 August, Accessed 8 July 2014, from http://www.universityworldnews.com/article.php?story=20110729142059135

Hazelkorn, E. (2011d) "What does Australia and Kansas Have in Common?", *Chronicle of Higher Education*, 15 September, Accessed 9 July 2014, from http://chronicle.com/blogs/worldwise/global-rankings-what-do-australia-and-kansas-have-in-common/28671

Hazelkorn, E. (2012a) "European 'Transparency Instruments': Driving the Modernisation of European Higher Education", in A. Curaj, P. Scott, L. Vl_sceanu and L. Wilson (eds) (2012) *European Higher Education at the Crossroads: Between the Bologna Process and National Reforms* (Vol. 1), Dordrecht: Springer, 339–360.

Hazelkorn, E. (2012b) "Understanding Rankings and the Alternatives: Implications for Higher Education", in S. Bergan, E. Egron-Polak, J. Kohler, L. Purser and M. Vukasović (eds) *Handbook Internationalisation of European Higher Education*, July, Stuttgart: Raabe Verlag, A2.1-5.

Hazelkorn, E. (2012c) "'Everyone Wants to be Like Harvard' – Or Do They? Cherishing All Missions Equally", in A. Curaj, P. Scott, L. Vl_sceanu and L. Wilson (eds) *European Higher Education at the Crossroads: Between the Bologna Process and National Reforms* (Vol. 2), Dordrecht: Springer, 837–862.

Hazelkorn, E. (2013a) "Europe Enters the College Ranking Game", *Washington Monthly*, September/October, Accessed 7 April 2014, from http://www.washingtonmonthly.com/magazine/september_october_2013/features/europe_enters_the_college_rank046894.php

Hazelkorn, E. (2013b) "Striving for 'World Class Excellence': Rankings and Emerging Societies", in D. Araya and P. Marber (eds) *Higher Education in the Global Age: Universities, Interconnections and Emerging Societies*, Routledge Studies in Emerging Societies, London: Routledge, 246–270.

Hazelkorn, E. (2013c) "Reflections on a Decade of Global Rankings: What We've Learned and Outstanding Issues", *Beitraege zur Hochschulforschung*, Accessed 21 July 2014, from http://www.wissenschaftsmanagement-online.de/converis/artikel/2042, revised and reprinted in *European Journal of Higher Education*, March 2014, 49(1): 12–28.

Hazelkorn, E. (2013d) "Higher Education's Future: A New Global Order?", in R.M.O. Pritchard and J.E. Karlsen (eds) *Resilient Universities. Confronting Challenges in a Challenging World*, Bern: Peter Lang Publishers, 53–90.

Hazelkorn, E. (2013e) "Has Higher Education Lost Control Over Quality?", *Chronicle of Higher Education*, 23 May, Accessed 14 July 2014, from http://chronicle.com/blogs/worldwise/has-higher-education-lost-control-over-quality/32321

Hazelkorn, E. (2013f) "In Europe, Contradictory Messages About Teaching and Research", *Chronicle of Higher Education*, 26 September, Accessed 30 November 2014, from http://chronicle.com/blogs/worldwise/in-europe-contradictory-messages-about-teaching-and-research/33083

Hazelkorn, E. (2014a) "Student Guidance and Student Selection", in B.W.A. Jongbloed and J.J. Vossensteyn (eds) *Access and Expansion Post-Massification: Opportunities and Barriers to Further Growth in Higher Education Participation*, International Studies in Higher Education series, London: Routledge.

Hazelkorn, E. (2014b) "Obama's Rating System: An International Perspective", *Chronicle of Higher Education*, 8 May, Accessed 21 July, from http://chronicle.com/blogs/worldwise/obamas-rating-system-an-international-perspective/33805

Hazelkorn, E. (2014c) "Using U-Multirank to Enhance European Higher Education", *Science Business*, 5 June, Accessed 21 July, from http://bulletin.sciencebusiness.net/news/76582/Use-U-Multirank-to-enhance-the-European-Higher-Education-Area

Hazelkorn, E. (2014d) "Are University Rankings the Tip of the Iceberg?", *University World News*, 4 April, Issue 314, Accessed 21 July 2014, from http://www.universityworldnews.com/article.php?story=20140401112425571; reprinted in http://blogs.lse.ac.uk/impactofsocialsciences/2014/04/11/university-rankings-tip-of-iceberg/

Hazelkorn, E. (2014e) "World Class Universities and the Public Interest", *Policy Network*, London, 3 March, Accessed 7 July 2014, from http://www.policy-network.net/pno_detail.aspx?ID=4589&title=World-class-universities-and-the-public-interest

Hazelkorn, E. (2014f) "Rankings and the Reconstruction of Knowledge in the Age of Austerity", in Z. Fadeeva, L. Galkute, C. Madder and G. Scott (eds) *Assessment for Sustainable Transformation: Redefining Quality of Higher Education*, Basingstoke: Palgrave Macmillan.

Hazelkorn, E., E. Fritze, S. Pavlenko, A. Moynihan and M. Ryan (2014) "Impact of the Global Economic Crisis on Higher Education: Leadership and Management Challenges. Review of Trends, 2008–2013", unpublished report, Higher Education Policy Research Unit (HEPRU), Dublin Institute of Technology, Dublin.

Hazelkorn, E., T. Loukkola and T. Zhang (2014) *Rankings in Institutional Strategies and Processes: Impact or Illusion?* Brussels: European University Association.

Hazelkorn, E. and A. Moynihan (2010) "Transforming Academic Practice: Human Resources Challenges", in S. Kyvik and B. Lepori (eds) *The Research Mission of Higher Education Institutes Outside the University Sector*, Dordrecht: Springer, 77–96.

Hazelkorn, E. and M. Ryan (2013) "The Impact of University Rankings on Higher Education Policy in Europe: A Challenge to Perceived Wisdom and a Stimulus for Change", in P. Zgaga, U. Teichler and J. Brennan (eds) *The Globalization Challenge for European Higher Education. Convergence and Diversity, Centres and Peripheries*, Frankfurt: Peter Lang Verlag, 79–100.

Hazelkorn, E., M. Ryan, A. Gibson and E. Ward (2013) *Recognising the Value of the Arts and Humanities in a Time of Austerity*, HERAVALUE Ireland Report, Dublin: HEPRU.

HCM Strategists (n.d.) *A Better Higher Education Data and Information Framework for Informing Policy. The Voluntary Institutional Metrics Project*, Washington, DC, Accessed 9 April 2014, from http://hcmstrategists.com/gates_metrics_report_v9.pdf

HEA (2012) *Towards a Future Higher Education Landscape*, Dublin: Higher Education Authority.

HEA (2013) *Towards a Performance Evaluation Framework: Profiling Irish Higher Education*, Dublin: Higher Education Authority.

HEA-UK (2007) *Comparative Review of National Surveys of Undergraduate Students*, Accessed 30 March 2010, from http://www.heacademy.ac.uk/resources/detail/ourwork/nss/NSS_comparative_review_resource

Healy, G. (2010) "Overseas Students Down 40pc", *The Australian*, 12 May, Accessed 1 June 2010, from http://www.theaustralian.com.au/news/nation/overseas- students-down-40pc/story-e6frg6nf-1225865219176

Heavin, J. (2010) "Ranking Rankles Students: Law Dean Tries to Calm Fears", *The Columbia Daily Tribune*, 20 April, Accessed 22 June 2010, from http://www.columbiatribune.com/news/2010/apr/20/ranking-rankles-students/

Heck, J. (2011) "Brownback: Kansas Must Improve Its National Higher Education Rankings", *Wichita Business Journal*, 26 August, Accessed 17 March 2014, from http://www.bizjournals.com/wichita/print-edition/2011/08/26/brownback-kansas-must-improve-its.html

HEFCE (2006) "Needs of Employers and Related Organisations for Information about Quality and Standards of Higher Education", Bristol and London: Higher Education Funding Council of England, Accessed 1 July 2010, from http://www.hefce.ac.uk/pubs/rdreports/2006/rd20_06/

Hendel, D.D. and I. Stolz (2008) "A Comparative Analysis of Higher Education Ranking Systems in Europe", *Tertiary Education and Management*, 14: 173–189.

Henry, M., B. Lingard, F. Rizvi and S. Taylor (2001) *The OECD, Globalisation and Education Policy*, Oxford: Pergamon.

Henry, S. (2005) "Cuts Lead to Focus on Elite Rankings", *Times Higher Education*, 8 July, Accessed 24 June 2010, from http://www.timeshighereducation.co.uk/story.asp?storyCode=197138&sectioncode=26

HERI (2007) "College Rankings and College Choice. How Important are College Rankings in Students' College Choice Process?", *Research Brief*, Los Angeles, CA: Higher Education Research Institute (HERI), UCLA, Accessed 14 July 2010, from http://www.heri.ucla.edu/PDFs/pubs/briefs/brief-081707-CollegeRankings.pdf

Higgins, D. (2002) "How an Irish Biochemist became the Most Cited Computer Scientist", Dublin: IDA Ireland, Accessed 4 April 2010, from http://www.gloporeims.idaireland.in/news-media/publications/flashes-of-brilliance-pub/how-an-irish-biochemist-b/

Hirsch, F. (1997) *The Social Limits to Growth*, London: Routledge.

Holm, J.D. and L. Malete (2010) "Nine Problems that Hinder Partnerships in Africa", *The Chronicle of Higher Education*, 13 June, Accessed 20 June 2010, from http://chronicle.com/article/Nine-Problems-That-Hinder/65892/

Holmes, J. (2009) "Prestige, Charitable Deductions and Other Determinants of Alumni Giving: Evidence from a Highly Selective Liberal Arts College", *Economics of Education Review*, 28: 18–28.

Holmes, R. (2010) "The Citations Indicator in the *THE* World University Rankings", *University Ranking Watch*, Accessed 27 December 2010, from http://ranking-watch.blogspot.com/2010/09/citations-indicator-in-the-world.html

Honan, J.P. (1995) "Monitoring Institutional Performance", *Priorities*, Fall, Association of Governing Boards of Universities and Colleges, Washington, DC.

Hoover, E. (2007) "Presidents of 19 Top-Ranked Liberal-Arts Colleges Warn of 'Inevitable Biases' in Rankings", *The Chronicle of Higher Education*, 10 September.

Hoover, E. (2010) "Application Inflation", *The Chronicle of Higher Education*, 5 November, Accessed 30 July 2011, from http://chronicle.com/article/Application-Inflation/125277/?sid=at&utm_source

Hossler, D.J., J. Braxton and G. Coopersmith (1989) "Understanding Student College Choice", in J.C. Smart (ed.) *Higher Education: Handbook of Theory and Research*, 5, New York: Agathon Press, 234–248.

Hossler, D. and E.M. Foley (1995) "Reducing the Noise in the College Choice Process: The Use of College Guidebooks and Ratings", in R.D. Walleri and M.K. Moss (eds)

Evaluating and Responding to College Guidebooks and Rankings, San Francisco: Jossey-Bass Publishers, 21–30.

Howard, J. (2008) "New Ratings of Humanities Journals Do More than Rank – They Rankle", *The Chronicle of Higher Education*, 10 October.

HSV (2009) *Ranking of Universities and Higher Education Institutions for Student Information Purposes*, Högskoleverket – the Swedish National Agency for Higher Education, Accessed 23 June 2010, from http://www.hsv.se/aboutus/publications/reports/reports/2009/rankingofuniversitiesandhighereducationinstitutionsforstudentinformationpurposes.5.3127d9ec12496ad89237ffe1255.html

Huang, F. (2009) "The Internationalization of the Academic Profession in Japan. A Quantitative Perspective", *Journal of Studies in International Education*, 13(2), Summer.

Huisman, J. (ed.) (2008) "World Class Universities", *Higher Education Policy*, 21, March, 1–4.

Humphreys, J. (2014a) "Irish Universities Make the Grade in New European Rankings", *Irish Independent*, 14 May, Accessed 26 May, from http://www.independent.ie/lifestyle/education/irish-universities-make-the-grade-in-new-european-rankings-30272239.html

Humphreys, J. (2014b) "Universities have been 'Using the Points System' to Inflate Demand", *The Irish Times*, August 28, Accessed 29 November 2014 from http://www.irishtimes.com/news/education/universities-have-been-using-the-points-system-to-inflate-demand-1.1910118

Hunter, B. (1995) "College Guidebooks: Background and Development", in R.D. Walleri and M.K. Moss (eds) *Evaluating and Responding to College Guidebooks and Rankings*, San Francisco: Jossey-Bass Publishers, 5–12.

Hussain, I., S. McNally and S. Telhaj (2009) "University Quality and Graduate Wages in the UK", London: Centre for the Economics of Education, London School of Economics, Accessed 2 April 2010, from http://cee.lse.ac.uk/cee%20dps/ceedp99.pdf

Hutton, W. (2006) "Building Successful Cities in the Knowledge Economy: The Role of 'Soft Policy' Instruments", Paris: OECD, Accessed 8 January 2009, from http://www.oecd.org/dataoecd/11/22/40077480.pdf

Hvistendahl, M. (2008) "China Entices Its Scholars to Come Home", *The Chronicle of Higher Education*, 19 December, Accessed 7 May 2010, from http://chronicle.com/article/China-Entices-Its-Scholars-to/13539

Icamina, P. (2010) "RP Schools Lag in R&D in Asia", *Malaya Business Insight*, 29 January, Accessed 5 May 2010, from http://www.malaya.com.ph/01292010/busi6.html

IHEP (2009) *Impact of College Rankings on Institutional Decision Making: Four Country Case Studies*, Washington D.C.: Institute of Higher Education Policy, Accessed 9 June 2014, from http://www.ihep.org/assets/files/publications/g-l/impactofcollegerankings.pdf

IIE (2007) "Table 16: International Students by Field of Study, 2005/06 and 2006/07", *Open Doors. Report on International Education Exchange*, New York: Institute of International Education, Accessed 13 April 2010, from http://opendoors.iienetwork.org/?p=113124

IIE (2008) "International Students on U.S. Campuses at All-Time High", *Open Doors 2008 Report*, New York: Institute of International Education, Accessed 12 April 2010, from http://opendoors.iienetwork.org/?p=131590

IIE (2013) "Open Doors 2013. Report on International Educational Exchange". Presentation, 12 November, National Press Club, New York: International Institute of Education.

Ince, M. (2006) "UK Holds Its Own Against US Giants", *Times Higher Education Supplement*, London.
Ioannidis, J.P.A., N.A. Patsopoulos, F.K. Kawoura, A. Tatsioni, E. Evangelou, I. Kouri, D. Contopoulos-Ioannidis and G. Liberopoulos (2007) "International Ranking Systems for Universities and Institutions: A Critical Appraisal", *BMC Medical*, 5:30, http://www.biomedcentral.com/content/pdf/1741-7015-5-30.pdf
IREG (2006) *Berlin Principles on Ranking of Higher Education Institutions*, Warsaw: International Rankings Expert Group Observatory, Accessed 2 July 2010, from http://www.che.de/downloads/Berlin_Principles_IREG_534.pdf
Ishikawa, M. (2009) "University Rankings, Global Models, and Emerging Hegemony, Critical Analysis from Japan", *Journal of Studies in International Education*, 13(2): 159–173.
Isiguzo, I. (2009) "Can South South Ever Catch Up?", *allAfrica.com*, 26 April, Accessed 28 May 2010, from http://allafrica.com/stories/200904270899.html
Jacques, J. (2010) "America Retreats as Asia Advances", *theTrumpet.com*, 5 March, Accessed 5 October 2014, from http://www.thetrumpet.com/article/7023.5556.0.0/society/education/america-retreats-as-asia-advances
James, R., R. Baldwin and C. McInnis (1999) *Which University? The Factors Influencing the Choices of Prospective Undergraduates*, Canberra: Department of Education, Training and Youth Affairs, Accessed 20 January 2010, from http://www.dest.gov.au/archive/highered/eippubs/99-3/whichuni.pdf
Jardine, D. (2008) "Indonesia: Universities' Poor World Ranking Probed", *University World News*, 43, Accessed 28 May 2010, from http://www.universityworldnews.com/article.php?story=20080904153507452f
Jaschik, S. (2007a) "Should *U.S. News* Make Presidents Rich?", *Inside Higher Ed.*, 19 March, Accessed 16 June 2010, from http://www.insidehighered.com/news/2007/03/19/usnews
Jaschik, S. (2007b) "Quick Takes: Crow Vows Limited Use of Rankings in Contract", *Inside Higher Ed.*, 20 March, Accessed 16 June 2010, from http://www.insidehighered.com/news/2007/03/20/qt
Jaschik, S. (2007c) "The Mobile International Student", *Inside Higher Ed.*, 10 October, Accessed 14 July 2010, from http://www.insidehighered.com/news/2007/10/10/mobile
Jaschik, S. (2007d) "Refusing to Rank", *Inside Higher Ed.*, 17 August 2007, Accessed 14 July 2010, from http://www.insidehighered.com/news/2007/08/17/usnews
Jaschik, S. (2009a) "Calculation that Doesn't Add Up", *Inside Higher Ed.*, 14 September, Accessed 4 April 2010, from http://www.insidehighered.com/news/2009/09/14/usnews
Jaschik, S. (2009b) "More Rankings Rigging", *Inside Higher Ed.*, 8 June, Accessed 4 April 2010, from http://www.insidehighered.com/news/2009/06/08/usc
Jaschik, S. (2009c) "Rankings Frenzy '09", *Inside Higher Ed.*, 20 August, Accessed 29 June 2010, from http://www.insidehighered.com/news/2009/08/20/rankings
Jaschik, S. (2010a) "Rank Hiring", *Inside Higher Ed.*, 12 October, Accessed 12 October 2010, from http://www.insidehighered.com/news/2010/10/12/cnu
Jaschik, S. (2010b) "The Global Auction", *Inside Higher Ed.*, Accessed 11 January 2011, from http://www.insidehighered.com/news/2010/12/21/book_challenges_view_that_more_college_produces_better_economic_outcomes
Jashik, S. (2013) "Yet Another Rankings Fabrication", *Inside Higher Ed.*, 2 January, Accessed 17 March 2014, from http://www.insidehighered.com/news/2013/01/02/tulane-sent-incorrect-information-us-news-rankings

Jaschik, S. (2014) "The Prestige Payoff", *Inside Higher Ed*, 8 April, Accessed 5 October 2014, from http://www.insidehighered.com/news/2014/04/08/study-traces-relative-success-those-who-earn-phds-more-and-less-prestigious

Jaschik, S. and D. Lederman (2013) *2013 Inside Higher Ed Survey of College & University Admissions Directors*, Washington D.C.: InsideHigherEd.

JASSO (2013) "International Students in Japan 2013", *International Students Statistics*, Kanagawa: Japan Student Services Organisation, Accessed 7 October 2014, from http://www.jasso.go.jp/statistics/intl_student/data13_e.html

Jeon, Y., S.M. Millery and C.R. Subhash (2007) "MBA Program Reputation and Quantitative Rankings: New Information for Students, Employers, and Program Administrators", *Economics Working Paper*, Storrs: University of Connecticut, Accessed 21 February 2010, from http://digitalcommons.uconn.edu/cgi/viewcontent.cgi?article=1192&context=econ_wpapers

Jobbins, D. (2010) "Global Rankings: Thousands Respond to THE Survey", *University World News*, 20 June, Accessed 20 June 2010, from http://www.universityworldnews.com/article.php?story=20100617192654650

Jones, D.A. (2009) "Are Graduation and Retention Rates the Right Measures?", *The Chronicle of Higher Education*, 21 August, Accessed 30 March 2010, from http://chronicle.com/blogPost/Are-GraduationRetention/7774/

Jöns, H. and M. Hoyler (2013) "Global Geographies of Higher Education: The Perspective of World University Rankings", *Geoforum*, 46: 45–59.

JSPS (2010) "Targeted Support for Creating World-standard Research and Education Bases (Centers of Excellence)", Tokyo: Japan Society for the Promotion of Science, Accessed 4 June 2010, from http://www.jsps.go.jp/english/e-21coe/index.html

Jungblut, J. and M. Vukasovic (2013) *Quest for Quality for Students: Survey on Students' Perspectives*, Brussels: European Students' Union, Accessed 12 June 2014, from http://www.esu-online.org/resourcehandler/30010f4b-c7a9-4827-93a5-84aaaaa91709/

Kallio, R.E. (1995) 'Factors Influencing the College Choice Decisions of Graduate Students', *Research in Higher Education*, 36(1): 109–124.

Kaminer, A. (2013) "Lists That Rank Colleges' Value Are on the Rise", *New York Times*, 27 October, Accessed 17 March, from http://www.nytimes.com/2013/10/28/education/lists-that-rank-colleges-value-are-on-the-rise.html

Karabel, J. (2005) *The Chosen. The Hidden History of Admission and Exclusion at Harvard, Yale and Princeton*, Boston and New York: Houghton Mifflin Co.

Kearns, M. (2010) "TCD: Research Cuts Will Cost 1,000 Jobs", *The Sunday Business Post*, 27 June, Accessed 2 July 2010, from http://www.sbpost.ie/news/ireland/tcd-research-cuts-will-cost-1000-jobs-50150.html

Kedem, K. (2011) "Rating Methodology U.S. Not-for-Profit Private and Public Higher Education", Moody's Investors Service, Accessed 10 July 2014, from http://www.nebhe.org/info/pdf/tdbank_breakfast/093011/KimTuby_MoodysRatingMethodology_USHigherEducation_2011.pdf

Keenan, B. (2010) "We Must Be Sure Students Really Make the Grade", *Belfast Telegraph*, 9 March, Accessed 27 March 2010, from http://www.belfasttelegraph.co.uk/business/opinion/view-from-dublin/we-must-be-sure-students-really-make-the-grade-14711937.html#ixzz0iNMisw5X

Kehm, B.M. (2006) "The German 'Initiative for Excellence'", *International Higher Education*, 44: 20–22.

Kehm, B.M. (2009) "Germany: The Quest for World-Class Universities", *International Higher Education*, 57: 18–21.

Kehm, B.M. (2010) Correspondence, 19 April.
Kehm, B.M. (2013) "To Be or Not to Be? The Impacts of the Excellence Initiative on the German System of Higher Education", in J.C. Shin and B.M. Kehm (eds) *Institutionalization of World-Class University in Global Competition*, Dordrecht: Springer, 81–98.
Kehm, B.M. (2014) Correspondence, 13 May.
Kehm, B.M. and P. Pasternack (2008) "The German 'Excellence Initiative' and Its Role in Restructuring the National Higher Education Landscape", in D. Palfreyman and T. Tapper (eds) *Structuring Mass Higher Education: The Role of Elite Institutions*, New York and London: Routledge, 113–127.
Kehm, B.M. and B. Stensaker (eds) (2009) *University Rankings, Diversity, and the New Landscape of Higher Education*, Rotterdam: Sense Publishers.
Kekälea, J. and A. Puusaa (2013) "Commitment in the Context of a Merger", *Tertiary Education and Management*, 19(3): 205–218.
Kelderman, E. (2013) "Obama's Accreditation Proposals Surprise Higher-Education Leaders", *The Chronicle of Higher Education*, 13 February, Accessed 8 April 2014, from http://chronicle.com/article/Obamas-Accreditation/137311/?cid=at&utm_source=at&utm_medium=en
Keller, T. (2007) "Truth, Lies and Rankings", *Inside Higher Education*, 12 April.
Kelly, U. and I. McNicoll (2011) *Through a Glass, Darkly: Measuring the Social Value of Universities*, Bristol: National Co-ordinating Centre for Public Engagement.
Kenber, B. and M. Taylor (2010) "Universities Pressured Students to Inflate League Table", *The Guardian*, 26 April, Accessed 20 June 2010, from http://www.guardian.co.uk/global/2010/apr/26/universities-student-survey-rankings-investigation
Khanna, M., I. Jacob & N. Yadav (2014) "Identifying and Analyzing Touchpoints for Building a Higher Education Brand", *Journal of Marketing for Higher Education*, 24(1): 122–143, doi:10.1080/08841241.2014.920460
Kigotho, W. (2009) "Is Kenya Ready for World-Class Universities?", *Standard Digital News*, Accessed 5 October 2014, from http://www.standardmedia.co.ke/print/1144018272/is-kenya-ready-for-world-class-universities
King, R., S. Marginson and R. Naidoo (eds) (2011) *Handbook on Globalization and Higher Education*, Cheltenham and Northampton: Edward Elgar.
Kishkovsky, S. (2012) "Russia Moves to Improve its University Ranking", *The New York Times*, 5 March, Accessed 2 July 2014, from http://www.nytimes.com/2012/03/26/world/europe/russia-moves-to-improve-its-university-rankings.html?pagewanted=all&_r=1&
Kitigawa, F. and J. Oba (2010) "Managing Differentiation of Higher Education System in Japan: Connecting Excellence and Diversity", *Higher Education*, 59(4): 507–524.
Klaphake, J. (2010) "A Foreigner-Friendly Field of Dreams? International Faculty, Students Must be Valued, Not Treated as Visitors", *The Japan Times*, 30 March, Accessed 3 June 2010, from http://search.japantimes.co.jp/cgi-bin/fl20100330zg.html
Krause, K.L., R. Hartley, R. James and C. McInnis (2005) *The First Year Experience in Australian Universities: Findings from a Decade of National Studies*, Report for Department of Education, Science and Training, Australia, Melbourne Centre for the Study of Higher Education, University of Melbourne, Accessed 22 January 2010, from http://www.cshe.unimelb.edu.au/pdfs/FYEReport05KLK.pdf
Kuh, G.D. (2001) "Assessing What Really Matters to Student Learning", *Change: The Magazine of Higher Learning*, 33(3): 10–17.

Kuh, G.D. (2003) "What We're Learning about Student Engagement from NSSE", *Change: The Magazine of Higher Learning*, 35(2): 26–27.

Kuh, G.D. (2008) *High-Impact Educational Practices: What They Are, Who Has Access to Them, and Why They Matter*, Washington D.C.: Association of American Colleges and Universities.

Kuh, G. (2009) "The National Survey of Student Engagement: Conceptual and Empirical Foundations", in R.M. Gonyea and G.D. Kuh (eds) *New Directions for Institutional Research*, San Francisco: Jossey Bass Publishers, 5–34.

Kuh, G.D. (2014) "You Don't Have to be the Smartest Person in the Room", in M.B. Paulsen (ed.) *Higher Education: Handbook of Theory and Research*, vol. 28, Dordrecht: Springer, 1–46.

Kuh, G.D., J. Kinzie, J.H. Schuh and E.J. Whitt (2006) *Student Success in College: Assessing the Conditions for Educational Effectiveness*, San Francisco: Jossey-Bass Publishers.

Kuh, G.D. and E.T. Pascarella (2004) "What does Institution Selectivity Tell Us about Educational Quality?", *Change: The Magazine of Higher Learning*, 36(5): 52–58.

Kursisa, G. (2010) "Education Ministry Begins Long-Term Task of Reform", *Baltic Times*, 21 April.

Kutner, M. (2014) "How Northeastern University Gamed the College Rankings", *Boston Magazine*, Boston, MA, September, Accessed 29 November 2014 from http://www.bostonmagazine.com/news/article/2014/08/26/how-northeastern-gamed-the-college-rankings/2/

Labi, A. (2007) "Europe Challenges U.S. for Foreign Students", *The Chronicle of Higher Education*, 27 September, Accessed 9 July 2010, from http://chronicle.com/article/Europe-Challenges-US-for/7166

Labi, A. (2008a) "American Universities Maintain Dominance in Latest Shanghai Rankings", *The Chronicle of Higher Education*, 7 August, Accessed 28 May 2010, from http://chronicle.com/article/American-Universities-Maint/41427/

Labi, A. (2008b) "Obsession with Rankings Goes Global", *The Chronicle of Higher Education*, 17 October, Accessed, 2 June 2010, from http://chronicle.com/article/Obsession-With-Rankings-Goes/33040

Labi, A. (2008c) "Germany's Share of Foreign-Student Market Begins to Stagnate", *The Chronicle of Higher Education*, 1 May, Accessed 6 June 2010, from http://chronicle.com/article/Germany-s-Share-of/40907

Labi, A. (2008d) "English-Language University Programs Triple in Europe's Non-English-Speaking Nations", *The Chronicle of Higher Education*, 11 March, Accessed 9 July 2010, from http://chronicle.com/article/English-Language-University/40620/

Labi, A. (2011) "As Universities Globalize, Consortia Take on a New Meaning", *The Chronicle of Higher Education*, 13 August, Accessed 16 March 2014, from http://chronicle.com/article/As-Universities-Globalize/128633/?sid=at&utm_source=at&utm_medium=en

Labi, A. (2012) "Multibillion-Dollar Program Has Had Little Effect at German Universities, Report Says", *The Chronicle of Higher Education*, 23 July, Accessed 3 July 2014, from http://chronicle.com/article/Multibillion-Dollar-Program/133103/

Lambert, R. (2003) *Review of Business-University Collaboration, Final Report*, HMSO, London, Accessed 6 June 2010, from http://www.hm-treasury.gov.uk/d/lambert_review_final_450.pdf

Lambert, R. and N. Butler (2006) *Future of European Universities. Renaissance or Decay?* Centre for European Reform, Accessed 30 April 2010, from http://www.cer.org.uk/pdf/p_67x_universities_decay_3.pdf

Landry, C. (2010) "French Super-University Wants to be Among the Top 10", *Yahoo News*, 4 May, Accessed 26 May 2010, from http://news.yahoo.com/s/afp/20100504/lf_afp/francepoliticseducation_20100504074528

Lane, B. (2010) "Funding Gap to Hit ANU's Global University Ranking", *The Australian*, 5 June, Accessed 14 July 2010, from http://www.theaustralian.com.au/news/nation/funding-gap-to-hit-anus-global-university-ranking/story-e6frg6nf-1225875703351

Lane, J.E. and D.B. Johnstone (eds) (2013) *Higher Education Systems 3.0. Harnessing Systemness, Delivering Performance*, Albany: SUNY Press.

Langbert, M. (2006) "How Universities Pay Their Presidents", *Academic Questions*, 19(2), Spring.

Lao, R. (2010) "Hiking the Rankings: The Quest to Establish World-Class Universities", *The Nation*, 15 February, Accessed 13 June 2010, from http://www.nationmultimedia.com/2010/02/15/opinion/opinion_30122579.php

Lawrence, J.K. and K.C. Green (1980) *A Question of Quality: The Higher Education Ratings Game*, Report No. 5, American Association of Higher Education, Washington, DC.

Lawrence, P. (2007) "The Mismeasurement of Science", *Current Biology*, 17(15): R583–585, Accessed 1 July 2010, from http://www.labri.fr/perso/gimbert/lawrence-current-biology-2007.pdf

Lawrence, R. (2009) "Economic Impact of International Students in Victorian Universities", Presentation to the Australian International Education Conference, Accessed 15 July 2010, from http://www.aiec.idp.com/pdf/2009_Lawrence_Wed_1350_B103.pdf

Lawrence, R. (2013) "Understanding Generation G", Presentation to *Australian International Education Conference 2013*, Accessed 12 July 2014, from http://aiec.idp.com/uploads/pdf/2013-c-055-lawrence-friday-10.25am-royal-c-055.pdf

Lawson, C. (2007) *Taiwan's Aim for the Top University Program. Innovation, Internationalisation and Opportunity*, Canberra, Australia, Accessed 9 July 2014, from https://aei.gov.au/research/Publications/Documents/Taiwans_Aim_Top.pdf

Lederman, D. (2005) "Angling for the Top 20", *Inside Higher Ed*, 6 December, Accessed 24 June 2010, from http://www.insidehighered.com/news/2005/12/06/kentucky

Lederman, D. (2009) "Rankings Rancor at Clemson", *Inside Higher Ed*, 4 June, Accessed 11 June 2010, from http://www.insidehighered.com/news/2009/06/04/clemson

Lee, H.S. (2010) "How Diversity Took 2 Asian Universities to the Top", *The Chosun Ibo*, 18 January, Accessed 22 June 2010, from http://english.chosun.com/site/data/html_dir/2010/01/18/2010011800889.html

Lee, S. (2009) "Reputation Without Rigour", *Inside Higher Ed.*, 19 August, Accessed 4 April 2010, from http://www.insidehighered.com/news/2009/08/19/rankings

Lee, V. (2010) "York 'Graduate Level' Employability 11% Less than UK's Other Top Ten Universities", *Nouse*, 23 February, Accessed 14 July 2010, from http://www.nouse.co.uk/2010/02/23/york-graduate-level-employability-11-less-than-uks-other-top-ten-universities/

Leiter, B. (2011) "Guardian and QS Rankings Definitively Prove the Existence of the Halo Effect", *Leiter Reports*, Accessed 15 April 2014, from http://leiterreports.typepad.com/blog/2011/06/guardian-and-qs-rankings-definitively-prove-the-existence-of-the-halo-effect.html

Levin, D.J. (2002) "Uses and Abuses of the U.S. News Rankings", *Priorities*, Fall, Washington, D.C.: Association of Governing Boards of Universities and Colleges.

Levin, R.C. (2010) "Top of the Class: The Rise of Asia's Universities", *Foreign Affairs*, May/June, Accessed 30 May 2010, from http://0-web.ebscohost.com.ditlib.dit.ie/ehost/detail?vid=3&hid=104&sid=fd1858fd-c90a-423f-8eff-51f25a1699d2%40sessionmgr110&bdata=JnNpdGU9ZWhvc3QtbGl2ZQ%3d%3d#db=aph&AN=49154216

Levitt, S.D. and S.J. Dubner (2009) *Freakonomics*, New York: HarperCollins.

Li, M., S. Shankar and K.K. Tang (2011) "Why does the USA Dominate University League Tables?", *Studies in Higher Education*, 36: 923–937.

Lindsey, D. (1989) "Using Citation Counts as a Measure of Quality in Science, Measuring What's Measurable Rather Than What's Valid", *Scientometrics*, 15(3–4): 189–203.

LipmanHearne (2009) *Five Great Colleges Want Her. How Will She Decide? Report on High-Achieving Seniors and the College Decision*, Chicago: LipmanHearne, Accessed 9 April 2014, from http://www.lipmanhearne.com/Libraries/Resources_Documents/Lipman_Hearne_High-Achieving_Seniors_Study_2009.pdf

Liu, N.C. (2009) "The Story of Academic Ranking of World Universities", *International Higher Education*, 54: 2–3, Accessed 21 May 2010, from http://www.bc.edu/bc_org/avp/soe/cihe/newsletter/ihe_pdf/ihe54.pdf

Liu, N.C. and Y. Cheng (2005) "The Academic Ranking of World Universities", *Higher Education in Europe*, 30: 127–136.

Liu, N.C., Q. Wang and Y. Cheng (eds) (2011) *Paths to a World-Class University. Lessons from Practices and Experiences*, Rotterdam: Sense Publishers.

Lo, W.Y.W. (2011) "Soft Power, University Rankings and Knowledge Production: Distinctions between Hegemony and Self-Determination in Higher Education", *Comparative Education*, 47(2): 209–222.

Lo, W.Y.W. (2014) *University Rankings. Implications for Higher Education in Taiwan*, Dordrecht: Springer.

Locke, W.D. (2011) "The Institutionalization of Rankings: Managing Status Anxiety in an Increasingly Marketized Environment", in J.C. Shin, R.K. Toutkoushian and U. Teichler (eds) *University Rankings. Theoretical Basis, Methodology and Impacts on Global Higher Education*, Dordrecht: Springer, 201–228.

Locke, W.D. (2014) "The Intensification of Rankings Logic in an Increasingly Marketised Higher Education Environment", *European Journal of Education*, 49(1): 77–90.

Locke, W.D., L. Verbik, J.T.E. Richardson and R. King (2008a) *Counting What is Measured or Measuring What Counts? League Tables and the Impact on Higher Education Institutions in England*, Report to HEFCE by the Centre for Higher Education Research and Information (CHERI), Open University and Hobsons Research, Bristol and London: Higher Education Funding Council for England, Accessed 11 June 2010, from http://www.hefce.ac.uk/Pubs/HEFCE/2008/08_14/

Locke, W.D., L. Verbik, J.T.E. Richardson and R. King (2008b) "Appendix A. Research Methodologies", *Counting What is Measured or Measuring What Counts? League Tables and the Impact on Higher Education Institutions in England*, Report to HEFCE by the Centre for Higher Education Research and Information (CHERI), Open University, and Hobsons Research, Bristol and London: Higher Education Funding Council for England, Accessed 11 June 2010, from http://www.hefce.ac.uk/Pubs/HEFCE/2008/08_14/

Locke, W.D., L. Verbik, J.T.E. Richardson and R. King (2008c) "Appendix E: Detailed Findings from the Institutional Case Studies", *Counting What is Measured or Measuring What Counts? League Tables and Their Impact on Higher Education Institutions in England*, Report to HEFCE by the Centre for Higher Education Research and Information (CHERI), Open University and Hobsons Research, Bristol and London: Higher Education Funding Council for England, Accessed 11 June 2010, from http://www.hefce.ac.uk/Pubs/HEFCE/2008/08_14/

Long, M., F. Ferrier and M. Heagney (2006) "Stay, Play or Give It Away? Students Continuing, Changing or Leaving University Study in First Year", Melbourne: Centre for the Economics of Education and Training, Monash University, Accessed 14 July 2010, from http://www.dest.gov.au/NR/rdonlyres/678FF919-3AD5-46C7-9F57-739841698A85/14398/final.pdf

Lovett, C. (2005) "Point of View: The Perils of Pursuing Prestige", *The Chronicle of Higher Education*, 21 January.

Ludwig, M. and G. Scharrer (2009) "Emerging Texas Universities Look for Boost to Top Tier", *San Antonio Express News*, 30 August, Accessed 19 August 2014, from http://www.chron.com/news/houston-texas/article/Emerging-Texas-universities-look-for-boost-to-top-1750387.php

Luo, Y. (2013) "Building World-Class Universities in China", in J.C. Shin and B.M. Kehm (eds) (2013) *Institutionalization of World-Class University in Global Competition*, Dordrecht: Springer, 165–183.

Lutz, D. (2010) "Engineering Professor Xia Named One of Top 10 Chemists in the World", *Washington University in St. Louis, Newsroom*, 26 January, Accessed 27 March 2010, from http://news.wustl.edu/news/Pages/20142.aspx

Maassen, P. and B. Stensaker (2010) "The Knowledge Triangle, European Higher Education Policy Logics and Policy Implications", *Higher Education*, 1–13.

MacGregor, K. (2007) "Universities Set Priorities for Research", *University World News*, 11 November, Accessed 20 November 2010, from http://www.universityworldnews.com/article.php?story=20071108145540742

MacGregor, K. (2012) "South Africa, Australia to Share World's Largest Radio Telescope", *University World News*, 27 May, Accessed 5 October 2014, from http://www.universityworldnews.com/article.php?story=20120526140436604

MacGregor, K. (2014) "The Massification of Higher Education in South Africa", *University World News*, 21 June, Accessed 11 July, from http://www.universityworldnews.com/article.php?story=2014062015083621

Macklin, J. (2006) "Australia's Universities: Building Our Future in the World, A White Paper on Higher Education, Research and Innovation", *Australian Labour Party*, Accessed 3 June 2010, from http://parlinfo.aph.gov.au/parlInfo/download/library/partypol/1LBK6/upload_binary/1lbk65.pdf;fileType%3Dapplication%2F.pdf

MacRoberts, M.H. and B.R. MacRoberts (1996) "Problems of Citation Analysis", *Scientometrics*, 36: 435–444.

Mak, J. and J.E.T. Moncur (2003) "Interstate Migration of College Freshmen", *The Annals of Regional Science*, 37: 4.

Mansfield, E. (1998) "Academic Research and Industrial Innovation: An Update of Empirical Findings", *Research Policy*, 26: 773–776.

Mao, S. (2013) "The Best Way to Explore Your Options to Study Abroad", *Phnom Penh Post*, 27 November, Accessed 22 May 2013, from http://www.phnompenhpost.com/lift/best-way-explore-your-options-study-abroad

Maran, K. (2014) "Ostrich Mode over University Rankings", *Free Malaysia Today*, 20 June, Accessed 9 July 2014, from http://www.freemalaysiatoday.com/category/opinion/comment/2014/06/20/in-denial-over-university-rankings/

Marcus, J. (2013) "Universities Look for New Ways to Rank Themselves", *Hechinger Report*, 24 September, Accessed 9 April 2014, from http://hechingerreport.org/content/universities-look-for-new-ways-to-rank-themselves_13153/

Marginson, S. (2006) "Rankings Ripe for Misleading", *The Australian*, 6 December, Accessed 16 June 2010, from http://www.theaustralian.com.au/higher-education/rankings-ripe-for-misleading/story-e6frgcjx-1111112637978

Marginson, S. (2007a) "Going Global: Trends in Higher Education and Research in the APEC Region", Presentation to APEC HRDWG Symposium on Education Policy Challenges, Brisbane, 17 April, Accessed 3 May 2010, from http://www.cshe.unimelb.edu.au/people/staff_pages/Marginson/APEC_HRDWG_Symposium_170407.pdf

Marginson, S. (2007b) "Global University Rankings: Where to from Here?" Accessed 3 April 2010, from http://www.cshe.unimelb.edu.au/people/staff_pages/marginson/apaie_090307_marginson.pdf

Marginson, S. (2008a) "Rankings and Internationalisation. Sustainability and Risks of Internationalisation", Paper to *The Australian Financial Review* Higher Education conference, Sydney, 13–14 March, Accessed 8 October 2010, from http://www.cshe.unimelb.edu.au/people/staff_pages/Marginson/Financial%20Review%20conference%20140308.pdf

Marginson, S. (2008b) "The Knowledge Economy and the Potentials of the Global Public Sphere", Paper to the Beijing Forum, 7–9 November, Accessed 8 October 2010, from http://www.cshe.unimelb.edu.au/people/staff_pages/Marginson/Beijing%20Forum%202008%20Simon%20 Marginson.pdf

Marginson, S. (2008c) "Globalization, National Development and University Rankings", *International Symposium, 12–13 November, "University Ranking: Global Trends and Comparative Perspectives"* Hanoi, Vietnam, Accessed 4 November 2014 from http://www.cshe.unimelb.edu.au/people/marginson_docs/VNU_rankings_symposium_13_November_2008.pdf

Marginson, S. (2010a) "University Rankings, Government and Social Order: Managing the Field of Higher Education According to the Logic of the Performance Present-as Future", in M. Simons, M. Olssen and M. Peters (eds) *Re-reading Education Policies: Studying the Policy Agenda of the 21 Century*, Rotterdam: Sense Publishers, 584–604.

Marginson, S. (2010b) "The Rise of the Global University: 5 New Tensions", *The Chronicle of Higher Education*, 30 May.

Marginson, S. (2013) "Nation-States, Educational Traditions and the WCU Project", in J.C. Shin and B.M. Kehm (eds) (2013) *Institutionalization of World-Class University in Global Competition*, Dordrecht: Springer, 59–77.

Marginson, S. (2014) "University Rankings and Social Science", *European Journal of Education*, 49(1): 45–59.

Marginson, S. and M. Considine (2000) *The Enterprise University. Power, Governance and Reinvention in Australia*, Cambridge: Cambridge University Press.

Marginson, S. and M. van der Wende (2007a) "Globalisation and Higher Education", *OECD Education Working Papers No. 8*, Paris: OECD.

Marginson, S. and M. van der Wende (2007b) "To Rank or To Be Ranked: The Impact of Global University Rankings", *Journal of Studies in International Education*, 11(3–4): 313–318.

Maringe, F. (2006) "University and Course Choice: Implications for Positioning, Recruitment and Marketing", *International Journal of Educational Management*, 20(6): 466–479.

Marklein, M.B. (2006) "Are Out-of-State Students Crowding Out In-Staters?", *USA Today*, 31 August, Accessed 14 July 2010, from http://www.usatoday.com/news/education/2006-08-30-state-universities-cover_x.htm

Marope, P.T.M., P.J. Wells and E. Hazelkorn (eds) (2013) *Rankings and Accountability in Higher Education. Uses and Misuses*, Paris: UNESCO.

Marshall, J. (2010) "How Sarkozy is Forcing Reform on a Reluctant Establishment", *The Independent*, 1 July, Accessed 1 July 2010, from http://www.independent.co.uk/news/education/schools/how-sarkozy-is-forcing-reform-on-a-reluctant-establishment-2014821.html

Marshall, J. (2012) "Relaunch of Huge Operation Campus Funding Plan", *University World News*, 1 November, Accessed 9 July 2014, from http://www.universityworldnews.com/article.php?story=201211011045179

Martin, L. (2008) "'Too Many Universities' says New Higher Education Minister", *The Journal*, 26 October, Accessed 30 April 2010, from http://www.journal-online.co.uk/article/3358-too-many-universities-says-new-higher-education-minister

Martins, L.L. (2005) "A Model of the Effects of Reputational Rankings on Organizational Change", *Organization Science*, 16(6): 701–720.

Marx, K. (1948) *The Communist Manifesto*, with appreciation by Harold J. Laski, London: George Allen and Unwin Ltd.

Maslen, G. (2007) 'Chinese Students to Dominate World Market', *University World News*, 4 November, Accessed 29 June 2010, from http://www.universityworldnews.com/article.php?story=20071101150549773

Maslen, G. (2012) "Worldwide Student Numbers Forecast to Double by 2025", *University World News*, 19 February, Accessed 30 November 2014, from http://www.universityworldnews.com/article.php?story=20120216105739999

Masterson, K. (2010a) "Private Giving to Colleges Dropped Sharply in 2009", *The Chronicle of Higher Education*, 3 February, Accessed 4 May 2010, from http://chronicle.com/article/Private-Giving-to-Colleges-/63879/ and http://chronicle.com/article/Charts-Giving-to-Colleges-and/63865/

Masterson, K. (2010b) 'Northwestern Makes a Case for Giving: To Improve College Rankings', *The Chronicle of Higher Education*, 12 September, Accessed 30 December 2010, from http://chronicle.com/article/Northwestern-Makes-a-Case-for/124377/?sid=at&utm_source=at&utm_medium=en

Matsumoto, A. and K. Ono (2008) 'The Scramble for Students', *The Daily Yomiuri*, 31 May, Accessed 20 November 2010, from http://www.debito.org/?p=1697

Matsuura, K. (2009) "The Director-General Urges G8 Leaders to Increase Investment in Education", Paris: UNESCO, Accessed 23 May 2010, from http://www.unesco.org/en/education/dynamic-content-single-view/news/the_director_general_urges_g8_leaders_to_increase_investment_in_education/browse/9/back/9195/cHash/679b23cd4f/

Matthews, A.P. (2012) "South African Universities in World Rankings", *Scientometrics*, 92(3): 675–695.

Mazzarol, T. and G.N. Soutar (2002) "'Push-Pull' Factors Influencing International Student Destination Choice", *International Journal of Educational Management*, 16(2): 82–90.

McCormick, A.C. and J. Kinzie (2014) "Refocusing the Quality Discourse: The United States National Survey of Student Engagement", in H. Coates and A.C. McCormick (eds) *Engaging University Students. International Insights from System-Wide Studies*, Dordrecht: Springer, 13–29.

McCormick, A.C., J. Kinzie and R.M. Gonyea (2013) "Student Engagement: Bridging Research and Practice to Improve the Quality of Undergraduate Education", in M.P. Paulsen (ed.) *Higher Education: Handbook of Theory and Research*, vol. 28, Dordrecht: Springer, 47–92.

McCormick, A.C. and C.M. Zhao (2005) "Rethinking and Reframing the Carnegie Classification", *Change: The Magazine of Higher Learning*, 37(5): 51–57.

McDermott, A.B. (2008) "Surviving without the SAT", *The Chronicle of Higher Education*, 25 September, Accessed 27 March 2010, from http://chronicle.com/article/Surviving-Without-the-SAT/18874/

McDonough, P.M., A.L. Antonio, M. Walpole and L.X. Perez (1998) "College Rankings: Democratized College Knowledge for Whom?", *Research in Higher Education*, 39(5): 513–537.

McGuire, P. and S. Flynn (2011) "Glenstal and Gonzaga Tops Lists as Private Schools Tighten Grip," *The Irish Times*, 22 November 2011.

McMahon, F., (2010) Director, Academic Affairs, Dublin Institute of Technology, Conversation, January.

McManus-Howard, M. (2002) *Student Use Of Rankings in National Magazines in the College Decision-Making Process*, EdD Thesis, University of Tennessee, Knoxville.

McNeill, D. (2008) "Facing Enrolment Crisis, Japanese Universities Fight to Attract Students", *The Chronicle of Higher Education*, 11 July.

Meredith, M. (2004) "Why Do Universities Compete in the Ratings Game? An Empirical Analysis of the Effects of the *U.S. News & World Report* College Rankings", *Research in Higher Education*, 45(5): 443–461.

MEXT (2010) "Global 30 Project for Establishing Core Universities for Internationalization", Tokyo: Ministry of Education, Culture, Sports, Science and Technology, Accessed 4 June 2010, from http://www.mext.go.jp/english/news/1283454.htm

MEXT (2013) "Universities", Tokyo: Ministry of Education, Culture, Sports, Science and Technology, Accessed 7 October, 2014, from http://www.mext.go.jp/component/english/__icsFiles/afieldfile/2013/08/13/1302968_01.pdf

Ministry of Education (2008) *Report of the Committee on the Expansion of the University Sector Greater Choice, More Room to Excel. Final Report*, Singapore, Accessed 23 June 2010, from http://www.moe.gov.sg/media/press/files/2008/08/ceus-final-report-and-exec-summary.pdf

Moed, H.F. (2006) *Bibliometric Rankings of World Universities*, Leiden: Centre for Science and Technology Studies (CWTS), University of Leiden.

Moed, H.F. (2009) "New Developments in the Use of Citation Analysis in Research Evaluation", *Archivum Immunologiae et Therapiae Experimentalis (Warsawa)*, 57: 3–18.

Mohrman, K., W. Ma and D. Baker (2008) "The Research University in Transition: The Emerging Global Model", *Higher Education Policy*, 21(1): 29–48.

Mok, K.H. (2008) "University Restructuring Experiences in Asia: Myth and Reality", *Policy Futures in Education*, 6(5), Accessed 4 June 2010, from http://www.wwwords.co.uk/pdf/validate.asp?j=pfie&vol=6&issue=5&year=2008&article=1_Introduction_PFIE_6_5_web

Mok, K.H. and I.P. Wei (eds) (2008) Thematic Issue: "Realizing the Global University: Comparative Perspectives and Critical Reflections", *Higher Education Policy*, 21(4).

Moltz, D. (2010) "Evaluating Community College Rankings", *Inside Higher Ed.*, 24 August, Accessed 21 September 2010, from http://www.insidehighered.com/news/2010/08/24/rankings

Monks, J. and R.G. Ehrenberg (1999) "The Impact of *U.S. News and World Report* College Rankings on Admissions Outcomes and Pricing Policies at Selective Private Institutions", *Working Paper Series*, Cambridge, MA: National Bureau of Economic Research.

Montes, M. and V. Popov (2011) "Bridging the Gap: The New World Economic Order for Development", in C. Calhoun and G. Derluguian (eds) *Aftermath. A New Global Economic Order?*, New York: Social Science Research Council and New York University, 119–148.

Moodie, G. (2009) Correspondence, 7 June.

Moodie, G. (2010) "Resources Lost in Time and Space", *The Australian*, 14 April, Accessed 21 November 2010, from http://www.theaustralian.com.au/higher-education/opinion-analysis/resources-lost-in-time-and-space/story-e6frgcko-1225853332609

Moody's Investors Service (2009) "Global Recession and Universities: Funding Strains to Keep Up with Rising Demand", *Moody's International Public Finance*, 2 June, Accessed 3 June 2014, from http://globalhighered.files.wordpress.com/2009/07/s-globrecess-univ-6-09.pdf

Morgan, J. (2010a) "Europeans the Most Keen to Make Rankings Noise", *Times Higher Education*, 3 June, Accessed 6 June 2010, from http://www.timeshighereducation.co.uk/story.asp?sectioncode=26&storycode=411874&c=1

Morgan, J. (2010b) "Appetite for Education", *The Chronicle of Higher Education*, 9 December, Accessed 31 December 2010, from http://www.timeshighereducation.co.uk/story.asp?sectioncode=26&storycode=414509

Morgan, J. (2011) "AAB Policy Will Hand More Resources to the Social Elite", *Times Higher Education*, Accessed 3 December 2011, from http://www.timeshighereducation.co.uk/story.asp?sectioncode=26&storycode=417017&c=1

Moriarty, G. (2009) "Queen's University to Shed 100 Jobs in Cost-Cutting Plan", *The Irish Times*, 24 June, Accessed 24 June 2010, from http://www.irishtimes.com/newspaper/ireland/2009/0624/1224249414851.html

Morphew, C.C. (2002) "'A Rose by Any Other Name': Which Colleges Became Universities", *The Review of Higher Education*, 25(2): 207–223, doi:10.1353/rhe.2002.0005

Morphew, C.C. and C. Swanson (2011) "On the Efficacy of Raising Your University's Rankings", in J.C. Shin, R.K. Toutkoushian and U. Teichler (eds) *University Rankings. Theoretical Basis, Methodology and Impacts on Global Higher Education*, Dordrecht: Springer, 185–199.

Morse, R.J. (1995) "*U.S. News & World Report*'s Philosophy Behind 'America's Best Colleges'", in R.D. Walleri and M.K. Moss (eds) *Evaluating and Responding to College Guidebooks and Rankings, New Directions for Institutional Research*, 88, Sàn Francisco: Jossey-Bass Publishers.

Morse, R.J. (2010a) "The Future of Ranking Systems. The *US News* Experience and Its Impact on Colleges", Presentation to Council of Higher Education Association (CHEA) International Seminar, Washington DC.

Morse, R.J. (2010b) "Group Tries to Start Boycott of *U.S. News* Law School Rankings", *U.S. News & World Report*, 27 May, Accessed 24 June 2010, from http://www.usnews.com/blogs/college-rankings-blog/2010/05/27/group-tries-to-start-boycott-of-us-news-law-school-rankings.html

Morse, R.J. (2013) "U.S. News Launches Arab Region University Rankings Project", *US News & World Report*, 7 November, Accessed 16 April 2014, from http://www.usnews.com/education/blogs/college-rankings-blog/2013/11/07/us-news-launches-arab-region-university-rankings-project

Morse, R.J. (2014a) Correspondence.

Morse, R.J. (2014b) "Arab Region University Ranking Project: Responding to Regional Needs and Expectations," Presentation to IREG Conference, London, May.

Morse, R.J. and S. Flanigan (2009) "How We Calculate the College Rankings", *U.S. News & World Report*, 19 August, Accessed 11 June 2010, from http://www.usnews.com/articles/education/best-colleges/2009/08/19/how-we-calculate-the-college-rankings.html?PageNr=3

Morse, R. and S. Flanigan (2013) "How U.S. News Calculated the 2014 Best Colleges Rankings", *US News & World Report*, 9 September, Accessed 10 April 2014, from http://www.usnews.com/education/best-colleges/articles/2013/09/09/how-us-news-calculated-the-2014-best-colleges-rankings

Morse, R.J. and D. Tolis (2013) "U.S. News Analysis Shows Universities Where Reputation, Rank Don't Match", *US News & World Report*, 12 December, Accessed 15 April 2014, from http://www.usnews.com/education/blogs/college-rankings-blog/2013/12/12/us-news-analysis-shows-universities-where-reputation-rank-dont-match

Muchie, M. (2010) "Africa: Networks Needed to Improve Higher Education", *University World News*, 21 March, 116, Accessed 29 May 2010, from http://www.universityworldnews.com/article.php?story=20100319092507175

Mu-lin, L., Vice Minister of Education (2003) "The Making of World Class Research Universities in an Age of Globalization – Components and Challenges", Accessed 5 June 2010, from http://english.moe.gov.tw/content.asp?cuItem=292&mp=2

Münch, R. and L.O. Schäfer (2014) "Rankings, Diversity and the Power of Renewal in Science. A Comparison between Germany, the UK and the US", *European Journal of Education*, 49(1): 60–76.

Murphy, C. (2009) "More Students Given Top Grades at Universities", *The Sunday Times*, 20 September.

Murphy, C., Editor, *Sunday Times University Guide*, Irish edition (2010) Correspondence, 15 January.

Murphy, C. (2013) "Trinity Could Change Name to Boost Rating", *Irish Independent*, 4 November, Accessed 16 March 2014, from http://www.independent.ie/irish-news/trinity-could-change-name-to-boost-rating-29724201.html

Murphy, C., Editor, *Sunday Times University Guide*, Irish edition (2014) Correspondence, 10 April.

Mustajoki, A. (2013) "Measuring Excellence in Social Sciences and Humanities: Limitations and Opportunities", in T. Erkkilä (eds) *Global University Rankings. Challenges for European Higher Education*, Basingstoke: Palgrave Macmillan, 147–165.

Myers, L. and J. Robe (2009) *College Rankings. History, Criticism and Reform. Center for College Affordability and Productivity*, Washington D.C.: Center for College Affordability and Productivity.

Myklebust, J.P. (2009) "Denmark: Quest for World-Class Universities", *University World News*, 13 December, Accessed 7 June 2010, from http://www.universityworldnews.com/article.php?story=20091211083831760

Myklebust, J.P. (2011) "FRANCE: Rankings Spurred University Reforms", *University World News*, 9 May, Accessed 22 May 2014, from http://www.universityworldnews.com/article.php?story=20110527211248644

Myklebust, J.P. (2014a) "Universities Feel Stabbed in the Back by Minister", *University World News*, 24 January, Accessed 25 May 2014, from http://www.universityworldnews.com/article.php?story=20140124130958826

Myklebust, J.P. (2014b) "Universities Begin Preparing for Sweeping Reforms", *University World News*, 9 May, Accessed 25 May 2014, from http://www.universityworldnews.com/article.php?story=20140508183343728

NACAC, National Association for College Admissions Counselling (2010) *How NACAC Members Use U.S. News & World Report Rankings*, Accessed 27 December 2010, from http://www.nacacnet.org/AboutNACAC/Governance/Comm/Documents/USNewsSecondReport.pdf

NACE, National Association of Colleges and Employers (2008) "Using Employee Performance to Measure Effectiveness of Schools in Work Force Preparation", 10 December, Accessed 14 February 2010, from http://nace.naceweb.org/spotlightonline/121008e/Using_Employee_Performance/

Nanda, P.K. (2013) "India to Lobby Foreign Agencies for Improving University Rankings", *Live Mint & The Wall Street Journal*, 22 May, Accessed 16 March 2014, from http://www.livemint.com/Politics/X1xJY3phY6DwwFkWyG3sPO/India-to-lobby-foreign-agencies-for-improving-university-ran.html

National Planning Commission (2011) *National Development Plan. Vision for 2030*. National Planning Commission, South Africa, Accessed 5 October 2014, from http://www.npconline.co.za/medialib/downloads/home/NPCNationalDevelopmentPlanVision2030-lo-res.pdf

Nazareth, S. (2014) "Rankings Tell a Tale of Two Indias", *Asia Times*, 4 April, Accessed 22 May 2014, from http://www.atimes.com/atimes/South_Asia/SOU-01-040414.html

Neave, G. (2000) "Diversity, Differentiation and the Market: The Debate We Never Had But Which We Ought to Have Done", *Higher Education Policy*, 13: 7–21.

Ngok, K. and W. Guo (2008) "The Quest for World Class Universities in China: Critical Reflections", *Policy Futures in Education*, 6(5), Accessed 28 May 2010, from http://www.wwwords.co.uk/pdf/validate.asp?j=pfie&vol=6&issue=5&year=2008&article=3_Ngok_PFIE_6_5_web

Nhan, N.T., Minister for Education (2007) "2007–2008 School Year: Universities will be Ranked", *Vietnam.net*, 12 January, Accessed 28 May 2010, from http://english.vietnamnet.vn/education/2007/01/653246/

Norrie, K. and M.C. Lennon (2013) "Introduction and Overview", in K. Norrie and M.C. Lennon (eds) *Measuring the Value of a Postsecondary Education*, Montreal and Kingston: McGill-Queen's University Press, 1–15.

Nowotny, H., P. Scott and M. Gibbons (2001) *Re-Thinking Science. Knowledge and the Public in an Age of Uncertainty*, Cambridge: Polity Press.

NUC (2010) "Nigeria Mourns Yar'Adua", *National Universities Commission*, 5(19), Accessed 13 June 2010, from http://www.nuc.edu.ng/nucsite/File/Monday%20Bulletin/10th%20May,%202010%20Final.pdf

Nworah, U. (2007) "Nigeria and the World University Rankings", *The Global Politician*, 13 June, Accessed 5 October 2014, from http://www.globalpolitician.com/22935-nigeria

O'Connell, C. (2014) *Investigating the Role of Global University Rankings in Higher Education Policy Discourse in England*, PhD thesis, Lancaster University.

O'Connor, M., V. Patterson, A. Chantler and J. Backert (2013) *Towards a Performance Evaluation Framework: Profiling Irish Higher Education*, Dublin: Higher Education Authority.

O'Meara, K. (2007) "Striving for What? Exploring the Pursuit of Prestige", *Higher Education: Handbook of Theory and Research*, XXII: 123–124.

O'Meara, K. (2010) "Ranking Systems in Higher Education: How They Work and Why They Matter (EDHI 788W)", College of Education, University of Maryland.

O'Meara, K. and M. Meekins (2012) *Inside Rankings: Limitations and Possibilities*, Boston, Massachusetts: New England Resource Center for Higher Education Publications.

O'Melveny and Myers LLP (2012) *Investigative Report Prepared on behalf of The Board of Trustees of Claremont McKenna College*, Accessed 16 March 2014, from http://c334272.r72.cf1.rackcdn.com/Investigative_Report.pdf

Oba, J. (2007) "Incorporation of National Universities in Japan", *Asia Pacific Journal of Education*, 27(3): 291–303.

Oba, J. (2008) "Creating World-Class Universities in Japan: Policy and Initiatives", *Policy Futures in Education*, 6(5).

Obama, B. (2009) "Prepared for Delivery Address to Joint Session of Congress", 24 February, Accessed 23 May 2010, from http://www.whitehouse.gov/the_press_office/Remarks-of-President-Barack-Obama-Address-to-Joint-Session-of-Congress/

Obara, Y. (2009) "Japanese Higher Education: The 'Haves' are Gaining and the 'Have-nots' are Losing", *International Higher Education*, 57.

OECD (2006a) *Competitive Cities in the Global Economy*, Paris.

OECD (2006b) "Top of the Class – High Performers in Science in PISA 2006", Paris, Accessed 5 October 2014, from http://www.oecd.org/education/school/programmeforinternationalstudentassessmentpisa/topoftheclass-highperformersinscienceinpisa2006.htm

OECD (2009) *Education at a Glance*, Paris.

OECD (2010a) "Programme for International Student Assessment (PISA)", Paris, Accessed 1 June 2010, from http://www.pisa.oecd.org/pages/0,3417,en_32252351_32235731_1_1_1_1_1,00.html

OECD (2010b) "Feasibility Study for the Assessment of Higher Education Learning Outcomes (AHELO)", Paris, Accessed 1 June 2010, from http://www.oecd.org/document/22/0,3343,en_2649_35961291_40624662_1_1_1_1,00.html

OECD (2010c) *Education at a Glance*, Paris.

OECD (2011a) "Testing Student and University Performance Globally", Paris, Accessed 13 April 2014, from http://home.mans.eun.eg/mansnews/2011/files/ahelo-testing-students.pdf

OECD (2011b) "What is the Student-Teacher Ratio and How Big Are Classes?", *Education at a Glance*, Paris, Assessed 7 June 2014, from http://www.oecd.org/edu/skills-beyond-school/48631144.pdf

OECD (2013) *Education at a Glance, OECD Indicators*, Paris, Accessed 11 March 2014, from http://www.oecd.org/edu/eag2013%20(eng)—FINAL%2020%20June%202013.pdf

OECD (2014) "Estimates of R&D Expenditure Growth", extract from *Main Science, Technology Indicators 2013/2*, Paris, Accessed 4 June 2014, from http://www.oecd.org/sti/inno/Note_MSTI2013_2.pdf

Okebukola, P. (2010) "Trends in Academic Rankings in the Nigerian University System", Paper to International Rankings Expert Group (IREG) 5 Conference, Berlin.

Okebukola, P. (2013) "An African Perspective on Rankings in Higher Education," in P.T.M. Marope, P.J. Wells and E. Hazelkorn (eds) *Rankings and Accountability in Higher Education. Uses and Misuses*, Paris: UNESCO, 141–169.

Okoben, J. (2007) "This Case is Closed: It's Back to the Past CWRU to Drop Brand, Logo, Return to Full Name", *The Plain Dealer*, 27 February, A1.

Olatunji, B. (2009) "Why Government Must Combine Programme, Institutional Accreditation", *AllAfrica.com*, 12 May, Accessed 28 May 2010, from http://allafrica.com/stories/200905130107.html

Olds, K. (2010a) "Bibliometrics, Global Rankings, and Transparency", *Global Higher Ed.*, 23 June, Accessed 29 June 2010, from http://globalhighered.wordpress.com/2010/06/23/bibliometrics-global-rankings-and-transparency/

Olds, K. (2010b) "Are We Witnessing the Denationalization of the Higher Education Media?", *Global Higher Ed.*,14 July, Accessed 17 July 2010, from http://globalhighered.wordpress.com/

Oni, A. (2010) "Why Nigerian Universities Fall Short of Global Ranking", *The Punch*, 22 February, Accessed 14 July 2010, from http://www.punchng.com/Articl.aspx?theartic=Art2010022215594146

Oprisko, R. (2012) "Superpowers: The American Academic Elite", *The Georgetown Public Policy Review*, 3 December, Accessed 5 October 2014, from http://gppreview.com/2012/12/03/superpowers-the-american-academic-elite/

Orr, D., A. Usher and J. Wespel (2014) *Do Changes in Cost-Sharing Have an Impact on the Behaviour of Students and Higher Education Institutions_? Evidence from Nine Case Studies*, Brussels: European Commission.

Osborn, A. (2010) "EUROPE: New Higher Education Directorate", *University World News*, 20 June, Accessed 20 June 2010, from http://www.universityworldnews.com/article.php?story=20100617192247158

PA Consulting (2011) *International Benchmarking in UK Higher Education*, London.

Pace, C.R. (1982) "Achievement and the Quality of Student Effort", Washington D.C.: National Commission for Excellence in Education.

Pagell, R.A. (2009) "University Research Rankings: From Page Counting to Academic Accountability", *Evaluation in Higher Education*, June, 3(1): 33–63, Accessed 21 July 2014, from http://ink.library.smu.edu.sg/cgi/viewcontent.cgi?article=1000&context=library_research

Palmer, N., E. Bexley and R. James (2011) "Selection and Participation in Higher Education. University Selection in Support of Student Success and Diversity of Participation", Melbourne: Centre for the Study of Higher Education, University of Melbourne, Accessed 7 April 2014, from http://www.go8.edu.au/__documents/go8-committees/go8-social-inclusion-strategy-group/selection_and_participation_in_higher_education-final.pdf

Pascarella, E.T. (1985) "College Environmental Influences on Learning and Cognitive Development: A Critical Review and Synthesis", in J. Smart (ed.) *Higher Education: Handbook of Theory and Research*, New York: Agathon, 1–64.

Pascarella, E.T. (2001) "Identifying Excellence in Undergraduate Education: Are We Even Close?", *Change: The Magazine of Higher Learning*, 33(3): 18–23.

Pascarella, E.T. and P.T. Terenzini (2005) *How College Affects Students: A Third Decade of Research*, San Francisco: Jossey-Bass Publishers.

Pathak, K. (2014) "Indian Universities Vie for Global Recognition", *Business Standard News*, Mumbai, 2 July, Accessed 10 July 2014, from http://www.business-standard.com/article/management/indian-universities-vie-for-global-recognition-114070201222_1.html

Paton, G. (2010) "Oxbridge 'Could be Matched' by Chinese Universities", *The Daily Telegraph*, 2 February, Accessed 5 October 2014, from http://www.telegraph.co.uk/education/educationnews/7140330/Oxbridge-could-be-matched-by-Chinese-universities.html

Perry, M. (2009) "Indian Students to Shun Australia Due to Attacks", *The Wall Street Journal*, 30 December, Accessed 3 June 2010, from http://www.livemint.com/2009/12/30100052/Indian-students-to-shun-Austra.html

Pham, H. (2014) "Aiming for at Least One World-Class University by 2020", *University World News*, 24 January, Accessed on 22 May 2014, from http://www.universityworldnews.com/article.php?story=20140122154945702

Piketty, T. (2014) *Capital in the Twenty-First Century*, Cambridge, MA: Belknap Press, Harvard University Press.

Pike, G. (2004) "Measuring Quality: A Comparison of US News Rankings and NSSE Benchmarks", *Research in Higher Education*, 45(2): 193–208.

Pimpa, N. (2003) "The Influence of Family on Thai Students' Choices of International Education", *International Journal of Educational Management*, 17(5): 211–219, Accessed 22 January 2010, from http://www.emeraldinsight.com/Insight/ViewContentServlet?contentType=Article&Filename=Published/EmeraldFullTextArticle/Articles/0600170504.html

Porter, M. (2003) "The Competitive Advantage of Regions", Presentation at the Indiana Leadership Summit, Accessed 12 July 2014, from http://www.hbs.edu/faculty/Publication%20Files/Indiana_Leadership_Summit_2003.05.13_e81b9fc1-ed7f-4e4c-a437-67026b88edd0.pdf

Postiglione, G. (2014) "Reforming the Gaokao", *University World News*, 20 June, Accessed 3 July 2014, from http://www.universityworldnews.com/article.php?story=20140617111328843

Prest, M. (2010) "A Technological Powerhouse to Rival MIT and Oxbridge: The French are Waking the Sleeping Giant", *The Independent*, 19 January, Accessed 5 May 2010, from http://www.independent.co.uk/student/postgraduate/mbas-guide/a-technological-powerhouse-to-rival-mit-and-oxbridge-1880852.html

Primack, P. (2008) "Doesn't Anybody Get a C Anymore?", *The Boston Globe*, 5 October, Accessed 10 April 2010, from http://www.boston.com/bostonglobe/magazine/articles/2008/10/05/doesnt_anybody_get_a_c_anymore/

Prospects (2010) "First Degrees: Overview – The Economic Slowdown and What Do Graduates Do?", Manchester: Graduate Prospects, Accessed 2 April 2010, from http://www.prospects.ac.uk/cms/ShowPage/Home_page/What_do_graduates_do_/First_degrees__overview/p!emlllec

Provan, D. and K. Abercromby (2000) "University League Tables and Rankings: A Critical Analysis", *Commonwealth Higher Education Management Service*, 30.

Pruvot, E.B. and T. Estermann (2014) *Define Thematic Report: Funding for Excellence*, Brussels: European University Association, Accessed 13 January 2015, from http://www.eua.be/Libraries/Publication/DEFINE_Funding_for_Excellence.sflb.ashx

Pulley, J.L. (2003) "Romancing the Brand", *The Chronicle of Higher Education*, 24 October, Accessed 2 July, from http://chronicle.com/article/Romancing-the-Brand/2712

Purcell, K., P. Elias, R. Ellison, D. Adam and I. Livanos (2008) *Applying for Higher Education. The Diversity of Career Choices, Plans and Expectations*, Manchester and Cheltenham: Higher Education Career Services Unit (HECSU) and Universities and Colleges Admissions Service (UCAS).

Pushkar (2014) "How Badly Do India's Universities Need To Chase World Rankings?", *Asian Scientist*, 3 February, Accessed 22 May 2014, from http://www.asianscientist.com/academia/india-university-world-rankings-2014/

Putze, E. (2010) "Public Affairs Office", *US News & World Report*, Correspondence, 19 February.

Quinn, J. (2013) *Drop-out and Completion in Higher Education in Europe among Students from Under-Represented Groups*, Brussels: DG Education and Culture, European Commission.

Quinn, R. (2012) "Written Answers – Third Level Institutions", *Dáil Éireann Debates*, Vol. 763, No. 2, 26 April, Accessed 3 June 2014, from http://debates.oireachtas.ie/dail/2012/04/26/00082.asp#N3

Rahman, S. (2009) "The Prime Minister Wants World Class Universities but the Implementing Agencies Can't Agree on How to Do It", *India Today*, 2 February, Accessed 28 May 2010, from http://www.highbeam.com/doc/1P2-19809891.html

Raju, P. (2014) "IITs May Compete as Single Unit for Place in Global Rankings", *Firstpost. India*, 16 January, Accessed 5 October 2014, from http://www.firstpost.com/india/iits-may-compete-as-single-unit-for-place-in-global-rankings-1344231.html

Rappleye, J. (2013) "Abenomics and World-Class Higher Education Ambition", *University World News*, 20 December, Accessed 27 May 2014, from http://www.universityworldnews.com/article.php?story=20131217173311679

Rauhvargers, A. (2011) *Global University Rankings and Their Impact*, Brussels: European University Association, Accessed 12 April 2014, from http://www.eua.be/Libraries/Publications_homepage_list/Global_University_Rankings_and_Their_Impact.sflb.ashx

Rauhvargers, A. (2013) *Global University Rankings and Their Impact – Report II*, Brussels: European University Association, Accessed 12 April 2014, from http://www.eua.be/Libraries/Publications_homepage_list/EUA_Global_University_Rankings_and_Their_Impact_-_Report_II.sflb.ashx

Rauhvargers, A. (2014) "Where Are the Global Rankings Leading Us? An Analysis of Recent Methodological Changes and New Developments", *European Journal of Education*, 49(1): 29–44.

Reich, R.B. (2000) "How Selective Colleges Heighten Inequality", *The Chronicle of Higher Education*, 15 September.

Reichert, S. (2006) *The Rise of Knowledge Regions: Emerging Opportunities and Challenges for Universities*, Brussels: European University Association, Accessed 2 May 2010, from http://www.eua.be/uploads/media/The_Rise_of_Knowledge_Regions.pdf

Reid, J. (2008) "Make the Structure World-Class", *The Australian*, 12 November, Accessed 31 May 2010, from http://www.theaustralian.com.au/higher-education/opinion-analysis/make-the-structure-world-class/story-e6frgcko-1111118007445

Reynolds, R. (2010) "Brazil, Russia & India Absent from THE World University Rankings", *Times Higher Education*, 12 September, Accessed 13 June 2013, from http://www.timeshighereducation.co.uk/world-university-rankings/2010-11/world-ranking/analysis/brazil-russia-india-china-performance

Rhoades, G. (1998) *Managed Professionals. Unionized Faculty and Restructuring Academic Labor*, Albany: SUNY Press.

RIA (2009) *Making the Best of Third-level Science*, Dublin: Royal Irish Academy, Accessed 3 June 2010, from http://www.ria.ie/getmedia/d2daadc3-7ff1-4f47-9af0-7dcf349faac2/web-version-making-the-best-of-third-level-science.pdf.aspx

Richards, A. and R. Coddington (2010) "30 Ways to Rate a College", *The Chronicle of Higher Education*, 29 August, Accessed 9 April 2014 from http://chronicle.com/article/30-Ways-to-Rate-a-College/124160

Ridley, D. and C.E. Berina (1999) "Transitions between Tiers in *U.S. News & World Report* Rankings of Nationally-Ranked Liberal Arts Colleges", Accessed 20 June 2010, from http://http://files.eric.ed.gov/fulltext/ED439664.pdf

Ritzen, J. (2010) *A Chance for European Universities Or: Avoiding the Looming University Crisis in Europe*, Amsterdam: Amsterdam University Press.

Rivard, R. (2014a) "Syracuse, after Refusing to Play the Rankings Game, May Care Again", *Inside Higher Ed.*, 6 January, Accessed 3 June 2014, from http://www.

insidehighered.com/news/2014/01/06/syracuse-after-refusing-play-rankings-game-may-care-again#ixzz33aZvhLik

Rivard, R. (2014b) "Rankings Noise", *Inside Higher Ed.*, 3 June, Accessed 4 June 2014, from http://www.insidehighered.com/news/2014/06/03/what-would-it-really-take-be-us-news-top-20#sthash.3oA1cIuW.PMgicpnX.dpbs

RMIT (2005) *RMIT Vision 2010: Designing the Future. Strategic Plan for the Royal Melbourne Institute of Technology*, Melbourne, Accessed 11 June 2010, from http://mams.rmit.edu.au/wkxbw15ps86fz.pdf

Roberts, D. and L. Thompson (2007) *University League Tables and the Impact on Student Recruitment; Reputation Management for Universities*, Working Paper Series 2, Leeds, Cambridge and Brisbane: The Knowledge Partnership.

Robertson, D. (1998) "The Emerging Political Economy of Higher Education", *Studies in Higher Education*, 23(2).

Robertson, S.L. (2008) "Producing Knowledge Economies: The World Bank, the KAM, Education and Development", Bristol: Centre for Globalisation, Education and Societies, University of Bristol, Accessed 14 July 2010, from http://www.bris.ac.uk/education/people/academicStaff/edslr/publications/19slr/

Robertson, S.L. (2009a) "'Producing' the Global Knowledge Economy", in M. Simons, M. Olssen and M.A. Peters (eds) *Re-Reading Education Policies. A Handbook Studying the Policy Agenda of the 21 Century*, Rotterdam: Sense Publishers, 234–256.

Robertson, S.L. (2009b) "QS.com Asian University Rankings: Niches Within Niches ... Within ...", *Global Higher Ed.*, 12 May, Accessed 16 June 2010, from http://globalhighered.wordpress.com/2009/05/12/qs-com-asian-university-rankings-niches-within-niches-within/

Robinson, M. and J. Monks (2002) "Making SAT Scores Optional in Selective College Admissions: A Case Study", Paper to National Bureau of Economic Research Higher Education Working Group, Cambridge, MA: NBER.

Rolfe, H. (2003) "University Strategy in an Age of Uncertainty: The Effect of Higher Education Funding on Old and New Universities", *Higher Education Quarterly*, 57(1): 24–47.

Rosovsky, H. and M. Hartley (2002) *Evaluation and the Academy: Are We Doing the Right Thing?*, Occasional Paper, Boston: American Academy of Arts and Sciences, Accessed 10 April 2010, from http://www.amacad.org/publications/evaluation.aspx

Ross, J. (2009) "International Losses Could Jeopardise Australian Rankings", *Campus Review*, 12 October, Accessed 5 May 2010, from http://www.campusreview.com.au/pages/section/article.php?s=News&idArticle=13200

Rothschild, S. (2011a) "Brownback Says Kansas' Economic Recovery Tied to Higher Education", *LJWorld.com*, 23 January, Lawrence, Kansas, Accessed 29 March 2014, from http://www2.ljworld.com/news/2011/jan/23/brownback-says-kansas-economic-recovery-tied-highe/

Rothschild, S. (2011b) "Regents Want KU to Raise Admission Standards", *LJWorld.com*, 14 December, Lawrence, Kansas, Accessed 29 March 2014, from http://www2.ljworld.com/news/2011/dec/14/regents-want-ku-raise-admission-standards/

Rothwell, R. (1994) "Towards the Fifth-generation Innovation Process", *International Marketing Review*, 11(1): 7–31.

Rüdiger, K. (2008) *Towards a Global Labour Market? Globalisation and the Knowledge Economy*, London: The Work Foundation, Accessed 8 January 2009, from http://www.workfoundation.com/assets/docs/publications/30_globalisation.pdf

Sadlak, J. and N.C. Liu (eds) (2007a) *The World-Class University and Ranking: Aiming Beyond Status*, Bucharest: Cluj University Press.

Sadlak, J. and N.C. Liu (2007b) "Introduction to the Topic: Expectations and Realities of World-Class University Status and Ranking Practices", in J. Sadlak and N.C. Liu (eds) *The World-Class University and Ranking: Aiming Beyond Status*, Bucharest: Cluj University Press, 17–24.

Saisana, M. and B. D'Hombres (2008) "Higher Education Rankings: Robustness Issues and Critical Assessment. How Much Confidence Can We Have in Higher Education Rankings?", Luxembourg: Centre for Research on Lifelong Learning (CRELL), European Communities, Accessed 20 November 2010, from http://crell.jrc.ec.europa.eu/Publications/CRELL%20Research%20Papers/EUR23487.pdf

Salmi, J. (2009) *The Challenge of Establishing World-Class Universities*, Washington, D.C.: The World Bank.

Salmi, J. (2013) "If Ranking is the Disease, is Benchmarking the Cure?" in P.T.M. Marope, P.J. Wells and E. Hazelkorn (eds) *Rankings and Accountability in Higher Education. Uses and Misuses*, Paris: UNESCO, 235–256.

Salmi, J. and M. Saisana (2013) "From Individual Ranking to National Benchmarking", Presentation to International Conference on World-Class Universities, Shanghai, Accessed 7 June 2014, from http://www.shanghairanking.com/wcu/19.pdf

Salmi, J. and A. Saroyan (2007) "League Tables as Policy Instruments: Uses and Misuses", *Higher Education Management and Policy*, 19(2): 31–68.

Salovaara, O. and A. Teivainen (2014) "President of Aalto University Promises Results", *Helsinki Times*, 19 May, Accessed 25 May 2014, from http://www.helsinkitimes.fi/finland/finland-news/domestic/10642-president-of-aalto-university-promises-results.html

Samuelson, R.J. (2004) "In Praise of Rankings. Demographics and Fierce Competition Have Created a New Class of Elite Schools. That Turns Out to be a Good Thing", *Newsweek*, 1 August, Accessed 15 July 2010, from http://www.newsweek.com/id/54641

Sandelson, M. (2013) "'We Can Do Even Better,' Says Norway Education Minister", *The Foreigner*, Oslo, 23 May, Accessed 10 July 2014, from http://theforeigner.no/pages/news/we-can-do-even-better-says-norway-education-minister/

Sanders, C., A. Goddard and C. Davis (2002) "Top-up Fees Trigger Russell Rift", *Times Higher Education*, 1 November, Accessed 13 April 2010, from http://www.timeshighereducation.co.uk/story.asp?storyCode=172662&sectioncode=26

Santiago, P., K. Tremblay, E. Basri and E. Arnal (2008) Tertiary Education for the Knowledge Society, 2, Paris: OECD.

Sassen, S. (2001) *The Global City* (2nd edition), Princeton: Princeton University Press.

Sassen, S. (2011) "A Savage Sorting of Winners and Losers, and Beyond", in C. Calhoun and G. Derluguian (eds) *A New Global Economic Order? Aftermath*, New York: Social Science Research Council and New York University, 21–38.

Sauder, M. (2006) "Third Parties and Status Position: How the Characteristics of Status Systems Matter", *Theory and Society*, 35(3).

Sauder, M. and W.N. Espeland (2009) "The Discipline of Rankings: Tight Coupling and Organizational Change", *American Sociological Review*, 74(1): 63–82.

Sauder, M. and R. Lancaster (2006) "Do Rankings Matter? The Effects of U.S. News and World Report Rankings on the Admissions Process of Law Schools", *Law and Society Review*, 40(1): 105–134.

Saupe, J.L. (2005) "How Old is Institutional Research and How Did It Develop?", Remarks at Annual MidAIR Conference, 10 November, Accessed 24 November

2009, from http://www.mid-air.org/images/How%20Old%20is%20Institutional%20Research%20and%20How%20Did%20It%20Develop.pdf

Scager, K., S. Akkerman, F. Keesen, M. Tim Mainhard, A. Pilot and T. Wubbels (2012) "Do Honors Students Have More Potential for Excellence in Their Professional Lives?" *Higher Education*, 64(1): 19–39.

Schenker-Wicki, A. and M. Inauen (2011) "The Economics of Teaching: What Lies Behind Student-Faculty Ratios", *Higher Education Management and Policy*, 31–50.

Schmalbeck, R. (1998) "The Durability of Law School Reputation", *Journal of Legal Education*, 48(4): 568–590.

Schmidt, P. (2008) "Elite Colleges' Scramble to Enrol High SAT Scorers May Undermine Diversity", *The Chronicle of Higher Education*, 25 March.

Schrecker, E. (2010) *The Lost Soul of Higher Education: Corporatization, the Assault on Academic Freedom, and the End of the American University*, New York: The New Press.

Schuurmans, M. (2009) "The EIT: Sustainable Growth and Competitiveness through Innovation", presentation, Accessed 15 July 2010, from ec.europa.eu/eit/doc/sustainable-growth-and-competitiveness%20_en.pps

Scott, J. (2000) "Rational Choice Theory", in G.K. Browning, A. Halcli and F. Webster (eds) *Understanding Contemporary Society: Theories of the Present*, London: Sage.

Scott, J. (2006) "Why Am I Here? Student Choice in the Biosciences", *BioScience Education*, BEE-j 7, May, Accessed 12 April 2010, from http://www.bioscience.heacademy.ac.uk/journal/vol7/beej-7-4.aspx

Segal, D. (2011) "Law Students Lose the Grant Game as Schools Win", *New York Times*, 30 April.

Selingo, J. (2002) "New England Loses Its Edge in Higher Education", *The Chronicle of Higher Education*, 15 February.

Selingo, J. (2012) "The Rise and Fall of the Graduation Rate", *The Chronicle of Higher Education*, Accessed 14 April, 2014, from http://chronicle.com/article/The-RiseFall-of-the/131036/

Sellar, S. and B. Lingard (2013) "Looking East: Shanghai, PISA 2009 and the Reconstitution of Reference Societies in the Global Education Policy Field", *Comparative Education*, 49(4): 464–485.

Shahabudin, S.H. (2008) "Responses to Global Ranking (THES) in Malaysia", Presentation to UNESCO Global Forum, Paris.

Sharma, Y. (2010a) "Governments Should Ignore Rankings: Quacquarelli", *University World News*, 16 May, Accessed 21 May 2010, from http://www.universityworldnews.com/article.php?story=20100514204441858

Sharma, Y. (2010b) "Asia: Development Ratings vs. Status Rankings", *University World News*, 16 May, Accessed 20 June 2010, from http://www.universityworldnews.com/article.php?story=20100514210333172

Shaw, J.S. (2012) "Claremont McKenna Not Alone in Admissions Mischief", *Bloomberg*, 31 January, Accessed 16 March 2014, from http://mobile.bloomberg.com/news/2012-02-01/claremont-mckenna-not-alone-in-rankings-mischief-commentary-by-jane-shaw

Sheahan, F. (2014) "Colleges to be Called 'Universities' in Bid for Foreign Students", *Irish Independent*, 5 March, Accessed 16 March, from http://www.independent.ie/irish-news/colleges-to-be-called-universities-in-bid-for-foreign-students-30063327.html

Sheil, T. (2009) "Moving Beyond University Rankings: Developing World Class University Systems", Presentation to 3rd International Symposium on University Rankings, University of Leiden, February.

Shepherd, J. (2005) "Poor Rankings Stymie Graduate Work Prospects", *Times Higher Education*, 4 November, Accessed 24 June 2010, from http://www.timeshighereducation.co.uk/story.asp?storyCode=199501&sectioncode=26

Shin, J.C. and W.S. Jang (2013) "World-Class University in Korea: Proactive Government, Responsive University, and Procrastinating Academics", in J.C. Shin and B.M. Kehm (eds) (2013) *Institutionalization of World-Class University in Global Competition*, Dordrecht: Springer, 147–163.

Shin, J.C. and B.M. Kehm (2013) "The World-Class University in Different Systems and Contexts", in J.C. Shin and B.M. Kehm (eds) *Institutionalization of World-Class University in Global Competition*, Dordrecht: Springer, 1–13.

Shin, J.C. and U. Teichler (eds) (2014) *The Future of the Post-Massified University at the Crossroads*, Dordrecht: Springer.

Shin-Who, K. (2007) "Germany Targets Korea for Higher Education", *The Korea Times*, 3 October, Accessed 22 May 2014, from http://www.koreatimes.co.kr/www/news/nation/2007/10/113_11233.html

Siganos, A. (2008) "Rankings, Governance, and Attractiveness of Higher Education: The New French Context", *Higher Education in Europe*, 33(2/3): 311–316.

Silió, E. and I. Fariza (2014) "El nuevo 'ranking' europeo de universidades nace con agujeros", *El País*, May 19, Accessed 26 May, from http://sociedad.elpais.com/sociedad/2014/05/19/actualidad/1400450445_363631.html?rel=rosEP

Simões, C. and A-M. Soares (2010) "Applying to Higher Education: Information Sources and Choice Factors", *Studies in Higher Education*, 35(4): 371–389.

Simons, M., M. Olssen and M.A. Peters (eds) (2009) *Re-Reading Education Policies. A Handbook Studying the Policy Agenda of the 21st Century*, Rotterdam: Sense Publishers.

Sirat, M. (2013) "Malaysia's World-Class University Ambition: An Assessment", in J.C. Shin and B.M. Kehm (eds) (2013) *Institutionalization of World-Class University in Global Competition*, Dordrecht: Springer, 205–223.

Siwinska, B. (2013) "Rise of the World-Class University", *University World News*, Accessed 9 July 2014, from http://www.universityworldnews.com/article.php?story=20131120134504702

Skodvin, O-J. (2012) "How to Measure Institutional Profiles in the Norwegian HE Landscape: The Norwegian 'Institutional Profile Project'", in A. Curaj, P. Scott, L. Vlăsceanu and L. Wilson (eds) *European Higher Education at the Crossroads: Between the Bologna Process and National Reforms*, Vol. 2, Dordrecht: Springer, 905–934.

Slattery, L. (2010) "Australian National University to Get Extra $111m Funding", *The Australian*, 12 May, Accessed 3 June 2010, from http://www.theaustralian.com.au/higher-education/australian-national-university-to-get-extra-111m-funding/story-e6frgcjx-1225865192613

Slaughter, S. and L. Leslie (1997) *Academic Capitalism. Politics, Policies and the Entrepreneurial University*, Baltimore: Johns Hopkins University Press.

Slaughter, S. and G. Rhoades (2004) *Academic Capitalism and the New Economy: Markets, State, and Higher Education*, Baltimore: Johns Hopkins University Press.

Smith, A. (2006) "Experience, Not Degree, Comes First for Employers", *Education Guardian*, 4 August 2006, Accessed 21 February 2010, from http://www.guardian.co.uk/education/2006/aug/04/highereducation.workandcareers

Smith, B. (2014) "University Rankings Critical, Survey Shows", *The PIE News*, 24 March, Accessed 3 April 2014, from http://thepienews.com/news/university-rankings-critical-survey-shows/

Smith, J., A. McKnight and R. Naylor (2000) "Graduate Employability: Policy and Performance in Higher Education in the UK", *The Economic Journal*, 110, Accessed

2 April 2010, from http://0-web.ebscohost.com.ditlib.dit.ie/ehost/pdf?vid=4&hid=13&sid=c3e82cc9-9901-40b0-a535-271a7b35dc94%40sessionmgr10

Smolentseva, A. (2010) "In Search for World-Class Universities: The Case of Russia", *International Higher Education*, 58: 20–22, Accessed 28 May 2010, from http://www.bc.edu/bc_org/avp/soe/cihe/newsletter/Number58/p20_Smolentseva.htm

Snytkova, M. (2014) "Russia Will Send Its Geniuses Abroad", *Pravda.ru*, 15 January, Moscow, Accessed 25 May 2014, from http://english.pravda.ru/society/stories/15-01-2014/126594-russia_genius-0/

Sondermann, M., D. Simon, A. Scholz and S. Hornbostel (2008) "Die Exzellenzinitiative: Beobachtungen Aus Der Implementierungsphase", iFQ-Working Paper No. 5, iFQ – Institut für Forschungsinformation und Qualitätssicherung, Bonn, Accessed 14 July 2010, from http://www.forschungsinfo.de/Publikationen/Download/working_paper_5_2008.pdf

Soo, K.T. and C. Elliott (2008) "Does Price Matter? Overseas Students in UK Higher Education", Lancaster: Lancaster University Management School Working Paper 2008/017, Accessed 27 March 2010, from http://eprints.lancs.ac.uk/27912/1/005738.pdf

Sowter, B. (2011) Email Correspondence.

Spaapen, J., H. Dijstelbloem and F. Wamelink (2007) *Evaluating Research in Context. A Method for Comprehensive Assessment* (2nd edition), Consultative Committee of Sector Councils for Research and Development (COS), The Netherlands.

Spies, R.R. (1978) *The Effect of Rising Costs on College Choice. A Study of the Application Decisions of High-Ability Students*, Princeton: College Board Publication Orders.

Sponsler, B.J. (2009) *Issue Brief: The Role and Relevance of Rankings in Higher Education Decision-Making*, Washington D.C.: Institute of Higher Education Policy.

St. Aubyn, M., F. Garcia and J. Pais (2009) *European Economy. Study on the Efficiency and Effectiveness of Public Spending on Tertiary Education*, Economic Papers 3901, November, Brussels: Directorate-General Economic and Financial Affairs, European Commission.

Stake, J.E. (2006) "Symposium: The Next Generation of Law School Rankings; Ranking Methodologies – The Interplay between Law School Rankings, Reputations, and Resource Allocation: Ways Rankings Mislead", *Indiana Law Journal*, 3.

Staley, O. (2013) "Nations Chasing Harvard Merge Colleges to Ascend Rankings", *Bloomberg News*, 13 March, Accessed 25 May 2014, from http://www.bloomberg.com/news/2014-03-13/nations-chasing-harvard-merge-universities-to-ascend-rankings.html

Statistisches Bundesamt Deutschland (2014) "Higher Education", Bonn, Accessed 21 May 2014, from https://www.destatis.de/EN/FactsFigures/SocietyState/EducationRes/InstitutionsHigherEducation/Tables/TypeInstitution.html

Steinberg, J. (2009) "Does the U.S. Have Too Many Big Research Universities", 26 June, *The Choice*, Accessed 30 April 2010, from http://thechoice.blogs.nytimes.com/2009/06/26/research/

Stella, A. and D. Woodhouse (2006) "Ranking of Higher Education Institutions", Australian Universities Quality Agency, Melbourne, Accessed 29 June 2010, from http://www.auqa.edu.au/files/publications/ranking_of_higher_education_institutions_final.pdf

Stolz, I., D.D. Hendel and A.S. Horn (2010) "Ranking of Rankings: Benchmarking Twenty-Five Higher Education Ranking Systems in Europe", *Higher Education*, 60: 507–528.

Sudibyo, B. (2009) Opening Address by the Minister of National Education, International Conference on World University Rankings and Quality of Education, 16 April, Accessed 28 May 2010, from wur2009.ui.ac.id/downloads/Opening-address.doc

Suh, G. (2013) "The Korean Government's Policies and Strategies to Foster World Class Universities", Presentation to International Conference on World-Class Universities, Shanghai, Accessed 3 July 2014, from http://www.shanghairanking.com/wcu/4.pdf

Supiano, B. (2013) "'U.S. News' Removes 2 More Colleges from its Rankings", *The Chronicle of Higher Education*, 14 May, Accessed 16 March 2014, from http://chronicle.com/blogs/headcount/u-s-news-removes-2-more-colleges-from-its-rankings/35005?cid=at&utm_source=at&utm_medium=en

Sursock, A. and A. Smidt (2010) *Trends 2010: A Decade of Change in European Higher Education*, Brussels: European University Association.

Swan, A. (2010) "The Open Access Citation Advantage: Studies and Results to Date. Technical Report", University of Southampton, Accessed 27 March 2010, from http://eprints.ecs.soton.ac.uk/18516/

Sweitzer, K. and J.F. Volkwein (2009) "Prestige among Graduate and Professional Schools: Comparing the *US News*' Graduate School Reputation Ratings between Disciplines", *Research in Higher Education*, 50: 812–836.

Szu-yu, L. and Y.L. Kao (2010) "Meiji University Looks to Taiwan for Top Students", *Focus Taiwan*, 16 April, Accessed 6 June 2010, from http://focustaiwan.tw/ShowNews/WebNews_Detail.aspx?Type=aALL&ID=201004160042

Taiwan Ministry of Education (2013) *Higher Education in Taiwan 2012–2013*, Accessed 3 July 2014, from http://www.edu.tw/FileUpload/1052-14816%5CDocuments/%E9%AB%98%E6%95%99%E7%B0%A1%E4%BB%8B2012-2013(%E6%B2%92%E6%9C%89%E8%A3%81%E5%88%87%E7%B7%9A).pdf

Tapper, T. and O. Filippakou (2009) "The World-Class League Tables and Sustaining of International Reputations in Higher Education", *Journal of Higher Education Policy and Management*, 31(1): 55–66.

Taylor, J. and J. Jones (1989) "An Evaluation of Performance Indicators Based upon the First Destination of University Graduates", *Studies in Higher Education*, 14(2): 201–217, Accessed 2 April 2010, from http://pdfserve.informaworld.com/932533_729902149_718868650.pdf

Taylor, P. and R. Braddock (2007) "International University Ranking Systems and the Idea of University Excellence", *Journal of Higher Education Policy and Management*, 29(3): 245–260.

TCD (2009) "Trinity College Dublin Strategic Plan 2009–2014", Accessed 11 June 2010, from http://www.tcd.ie/about/content/pdf/tcd-strategic-plan-2009-2014-english.pdf

Terenzini, P.T., H.K. Ro and A.C. Yin (2010) "Between-College Effects on Students Reconsidered", Paper presented at the Association for the Study of Higher Education conference, Indianapolis, USA.

Tetley, D. (2006) "Boycotting Universities Refuse to Meet Maclean's Requests", *Calgary Herald*, 27 October, Accessed 24 June 2010, from http://www2.canada.com/calgaryherald/news/story.html?id=8dc65cf9-5156-45d1-b9f8-9d164caca946

Thacker, L. (2007) "The Presidents' Letter", Portland, OR: Education Conservancy, Accessed 24 June 2010, from http://www.educationconservancy.org/presidents_letter.html

Thakur, M. (2007) "The Impact of Ranking Systems on Higher Education and Its Stakeholders", *Journal of Institutional Research*, 13(1), Accessed 21 February 2010, from http://www.aair.org.au/jir/Nov07/Ranking.pdf

THE (2009) "Average Citation Rates by Field 1998–2008", *Times Higher Education*, 12 March, Accessed 27 March 2010, from http://www.timeshighereducation.co.uk/story.asp?storyCode=405789&sectioncode=26

THE (2014) "The Formula for a World-Class University Revealed", *Times Higher Education*, Accessed 18 September 2014, from http://www.timeshighereducation.co.uk/world-university-rankings/news/the-formula-for-a-world-class-university-revealed

The Danish Government (2010) *Denmark 2020. Knowledge, Growth, Prosperity, Welfare*, Accessed 20 November 2010, from http://www.stm.dk/publikationer/arbprog_10_uk/Denmark_2020_knowledge_growth_prosperity_welfare.pdf

Theil, S. (2010) "The Incredible Shrinking Continent", *Newsweek*, 19 February, Accessed 12 April 2010, from http://www.newsweek.com/id/233842

Thomson Reuters (1994) "The Thomson Reuters Impact Factor", Accessed 14 June 2010, from http://thomsonreuters.com/products_services/science/free/essays/impact_factor/

Thomson Reuters (2010) "Academic Reputation Survey Stage 2 Methodology", Global Institutional Profiles Project, Accessed 23 June 2010, from http://science.thomsonreuters.com/m/pdfs/GIPP_AcamRep_methodology.pdf

Thomson, V. (2010) "Build 1000 Centres", *The Australian*, 17 February, Accessed 13 June 2010, from http://www.theaustralian.com.au/higher-education/letters/build-1000-centres/story-e6frgcox-1225831101537

Tierney, W.G. (2009) "Globalization, International Rankings, and the American Model: A Reassessment", *Higher Education Forum*, 6.

Tight, M. (2000) "Do League Tables Contribute to the Development of a Quality Culture?", *Higher Education Quarterly*, 54(1): 22–42.

Toutkoushian, R.K., S.R. Porter, C. Danielson and P.R. Hollis (2003) "Using Publications Counts to Measure an Institution's Research Productivity", *Research in Higher Education*, 44: 121–148.

Toutkoushian, R.K. and J.C. Smart (2001) "Do Institutional Characteristics Affect Student Gains from College?", *The Review of Higher Education*, 25(1): 39–61.

Tremblay, K. (2014) Correspondence. 9 June.

Trigwell, K. (2011) "Measuring Teaching Performance", in J.C. Shin, R.K. Toutkoushian and U. Teichler (eds) *University Rankings. Theoretical Basis, Methodology and Impacts on Global Higher Education*, Dordrecht: Springer, 165–181.

Trounson, A. (2010a) "Rivals Vie for Academic Viewpoint", *The Australian*, 7 April, Accessed 10 April 2010, from http://www.theaustralian.com.au/higher-education/rivals-vie-for-academic-viewpoint/story-e6frgcjx-1225850633551

Trounson, A. (2010b) "Science Bias Will Affect Local Rankings", *The Australian*, 9 June, Accessed 13 June 2010, from http://www.theaustralian.com.au/higher-education/science-bias-will-affect-local-rankings/story-e6frgcjx-1225877209849

Trow, M. (1974) "Reflections on the Transition from Elite to Mass to Universal Access: Forms and Phases of Higher Education in Modern Societies since World War II", reprinted in M. Burrage (ed.) (2010) *Martin Trow. Twentieth-Century Higher Education: From Elite to Mass to Universal*, Baltimore: Johns Hopkins University Press, 556–610.

Trowler, P. and T. Wareham (2007) "Re-conceptualising the 'Teaching-Research Nexus'" in *Enhancing Higher Education, Theory and Scholarship, Proceedings of the 30th*

HERDSA Annual Conference, Adelaide, July, Accessed 30 November 2014, from http://www.herdsa.org.au/wp-content/uploads/conference/2007/papers/p53.pdf, Accessed 2 April 2010, from http://portal-live.solent.ac.uk/university/rtconference/2007/resources/paul_trowler.pdf

Turner, D. (2005) "Benchmarking in Universities: League Tables Revisited", *Oxford Review of Education*, 31(3): 353–371.

Turner, D. (2014) "World Class Universities and International Rankings", *Ethics in Science and Environmental Politics*, 13(2): 167–176, doi:10.3354/esep00132

Turner, D., B. Masateru and S. Koji (2000) "Setting Tuition Fees in Institutions of Higher Education: Supporting a Public Service or Charging What the Market Will Pay?", *Journal of Further and Higher Education*, 24(3), Accessed 13 April 2010, from http://pdfserve.informaworld.com/540496_731206609_713677092.pdf

Tyler, R.W. (1949) *Basic Principles of Curriculum and Instruction*, Chicago: University of Chicago Press.

Tysome, T. and A. Goddard (1999) "Work Experience Gets a Cash Carrot", *Times Higher Education*, 19 March, Accessed 2 April 2010, from http://www.timeshighereducation.co.uk/story.asp?storyCode=145502&sectioncode=26

UCD (2005) "Mission and Values", *University College Dublin Strategic Plan 2005–2008*, Dublin, Accessed 11 June 2010, from http://www.ucd.ie/t4cms/02_ucd_strategic_plan_web_mission_vision_values%205.pdf

UNESCO (1999–2012) "Education Indicators", Paris: UNESCO Institute for Statistics, Accessed 1 December 2014, from http://data.uis.unesco.org/Index.aspx?queryid=120

UNESCO (2008) *Global Education Digest. Comparing Education Statistics across the World*, Paris: UNESCO Institute for Statistics, Accessed 22 May 2014, from http://unesdoc.unesco.org/images/0017/001787/178740e.pdf

UNESCO (2014) "Global Flow of Tertiary-Level Students", Accessed 7 April 2014, from http://www.uis.unesco.org/Education/Pages/international-student-flow-viz.aspx

Universitat Politècnica de Catalunya (2008) *From International Relations to Internationalisation, International Policy Plan, 2008–2015*, Barcelona, Accessed 8 January 2009, from https://www.upc.edu/sri/strategy/

University College London (2009) "UCL Fourth in New University World Rankings", News Archive, 8 October, London, Accessed 11 June 2010, from http://www.ucl.ac.uk/news/news-articles/0910/09100803

University of Botswana (2007) *Benchmarking Strategy*, Institutional Planning Department, Gaborone, Accessed 11 June 2010, from http://www.ub.bw/ip/documents/BenchmarkingStrategy.pdf

University of Groningen (2009) "University of Groningen Climbing World Ranking List for Third Time in a Row", News Archive, 8 October, Groningen, Accessed 11 June 2010, from http://www.rug.nl/prospectiveStudents/newsAndEvents/newsAndActivities/news2009/thesRanking2009

University of Oslo (2005) "Strategic Plan for the University of Oslo 2005–2009", quoted in G. Ellingsrud (2007) "Focus on Quality. Better Research Leads to Better Ranking Results", presentation to EUA conference, Budapest.

University of Portsmouth (2006) "Being 'Work Ready' Tops Employers' Wish List", 4 August, Portsmouth, Accessed 1 July 2010, from http://www.port.ac.uk/lookup/departments/facultyoftechnology/facultyservices/studentplacements/downloads/filetodownload,90130,en.doc

USAS, University Self-Assessment System For ASEAN/Southeast Asia – A Pilot Project (2010), Report on 2nd Workshop, Unpublished.

US Department of Education (2014a) "College Ratings System", Washington D.C., Accessed 12 April 2014, from http://www2.ed.gov/documents/college-completion/college-ratings-overview.pdf

US Department of Education (2014b) "A New System of College Ratings: Invitation to Comment", Accessed 21 December 2014, from http://www2.ed.gov/documents/college-affordability/framework-invitation-comment.pdf

Usher, A. (2006) "Can Our Schools Become World-Class", *The Globe and Mail*, 30 October, Accessed 11 October 2009, from http://www.theglobeandmail.com/servlet/story/RTGAM.20061030.URCworldclassp28/BNStory/univreport06/home

Usher, A. (2010) Correspondence, 21 May.

Usher, A. (2012a) "The Times Higher Education Research Rankings", Toronto: Higher Education Strategy Associates, Accessed 15 April 2014, from http://higheredstrategy.com/the-times-higher-education-research-rankings/

Usher, A. (2012b) "Weathering the Storm: Europe's Advantages in the Era of Peak Higher Education", Presentation at European University Association Funding Forum, Salzburg, Austria, 10–11 June, Accessed 6 July 2014, from http://www.eua.be/libraries/funding_forum/alex_usher.sflb.ashx

Usher, A. (2014a) "Those Times Higher Education Reputation Rankings, 2014", Toronto: Higher Education Strategy Associates, 7 March, Accessed 15 April 2014, from http://higheredstrategy.com/those-times-higher-education-reputation-rankings-2014/

Usher, A. (2014b) "The Problem with Global Reputation Rankings", Toronto: Higher Education Strategy Associates, 30 September, Accessed 30 November 2014, from http://higheredstrategy.com/the-problem-with-global-reputation-rankings/

Usher, A. (2014c) "Times Higher Rankings, Weak Methodologies, and the Vastly Overblown 'Rise of Asia'", Toronto: Higher Education Strategy Associates, 30 October, Accessed 30 November 2014, from http://higheredstrategy.com/author/alex/page/3/

Usher, A. and P. Jarvey (2010) "Let the Sun Shine In: The Use of University Rankings in Low- and Middle-Income Countries", Paper to International Rankings Expert Group (IREG) 5 Conference, Berlin.

Usher, A. and J. Medow (2009) "A Global Survey of University Rankings and League Tables", in B.M. Kehm and B. Stensaker (eds) *University Rankings, Diversity, and the New Landscape of Higher Education*, Rotterdam: Sense Publishers, 3–18.

Usher, A. and M. Savino (2006) *A World of Difference: A Global Survey of University League Tables*, Toronto: Educational Policy Institute, Accessed 19 January 2009, from http://www.educationalpolicy.org/pdf/world-of-difference-200602162.pdf

Usher, A. and M. Savino (2007) "A Global Survey of Rankings and League Tables", *College and University Ranking Systems – Global Perspectives American Challenges*, Washington D.C.: Institute of Higher Education Policy.

van Damme, D. (2014) "The Economics of International Higher Education", Presentation to EAIE 25th Anniversary Event. Amsterdam, Netherlands.

van de Water, D., T.D. Abrahamson and K. Lyons (2009) *High Achieving Students and the College Decision*, A Research White Paper Series. Chicago, IL: LipmanHearne.

van der Werf, M. (2009) "Researcher Offers Unusually Candid Description of University's Effort to Rise in Rankings", *The Chronicle of Higher Education*, 3 June, Accessed 29 June 2010, from http://chronicle.com/article/Researcher-Offers-Unusually/47290

van Noorden, R. (2010) "Metrics: A Profusion of Measures", *Nature*, 465: 864–866, Accessed 24 June 2010, from http://www.nature.com/news/2010/100616/full/465864a.html#a

van Raan, A.F.J. (2007) "Challenges in the Ranking of Universities", in J. Sadlak and N.C. Liu (eds) *The World-Class University and Ranking: Aiming Beyond Status*, Bucharest: Cluj University Press, 87–122.

van Vught, F. (2008) "Mission Diversity and Reputation in Higher Education", *Higher Education Policy*, 21(2): 151–174.

van Vught, F. (ed.) (2009) *Mapping the Higher Education Landscape. Towards a European Classification of Higher Education*, Dordrecht: Springer.

van Vught, F., M. van der Wende and D. Westerheijden (2002) "Globalisation and Internationalisation: Policy Agendas Compared", in J. Enders and O. Fulton (eds) *Higher Education in a Globalising World. International Trends and Mutual Observations. A Festschrift in Honours of Ulrich Teichler*, Dordrecht: Kluwer Academic Publishers, 103–120.

Van Vught, F. and F. Ziegele (eds) (2012) *Multidimensional Ranking. The Design and Development of U-Multirank*, Dordrecht: Springer.

Varghese, N.V. (2008) *Globalization of Higher Education and Cross-Border Student Mobility*, Paris: International Institute for Educational Planning, UNESCO.

Vedder, R. (2010) "The Administrator-Student Disconnect", *The Chronicle of Higher Education*, 1 July, Accessed 31 December 2010, from http://chronicle.com/blogs/innovations/the-administrator-student-disconnect/25256

Vedder, R., J. Robe, L. Myers and J. Leirer (2009) "The Forbes/CCAP 2009 Best College Rankings", Washington D.C.: Center for College Affordability and Productivity, Accessed 20 June 2010, from http://collegeaffordability.blogspot.com/2009/08/forbesccap-2009-best-college-rankings.html

Venkatraman, A. (2010) "The Politics of Science", *Personal Computer World*, Accessed 27 March 2010, from http://www.pcw.co.uk/information-world-review/analysis/2259081/politics-science

Victoria University (2008) "Victoria University of Wellington Strategic Plan 2009–2014", Accessed 11 June 2010, from http://www.victoria.ac.nz/home/about/newspubs/publications/StrategicPlanA5booklet.pdf

Vidal, P. and G. Filliatreau (2014) "Graphical Comparison of World University Rankings", *Higher Education Evaluation and Development*, 8(1): 1–14. doi:10.6197/HEED.2014.0801.01.

Vincent-Lancrin, S. and K. Kärkkäinen (2009) "Globalisation and Higher Education: What Might The Future Bring?", *IMHE Info*, Paris: OECD, Accessed 30 April 2010, from http://www.oecd.org/dataoecd/42/39/44302672.pdf

Volkwein, J.F. and K.V. Sweitzer (2006) "Institutional Prestige and Reputation at Research Universities and Liberal Arts Colleges", *Research in Higher Education*, 47(2): 129–148.

Vorotnikov, E. (2010) "Latvia: Massive Higher Education Reform", *University World News*, 21 March, Accessed 28 May 2010, from http://www.universityworldnews.com/article.php?story=20100319093444855

Vorotnikov, E. (2013) "State Kicks off Plans for World-Class Universities", *University World News*, Accessed 9 July 2014, from http://www.universityworldnews.com/article.php?story=20130208141810400

Wächter, B. and F. Maiworm (2008) *English-Taught Programmes in European Higher Education. The Picture in 2007*, Bonn: Academic Co-operation Association and Lemmens Medien GmbH.

Wagenaar, R. (2013) "Modernization of Higher Education Programs in Europe: Student-Centred and Learning-Outcomes Based", in K. Norrie and M.C. Lennon (eds) *Measuring the Value of a Postsecondary Education*, Montreal and Kingston: McGill-Queen's University Press, 19–38.

Walter, G., S. Bloch and K. Fisher (2003) "Counting Citations: A Flawed Way to Measure Quality", *The Medical Journal of Australia*, 178: 280–281, Accessed 28 March 2010, from https://www.mja.com.au/public/issues/178_06_170303/wal10537_fm.pdf

Wang, F. (2009) "Ministry to Help Universities Make Top 100", *Taipei Times*, 13 October, Accessed 27 May 2010, from http://www.taipeitimes.com/News/taiwan/archives/2009/10/13/2003455819/wiki

Webber, K.L. (2011) "Measuring Faculty Productivity", in J.C. Shin, R.K. Toutkoushian and U. Teichler (eds) *University Rankings. Theoretical Basis, Methodology and Impacts on Global Higher Education*, Dordrecht: Springer, 105–122.

Webster, D.S. (1992) "Are They Any Good", *Change: The Magazine of Higher Education*, 24(2): 18–31.

Webster, D.S.A. (1986) *Academic Quality Rankings of American Colleges and Universities*, Springfield: Charles C. Thomas.

Webster, T.J. (2001) "A Principal Component Analysis of the *U.S. News & World Report* Tier Rankings of Colleges and Universities", *Economics of Education Review*, 20: 235–244.

Wedlin, L. (2004) *Ranking Business Schools: Forming Fields, Identities and Boundaries in International Management Education*, PhD.

Wedlin, L. (2006) *Ranking Business Schools: Forming Fields, Identities and Boundaries in International Management Education*, Cheltenham: Edward Elgar.

Weingarten, R. and A. Cortese (2007) *American Academic. The State of the Higher Education Workforce 1997–2007*, Washington D.C.: American Federation of Teachers.

Wellman, J. (1999) *Contributing to the Civic Good Prepared by Contributing to the Civic Good*, Washington D.C.: Institute of Higher Education Policy.

Wellman, J. (2007) *Apples and Oranges in the Flat World: A Layperson's Guide to International Comparisons of Postsecondary Education*, Washington D.C.: American Council of Education.

Wheeland, M. (2012) "'Greenest College' Rankings Get Easier with New Data-Gathering Effort", *GreenBiz.com*, 2 February, Accessed 8 April 2014, from http://www.greenbiz.com/news/2012/02/02/greenest-colleges-rankings-get-easier-new-data-gathering-effort

Whitman, D. (2002) "Doing the Right Thing", *Newsletter of the Association of American Law Schools*, 1–4 (April).

WHO, World Health Organisation (2009) "Third High-Level Preparatory Meeting", Bonn, Germany, 27–29 April 2009, Towards the Fifth Ministerial Conference on Environment and Health, Italy 2010, Accessed 14 July 2010, from http://www.euro.who.int/__data/assets/pdf_file/0013/105160/3rd_prep_mtg_bonn.pdf

Wiers-Jenssen, J. (2010) "Selected to Succeed? Background and Employability of Mobile vs. Non-Mobile Students", Paper to the EAIR Forum, 2010.

Wildavsky, B. (2010) *The Great Brain Race. How Global Universities are Reshaping the World*, Princeton: Princeton University Press.

Wilhite, A.W. and E.A. Fong (2012) "Coercive Citation in Academic Publishing", *Science*, 335(6068): 542–543.

Williams, R., G. de Rassenfosse, P. Jensen and S. Marginson (2012, 2013, 2014) *U21 Rankings of National Higher Education Systems*, Melbourne: University of Melbourne.

Willinsky, J. (2006) *The Access Principle: The Case for Open Access to Research and Scholarship*, Cambridge, MA: MIT Press.

Winston, G.C. (2000) "The Positional Arms Race in Higher Education", Discussion Paper 54, Williams Project on the Economics of Higher Education, Williams

College, MA, Accessed 15 July 2010, from http://econpapers.repec.org/paper/wilwilehe/54.htm

Winter, G. (2003) "A Mighty Fund-Raising Effort Helps Lift a College's Ranking", *The New York Times*, 22 December, Accessed 12 June 2008, from http://query.nytimes.com/gst/fullpage.html?res=9506E0DD103FF931A15751C1A9659C8B63&sec=&spon=&pagewanted=print

Wooldridge, A. (2006) "The Battle for Brainpower", *The Economist*, 5 October, Accessed 15 May 2008, from http://www.amrop.pl/ahgr/PHP/APP/eng/directors/i/p5.pdf

Yonezawa, A. (2007) "Japanese Flagship Universities at a Crossroads", *Higher Education*, 54: 483–499.

Yonezawa, A. (2010) Correspondence, 13 July.

Yonezawa, A. (2013) "Challenges for Top Japanese Universities When Establishing a New Global Identity: Seeking a New Paradigm after 'World Class'", in J.C. Shin and B.M. Kehm (eds) (2013) *Institutionalization of World-Class University in Global Competition*, Dordrecht: Springer, 125–143.

Yonezawa, A., H. Akiba and D. Hirouchi (2009) "Japanese University Leaders' Perceptions of Internationalization: The Role of Government in Review and Support", *Journal of Studies in International Education*, 13(2): 125–142.

Yonezawa, A., I. Nakatsui and T. Kobayashi (2002) "University Rankings in Japan", *Higher Education in Europe*, XXVII(4): 373–382.

Yonezawa, A. and A. Yung-chi Hou (2014) "Continuity and Transformation: Continuous Challenges for World-Class Status among Universities in Taiwan and Japan as Aging Societies", in Y. Cheng, Q. Wang and N.C. Liu (eds) *Global Influences and Responses: How World-Class Universities Affect Higher Education Systems*, Rotterdam: Sense Publishers.

Zhe Jin, G. and A. Whalley (2007) "The Power of Information: How Do U.S. News Rankings Affect the Financial Resources of Public Colleges", Cambridge, MA: National Bureau of Economic Research Working Paper Series.

Ziccarelli, A. (2010) "Culture of College Rankings Becoming Toxic", *The Observer*, 10 February, Accessed 9 July 2010, from http://www.ndsmcobserver.com/culture-of-college-rankings-becoming-toxic-1.1122071

Zimpher, N.L. (2013) "Systemness. Unpacking the Value of Higher Education Systems", in J.E. Lane and D.B. Johnstone (eds) *Higher Education Systems 3.0. Harnessing Systemness, Delivering Performance*, Albany: SUNY Press.

Webography (ウェブ参考文献)

AACSB, Association to Advance Collegiate Schools of Business, Accessed 31 May 2010, from http://www.aacsb.edu/

ACBSP, Association of Collegiate Business Schools and Programs, Accessed 2 November 2010, from http://www.acbsp.org/p/st/ld/&sid=s1_001

Alexa, Web Information Company (2014) Accessed 9 June 2014, from http://www.alexa.com/

America's Best College Buys, Accessed 15 April 2014, from http://www.forbes.com/2010/08/01/best-buys-colleges-money-opinions-colleges-10-value.html

ARWU (2010) "About ARWU", Shanghai Jiao Tong University, Assessed 4 April 2010, from http://www.arwu.org/aboutARWU.jsp

ARWU, *Academic Ranking of World Universities* (2010a) Shanghai Jiao Tong University, Assessed 31 May 2010, from http://www.arwu.org/

References

ASEAN University Network (2010) Association of South-East Asian Nations, Accessed 2 June 2010, from http://www.aseansec.org/4961.htm

AUSSE, Australian Survey of Student Engagement (2010) Accessed 31 May 2010, from http://ausse.acer.edu.au/

Bang-for-the-Buck College Rankings, *Washington Monthly*, Accessed 12 April 2014, from http://www.washingtonmonthly.com/college_guide/rankings_2013/bangforthebuck_all_rank.php

Best Value HE (2010) "Criticisms of the DLHE Survey", Accessed 2 April 2010, from http://www.bestvaluehe.org.uk/dlhecrit.html

Biblos, "Matthew 25:29", Accessed 21 May 2010, from http://bible.cc/matthew/25-29.htm

CAE, Council for Aid to Education (2009) "Voluntary Support of Education Survey", Accessed 4 May 2010, from http://www.cae.org/content/pro_data_trends.htm

CAE, Council for Aid to Education (2013) "Voluntary Support of Education Survey", Accessed 9 June 2014, from http://www.cae.org/images/uploads/pdf/VSE_2013_Sample_Pages.pdf

CATC – College Affordability and Transparency Centre, Department of Education, Washington DC, Accessed 12 April 2014, from http://collegecost.ed.gov/

CCAP – Centre for College Affordability and Productivity Rankings, Accessed 12 April 2014, from http://centerforcollegeaffordability.org/rankings/2013-rankings

CFATL, Carnegie Foundation for the Advancement of Teaching and Learning, Accessed 21 September 2010, from http://classifications.carnegiefoundation.org/

CHE (2007) *Indikator im Blickpunkt: Kriterien der Hochschulwahl und Ranking-Nutzung*, Accessed 19 June 2010, from http://www.che.de/downloads/IIB_Hochschulwahl_und_Rankingnutzung.pdf

CHE (2009) "The CHERPA-Network Wins a European Tender to Develop a Multi-Dimensional Global Ranking of Universities", Accessed 7 July 2014, from http://www.che.de/cms/?getObject=302&getNewsID=983&getCB=309&getLang=en

CHE (2010a) *CHE-HochschulRanking*, Accessed 1 July 2010, from http://www.che-ranking.de/cms/?getObject=50&getLang=de; http://ranking.zeit.de/che10/CHE_en?module=Show&tmpl=p511_methodik

CHE (2010b) "Rankings", Accessed 6 June 2010, from http://www.che-ranking.de/cms/?getObject=614&getLang=en

CHE (2010c) "34 UK Universities Reached Excellence Group Status", Press Release, Accessed 29 June 2010, from http://www.che-ranking.de/cms/?getObject=723&getLang=en

CIRP Freshman Survey, *The American Freshman: National Norms for Fall*, 1995–2013, Accessed 17 June 2014, from www.heri.ucla.edu/tfsPublications.php

CLA – Collegiate Learning Assessment, Council for Aid to Education, New York, Accessed 9 April 2014, from http://cae.org/performance-assessment/category/cla-overview/

Cluster, Leading Universities of Science and Technology, Accessed 2 June 2010, from http://www.cluster.org/index.php?id=1

Coimbra Group of Universities, Accessed 2 June 2010, from http://www.coimbra-group.eu/

College Navigator, US Department of Education, Washington D.C., Accessed 12 April 2014, from http://nces.ed.gov/collegenavigator/

CPPP (2009) "ON THE NOVEMBER BALLOT — PROPOSITION 4: CREATING MORE TIER-ONE UNIVERSITIES IN TEXAS (sic)", *Center for Public Policy Priorities – Policy Page*, Accessed 9 July 2014, from http://library.cppp.org/files/2/415_TierOne.pdf

DAAD, Deutscher Akademischer Austauch Dienst (2010) "CHE University Ranking 2009–2010", Accessed 23 June 2010, from http://www.daad.De/Deutschland/Hochschulen/Hochschulranking/06543.En.html

Danish Immigration Service (2014) "The Greencard Scheme", Accessed 23 June, from http://www.nyidanmark.dk/en-us/coming_to_dk/work/greencard-scheme/greencard-scheme.htm

ECUM – The Comparative Study of Mexican Universities, Accessed 9 April 2014, from http://www.ecum.unam.mx/

Editors WM (2005) *The Washington Monthly College Guide*, Accessed 26 March 2010, from http://www.washingtonmonthly.com/features/2005/0509.collegeguide.html

EMPT (2008) *Professional Ranking of World Universities*, Ecole des Mines de Paris Tech, Accessed 2 April 2010, from http://www.ensmp.fr/Actualites/PR/Archives/2008/EMP-ranking.pdf

Equis, The European Quality Improvement System (2010a) Accessed 31 May 2010, from http://www.efmd.org/index.php/accreditation-/equis

Equis, The European Quality Improvement System (2010b) Accessed 21st March 2010, from http://www.efmd.org/index.php/accreditation-/equis/what-is-equis

ERA, Excellence in Research for Australia, Australia Research Council, Accessed 19 June 2010, from http://www.arc.gov.au/era/default.htm

ESF, European Science Foundation (2010) "European Reference Index for the Humanities (ERIH)", Accessed 1 June 2010, from http://www.esf.org/research-areas/humanities/erih-european-reference-index-for-the-humanities.html

ETER, European Tertiary Education Register (2014), Accessed 8 July 2014, from http://eter.joanneum.at/imdas-eter/

GIPP, Global Institutional Profiles Project (2009) Thompson Reuters, Accessed 20 September 2010, from http://science.thomsonreuters.com/globalprofiles-project/

Go8, Group of Eight (2010) "Benchmarking and Statistics: Go8 Executive Dashboard", Accessed 3 June 2010, from http://www.go8.edu.au/government-a-business/benchmarking-a-stats

Government of Abu Dhabi (2008) *The Abu Dhabi Economic Vision 2030*, Accessed 20 November 2010, from http://dpeportal.adeconomy.ae/portal/page?_pageid=53,5378272&_dad=portal&_schema=PORTAL

Government of India (2009) *National Knowledge Commission*, Accessed 5 May 2010, from http://www.knowledgecommission.gov.in/

Government of Malaysia (1991) *Vision 2020*, Accessed 5 May 2010, from http://www.wawasan2020.com/vision/

GreyNet, Accessed 15 April 2014, from http://www.greynet.org/home/aboutgreynet.html

GRUP, *Global Research University Profiles*, Accessed 27 April 2014, from http://www.shanghairanking.com/grup/survey/index.html

Harzing, A.-W. (2008) "Reflections on the h-index", Accessed 15 April 2014, from http://www.harzing.com/pop_hindex.htm

HEEACT, Higher Education Evaluation and Accreditation Council of Taiwan, Accessed 8 October 2010, from http://www.heeact.edu.tw/mp.asp?mp=4

Hobsons (2014) "League Tables are King, Say International Students", 20 March, Accessed 13 June, from http://www.hobsons.com/league-tables-are-king-say-international-students/league-tables-are-king-say-international-students/

ICREA, Catalan Institution for Research and Advanced Studies, Accessed 26 April 2010, from http://www.icrea.cat/web/home.aspx

IDP Education Survey of International Students, Accessed 27 April 2014, from http://www.idp.com/about_idp_education/times_higher_education.aspx

i-graduate, International Graduate Insight Group, Accessed 23 June 2010, from http://www.i-graduate.org/

i-graduate, International Graduate Insight Group, Accessed 12 June 2014, from http://www.i-graduate.org/

IMF (2014) "World Economic Outlook Database", Accessed 9 June, from http://www.imf.org/external/pubs/ft/weo/2014/01/weodata/index.aspx

IND, Immigration and Naturalization Service (2014) "Orientation Year Highly Educated Persons", Accessed 12 June, from https://ind.nl/en/individuals/residence-wizard/work/orientation-year-highly-educated-persons

IREG, International Observatory on Academic Ranking and Excellence, Accessed 8 April 2014, from http://www.ireg-observatory.org/index.php?option=com_frontpage&Itemid=1

Korean Research Council (1999) *Brain 21*, Accessed 5 May 2010, from http://bnc.krf.or.kr/home/eng/bk21/aboutbk21.jsp

LERU, League of European Research Universities (2010) Accessed 2 June 2010, from http://www.leru.org/index.php/public/home/

McKay, L. (2013) "The List of Sites Set Up in the US to 'Rate' Universities. Growing and UK and Aus Not Far Behind", Accessed 17 March 2014, from http://pic.twitter.com/7FLe3g6OrJ

MyUniversity, Accessed 9 April 2014, from http://myuniversity.gov.au/

National Statistics Taiwan (2014) "Latest Indicators: Total Population-Both Sexes (Persons)", Accessed 9 June, from http://eng.stat.gov.tw/point.asp?index=9

NCES, National Center for Education Statistics (2013) "Financing Postsecondary Education in the United States", *The Condition of Education*, Institute for Education Sciences, Accessed 11 March 2014, from http://nces.ed.gov/programs/coe/indicator_tua.asp

NCM, Nordic Council of Ministers (2010) *Sammanfattande rapport från konferensen: Profilering av nordisk högre utbildning och forskning Klassificering och ranking på nordisk dagordning* (Report of the Conference: Promotion of Nordic Higher Education and Research-Classification and Ranking in the Nordic Agenda), Copenhagen, Accessed 30 December 2010, from http://www.norden.org/en/news-andevents/news/uddannelse-og-forskning-i-skarp-global-konkurrence

NDRC, National Digital Research Centre, Accessed 14 July 2010, from http://www.ndrc.ie/

NSSE, National Survey of Student Engagement, Accessed 31 May 2010, from http://nsse.iub.edu/index.cfm

O'Grady, M., B. Guilfoyle and S. Quinn (2014) "Who Has Better Degrees? The Evidence", *Network for Irish Educational Standards*, 4 June, Accessed 7 June 2014, from https://educationalstandards.wordpress.com/2014/06/03/who-has-better-degrees-the-evidence/

PIRS (2014) "College Ratings and Paying for Performance", US Department of Education, Accessed 7 June 2014, from http://www.ed.gov/college-affordability/college-ratings-and-paying-performance

Princeton Review Best 378 Colleges, Accessed 8 April 2014, from http://www.princetonreview.com/college-rankings.aspx

QS (2010a) "*THE* QS Top Universities: National System Strength Rankings", Accessed 10 April 2010, from http://www.topuniversities.com/university-rankings/worlduniversity-rankings/methodology/safe

QS (2010b) "*THE* QS Top Universities: Methodology – Student Faculty", Accessed 31 May, from http://www.topuniversities.com/university-rankings/worlduniversity-rankings/methodology/student-faculty

QS (2010c) "QS Rankings and Global Higher Education Trends", April and June.

QS Classifications (2012) Accessed 12 April 2014, from http://www.iu.qs.com/university-rankings/qs-classifications/

REF, Research Excellence Framework, Accessed 8 April 2014, from http://www.ref.ac.uk/

TEC, Tertiary Education Commission (2012) "An End to Universities Massaging Their Research Rankings", *Tertiary Education Union*, Accessed 11 July 2014, from http://teu.ac.nz/2012/04/an-end-to-universities-massaging-their-research-rankings/

THE World University Rankings, 2010, Accessed 21 September 2010, from http://www.timeshighereducation.co.uk/world-university-rankings/2010-2011/oceania.html

THE World University Rankings Methodology, 2013–2014, Accessed 18 April 2014, from http://www.timeshighereducation.co.uk/world-university-rankings/2013-14/world-ranking/methodology

THE World University Rankings, 2014, "Times Higher Education Announces Reforms to its World University Rankings", Accessed 30 November 2014, from http://www.timeshighereducation.co.uk/world-university-rankings/news/times-higher-education-announces-reforms-to-world-university-rankings

U21 Ranking of National Higher Education Systems, Accessed 9 April 2014, from http://www.universitas21.com/article/projects/details/152/u21-ranking-of-national-higher-education-systems

U-Map, "European Classification of Higher Education Institutions", Accessed 6 June 2010, from http://www.u-map.eu/

U-Multirank, "Multi-Dimensional Global Ranking of Universities: A Feasibility Project", Accessed 6 June 2010, from http://www.u-multirank.eu/

U-Multirank, "The Multidimensional Ranking of Higher Education Institutions", Accessed 7 April 2014, from http://www.umultirank.eu/methodology/indicators/mapping-indicators/

Unistats, The official website for comparing UK higher education course data, Accessed 9 April 2014, from http://unistats.direct.gov.uk/

Universitas 21, Accessed 15 July 2010, from http://www.universitas21.com/

Universitas Indonesia, Green Metric Ranking of World Universities, Accessed 9 October 2010, from http://greenmetric.ui.ac.id

University of Glasgow, *Rankings*, Accessed 7 October 2014, from http://www.gla.ac.uk/schools/business/aboutus/rankings/

University of Iceland (2006) *Strategy 2006–2011*, Accessed 13 January 2010, from http://www.hi.is/en/strategy/strategy_2006_2011

University of Iceland (2010) *Policy of the University of Iceland, 2011–2016*, Accessed 16 March 2014, from http://english.hi.is/files/afmaeliforsida/policy_2011-2016.pdf

University of Illinois (2009) *College and University Rankings: Introduction*, Accessed 11 June 2010, from http://www.library.illinois.edu/edx/rankings/

University of Kentucky (2005) *Top 20 Business Plan University of Kentucky*, Accessed 8 July 2014, from http://www.uky.edu/Top20/Top_20_Feb06.pdf

University of Toronto (2008) "University Rankings and Faculty Data", Accessed 7 June 2014, from http://www.utoronto.com/about-uoft/measuring-our-performance/university-rankings-and-faculty-data.htm

USM, Universiti Sains Malaysia, Accessed 13 June 2010, from http://en.wikipedia.org/wiki/Department_of_Neurosciences_Universiti_Sains_Malaysia_(USM)

USNWR (2010a) "Frequently Asked Questions: College Rankings. Why Rank Colleges", 17 August, Accessed 20 November 2010, from http://www.usnews.com/articles/education/best-colleges/2010/08/17/frequently-asked-questions-collegerankings.html#1

USNWR (2010b) "U.S. News and World Report, Best Colleges", Accessed 23 June 2010, from http://colleges.usnews.rankingsandreviews.com/best-colleges/search

USNWR (2013) "Find the Best College for You", 10 September, Accessed 7 October 2014, from http://www.usnews.com/education/best-colleges/articles/2013/09/10/find-the-best-college-for-you

WHED, World Higher Education Database (2014) Accessed 16 July, from http://www.whed.net/

Winddat, Accessed 9 April 2014, from http://winddat.aqu.cat/

WMCC, *Washington Monthly* Community College Rankings (2010), Accessed 20 September 2010, from http://www.washingtonmonthly.com/college_guide/rankings_2010/community_colleges.php

WUN, Worldwide Universities Network, Accessed 2 June 2010, from http://www.wun.ac.uk/

訳者あとがき

本書の位置づけ

　本書は，2011 年に出版された同名タイトルの著書の改定版であり，専門書が少ないこの分野において，グローバル・ランキングとそれによる高等教育への影響を包括的に分析した書である。グローバル・ランキングに関する学術書（英語版）も出版されているが，その多くは複数の著者による論文集である。本書のように一人の著者が独自の国際調査や統計データをもとに，大学からの視点だけではなく，学生の立場や採用面，政策面などを含めて包括的に分析している著書は，他にはあまり例がない。著者のエレン・ヘイゼルコーン教授は多くの学術研究に加えて OECD の高等教育研究部の顧問とともに欧州高等教育協会の会長も務めるなど，高等教育の政策面でも多くの実績を残している。

・大学グローバル・ランキングへの無関心

　日本人は一般的にランキング好きで，観光名所からホテル，ラーメン店に至るまで，あらゆる種類のものをランク付けしている。しかし，日本で大学ランキングというと，ほとんどが偏差値を中心とする国内ランキングで，多くの日本の大学は自大学の国際評価ということに関して，これまであまり注意を払ってこなかった。しかし，偏差値ランキングとグローバル・ランキングとでは，その内容も順位もかなり異なっている。それでは，グローバル・ランキングは，日本の大学にとってどれほどの意味があるのだろうか。例えば，安倍首相は今後 10 年で，世界大学ランキングトップ 100 に 10 校ランクインを目指すと表明し（2013 年 5 月），またスーパーグローバル大学創成事業（タイプ A）などでは資金配分の評価項目ないしは目標にグローバル・ランキングが使われるようになってきた。しかし，グローバル・ランキングが影響力を持つのは，一部のトップ校だけではない。日本の大学が直面している課題は多いが，中でも少子化問題は今後の日本の高等教育の在り方に大きな影響を与えると考えられる。現

時点でも日本の私立大学の約4割が定員割れの状態で，こうした大学で定員を満たすために留学生を確保しようとすることは自然の流れである。

・アジアの大学の台頭

しかし，日本を取り巻く高等教育の国際環境はここ10年ほどで大きく変化している。現在，日本で学ぶ留学生の90％以上は中国を中心としたアジアからだが，日本の大学のブランド力はアジアの中でも急速に落ちつつある。以前であれば，アジアの中での日本の高等教育のステータスは高かったため，日本に留学するだけで評価されたかもしれない。しかし，新興諸国は優れた高等教育機関の育成にも大きな力を注いでおり，実際，多くのアジアの大学がグローバル・ランキングで日本の大学を凌駕するようになってきている。

ランキング・システムによってその評価項目は大きく異なるが，かなり単純な指標であることは共通している。大学の活動は教育・研究を中心に複雑なため，こうした評価項目で大学を評価することに（特に大学関係者から）それが大学の実態を正しく反映していないという批判の声が強い。ランキング指標の不完全性を嘲笑したりランキングを無視したりすることは簡単である。しかし，そうした姿勢だけでは，ランキング指標の持つ社会的な影響を見落とすことになる。グローバル・ランキングの持つ社会的な影響力こそが，大学経営や学生の動向，研究教育の質，さらには教育政策にも大きな影響を及ぼしうるものだからである。

・グローバル・ランキングと世界遺産指定

グローバル・ランキングは世界遺産の指定と似ている。世界遺産の指定はすでに一定の社会的な評価を獲得しているため，観光客は世界遺産指定の妥当性を吟味したりはしない。例えば，それが真に歴史的価値，文化価値を評価しているか，あるいはその自然環境が人類にとって真に価値のあるものか，あるいは，世界遺産の選定プロセスが公平で学術的な検証に耐えうるものなのか，などといったことは，観光客の主たる関心事項ではない。彼らは単に世界遺産と

いう社会的に認められたブランドを判断基準として観光地を選び，その需要に応えるために多くのツアーが企画される。大学とグローバル・ランキングの関係は，ちょうど観光地と世界遺産指定の関係に似ている。すなわち，大学／大学院を選択しようとする学生にとっては，すでに社会的に認知されているグローバル・ランキングでどのように評価されているのかという事実そのものが重要であり，グローバル・ランキングという制度が大学の価値を正しく計測・反映しているか，というようなことには多くの学生は関心を持たないであろう。留学生にとって，あるいは出資者である学生の両親にとって重要なのは，その投資に見合うだけのリターン，具体的には，当該大学／大学院に行ったことが就職時も含めて社会的にどの程度評価されるかである。そこでは，そうしたランキング指標が大学の実態を正しく評価しているかということよりも，それが社会的に認知されているかどうかということの方が重要なのである。一旦，そうした認知が社会に定着すると，その状況を変えるのは非常に難しくなる。現在のグローバル・ランキングは，正にそうした状況になりつつある。

・日本はグローバル・ランキングの真空地帯

　我々がヨーロッパの大学関係者やOECDの教育局などでヒアリングを行った際に異口同音に言われたのは，日本は近年の高等教育における世界的な変化から取り残されているのではないか，という点であった。日本は経済規模でも人口でも一定の規模が確保されているため，これまでは外の世界の変化をそれほど気にしなくても，日本の中で完結できていたのかもしれない。しかし，日本と同様にランキングに対して批判的で，高等教育の伝統的な価値観を守ろうとしてきた慎重派のドイツでも，国際環境の大きな変動に適応するよう変化を遂げつつある。すなわち，内外の優秀な学生や優秀な研究者を獲得するためにも大学は国際的な競争を避けては通れないのである。日本の大学においても，そのグローバル・ランキングが落ちれば，海外人材の確保の面からも，あるいは将来の日本の科学技術力や外交力を考える上でも重要な懸念材料となる。

　ここ1〜2年で，世界三大ランキングのうち*Times Higher Education*と*QS*

が日本の企業と提携し，日本市場への進出を本格的に進めようとしている。早晩，日本の大学も経営や学生・研究者の募集でグローバル・ランキングを意識するようになると思われる。しかし，なし崩し的に実態だけが先行すれば，高等教育制度そのものを歪めかねない。今，最も必要なのは，こうした社会現象を客観的に捉えて高等教育をとりまく今後の環境変化に備えることであろう。

・世界の教育政策の2つの潮流

本書では，ランキングの出現，その構造，高等教育機関の意思決定過程や政策立案におけるランキングの影響力を包括的かつ詳細にまとめただけではない。最近の世界の高等教育政策における2つの潮流，すなわち，少数の世界トップレベルの大学を創出し，研究・教育をけん引する「新自由主義的モデル」の政策と，高等教育全体のレベルアップを図り機会の平等を重視する「社会民主的モデル」の政策とについても注意深く検討している。本書でも指摘しているように，少数の「エリート大学」に焦点を当てることは，特にそれが社会的平等や地域のバランスを犠牲にして行われる場合，必ずしも最良の選択肢ではないかもしれない。日本は，これまでの大きな変革期に改革の費用と便益とを慎重に検討し，国の要件に合うような解決策を見つけてきた歴史を持つ。今や高等教育においても，新たな模索が始められているのである。

以上のような現況に鑑み，原著を翻訳することを決意したのだが，予想外に時間がかかってしまった。忍耐強く待っていただいた著者のヘイゼルコーン教授や学文社の田中千津子社長に深甚の謝意を表したい。本書によって，日本においてもグローバル・ランキングに関する客観的な情報が広まり，高等教育機関や高等教育政策における適切な指針の作成に資することができれば，望外の喜びである。

2018年5月

永田 雅啓

アクセル・カーペンシュタイン

用語索引

EAIE: European Association of International Education ………………………………… 162
EQUIS: European Quality Improvement System ……………………………………………… 52
EGM: emerging global model ………………………………………………………………………… 32
イングランド高等教育財政会議（HEFCE: Higher Education Funding Council for England）……………………………………………………………………………………………… 109
Webometrics 世界大学ランキング（*Webometrics*）………………………………………… 42
ACBSP: Accreditation Council for Business Schools and Programs ……………………… 52
欧州イノベーション・技術機構（EIT: European Institute for Innovation and Technology）………………………………………………………………………………………… 245
"欧州研究会議（ERC: European Research Council）" …………………………………… 245
カーネギー高等教育機関分類表 ……………………………………………………………………… 41
QS 世界大学ランキング（QS（*Quacquarelli Symonds*）*World University Rankings*）…… 43
高等教育機関格付けシステム（PIRS: Postsecondary Institution Rating System）…… 59
SCImago ……………………………………………………………………………………………………… 43
SAT ……… 70
CCAP: Centre for College Affordability and Productivity ……………………………………… 65
社会民主的モデル …………………………………………………………………………………… 291
新自由主義的モデル ………………………………………………………………………………… 290
世界大学学術ランキング（ARWU: Academic Ranking of World Universities）………… 11
THE-QS 世界大学ランキング（*THE-QS: Times Higher Education Quacquarelli Symonds World University Rankings*）………………………………………………………… 43
THE 世界大学ランキング（*THE: Times Higher Education World University Rankings*）……………………………………………………………………………………………… 43
台湾高等教育評鑑中心基金会（HEEACT: Higher Education Evaluation and Accreditation Council of Taiwan）………………………………………………………………… 52
地位財 …… 23
CHE: Centre for Higher Education Development ………………………………………………… 41
CHE 大学ランキング（CHE-Hochschulranking）…………………………………………………… 41
NAFSA: US Association of International Educators ………………………………………… 162
ニュー・パブリック・マネージメント ………………………………………………………………… 8
認証評価 ……………………………………………………………………………………………………… 52
Fachhochschulen ………………………………………………………………………………………… 261
ベルリン原則 ……………………………………………………………………………………………… 57
ベンチマーキング ………………………………………………………………………………………… 54
ボローニャ・プロセス …………………………………………………………………………………… 7
マタイ効果 ………………………………………………………………………………………………… 24

| *Maclean's* ·· 2
| USニュース大学ランキング（USNWR: U.S. News and World Report Best College
| Rankings） ··· 40
| U-Multirank ·· 44
| ヨーロッパ大学協会（EUA: European University Association） ···························· 53
| ライデン・ランキング（*The Leiden Ranking*） ·· 43
| RISP: Rankings in Institutional Strategies and Processes ·································· 130
| リスボン戦略 ·· 5

著者紹介

エレン・ヘイゼルコーン　Ellen Hazelkorn
　ダブリン工科大学高等教育政策研究ユニット（HEPRU）名誉教授兼所長

　アイルランド高等教育庁政策アドバイザー，欧州高等教育協会（EAIR：The European Higher Education Society）会長を歴任。ロンドン大学ユニバーシティカレッジ教育研究所・グローバル高等教育センター（CGHE）の諮問・運営委員会メンバー。英国ケント大学で PhD。EU，OECD，世界銀行，ユネスコなどの国際機関や各国政府，米国科学アカデミー等に対する高等教育のコンサルタントならびに政策アドバイザーとして活躍している。高等教育政策ならびにグローバル・ランキングに関する著書論文多数。

訳者紹介

永田雅啓　Masahiro Nagata
　麗澤大学経済学部特任教授，埼玉大学名誉教授

　1951 年生まれ。北海道大学農学部農業経済学科卒。㈳日本貿易会・貿易研究所主任研究員，㈶国際貿易投資研究所研究主幹，埼玉大学人文社会科学研究科教授を経て，2017 年 4 月より現職。専門は国際経済学，アメリカ経済論。著書に『アメリカの経済』（共著）早稲田大学出版部刊，『U.S. Industry and Trade—Trends and Perspectives—』（共著）総合研究開発機構刊，他。

アクセル・カーペンシュタイン　Axel Karpenstein
　ドイツ学術交流会（DAAD-Deutscher Akademischer Austauschdienst）Senior Research Officer

　1971 年生まれ。コロンビア大学東アジア言語文学部修士，コロンビア大学政治学部修士。埼玉大学人文社会科学研究科准教授を経て，2017 年 4 月より現職。専門は政治学。

グローバル・ランキングと高等教育の再構築
―世界クラスの大学をめざす熾烈な競争―

2018年8月10日　第1版第1刷発行

著　者　エレン・ヘイゼルコーン

訳　者　永　田　雅　啓
　　　　アクセル・カーペンシュタイン

発行者　田　中　千津子

発行所　株式会社　学　文　社

〒153-0064　東京都目黒区下目黒3-6-1
電話(03)3715-1501(代表)　Fax03(3715)2012
振替00130-9-98842　http://www.gakubunsha.com

落丁，乱丁本は，本社にてお取り替えします。　　印刷／新灯印刷株式会社
定価は，売上カード，カバーに表示してあります。　　　　〈検印省略〉

ISBN 978-4-7620-2816-8
© 2018 Masahiro NAGATA and Axel Karpenstein　　Printed in Japan